赵其昌（1926年—2010年），先后在北京市文物调查研究组、北京市文物工作队和首都博物馆任职，曾任首都博物馆馆长，主持过明定陵的发掘与研究，为首都的考古文物工作和博物馆建设及学术研究中做出了重要贡献。主编出版的《定陵》发掘报告于1993年获得中国社会科学院首届1977—1991年优秀科研成果奖，于1995年获得夏鼐考古学研究成果奖。辑校的《明实录北京史料》被列入北京市哲学社会科学规划，是研究北京地方历史文化的重要参考书。

赵其昌与原长陵发掘委员会副主任、定陵博物馆馆长朱欣陶等人合影（左一赵其昌，左二朱欣陶）

自左至右，赵其昌，楼宇栋，王岩在定陵博物馆库房查看出土的丝织品

赵其昌在明定陵发掘五十周年纪念会上发表演讲，呼吁各级政府和社会各界人士要重视文物保护

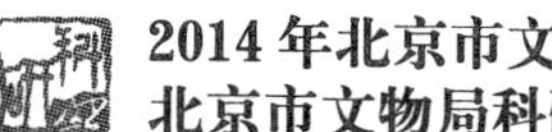

2014年北京市文物局业务人员科研成果出版项目
北京市文物局科研丛书

京　　华　　集

赵其昌　著

北京燕山出版社
BEIJING YANSHAN PRESS

序 一

古人曾在一篇辞赋中这样写到："幽州之地，左环沧海，右拥太行，北枕居庸，南襟河济，诚天府之国。"这里盛赞的幽州便是今天的北京。北京作为一座历史文化名城，自秦汉以来北京地区一直是中国北方的军事和商业重镇，有着丰富的历史遗迹。不论是煌煌宫阙，还是街衢野寺，都共同诉说着昔日的艰辛与繁荣，成为了不朽历史的见证。北京的文博工作者们薪火相传，通过不懈的努力，解读着北京厚重的历史。

赵其昌同志是北京文博界的耆宿，毕生致力于学术，长期探索和研究北京地区的文化遗产。呈现在读者面前的《京华集》即是他著述选编，其中，既有对北京历史沿革的宏观追述与考证，又有对北京历史专题问题的探讨与研究。他亲身参与了很多北京研究史上的重大事件，与许多早已故去的考古大家亦时有往还，他把这部分珍贵的记忆也保留在了《京华集》里。作为老一辈的考古学者，他丰富的人生阅历与走过的艰辛文博道路也为后人留下了至为宝贵的财富。这些文字汇集了他生平关于文物、考古的从业经历和心得体会，是难能可贵的、研究北京历史的珍贵资料。

他 1949 年考入北京大学历史系第一届考古专业学习，1953 年 9 月毕业后至 1988 年 6 月退休，一直在北京市文物系统工作，历任北京市政府文物调查组、北京市文物工作队、首都博物馆业务干部，首都博物馆副馆长、馆长，对北京市的考古和文物研究做出了重要贡献。他曾被选为北京市政协第六、七届委员和第八、九届文史资料委员会特邀委员；还曾担任中国博物馆学会理事、北京博物馆学会常务理事、北京史研究会副会长、北京市对外友协理事、十三陵明代帝陵研究会名誉会长等职务，并享受国务院政府特殊津贴待遇。

赵其昌同志在“文革”时期遭受政治迫害，仍矢志不渝地坚持自己的专业研究。他是我国以科学考古手段发掘的第一座帝王陵墓——定陵的考古队长，主持编写了《定陵发掘报告》，两度摘编《明实录北京资料》，编写了《京华集》等专著和多篇文章，成果卓著。其中《定陵发掘报告》获得中国社科院优秀科学成果奖和夏鼐考古学研究成果奖。在北京史的研究领域，赵其昌同志独树一帜，为该领域的研究做出了重大贡献。

1955 年末，中国考古工作者决定开启明十三陵中的定陵，这是中国考古有史以来主动发掘的第一座皇帝陵。赵其昌同志以不到三十岁的年纪，担任这项发掘的工作队队长，寻找墓道的入口，推开地宫的大门，第一次用考古学的方法发掘了帝王的陵墓。定陵发掘出土文物 4000 多件，为明朝历史研究提供了重要的实物证据。作为考古队长，赵其昌同志在其中的贡献不言而喻。

然而十年浩劫接踵而至，各项工作均告停顿。直到 1979 年 4 月，定陵发掘报告的编撰工程再次被列为国家“六五”社科重点项目。会后，已任首都博物馆馆长的赵其昌同志，立即赶赴定陵博物馆，开始了这一艰辛而浩繁的工程。他与同事们日夜兼程整理编写，从十三陵概况、定陵的规模形制，一直到各类出土珍品的形态及来源背景，一边守着资料实物测量、绘图，一边查阅文献、请专家鉴定、化验分析，同时联系昔日同事寻访当年的考古资料。时隔 30 年，这一具有重要意义的文献报告最终顺利完成。这段艰辛的经历，赵其昌同志在《京华集》中也有长篇的记述。

在一个时期中，社会上出现不少对定陵发掘神秘化和歪曲事实的现象，赵其昌同志对此进行了驳斥。他说，应该客观看待历史，不能篡改，尤其是专业人员不能用猎奇的眼光，一味迎合某些人口味，否则势必假象丛生，不符合事实，不利于文化的繁荣和发展。他还进一步强调，发掘活动不是盗墓，而是科学考古，要还历史原貌，用实物说话。

作为发掘定陵的考古队长，有人称他是定陵发掘“第一人”，赵其昌不认同，他说:“考古不是探险，没有所谓的第一、第二。”更加难能可贵的是，赵其昌坦陈定陵发掘的不足遗憾：当年由于受发掘设备、条件的限制，一些丝织品在发掘中遭到一定损坏，成为发掘工作留下的最大遗憾。

赵其昌同志学风严谨。《明实录》是明代历朝官修的编年体史书，记录了明太祖朱元璋到明熹宗朱由校共十五代皇帝的史实，卷帙浩繁。在发掘定陵过程中，赵其昌同志受吴晗委托，开始整理《明实录》中的北京史料。未完成，受到政治运动冲击，大部分文稿遗失。但他毫不灰心，从1979年又重新开始摘抄，至1989年此书正式列入北京市社科“七五”规划项目。经过赵其昌同志夜以继日的工作，终于在1995年12月由北京古籍出版社出版。北京史学研究会会长曹子西先生在书的序言中写下了这样一段话：“为了彻底揭开明陵地宫的秘密，其昌同志在紧张、艰苦的发掘过程中，搜寻和研究了大量历史资料，并且从《明实录》摘抄出数百万字的北京史料卡片。试想，这是多么枯燥、烦琐而又不可缺少的研究基础工作啊！”正是赵其昌同志30年如一日，通过辛勤刻苦的工作，为北京地方史志研究提供了重要的基础性史料。

赵其昌同志襟怀坦荡、大公无私。主持首都博物馆工作期间，勤勉自律、勇于改革创新。他广泛吸纳人才，策划主持“北京简史陈列”等重大展览；创办《首都博物馆丛刊》；组建专门机构，抢救征集文物。赵其昌同志为首都博物馆的建设和发展奠定了坚实的基础，做出了不可磨灭的贡献。

然而这样一位文博大家，自己却不蓄私物。十年前，在北京市政协机关举办了一次北京市文史委员的收藏展览，赵其昌同志也以三件家藏参展，引人深思的是，在他的展台前贴着一张用毛笔书写的“告白”:“受学考古第一课，先生嘱曰:搞文物考古我们口头约定：一不买卖文物，二不收藏文物，三不做商业性的鉴定文物。三条道德职业标准，虽不是法律条文，至今恪守不渝。今天展示者系家藏纪念品，不在此例。”其高风亮节可见一斑。

2010年12月14日赵其昌同志不幸在北京病逝，家属遵其生前所愿，将他毕生所藏书籍、笔记等文献资料全部捐献给首都博物馆。赵其昌同志为文博考古事业奉献终生，谨代表全国文物工作者向赵其昌同志致以深深的敬意。

近闻北京燕山出版社将再版《京华集》，并补入赵其昌同志生前一些重要论述，如《读辽〈王师儒墓志〉札记——兼话耶律俨〈实录〉》、《什刹海考古》以及有关定陵的数篇文章，不胜欣喜。期待这部珍贵的著作可以早日付梓，与广大读者见面。

单霁翔

2012 年夏

序 二

得知《京华集》再版的消息，我由衷感到高兴，这不仅是已故老友赵其昌先生的幸事，同时也是北京市文博事业的一大幸事。

这本书第一次刊印是在 2008 年，其昌先生托人带了一本送我。接过这部沉甸甸的书，我心里十分感慨。那时其昌先生的健康状况已经不太好了，几次住院抢救。在病痛折磨下完成这么件大事，真不知他付出了怎样的代价。

我与其昌先生相识于上世纪 90 年代初。1993 年我受命担任北京市政协副主席兼文史委员会主任，在政协文史委遇到了许多值得尊敬和爱慕的人，结交了多位“高友”，其昌先生便是其中之一。多年后，其昌先生和我陆续都从政协退休了，但我们之间这段友情却一直延续着，直到他辞世。

赵其昌先生的学问和人品颇受文史同道们的敬重，大家一致尊称他“赵老”。我也愿意这样叫他，虽然他比我小，在我心里他却是位当之无愧的长者。赵老平时不修边幅，外貌粗粗拉拉，衣着也不讲究，像是个普通老市民，或更近似农村的一位老农。但他满腹经纶，人极坦率，说话嗓门大，喜欢发表意见，常为市政协文史工作出谋划策。当时北京已经开始了大规模的城市改造运动，到处在拆房子、盖高楼，古都风貌受到严重威胁。看到这种情况，大家心急如焚，再也坐不住了，走出书斋为北京的文物保护工作大声疾呼。在视察和讨论中，只要有机会赵老总抢着发言，或介绍他所了解的情况，或向主管部门提出己见。我常开玩笑地说，赵老又要开讲啦。由于长期从事考古和文保工作，赵老的“开讲”可不一般，既有理论又有实践，内容言之有物，大家都爱听。记得在石景山法海寺参观，他给我们讲北京刚解放时，他带队在当地调查，做出修复规划。文史委视察十三陵时，他亲自给我们当导游，详细讲述定陵发掘的经过，说当初寻找地宫入口是出于怎样的考虑；说他头一次跳进地宫是何种心情；又说由于没有现代化手段、加上遭遇“文革”，定陵挖出的陪葬品如何受到损坏……

定陵发掘后文物受损，是赵老心中永远的痛，每当说到这里他都会流露出抑制不住的惋惜与痛心。印象最深的是文史委赴西北考察那次。在西安与陕西省文物局座谈时，赵老十分激动而又诚恳地忠告陕西省的同行们:“听说要求发掘秦始皇陵的呼声甚高，这件事千万可得慎重！我体会，发掘易、保存难哪。在条件不具备的情况下，千万不要轻易上马大遗址发掘的项目。以往的教训难道还不够惨痛吗？”说着几乎哽咽。省里的同志听了频频点头。

随着北京旧城改造步伐加快，“保”与“拆”的矛盾日益激烈。每次召开濒临拆除文物的论证会，赵老的发言都很有分量，受到有关方面的重视。平安大街改造前后，赵老曾冒着酷暑对平安大街的文物建筑进行了详细踏勘。尽管这条街沿途的文物他并不陌生，但他还是不辞辛苦地自西向东把这条大街走了个遍，边走边看边记，表现了一个老文博工作者的职业素养。事后著文《平安大道觅古》，发表在《北京晚报》和北京文史资料上。

也许是常年从事野外作业，工作生活条件过于艰苦之故，赵老晚年落下一身病。主要是肺不好，经常哮喘，严重污染的空气让他喘不过气，苦不堪言，只好从城里搬到了乡下。他对十三陵怀有很深的情结，于是在十三陵旁边的北新村买了一座农家小院，夫妻俩过着田园生活。有一回他哮喘病突发，由于离城里太远，险些丧命，无奈之下放弃了钟爱的北新村，搬到海淀上庄居住，仍住在农家院里。

他这两个家我去过多次。那时我们都已离开了文史委，但有几位老朋友如李滨声、李龙云、弥松颐等，还经常在一起聚会，大家每年见见面，聊聊天，谈谈自己的看法，无拘无束，心情特别愉快。赵老的小院常是我们见面的首选地点。赵老和夫人杨仕在自家小院里种了些瓜菜豆、葫芦、花草什么的，满园浓绿，充满生机。赵老的书房简单而整洁，阳光灿烂，光线充足，他每天就在这里读书写作，有时练练书法。他喜欢过这种清静的书斋生活。

他家养了两只可爱的小狗，每次去，最先跑出来迎接我们的常常是这两只小狗。其中有一只叫小黑子，和赵老最好，赵老也最喜欢它。有一次我们谈话，小黑子蹲在赵老面前，摇头摆尾地冲着赵老叫个不停。我问赵老，它怎么老冲主人叫啊？赵老说，它是嫌我和你们说话没理它呢。我们都笑了。赵老去世后，小黑子思念主人，患了严重的忧郁症，十多天不吃东西。令人唏嘘！

杨仕后来对我说，赵老最后这十来年过得真苦。由于喘得厉害，晚上睡觉根本平躺不下，就这么半卧半坐地睡了好几年。冬天平房太冷，被子盖不严，整个肩膀露在外面，只好让他穿着羽绒服、围着围巾睡。可想而知他每晚怎么能休息得好。即使这样，第二天起来照样看书写东西。按说退休多年，又重病缠身，不做什么完全说得过去。但赵老热爱自己从事的文博事业，严苛地要求自己每年至少给首博馆刊写一篇有质量的学术文章。他以常人难以想象的坚持实现了自己的承诺。这些文章后来都收入了《京华集》。他孜孜矻矻、坚韧不拔的精神，实在令人敬佩。

赵老毕业于北大历史系，国学根底好，不但熟悉中国古代典籍，而且能诗会词。有时我遇到一些古文方面的问题，首先想到给赵老打个电话，向他请教。赵老总是在与老伴商量之后十分认真地答复我，每每使我受益匪浅。

转眼间，赵老离开我们已经一年多了。杨仕打电话告诉我《京华集》将要再版的消息的同时，盛情邀我为该书作序。对赵老的专业我完全外行，自知没资格对这部书的价值做什么评论，但我还是欣然应允了。原因就是我愿借诸这篇文字，写写我对赵老的点滴回忆和对他的深切怀念，以此纪念赵其昌先生这位我非常敬重的老朋友。

是为序。

张廉云

2012年6月21日

自 序

出生虽然不在北京，却长在北京，学在北京，又长时期从事北京地区的文物考古与博物馆工作，对我来说，这算是机缘，也算是一份荣耀。

北京是我国的首都，又是历史文化名城，物质文化的积累沉淀异常深厚，城乡各地多有史前遗址遗物分布。进入历史时期，各个朝代的出土文物、遗迹、遗存，不仅显示了当时当地社会生活的各个方面，也成为这一地区历史特点的真实写照。商周时代的燕国城池、墓葬，出土文物不少，有殉葬车马，又有人殉，留下来奴隶社会的印记。汉、唐时代，正处于我国历史上的鼎盛时期，政治文化中心在长安、洛阳，北京在当时地属幽燕，位域偏远，处于和少数民族接触的前沿地带，是为军事重镇。此后，有多个民族在这里建都，着力经营，地位上升，成为政治中心，性质与过去大不相同。契丹族建辽，立为南京；女真族建金，立为中都；蒙古族建元，立为大都；明朝又立北京为都城，满族建清朝，仍作京城，北京名称不改，延续下来了。千百年来，多个民族的殚精竭虑，尽心尽力使北京不仅形成政治中心，也成为多民族文化交汇融合的中心地域，并作为华夏文明的组成部分，又不断地积累、传承，发扬与辐射，影响更为深远，而且恒久恒新。

历史带给北京的文化遗产，多彩多姿。宫殿庙坛、红墙黄瓦，色泽鲜丽，衙署王府、街衢坊巷，纵横布列，碑碣刻石，道途驿路等等历史遗迹，还大体上保持着原有的布局、形态——一派皇家气势。文化遗产，经历了多少风雨，它闪烁的仍是那熠熠不尽的历史光辉。

是不是可以作这样的理解：文物，这历史遗产，它是物化的历史文化。丰富厚重的历史文化，自然可以激发民族自尊；一个地区的历史文物品种即或不尽丰富，同样也是中华文明的组成部分，彰显的仍是民族精神，同样可以激发人民自信。然而，它必须经整理、研究、阐述进而展示出来，才更见成效，也更有意义。

也可以这么理解：北京实在是一座大型博物馆，它包容多种文化遗物。现实中，人们对博物馆也有共识。博物馆是保藏历史文物的场所，更富有展示、传承与弘扬民族文化的使命。这似乎又在告诉我们：文物考古工作者，博物馆人，传承弘扬民族文化，使命光荣、执业辛劳，任重而道远。

长时间的探索和研究北京地区的文化遗产，随手记录了一些心得体会，或意见得失，中心内容大多贴近遗迹、遗物，文章大多在《首都博物馆丛刊》中披露，现汇集在一起，粗略统计，可分三类：

一、一般论述　大部分是期刊或出版社的应约之作，常是限定题目、内容与字数。

二、考证之类　严格说是习作，结合工作与北京地区的出土文物，只想求得教益而已。

三、序跋和纪念文字　多与北京历史或文物考古、博物馆的本职工作有关。

天性鲁钝，不善文笔辞令，考古发掘、城郊各地跑调查，要动用铁锹、铁镐，总觉得兴趣更大，而笔杆子比铁家伙更沉重些。文章杂乱，无中心，无重点，无次序，而结集起来，总得有个名字吧！友朋们说：说的、论的、探索的、研究的多是北京的人和事，有过去的，也有现在的。京都之地，物华天宝，人杰地灵，名字应该与京华联系起来。话是真情实况，言之有理。接受意见，取名《京华集》。大半辈子工作、生活在北京，京都之地，首善之区，风风雨雨几十年，就沾点荣光，留个纪念吧。

耄耋之年，回首往昔，一生中只工作在一个单位，这自然有好处，工作顺畅，前后衔接，但带来的缺点也甚明显。不能广泛接触，眼光局限，学术思想自然就趋于保守，缺乏创新。这些我想在文章中会自觉或不自觉地表现出来。

工作贵在扎实有效，文章贵在出新，人贵在自知。诚恳地期待着批评指正。

感谢首都博物馆领导与同仁对本书出版的关怀与支持。

赵其昌

2007 年 10 月

目　录

北京历史沿革……………………………………………………… 1
远古居民 ……………………………………………………… 1
古燕遗迹 ……………………………………………………… 2
蓟城一瞥 ……………………………………………………… 3
幽燕重镇 ……………………………………………………… 4
辽金时代 ……………………………………………………… 6
元代大都 ……………………………………………………… 7
明清北京 ……………………………………………………… 8
今日北京 …………………………………………………… 10

宣武区历史沿革 ………………………………………… 13

蓟城与蓟门……………………………………………………… 21
蓟城的探索 ………………………………………………… 21
前期蓟城在哪里 …………………………………………… 22
水与前期蓟城 ……………………………………………… 25
出土的井圈、墓葬与前期蓟城 …………………………… 27
后期蓟城 …………………………………………………… 29
结 语 ……………………………………………………… 32
蓟门辨 ……………………………………………………… 32
唐诗中的蓟门 ……………………………………………… 33

唐以后的蓟门 …… 36
“蓟门烟树”与蓟门 …… 38

唐幽州村乡的探索 …… 42
唐幽州村乡初探 …… 42
蓟县 …… 43
幽都县 …… 49
小结 …… 59
附记 …… 60
唐幽州村乡再探 …… 60
蓟县 …… 61
幽都县 …… 65
小结 …… 67
附记 …… 68

唐良乡城与史思明墓 …… 69
玉册的发现与丰台 …… 69
“今”、“古”二良乡 …… 71
林家坟唐墓所在地唐属良乡属界 …… 74
小结 …… 75

唐《张建章墓志》续考 …… 77
张建章墓志 …… 79
张建章使聘渤海 …… 81
志石所涉幽州人物与事迹 …… 83
志石所记职官品阶种种 …… 90
祖籍与现籍 …… 96
文人张建章 …… 96
历史与文物 …… 99

附记 …… 101

唐、辽昌平乡、里考 …… 103
前言 …… 103
昌平史前遗迹 …… 104
今昌平城 …… 104
唐代昌平城 …… 106
唐代昌平乡、里 …… 107
辽乡里 …… 115
小结 …… 119
附录　芹城、蔺沟、大口（古村时代不明）…… 122

辽代燕京之显忠坊、檀州街与市 …… 127
辽代燕京之显忠坊、檀州街与市 …… 127
显忠坊之定位 …… 128
檀州街之定位及走向 …… 130
燕京城内的市 …… 132
附记 …… 133

辽代玉河县考 …… 134
玉河县始末 …… 134
玉河县界之探索 …… 137
三点讨论 …… 139
附记 …… 140

北京延庆县古崖居
——西奚遗址之探讨 …… 142
崖居即西奚遗址 …… 143
去诸之西徙 …… 145

居留洞沟的时间 …… 148
徙来又归去 …… 151
生活习俗 …… 155
一份遗产——火炕 …… 157
关于东奚 …… 159
奚王牙帐问题 …… 163
小 结 …… 165
附 记 …… 166

古北口的杨业祠 …… 168

金中都城坊考 …… 173
中都营建始末 …… 173
城墙与城门 …… 175
中都诸坊 …… 180
东部诸坊 …… 181
西部诸坊 …… 188
余 记 …… 197
附 记 …… 198

《元大都画册》前言 …… 199

《析津志》及其著者熊梦祥 …… 204
《析津志》的名称、所记地域与保存志文的书籍 …… 204
《析津志》的分目并内容举要 …… 208
《析津志》所记元大都戽斗式机轮水车 …… 213
熊梦祥其人 …… 218
熊梦祥在大都 …… 221
熊梦祥在京西斋堂村 …… 223

《析津志》的再补与熊梦祥南归 …………………………… 226
附录：熊梦祥诗二十一首 ………………………………… 228

故宫的启示 ………………………………………………… 234

明代的越南太监宋文毅与阮安 ……………………………… 238
法源寺与宋文毅 …………………………………………… 239
阮安的事迹 ………………………………………………… 240
宋、阮之来北京 …………………………………………… 244
余记一则 …………………………………………………… 246

北京历史上的卫星城 ……………………………………… 248
金代中都的卫星城 ………………………………………… 249
明代卫星城建设规划的产生 ……………………………… 251
明代卫星城的具体规划 …………………………………… 251
小结 ………………………………………………………… 253

记《明实录北京史料》 …………………………………… 254

两吉女中与《北京市志稿》 ……………………………… 261

都水监衙署考信札 ………………………………………… 263

读辽《王师儒墓志》札记
——兼话耶律俨《实录》…………………………………… 267

《横跨欧亚大回归》序言
——土尔扈特东归记 ……………………………………… 289

燕山窦禹钧 …………………………………………………… 295

吴晗同志与北京市的文物博物馆工作 ……………………… 299

萧军与文物 …………………………………………………… 303

亚运村与礼贤乡 ……………………………………………… 306

北京城墙缺角试解 …………………………………………… 309

首都的窗口
——地志性博物馆首博 ……………………………………… 312

北京最古老的街道 …………………………………………… 314

平安大道觅古 ………………………………………………… 315
平安大道——地下有宝 ……………………………………… 315
话说皇城墙 …………………………………………………… 318
漫话城砖 ……………………………………………………… 320
宛平琐记 ……………………………………………………… 322
太平仓佚事 …………………………………………………… 325
官园与端王府 ………………………………………………… 326
两个公主府 …………………………………………………… 327
翊教寺与普安寺 ……………………………………………… 328
教场今记 ……………………………………………………… 330
东不压桥、西压桥与什刹海 ………………………………… 331
从南新仓说起 ………………………………………………… 333
旌勇祠、褒忠祠、保安寺 …………………………………… 335
祖大寿祠与三中 ……………………………………………… 336

泽公府、贤良祠、关帝庙、药王庙 …… 338
镜清斋、大西天及其他 …… 340
先蚕坛 …… 341
嘉兴寺谈往 …… 343
铁狮、石狮琐记 …… 344
皇家动物园及其他 …… 345
白米斜街与张之洞 …… 346
地安门外步军统领衙门 …… 348
僧王祠、宝公府 …… 349
兵仗局、太医院 …… 350
东西长安街与平安大道 …… 352

定陵考古 …… 354
定陵发掘始末 …… 354
夏鼐老师与定陵发掘 …… 357
地宫之门谁打开 …… 361
风雪定陵 …… 365
从定陵出土实物看明代织锦 …… 380
定陵发掘答记者问 …… 389

什刹海考古 …… 400

北京郭沫若故居所在地是唐代的龙道村 …… 403

往事如烟 …… 405

如烟往事 …… 416

伴馆琐记 …… 419

西行散记 …… 428
观俑偶忆 …… 428
黄帝陵前 …… 430
古道上的烽燧 …… 432
青海彩陶文化与文明 …… 433
嘉峪关随笔 …… 435
交河古城絮语 …… 436
乌鲁木齐——听来的往事 …… 437
热带植物园 …… 439
聂耳墓 …… 440
西南联大联想 …… 442

北京历史沿革

首都北京，是著名的历史文化名城。从周初封“燕”、“蓟”算起，至今已有三千多年的历史。而我们的祖先“北京人”则约于五十万年前就在这里创造了远古文化，揭开了人类历史的序幕。

远古居民

1929年12月2日，在房山县周口店的龙骨山洞穴中，发现了猿人头盖骨化石。它是介乎人与猿之间的古人类遗存。这一重要发现，震惊了中外，被命名为“中国猿人北京种”，简称“北京人”。多年以来，考古工作者先后发现代表四十多个不同个体的人类骨骼化石以及上万件石器和用火的痕迹。这就表明，在遥远的洪荒时代，今北京地区已是远古人类生活、栖息的所在。北京是人类文明的发祥地之一。

继“北京人”发现之后，在同一座山的顶部洞穴中，又发现了另一时期的人类骨骼化石，定名为“山顶洞人”。他们已经失去“北京人”骨骼构造所特有的原始性，而是比较接近于现代人类的新人。他们使用多种打制石器，有了显著的分工和进步，而且，劳动之余，还能制作一点简单的装饰品来美化自己。这已是旧石器时代晚期的北京居民，距今大约一万八千年。

"东胡林人"，是1966年在京西门头沟区东胡林村发现的新石器时代的人类遗迹，距今一万年左右。东胡林人已经知道用小螺壳串成项链，用牛骨制作手镯，懂得死后掩埋尸体，实行墓葬。这比之前代居民，可算是又前进了一步。

昌平县雪山村，是又一处新石器时代文化遗址。从这里发掘出土的文化遗物内容分别记录着三个阶段人类活动的踪迹。从出土的早期居民所使用的陶器碎片分析，其器型、质地、纹饰和制陶技术，与典型的中原仰韶文化很接近，可以看出，大约五六千年以前，这儿已是一个居民点。中期和晚期分别属于龙山和夏家店文化类型，是由原始社会向阶级社会过渡时期的文化。

新石器时代的居民，常用磨制石器进行生产，特别是农业生产。这些石器工具，如石斧、石刀、石镰等，在北京地区分布得相当普遍。如果我们按照这些文化遗物的出土地点，用一个个彩色的分布图来表示，就构成一幅当时的居民聚落景观。它告诉我们，这一时期的北京地区，居民人数多起来了，居民聚落扩大了，原始农业也逐步出现。

古燕遗迹

《史记·燕世家》记载："周武王之灭纣，封召公于北燕。"这一历史记载，被近年来琉璃河出土的文物所证实。

琉璃河在北京西南郊，今属房山县，距北京五十公里，这里发现了大面积的商、周时代文化遗存，从1962年最初发现到1978年止，共发掘六十余座墓葬和五座车马坑。其中有奴隶殉葬墓十座，殉葬奴隶十人，在这些奴隶中，除了一名十七八岁的少女外，其余都是儿童。出土器物很多，包括礼器、兵器、车马器等等。其中还有带"匽侯"铭文的青铜礼器，为研究北京历史提供了实证。最为珍贵的"堇鼎"，高62厘米，重41.5公斤，是目前北京地区出土的商、周青铜礼器中最大的一件。内壁有铭文二十六字："匽侯令堇馔食大保于宗周……”根据考证,“匽侯”即“燕侯”,“大保”即“太保”召公奭,他受封于燕,却身不在燕,当时他以太保身份,供职于宗周。“匽侯”,是他的长子,即第一代“燕侯”。铭文记述的是堇奉燕侯之命,去宗周向太保贡献食物。因此,“堇鼎”的出土证明了北京地区是周初所封的燕国。

琉璃河不仅有燕国贵族墓地,在附近还发现了残存的古代城墙基址。北墙东西长850米,西墙大部和东墙南部,由于河水冲刷,已经看不到了。西北、东北两个城角却保存下来。从遗址看到,城墙是在平地上用土“版筑”做成的,城墙内外都有护城坡。东、西、北三面的护城沟壕还隐约可辨。

为了考订上述古城的建造年代,考古工作者在东北城角发掘了两座西周时代的墓葬,发现墓道穿过了护城坡夯土,从叠压关系可以断定,城墙早于墓葬。就是说,早在西周初年或更早的年代,城墙已经建成了,距今至少三千多年。它是现已发现的北京地区最早的古城。

古城的名称叫“圣聚”,这是《水经注》的记载。实际上北魏郦道元著《水经注》时,已经不知道它的名字,因在附近有条圣水流过,“盖藉水而怀称也”,所以就叫它“圣聚”。《太平寰宇记》说:“良乡,在燕为中都。”新中国成立以后发现汉良乡城在现今窦店村附近,距琉璃河古城不远,也许它就是燕国中都。当然,作为都城,贵族墓地、宫殿设施都是主要证据。这里虽然已经发现贵族墓区,但尚未发现宫殿遗址,所以目前还不能确定。

蓟城一瞥

远在周初或更早一点,“蓟”就是一个小国。武王克商,把黄帝后裔封于蓟,后来,蓟渐衰弱,为燕所灭,燕迁都于蓟。“蓟”的名称由此保存下来。

战国时代,北方的燕国强盛起来,争霸中原,号称七雄之一。《韩非子·有度篇》说:“燕襄王以河为境。以蓟为国。”河是黄河,燕的南部边界远达黄河之滨,蓟即蓟城,是它的国都。

古老的蓟城,曾经显赫一时,其建筑规模也很可观。

燕国强大之后，曾经征战东北，大破东胡。公元前284年，燕将乐毅又率兵东伐齐国，连下七十余城，攻克齐都临淄，把齐国的宝器统统运回蓟城来。在乐毅《报燕惠王书》中写到："珠玉财宝，车甲珍器，尽收入燕，大吕陈于元英，故鼎反于历室，齐器设于宁台，蓟丘之植，植于汶篁。"由此可知，陈列宝器的宫殿"元英"、"历室"、"宁台"等，都在今天的北京附近。遗憾的是，不仅宫殿遗址尚未看到，就连这个古老蓟城的位置，目前还不能做最后的判定。《水经注》中说："今城内西北隅有蓟丘，因丘以名邑也。"据此，有的人认为，蓟丘在白云观西墙外。而蓟城是因蓟丘而得名，蓟城可能在今广安门一带。而根据乾隆皇帝留下来的一通石碑——"蓟门烟树"，则在德胜门外。

蓟城的人口，可能是繁多的。今宣武门附近，曾有大量的战国、汉代陶制井圈出土。有众多水井用的井圈，说明当时人口密集的程度。

蓟城物产丰富，也是当时中原与北部地区交通的枢纽和贸易中心。《史记·货殖列传》说：它是"勃、碣间一都会"，富有"鱼、盐、栗、枣"，并和北边的乌桓、夫余，东面的秽貉、朝鲜、真番等经常进行物资交流，而与中原地区的贸易关系，当然更为密切。汉代在涿郡（今河北省涿州市）、渔阳（今密云县）还设有铁官，管理冶炼铸造，北京北郊清河镇朱房村的汉代古城中，曾发现炼铁遗址。可以设想，铁制工具，也应是交流物资之一。

东汉时的蓟城附近，农业也有发展。渔阳太守张堪，在狐奴山下（今顺义区牛栏山东南），引导人民种植水稻，开辟了稻田八千余顷，人民足食丰衣，有人歌颂他说："桑无附枝，麦穗双歧，张公为政，乐不可支。"人民怀念他，建立了张堪庙，表彰他的功绩。

幽燕重镇

公元前226年，秦国大将王翦率军攻下蓟城，燕王喜迁都辽东郡。四年后，秦又派王贲领兵攻下辽东郡，俘获燕王喜，灭了燕同。公元前221年，秦始皇又灭了齐国，统一中国。在大一统的封建国家中，蓟城不仅是我国北方的贸易中心，而且是北方的重镇。秦始皇大修驰道，到达蓟城，加强了中央与地方的联系。汉高祖把和他同日生、最亲信的卢绾封为燕王，治所在蓟城。后来，汉武帝又立儿子旦为燕王。刘旦在蓟城建立明光殿、万载宫。隋大业四年（608年），隋炀帝开永济渠，水陆运输直达蓟城南郊。唐代初年，在这里设置总管府、大都督府。贞观十八年（644年）唐太宗进军高丽，在这里誓师，回军时，又建悯忠寺以悼念阵亡将士，后改名法源寺，至今保存完整。

北京隋代称涿郡，唐初改郡为州，武德元年（618年）改名幽州。唐天宝元年（742年）改称范阳郡，乾元元年（758年）又改称幽州。涿郡和幽州，治所都在蓟城。

唐代的幽州城，新中国成立以后发现了它的西墙残址。可以推断出，它的中心地带就在今天的宣武区。城有两重，外城之中还有子城。城内由幽都与蓟县两县分别治理民政，城外划分为乡。两县共有三十四乡，近年来，根据出土墓志，复原一些乡位，从而得知，有些乡名还是以历史故事命名。如“招贤”乡、“礼贤”乡，就是根据燕昭王筑黄金台招贤纳士的故事而命名的。还有一些古老的村名，一直保持到现在，如西郊石景山附近有个“庞村”，便是唐代的古老村名。

城内街道整齐，纵横交错。西部有燕州衙署，是少数民族内迁的管理机构，正处于街道口，地名就叫燕州角。今宣武门外的三庙街，就是唐代的檀州街，千余年来，街道位置没有变更，成为北京最古老的街道。城内有经略军驻扎，所以有经略军南街的名称，可惜，它的具体位置已无从查考了。幽州仿照西京长安、东京洛阳的样子，在城内划分为坊。坊名有铜马、肃慎、罽宾……这些坊的名字又告诉我们：唐代以前，鲜卑族慕容儁的割据政权，曾经一度把这里作为都城。慕容儁为纪念死去的名马，铸过一个铜马像，嵌于蓟城东掖门，故名铜马坊。从名称看，肃慎坊，应是肃慎族的居住区。罽宾是古代西域的国名，那里崇信佛教，用为坊名，表明那时的蓟城是我国北方少数民族融合的大熔炉，也是佛教盛行的地区。

幽州有多个少数民族居住，奚、契丹、靺鞨……有的住在幽州城内，有的分别聚居在良乡、通县、昌平、房山、涿县等地。他们为民族间的文化交流，为幽州城的繁荣建设，都做出过贡献。

辽金时代

随着历史的推移，北京到辽、金时代，又过渡为半个中国的政治中心。

辽是契丹族建立的国家，最初兴起于辽河上游。在后唐的节度使石敬瑭献出燕云十六州之后，辽于会同元年（938年）将幽州建为陪都南京，又称燕京，在辽代的五京中规模最大。城址沿用了唐代幽州旧城，没有多大的变动，只是在城内西南部建立了宫城。《辽史·地理志》载：城周围三十六里，城墙高三丈，宽一丈五尺。有八个城门。东为安东门、迎春门，南为开阳门、丹凤门，西为显西门、清晋门，北为通天门、拱辰门。城内分属宛平县、析津县两县。南京又为析津府所在，因此，北京历史上又叫析津。全城居住着汉、奚、契丹、渤海等各族人民。市场在城内北部，是汉族和少数民族进行贸易的场所。近年来，山西应县发现了辽代佛经，是在燕京显忠坊刊刻的，可以看出，燕京的文化和手工业已是相当发达的。

女真族建立金朝之后，海陵王完颜亮于天德三年（1151年）在辽代南京的城址上扩建新都，并于贞元元年（1153年）由会宁府（今黑龙江省阿城市白城子）迁都于此，改南京为中都，成为金朝的正式国都。文献记载，扩建工程由张浩、孔彦舟负责，因急于迁都，主要工程限一年完工，因而征调民夫八十万，兵丁四十万之多。营建宫殿的木材，不少来自真定（今河北正定）的潭园。宫殿用黄金装饰，其耗费是惊人的。完颜亮仰慕中原文化，中都的建筑规模，不少地方参照了宋都汴梁。

扩建后的中都，有城门十二个（一说十三门）。东面是施仁、宣曜、阳春，南面叫景风、丰宜、端礼，西面是丽泽、灏华、彰义，北面是会城，通玄、崇智以及光泰。至今北京的老人还常把今天的广安门叫彰义门。白云观西面，现在还有一个叫会城门的地方，它正是中都会城门旧址。

中都的宫城，在城内中部偏南，有殿九重，楼三十六座。大安殿、仁政殿是举行大典和临朝听政的所在，宫殿富丽堂皇。西部有同乐园，内有瑶池、蓬瀛、柳庄、杏村等名胜。

宋与辽、金对峙的岁月里，南北使节经常往还聘问。民间的文化交流，也在不断进行。宋朝的印本书籍传入燕京，在市场出售。诗人苏辙，作为宋使到过燕京，他写到：“谁将家集过幽都，每被行人问大苏。”北国人士不仅知道其兄苏轼的大名，苏氏文集也传到北方，可见文化交流之一斑。

元代大都

12 世纪末叶，蒙古部族兴起。1215 年，分兵南下，攻破中都城，蒙古铁骑在大肆抢劫之后，使这豪华的一代宫阙变成了废墟。到 1260 年，忽必烈来到中都，目睹这一片蓬蒿，他想再建都城，不得不另选新址。1267 年，开始在中都东北郊营建新都，至 1285 年全部建成，历时十八年之久。这就是元代统治全国的中心——大都城。从此，也奠定了明清两代北京城的基础。

大都城是以琼华岛（今北海公园）为中心设计而建成的。都城周围六十里，南北略作长方形，开十一门，北面二门，叫健德门、安贞门；东面三门，即光熙门、崇仁门、齐化门;西面三门，肃清门、和义门、平则门;南面三门，叫顺承门、丽正门、文明门。宫殿群分布于琼华岛周围，叫作宫城，四周九里三十步。西边有两组宫殿，偏南的叫隆福宫，偏北的名兴圣宫，是太子和皇后的住所。皇帝临政的所在叫“大内”，建于岛的南面，即今天紫禁城的前身。岛东还有“灵囿”,放养着珍禽异兽,是皇家的动物园。“大内”主要建筑是在宫城中心、全城的中轴线上。一条御路，南达丽正门。环绕宫殿，有一道大墙，高三十五尺，叫“萧墙”，成为后来的皇城。皇城之东，是祭祀祖先的太庙，往西是社稷坛，祭祀五谷、后土之神。北面钟鼓楼一带是市场所在。我国建都城古制，有“前朝后市，左祖右社”的传统，大都的布局，完全符合这个原则。

大都街道，纵横整齐，全城划为五十个坊，为居民住所。今天北京街道、胡同的分布，还可以看出旧日的痕迹来。“胡同”据说就是元代对街道的称呼。大都也是个繁华的都市，牛羊马匹、瓷器、石雕古玩以及外国的珠宝、珊瑚等交易十分繁荣。

大都人口繁密，粮食供给要从江南运来，海运之外，大运河成为主要渠道。粮船先到直沽（今天津）然后转运京师，因此，大都城内还分布着很多粮仓。有些粮仓的故址，今天还能找到。新中国成立以后，雍和宫西面的城墙豁口，出土了“元都漕运使王德常去思碑”，碑文中记载了当时的运粮、储粮情况、粮仓名称。

元大都的兴建事业中，千千万万人付出了劳动，而留下姓名的，却为数不多。

刘秉忠是元大都的主要设计者，他是一位精通我国儒家经典的学者。大都城规划得井然有序，别具特色，又合乎“古制”，他付出了不少精力。

郭守敬是邢台人，他精通天文地理，创制了一套天文仪器，建立了司天台，即后来的观象台。他又别引京北昌平白浮村的神山诸泉水注入大都城内积水潭，完成了著名的“白浮堰”水利工程。它为通惠河提供了较充足的水源，有利南方漕粮运输，也丰富了宫苑用水。新中国成立以后修建的“京密引水渠”下游一段，基本上沿用了元代白浮堰故道。

大都的建设工程中，还有不少外籍人士参加，阿拉伯人也黑迭儿，擅长建筑，管理各族工匠。尼泊尔人阿尼哥，也参与了工作，今天西四牌楼附近的白塔寺，就是阿尼哥参照尼泊尔建筑式样设计的。

意大利人马可·波罗在元初来到大都,以后在他的游记中盛赞这东方“汗八里”大城。

明清北京

洪武元年（1368 年），朱元璋建立了明朝，首都设在今南京。同年 9 月 12 日，朱元璋令大将徐达北征，攻占了大都，改名北平府。后朱元璋将第四子朱棣封于北平，称为燕王。再后，燕王朱棣又从北平起兵南下，攻占南京，夺了侄子朱允炆的皇位。永乐十九年（1421年）将首都迁到北平,改为北京。清兵进关，又在北京定都，于是，明清两代，北京作为全国的政治中心，长达五百年之久。

明朝初年，本来没有定都北京的打算，为了“压胜”，除掉元朝的“王气”，曾经拆毁了元朝的宫殿。到明成祖建都北京，又重新营建宫殿。早在徐达攻克大都时，因考虑北城空旷难守，曾将元大都的北城墙南移五里，仍开两个门，即今德胜门与安定门。永乐十七年（1419年），又将原大都南城墙南移二里，仍开三个门，成为今宣武门、正阳门、崇文门。东西城墙，基址没有改动，门位也没变更，只是名称改换了，原来的崇仁门、齐化门改为东直门、朝阳门，和义门、平则门改为西直门、阜成门。土筑的城墙，明朝时改为砖墙。

宫殿所在，即现在的故宫，它以奉天殿（太和殿）、中极殿（中和殿）、建极殿（保和殿）和乾清、交泰、坤宁三宫组成了雄伟的建筑群体，金碧辉煌，显示着皇帝至高无上的尊严，从南面的承天门（今天安门），一条中轴线直贯北面玄武门外的万岁山（今景山）。这些宫殿正处于中心地带，更加突出了皇朝统治者的无上威权。庞大的宫殿群，明清两代屡经重建、修葺，大体上保存了下来，成为我国现存最大最完

《皇都积胜图卷》中的正阳门

整的皇家宫殿。宫城之外，又布列了衙署、王府、坛庙等，特别在西郊建造了许多巨大的园苑。

北京营建工程十分浩大，几乎动员了全国的人力、财力、物力，一砖一瓦都凝聚着劳动人民的血汗。在山东临清烧造城砖。从房山县开凿汉白玉石材，雕琢精美的宫殿构件。而铺地的澄浆方砖，又名“金砖”，则是江南苏州烧制的。从永乐四年（1406 年）开始下诏营建北京宫殿，分别派遣大臣到湖广、四川、云南采集大木，到永乐十五年（1417 年）开始营建，上百万民夫工匠日夜劳动，直到永乐十八年（1420 年），宫殿、城池才基本完工。除了营建宫殿，永乐七年（1409 年）又开始营建昌平长陵，终明一代在这里建陵不断，这便是著名的十三陵。

明代中叶，由于南郊的经济商业繁荣，外族的不断侵扰，几次兵临城下，到嘉靖三十二年（1553 年），又修筑了外城。原定计划，要修筑大城，将内城四周围起来，由于财力不够，只修筑了南城一面便停工了。外城南面开三门，即永定门、左安门、右安门。东西面各一门，即广渠门、广宁门（今广安门）。西北、东北二角又有西便门、东便门。清朝定都北京，城区基本上没有改动，城市的规模和格局也一直保留到新中国成立前夕。

今日北京

1949 年 1 月 31 日，北平和平解放，2 月 3 日中国人民解放军举行了隆重的入城式，全市人民欢腾鼓舞，热烈庆祝解放，欢迎亲人。从此，这座古城获得了新生。10 月 1 日，毛泽东主席在天安门城楼发出震撼世界的宣告：“中华人民共和国成立了！”中国人民从此站起来了！第一面五星红旗在北京的中心——天安门广场升起。劳动人民当家做主的北京，成为中华人民共和国的首都，成为全国各族人民的政治中心。

新生的北京，迅速进行了经济恢复、社会主义改造和建设。长期骑在人民头上的大大小小的“镇天桥”、“东霸天”受到镇压；一夜之间封闭了全市妓院；历史遗留的贩毒、吸毒得到清除；世代堆积如山的垃圾在 1949 年一年内清除了八十多万吨。疏浚了三海和环绕故宫的筒子河，初步治理了莲花河、凉水河等河道。全市的明沟改成了暗沟，像龙须沟那样的臭沟，陶然亭那样的苇塘，二龙坑那样的低洼积水地区，大为改观。不仅通衢大道得到整修，“晴天是香炉，小雨成墨盒”的无数条小胡同也相继变成平整的街巷。这些仅在新中国成立后两三年内发生的巨大变化使北京人切身体会到当家做主的权利。

在 1959 年建国十周年的时候，天安门广场扩建完成。人民英雄纪念碑、人民大会堂、中国革命和历史博物馆、北京站、民族文化宫等大型建筑相继建成。北京面貌更是一新。

北京历代都是为封建权贵和军阀官僚享受的消费城市，解放前工业少得可怜。石景山钢铁厂办了四十多年，没有流过钢水。今日北京，钢铁、煤炭、石油化工、纺织、电子等工业先后兴起。和旧北京比，工业总产值增长了近二百倍。东郊出现了“纺织城”，门头沟是“煤城”，近郊还形成了少数卫星城。而具有古老传统的玉器、牙雕、景泰蓝、地毯等手工艺也都得到继承和发展。郊区农业近年有很大发展，农民生活有显著改善。在永定河、潮白河上修建了官厅水库、密云水库、怀柔水库，变水害为水利。京密引水渠源源送来清水，三海、玉渊潭、紫竹院碧波粼粼。便利人民休憩的街头公园到处可见。古长城，颐和园、故宫、天坛……经过修葺，愈益赢得中外游人的赞誉。北京已成为我国科学文化的中心。北京大学、清华大学和几十所新建的大学，形成比较集中的大学区，是北京这座文化古城中的“文化城”。中国科学院及各部委的几十所科研机构以及博物馆、图书馆、剧院、体育馆、美术馆、中小学校、少年宫等等，日益发展。

1980 年 4 月，中共中央书记处对首都的建设提出了四项指示：

（1）要把北京建成全中国、全世界社会秩序、社会治安、社会风气和道德风尚最好的城市。（2）要把北京变成全国环境最清洁、最卫生、最优美的第一流的城市。（3）要把北京建成全国科学、文化、技术最发达，教育程度最高的第一流的城市。（4）要使北京经济上不断繁荣，人民生活方便、安定。要着重发展旅游事业、服务行业、食品工业、高精尖的轻型工业和电子工业。

首都人民加快了建设步伐。在维护驰名中外历史名城这一特点的前提下，进行现代化建设，一座座高楼像雨后春笋般平地而起。继早先建立的和平里、小庄、垂杨柳居民区之外，前三门、劲松、团结湖、双榆树等居民区相继建成；传统的小胡同的环境也治理得更加整洁幽美。随着市区不断扩大，环城的交通干线二环路、三环路相继竣工。北京的街道，自元大都以来保持的棋盘式格局，逐步用环形加放射式的布局联系起来。自北京站到石景山古城横贯市区东西的地下铁道正式通车以后，环城的地下铁道已建成。街道绿化在大力进行，绿荫草地面积不断增大，治理污染也日益引起重视。很多地区的街头公园绿草如茵，花木繁茂。

随着社会主义精神文明建设的发展，北京这座世界名城将以最整洁的市容环境、最文明礼貌的社会风尚、最好客的热情，迎接来自世界各地和国内各地区、各民族的嘉宾。

原文载于《北京风物志》第二章历史沿革，
北京旅游出版社，1985年，现改今名。

宣武区历史沿革

宣武区为北京市辖区之一，位于市区中心——天安门西南方，因宣武门而得名。宣武区的地理位置、历史沿革与北京的历史发展紧密地联系着，因而，北京的历史变迁在一定程度上标志着宣武区的历史发展。

北京历史悠久。商、周时代，为燕、蓟之地。《史记·周本纪》载："封召公奭于燕。"又记："封帝尧之后于蓟。"燕在今房山县琉璃河董家林古城一带，蓟约在今北京附近。由于"蓟微燕盛，乃并蓟居之"，因之，北京并称燕、蓟。秦始皇灭燕，取燕城设郡，属上谷郡；楚汉之际，项羽封臧荼为燕王，都蓟；汉武帝元狩元年（公元前 122 年）封皇子旦于燕国，都蓟，旦诛国除，改幽州；昭帝元凤元年（公元前 80 年）改燕国为广阳郡，宣帝本始元年（公元前 73 年）更为国，以封燕剌王太子建为王，都蓟。不论为州、为郡、为国，均以蓟城为治所，而以蓟县附郭。看来，蓟之名称不仅来源久远，而且自古以来一直为北方重要城镇。

建国后，宣武门附近和以南、以西地区地下发现了大量战国至汉代陶制井圈，并伴有取水工具陶罐出土，这里是否为古代蓟城所在，目前尚无定论。但是，出土文物表明，远在战国时代，宣武区附近已经成为范围广大的人类聚集地，则是事实。

古代又常以"蓟丘"代表蓟城。《水经注》记："今城西北隅有蓟丘，因以名邑也。"本区内白云观西侧原有高大土丘，后人常指为"蓟丘"。1974 年，对"蓟丘"做了考古发掘，发现土丘之下埋藏着残城西北城角，城角下又压着东汉时代的墓葬，从遗址的叠压关系判定，残城遗址晚于东汉。1965年，京西八宝山革命公墓西侧发现了西晋王浚妻华芳墓，墓志记：永嘉元年（307年）“假葬于燕国蓟城西二十里”。《晋书》记：晋代州下有郡、国，幽州燕国统县十，蓟是其一。残城遗址与墓葬二好是东西方向。从方位、里程印证，这一残城当是晋代蓟城无疑。而今天的宣武区所辖西部地区正处于晋代蓟城之中，自晋至隋，幽州刺史又皆以蓟城为治所。

东晋永和八年（352年），鲜卑族首领慕容儁建立政权，称大燕，史称前燕，在蓟城建都，改元元玺，并在城内建立太庙、宫殿。又为死去的坐骑“赭白”铸铜像，置于蓟城东掖门，为后世留下“铜马门”、“铜马坊”的名称。

唐代的幽州，仍以蓟城为治所，沿用晋代旧城。文献记载：幽州城南北九里，东西七里，开十个城门。城中又有子城，为藩镇衙署所在。唐初，郭下由蓟县理政事，建中二年（781年）后，由二县分治。西都为幽都县，由原来管理少数民族的燕州廨署为治所，在城内偏北处；东部为蓟县，用原县署，在城南东部偏南。幽都辖城郊十二乡，蓟县辖城郊二十二乡。乡之下有村里。城中居民划分为坊居住，根据近年发现的刻石证明，计有罽宾、肃慎、卢龙、辽西、花严、铜马、蓟北、军都、幽都、招贤、归仁、劝利、时和、归化等坊。街道纵横整齐，有檀州街、燕州街、经略军南街等，这是北京最古老的街道名称。城内有市，是进行商业、贸易的场所。幽州城不仅是汉族聚居之地，也居住着不少兄弟民族，还经常有各地宗教人士往还，成为北方著名的城市。

唐代幽州又是北方军事重镇。贞观十八年（644年）唐太宗东征高丽，曾以幽州为军事基地，贞观十九年（645年）军回，为悼念东征阵亡将士，在幽州城内建立了悯忠寺，清代改名法源寺，是北京最早的寺庙之一。天宝十四载（755年）后，安禄山、史思明以幽州为据点，先后称帝。五代初，刘守光又称帝。连年割据、战乱的结果，不仅破坏了民族的团结，也给幽州地区的经济带来了严重的创伤。

幽州蓟城，地处北方门户、要冲，诗人们常以“蓟北”、“蓟门”为题作诗吟咏，留下很多诗作。开元十八年（730年）又设立了蓟州，即今河北蓟县。该时北方有两个蓟，一是蓟县，在幽州蓟城，即今北京附近；一个是蓟州，在幽州东北，即今河北蓟县。诗人为诗作文，喜用古称，常以“蓟门”泛指幽州，如窦巩《奉使蓟门》说:“今日一茎新白发，懒骑官马到幽州”等，这里指蓟门即幽州无疑，但后人不察，注释唐诗又常将“蓟门”注为后设的蓟州，这显然是错误的。

辽代建五京，会同元年（938 年）以幽州为南京，作陪都，仍用唐代幽州旧城。城开八门，东曰安东、迎春，南曰开阳、丹凤，西曰显西、清晋，北曰通天、拱辰。在城西南部建宫殿，有弘义、长宁、永兴、积庆、延昌、彰愍、崇德、兴圣、延庆、敦睦等宫，又有清凉、元和、嘉宁等殿。皇城南有球场，是契丹皇帝、贵族骑马、射箭、击球之所，又建永平馆，为接待使节之用。

辽升幽州为南京，同时建卢龙军。开泰元年（1012 年）落军额。南京又称燕京，改幽都府为析津府，郭下仍由两县分治。西部的幽都县改为宛平县，东部的蓟北县改析津县。城内居民们划坊居住，坊建坊门，上置匾额，书写坊名。共计二十六坊，有些是用唐代旧名，有些用新名，如隗台坊、永平坊、北罗坊、齐礼坊、宣化坊等。《契丹国志》载“燕京析津府，户口三十万。大内壮丽，城北有市，陆海百货聚于其中”。“锦绣组绮，精绝天下，膏腴蔬瓜果实稻粱之类靡不毕出”。户口三十万，是指析津全府而言，有汉人，也有契丹人和其他民族，他们共同的劳动、生产，促成了市场的繁盛。

辽代帝后笃信佛教，常在燕京大做佛事，因而城中寺庙如林，僧人也很多。著名寺庙有昊天寺、开泰寺、三学寺、竹林寺、天王寺等。天王寺明代改称天宁寺，寺中有辽代建的（编者注:另说为“隋建辽修”或“隋创建，辽重建”）十三层八角密檐砖塔，至今犹存。塔高近 60 米，下有壶门浮雕，上部有斗拱、勾栏，诸角满饰风铃，微风吹来，叮咚作响。不仅显示着辽代的宗教文化，而今也是宣武区内重要的建筑遗产。

燕京城内刻印佛籍经卷的手工业也很活跃。新中国成立后，山西省应县木塔发现了辽代刊印的藏经，被称为“契丹藏”，经尾刻:太平五年（1025 年）“燕京檀州街显忠坊门南颊住冯家印造”，据考证，檀州街即今宣武区内三庙街[1]，由这里刊刻佛经传播四方，同时还可以看出燕京的手工印刷事业也很发达。

宋、辽对峙，但南北使节常有往还、聘问。民间的文化交流也不断进行，宋朝的印本书籍传入燕京，在市场出售。诗人苏辙，作为宋使到过燕京，他写到："谁将家集过幽都，每被行人问大苏。"北国人士不仅知道乃兄苏轼的大名，苏氏文集也传到北方，而燕京正是文化交流的中心。

继辽之后，金代海陵王完颜亮于天德三年（1151 年）又在辽南京城址上建立都城。贞元元年（1153 年）迁都于此，改名中都，定为国都。改辽析津府为大兴府。大兴之名自此始，析津之名遂废。

郭下仍治两县，西部为宛平县，东部为大兴县。两县附郭的格局、名称，一直沿续到清代。

中都城的建筑仿照宋汴梁城建成，计三重城，据文献零星记载，外城东、西、南三面均有扩充，近年调查，北面城墙也有扩展。金代中都比辽代南京城大得多，城址几乎全部坐落在今宣武区内。城开十三门，西曰丽泽、灏华、彰义，南曰景风、丰宜、端礼，东曰施仁、宣曜、阳春，北曰会城、通玄、崇智、光泰。今宣武区西北部仍有会城门的名称，是金代城门遗址所在。都城正中为宫城，有殿九重，有大安殿、仁政殿、福寿殿、承华殿、太和殿等，又有粹英、寿昌等宫。循御道东西为千步廊，东边建文楼、来宾馆、太庙；西边建武楼、会同馆、尚书省。会同馆和来宾馆是用以接待使节的。内城之西有同乐园、瑶池、蓬瀛、柳庄、杏村，为四时游乐之所。

城池向外扩展，面积增大，城内居民居住坊的数目也有增加。《元一统志》记：中都城内西南西北二隅计 42 坊，东南东北二隅计 20 坊。有些坊名是唐辽时代旧地旧名，有些是新名，由于城池向外扩展，有的则一坊两名，为南北或东西对称。如南开远、北开远，南永平、北永平，南揖楼、北揖楼，南蓟宁、北蓟宁，南卢龙、北卢龙，南春台、北春台，东甘泉、西甘泉，东开阳、西开阳，东河曲、西河曲，东孝慈、西孝慈等。根据寺庙位置碑

---

① 原编者注：于杰、于光度著《金中都》一书称檀州街乃今广内大街，两说何者为准？须待进一步考察。

石刻文结合实地勘察，有些坊位可以复原定位、作图示址，并可推断出原来的街衢、衙署位置。如大兴县衙署在东开阳坊之东，临东县西坊，在城内东南部，今法源寺附近；宛平县衙署在长春宫旧址之南，西县西坊之东延庆坊内，地处城内西北部，与文献记载相符。

中都城内有市，以大悲阁为中心，地点在今牛街北口一带。附近有穷汉市、蒸饼市、胭粉市等。穷汉市是雇佣临时短工的场所，附近有各种食品出售；市南三灵侯庙又有马市，为牲畜交易场所。

金中都时期是我国北方城市建筑从封闭式的坊市向开放式的街市制转变时代，随着城市居民的增加，人民交易活动的频繁，交易场所也逐渐向街巷发展。不少街巷有了店铺，还有酒楼之设，以供饮宴，如崇义楼、县角楼、揽雾楼、遇仙楼等。宗教活动也很盛行，寺庙遍及全城。

金中都是金代都城之一，也曾是南下攻宋的跳板和基地。实际上从完颜亮贞元元年（1153 年）建都，至完颜珣贞祐二年（1214 年）南迁汴梁，中都使用共 60 年。南迁之次年（1215 年），北部兴起的蒙古族分兵南下，攻破了中都，城池、宫阙遭到毁灭性的破坏。中统元年（1260 年）忽必烈到燕京，目睹这一片瓦砾残址，放弃了在旧址建都的念头。当年回开平即位，每年南北往来，在燕京过冬，在开平度夏。中统四年（1263 年）定开平为上都，次年，又将燕京定为中都。

忽必烈看中了这里的地理位置，他放弃了残破的中都，至元四年（1267 年）又于残城东北郊，另建新城作都城。至此，历代经营的北方重镇——蓟城衰落下来，名噪一时的宫阙殿堂成为蓬蒿丛生的遗址。

元代自至元四年（1267 年）离开了辽金城旧址兴建新城，至元八年（1271 年）建大内，并正式改国号“大元”。至元十一年（1274 年）宫阙告成，忽必烈御正殿受朝贺。次年定名大都，把大兴府改为大都路总管府，仍以大兴、宛平二县附郭，宛平辖西部，大兴辖东部，开设左右警巡院，分领城中坊市民事。至元十三年（1276 年）大都城竣工，由于大都新建，城内面积广阔，人口稀少，责令辽金旧城居民迁入新城。“诏旧城居民之迁京城者，以资高及居职者为先，仍定制以地八亩为一分，其或地过八亩及力不能作室者，皆不得冒据，听民作室”。新都兴建了宫阙衙署，又把辽金旧城的官宦富豪迁到新城,新城逐渐繁盛。但是,作为大都属区的辽金旧城,却越发衰落下来,只剩下那些旧时残破的宫观寺塔,吸引着骚人墨客们四时寻幽访胜。

金、元之际,有“蓟门飞雨”之说,列为“燕京八景”之一。古称蓟城为“蓟门”,金代中都城中,又有个地方叫“蓟门”,使情况更为复杂了。《金史》记:大定二十三年(1183年)世宗对臣下说:“朕前诣兴庆宫,有司请由蓟门,朕恐妨市民生业,特从他道。”看来当时的蓟门还是个繁华所在。据考证,其地约在今牛街北口。蓟门附近有个庙宇名大悲阁,建于唐代,辽代重修,辽圣宗因避雨曾入大悲阁,大悲阁遂改名圣恩寺,后来大悲阁圮废,蓟门地名也不存在,“蓟门飞雨”一景又演变为“蓟门烟树”。后人不了解蓟门泛指幽州蓟城,更不了解“飞雨”的演变,把“蓟门”解释为城门的门,已经失掉原意。更有甚者,蓟城城门找不到,把元代大都残城北墙西部的健德门指为蓟门。乾隆皇帝好古,寻访古迹连健德门也没找到,又指元大都西墙残址为蓟门,并立了一通“蓟门烟树”石碑,至今任人凭吊评说,更是大乖原意了。其实,古迹溯源,历史上的蓟门,无论以城为论,以地为说,其源都在今宣武区。

洪武元年(1368年)朱元璋建立明朝,定都于南京。同年九月,命大将军徐达北征,攻占了大都,元朝覆亡,把大都改名北平府,后将第四子朱棣封于北平,为燕王。朱棣称帝,于永乐十九年(1421年)将京都迁于北平,改名北京,又恢复了京都地位。

明代的北京基本上保留了元大都的旧址范围,只是将元大都北城墙往南移五里,仍开两个城门,即今德胜门与安定门。大都南城墙原在今东、西长安街一线上,永乐十七年(1419年)又向南拓展两千七百余丈,门名仍用崇文、正阳、宣武门名称。新中国成立以后,将城门拆除,城墙改建为东西大道,但仍保留着崇文、正阳、宣武门的地名。只有北京火车站南侧还保留着一点明代城墙的残迹。

明代北京为顺天府,附郭两县,东为大兴,西为宛平。今宣武区当时属宣北坊、宣南坊、白纸坊、正西坊与正南坊。

清代又以北京为首都,仍称顺天府,大兴、宛平附郭不改。明朝初年,没有定都北京的打算,为了“厌胜”,除去元代的“王气”,曾经拆除元代宫殿。

朱棣建都，又不得不再建宫殿，到清朝又因袭使用明朝宫殿。

中华民国成立，民国二年（1913 年）北京改称京兆，设京兆尹。民国十七年（1928 年）迁都南京，北京改北平，设北平特别市。河北省政府迁来，又隶属河北省。此后，市内的宛平县署迁至北京西南的卢沟桥，大兴县署迁到南郊黄村，结束了历史上两县附郭的格局。民国十八年（1929 年）内外城区二十区合并为十一区，内城六区，外城五区，宣武区属外二区、外四区之地。

1949 年北平解放，同年 9 月北平改为北京市。在 1949 年 9 月 21 日至 30 日举行的中国人民政治协商会议第一次全体会议上，北京被定为中华人民共和国首都。1950 年 4 月调整城区区划，这一带划为北京市第八区。1952 年调整区划名称，以地处宣武门外，改称宣武区，名称固定下来。至 1958 年前门区撤销建制，将西部地区并入，形成今日区界。

自元、明、清以来，北京成为全国的政治、经济、文化中心。作为京都的组成部分，宣武区没有宫殿、衙署，却成为工商、文化市肆。它的再度繁荣，是它优越的地理位置提供了便利条件。北京北部多山，交通不变，南部是敞开的大平原，物产丰富，它处于农、商、手工业产品集散的重要场所。明代嘉靖三十二年（1553 年）外城建成，大部分地区入于外城之内，城市经济的发展，商品流通区域的扩大，不仅使工商业繁盛，文化事业也逐渐发展起来，会馆的建立就是一个标志。

我国历史上早有“会馆”性质的设置，北京的会馆始于明代嘉靖、隆庆年间，到清代会馆林立，而以宣武门以南地区为最多。这些会馆，有的工商业者为维护本身利益防止同业竞争而设，属于工商行会性质；有的属地方性同乡组织；有的两者兼有。《朝市丛载》记：“省有省馆，府有郡馆。县有县馆”，有的还一县数馆，而同乡会馆也以宣武门以南地区为最多。科举时代，各地举子进京应试，同乡会馆为他们的食宿等多方面提供方便，因此，也是他们栖身之地。晚清时，举子们关心政治，会馆又成为议论时事政治的中心。光绪二十一年（1895 年）康有为、梁启超为首的“公车上书”，就是从南海会馆发起的，成为近代中国资产阶级维新派发动的第一次群众运动。

会馆的建立，多集中在宣武门南面附近，这里地近琉璃厂，再加上科举考试举子们对图册书籍的需求，不仅促成了琉璃厂书肆的发展，而且使宣南成为当时文人居留的中心地区，我国著名的文人学者如林则徐、龚自珍等都曾在宣武区的会馆里居住，留下了不少具有重要价值的著作。

宣武区既有古代留下来的文物古迹、历史遗存，也有一些革命史迹、文人故居，有些至今保存完整。这些遗物、遗迹，作为历史见证，无疑会对探索研究北京历史发展、进行爱国主义教育发挥作用。

原载于《宣武区地名志》

北京出版社，1992 年

蓟城与蓟门

蓟城的探索

首都北京，历史悠久，战国时代属于燕国之境。《韩非子·有度》篇载：“燕襄王以河为境，以蓟为国。”传说燕国蓟城，就在北京附近。到底在哪里？成为北京史上的一个问题。

关于蓟城的方位，文献记载很少。欲进行探索，地下出土的实物资料显得特别重要。三十多年来，随着基本建设事业的大规模开展，北京城郊附近时有遗迹遗物发现，考古工作者也做过一些调查发掘。遗址的调查发掘表明：历史上的蓟城，并不是前后相沿使用的，其城位有过变更。变更的时限在东汉末年。这就使蓟城的探索，有在时代上分期的必要。即东汉以前为一期，暂称前期蓟城；东汉以后为一期，暂称后期蓟城。目前，通过遗址遗物结合文献的研究，后期城已可大体定位，且知其城位在各个历史时期没有变更，前期蓟城，还茫然不知处所，更不了解城位变动与否。

本文旨在探索前期蓟城的城位，对于后期蓟城，略有涉及，不作重点论述。至于前期蓟城，即东汉以前，上至战国，其城有否变化，资料不足，尚难推断，暂以不变论。

有关遗迹遗物的发现、出土，虽是重要的根据，但十分零散。时代早晚不一，分布也不集中，如果理出一点头绪，略加总结、分析，再作一点推断，也许有助于这一问题的解决。

前期蓟城在哪里

白云观西遗址的发掘，使后期蓟城得以定位，并且证明前期蓟城不在这里，城位不存在前后继承问题。出土井圈的密集处所，附近有汉代墓葬存在，资料互相抵牾，如果仅凭井圈密集指为前期蓟城，证据尚嫌不足。同时，分布广阔的战国、汉代墓葬地点，又显然不是城址所在。那么，前期蓟城到底在哪里？在目前情况下，指明前期蓟城所在，的确存在不少困难。不过，在无直接证据之前，排除一些地区之后，据理探索，仍有三处可供考虑。

（一）京西八宝山以西略北地区

白云观西遗址发掘，常常发现水沙夹杂的战国陶片，据其棱角磨光，推测是上游水沙冲刷、携带而来。上游在哪里？应是八宝山以西略北，永定河东岸一带。且不论这里有没有城址，至少可以说，远在战国时代，这里居住人口不少，而陶片正是其遗物的极小部分。人口不少，当然也就不能排除曾有城址的可能性。到目前为止，这里还没有发现与之相互抵牾的资料。

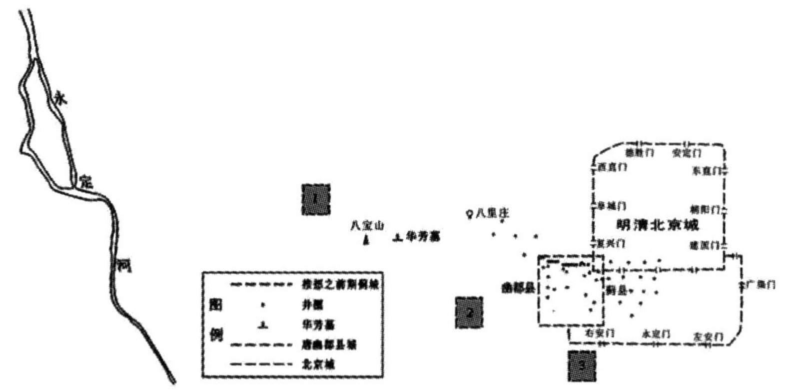

■为京西八宝山以西略北地区 ■为京西南，外城以西地区 ■为后期蓟城南

前期蓟城位置推想示意图

八宝山略北，曾经发现过汉代石阙，可能是墓前设施，但其地在八宝山北，所指上游，在八宝山西略北，两者并不矛盾。值得注意的是，以上所指地区有个地名：古城。名为古城，必有所本，所本是什么？目前还不清楚。奇怪的是，几经调查，地面上不见古城遗迹，也不见古代遗物。几次访问，当地老年群众指不出古城所在，更说不清名称的由来。这一带西面是永定河，于其东南下游发现磨光陶片，如这一带真有前期蓟城，也真的毁于洪水，从地理形势与实物相互联系观察倒是于理相合的。当然，这还仅是推测，仅是在目前缺少更多证据情况下的设想。今后的考古调查、发掘或出土实物，也许还会进一步提出比较确切的线索与证据，来补充它，修正它，或否定它。

（二）京西南，外城以西地区

1957 年《文物参考资料》第 7 期报道：北京广安门南 700 米护城河西岸，发现了陶制饕餮纹瓦当等物，是典型的战国遗物无疑。根据瓦当推测，它不应为一般平民所用，而应是宫室、庙堂等高大堂皇的建筑物构件。瓦当等物的出现，又加深了这一认识：有战国宫室、庙堂等遗物存在，战国蓟城当在北京附近。原报道又说，瓦当发现地点，并有文化层“厚一米以上”①。有瓦当，又有文化层，按道理讲，将这里定为战国蓟城宫室，是合理的。但是，如果这里是战国蓟城所在，根据复原后的后期蓟城观察，它处于城内西南侧，与后期蓟城城位抵牾。也就等于说，前、后期蓟城在同一地点，有继承关系，这又与上述白云观遗址的城墙与墓葬的叠压关系相矛盾。原报道没有仔细描述瓦当原物与文化层之内涵、层次等等，还不能明确这里出现的瓦当及文化层，有没有受到水沙冲积的现象。如果有，倒是与文献相合，则其宫室等建筑不在这里，而应在略西地带。有战国宫室在，自然是前期蓟城。

关于燕国宫室，《史记·乐毅传》有记载：公元前 284 年燕将乐毅伐齐国，大胜，“珠玉珍宝，车甲珍器，尽收入于燕。齐器设于宁台，大吕陈于元英，

---

① 赵正之、舒文思《北京广安门外发现战国和战国以前的遗迹》，见《文物参考资料》1957年第7期。

故鼎反乎磨室”[①]。《史记正义》引《括地志》注解:“燕元英、磨室二宫，皆燕宫，在幽州蓟县西四里，宁台之下。”[②]这是唐人的记录。唐代幽州城内有蓟县，所谓幽州蓟县，实际上即后期蓟城。所谓旧日燕宫在幽州蓟县西四里，也即后期蓟城之西四里，当是前期蓟城所在。但是，瓦当出现于后期蓟城内西侧，又有文化层，这与文献不尽相合。如果设想，燕宫所在的前期蓟城，原在幽州蓟县即后期蓟城之西数里处，而由西来的洪水冲刷，使瓦当等物随水东移数里，息足于后期蓟城内西南侧，这与文献记录倒是两相符合了。同时，后期蓟城之西，数里之内，尚未发现战国、汉代墓葬等抵牾资料。这一设想是否正确，在于出土瓦当有无水沙磨损痕迹，更为关键的是，厚达一米的文化层有什么文化遗物？是否为水沙冲积所形成？这需要仔细辨认，反复验证才行。可惜，报道简略，没有着重描述，遗址已经不见，也无从仔细分辨了。

（三）在后期蓟城南

所谓前期蓟城在后期蓟城之西，只是根据文献结合瓦当等物，据受洪水影响才使遗物迁移的设想。设想是否正确，关键又在于文化层是否原始堆积及遗物有无水沙冲刷与磨损现象。如果瓦当等物没有水沙磨损痕迹，而文化层也确属战国堆积，则又当如何呢？答案只有一个，这里是战国蓟城无疑。至于它与后期蓟城城位的矛盾，就只有重新考虑后期蓟城之复原是否正确。后期蓟城之定位、复原主要根据白云观西遗址的发掘。遗址的城墙与墓葬有叠压关系，层次清楚，城墙是后期蓟城西北城角，可以肯定。至于复原后的南部城墙，就要重新考虑了。也就是说，战国瓦当及文化层所在如果是前期蓟城，其地正处于后期蓟城西南部，两城斜交错叠，不尽合理，则后期蓟城之南墙，必须考虑适当北移。也就等于说，后期蓟城之新建，与旧日蓟城北部相接，或约略相隔。也可以说，前期蓟城在后期蓟城之南，二城相隔、相接，或有极少部分套叠。当然，这又是推断、设想。

---

① 《史记·乐毅传》卷八〇，中华书局标点本。

② 《史记·乐毅传》卷八〇，中华书局标点本。

而设想与推断的前提，仍是以白云观南遗址的发掘情况和瓦当及文化层的出现为依据。

一座城址的复原，主要以遗迹遗物为依据，目前尚无可靠的实物，仅有的可资为据的瓦当与文化层，又表述得含混不清，使城址的定位都感到困难，两城的关系如何，就更不易弄清了。

如果真的是前期蓟城在南，后期蓟城在北，这将涉及另一问题，即：又是什么原因使城址发生变化呢？而两城距离又那么近，是战争？天灾？还是洪水？想来后者的可能性更大些。广安门南一带，仍处灅水下游，洪水泛滥首当其冲，相反，北面的白云观遗址，发掘后从大面积比较调查证明，地势较高，正是“蓟丘”所在，洪水之后，南城北移。迁之高阜，情理所必然。依此而论，前期蓟城，建于丘陵之南，避风向阳，也不是不合道理，只是没有考虑到洪水而已。同时，上面讲到，北京外城内西南侧虽有汉墓出土，其墓地应在前期蓟城城外东侧，地图出版社及白纸坊汉墓，也都应在城外，墓葬与城址，也并不抵牾。《史记·乐毅传》“报燕惠王书”中记“蓟丘之植，植于汶篁”。燕国蓟城，北临土丘，乐毅用文学语言，以蓟丘象征蓟城、燕国，文献与城址倒也两相符合。

水与前期蓟城

上面谈到出土的陶井圈，有的属汉代，有的属战国，时代不一，但有一点却是共同的，也是特殊的现象：即所有井圈的出现，都是井的下半部陶圈。二圈五圈，多少不等。无论从地面开槽挖沟所获，或者地下施工所得，都是如此。也就是说，陶井圈并没有露出地表，其最上层与现在地表有一段距离。陶井的上半部的情况，包括陶井的上部结构，井口设施等等，都不清楚。特别是与陶井上部有关的同一时期的文化层情况，就更不清楚。

北京地区是多代建都之地，市区内的地下堆积很厚，有的达3—5米。但是，多为辽、金、元、明等代遗物，有关汉代、战国时期的文化层却少见。

联系到陶井的情况，就不能不提出疑问，既然有战国陶井、汉代陶井，而原来使用陶井的人，他们的遗迹遗物哪里去了？又是什么原因，使这一文化层消失了呢？况且，从陶井的分布看，使用陶井的人，为数并不算少。

一座城市毁于战争是可能的，但是，城市的残迹，诸如砖瓦木石、颓垣残壁，或者建筑物基址以及日用杂器等，不是短时期所能消失的，总会有些遗迹遗物残留下来。毁于疾病、灾荒，同样如此。唯有一项是例外，即水害，如果毁于滚滚洪水，其遗迹遗物不见或少见，倒是正常现象了。

前期蓟城，如果设想毁于洪水，它又是否具备这样的地理条件呢？看来条件是具备的。北京西郊的永定河，古称灅水，是一条巨川，《水经注》作过详细的描述。北京的地势，西北高于东南，京西的三家店，正是其出山口，洪水暴涨出山，漫经三家店东南，流注冲向今日北京西部、西北、西南地区是不言而喻的。虽说，从历史上看。利用古灅水开渠设堰，引为水利的记载不少，但是，洪水为害的记录，则更多些。这样看来，把前期蓟城设想为它曾经被洪水冲毁，或淹没过，倒也并不是非分之想。

如果这一设想能够成立，或有什么线索可证，而前期蓟城城址位于北京西部，或西部略北的可能性增加了。

1974 年笔者在白云观西遗址发掘时，北侧的沙层中间，出现了这样的现象：细沙中间常常夹带一些夹砂红陶碎片，陶碎片又常常具有棱角磨光的现象。就夹砂红陶碎片讲，不论它是否是当时人的实用器物，或死人墓葬中的明器碎片，在北京地区，都应是战国时代遗物，这已为许多遗址、墓葬所证实。在古代遗址的发掘中，陶片的出现，是常有的事，但是，陶片棱角磨光的现象实属少见。

棱角磨光，其原因是什么呢？显然是水的作用，即陶片长期被水冲刷的结果。从陶片与流沙混合夹杂的现象分析，它不应是本地所有，而应是从其他地方由水沙携带、搬运而来。沙中屡见陶片，水沙上游，就很可能是古代人口或墓葬集中的处所。墓葬又常常深埋于地下，而陶器的原在处所，是人口密集地点的可能性就更大些。

如果这一推测不误，自然使人联想到前期蓟城。也就是说，前期蓟城很可能处于水沙上游。也可以说，洪水冲毁蓟城，使水沙携带着陶器，破碎成片，沙砾使陶片棱角磨光，流向下游来了。

棱角磨光陶片的出现，不仅支持了水毁蓟城的设想，对于探索前期蓟城城位，也成为重要线索之一。

出土的井圈、墓葬与前期蓟城

探索前期蓟城，北京附近出土的井圈与墓葬不失为重要线索。但是，对这些线索，又有必要加以分析。

解放三十多年来，北京城郊附近发现过一些陶制圆形井圈。一般可分为两类：一类高约 56 厘米，直径 65 厘米左右，圈壁厚 2 厘米；一类高约 38 厘米，直径 78 厘米左右，壁厚 3 厘米。两类都是灰色陶质。井圈出土时都是上下重叠，有时残留三至五圈。一些井圈内有时还有陶制水罐残留着。从水罐的陶质、形制、制法，可以大体确定：前类高而细者，时代约当战国；后类矮而粗者，时代约当汉代。从时代看，两类井圈与前期蓟城所处的时代，大体相当。

井圈分布的地区，就目前所知，多在和平门北侧、南侧，南至琉璃厂西柳巷附近；宣武门北侧、南侧，南至菜市口北；从宣武门往南，至建国门南侧一线。再往西，至公主坟、五棵松。再西，八里庄也有零星分布。其中，以宣武门外，白纸坊北侧附近比较集中。笔者曾经手发掘的，今八里庄勘测院招待所楼下出土的井圈，是目前所知最西的一处。

在人类的日常生活中，水是一刻也不能离开的。今天如此，古代也同样如此。井圈是古代水井的井壁，白纸坊一带井圈分布略多，从道理讲，应是古代人类居处比较集中的所在。而两类井圈的时代，又大体与前期蓟城的时代相当，这就很自然地使人联想到，这里是否是前期蓟城的所在呢？从古代井圈的出现考虑，提出这个问题，无疑是很有道理的。应予充分注意。

不过，这只是问题的一方面，另外的情况也需要考虑：即墓葬的存在。

古代习惯，城内一般不做墓地。特别是大型墓葬，在城内者更属罕见。用墓葬的位置来探索城址，也属可用的方法之一。

前面讲到，辽代的南京，使用了唐代幽州蓟城旧址。金建中都，又使用了辽代南京故城。《金史》[①]记载，金天德三年（1151年）对城墙曾有扩展。原辽南京东城墙之外，曾有两座古墓——二燕王墓，将被圈入城内，想迁移别地埋葬，发掘之后，经名士蔡珪根据出土实物、文字考证，西边的一座是西汉时高祖子刘建墓，东边一座为燕康王刘嘉墓，墓葬所在，今天虽然不能确指其处，但是，它位于辽南京东城墙外，金中都东城墙内，是可以肯定的。目前，辽代南京、金代中都的城址，已经大体清楚，根据城址可以推断，墓地约在白纸坊东一里左右之南北线上。如果以白纸坊略北附近井圈比较集中而设想为前期蓟城所在，两座汉代大墓就势必位于城内，这显然与古代习惯不合，井圈与墓葬材料，互相抵牾。另外，就在井圈集中的白纸坊附近，也曾有过汉墓出现，与这里曾是前期蓟城的设想，也是相互矛盾的。

还应注意到，白纸坊稍南，今地图出版社院内，也有过汉墓出现。从地点讲，该地正处后期蓟城范围之内，由于后期蓟城是东汉之后新筑，城内有前期墓葬，则是正常现象，也正好说明，后期蓟城与前期蓟城，不是前后相承使用的。但是，这与白纸坊附近为前期蓟城的设想，却是矛盾的。这样一来，白纸坊一带虽然井圈比较密集，但有关曾是前期蓟城的设想，就基本上不能成立了。

探索前期蓟城，井圈是有利条件，可资参考，但是墓葬所在，常常不是同期的城池所在，这也是一般规律。有关墓葬还可以举出一些。例如，西长安街北、民族宫附近曾发现过东汉墓，北京外城西南角内侧曾发现东汉、西汉墓数座，先农坛内也有汉墓出土。陶然亭公园曾出土战国墓数座，再往东，永定门外三环路侧有战国墓出土。解放初期，西郊五棵松、万寿路附近北侧，虽有井圈出土，但南侧曾发现战国墓。

以上的零星墓葬，有的是主动发掘的，有的是工程进行中偶然发现，

---

① 《金史》卷一二五《蔡珪传》。

事后获得出土器物的，虽无详细葬制记录，但墓葬的时代清楚，地点无误。这就是说，上述地点，不论发现的是东汉、西汉或战国墓葬，也不论它距井圈出土地点相近、相远，在道理上讲，都不应是前期蓟城城址所在。而且，从墓葬的分布看，墓葬与墓葬之间，也常常没有可容城址的间隙。

墓葬地点，不应是同期城址所在，道理明显。举出上列葬地，在估计与设想存在城址的可能性上，就排除了不少地方，使探索的范围大大缩小了。以墓葬为证寻觅或排除城址，城址既不在这里，那就要另找线索，再扩大范围到别处去探索、寻觅。

后期蓟城

1965 年，北京西郊八宝山南侧修筑地下铁路时，发现了西晋王浚妻华芳墓一座，出土器物中有晋代骨尺等零星器物与墓志等物。墓志记载，华芳于永嘉元年（307 年）“假葬于燕国蓟城西二十里”[①]。墓葬的年代确切，墓地与蓟城的相对方位、里程也记录得十分明确。就等于说，从葬地往东二十里，就是西晋蓟城。但是必须注意，墓志所记方位、里程，是约略而言，是估计数字。如果以葬地为准，根据墓志记载的方向，用同墓出土的晋尺，折合晋里，去实地丈量，定二十里处为晋蓟城，则显然不见得准确。但是，它毕竟是晋代的记录，是探索晋代蓟城的重要依据之一。所以这一发现十分重要。

北京城西南侧，道教建筑白云观之西，原有土丘一处。1974 年春季，为配合基本建设工程，我们进行了考古发掘工作。在上层遗址清除之后，又发现了残城墙遗址。城墙略有破坏，但夯土层次清楚。南北墙略长，北端向东转，略短。根据这种现象，可以认为，城墙残址应是城的西北转角。如果沿西墙走向向南延伸，沿北墙转角向东延伸，西、北两面的城墙可以复原。

① 见《北京西郊西晋王浚妻华芳墓清理简报》，《文物》1965年第12期。

再结合其他遗迹、遗物，参照文献记录推断，全城也是可以约略复原的[①]。

城墙残址又出现了下列情况：转角处北墙正中，夯土之下，压住了一座砖室墓葬，出土器物包括壶、奁、楼房等陶制明器甚多。从墓葬形制与出土器物判定，它是东汉中、晚期墓葬。另外，北墙北侧，仍有两座东汉砖室墓葬也同时被压于残墙夯土之下，一座完整，一座残破，后者仅剩底部残砖。现场观察，它理应是城墙初筑时被破坏的。

这种种现象，又能说明什么问题呢？就时代言，明确的答案是：城墙的筑造，要晚于东汉。就是说，东汉时把死者埋葬，东汉之后才筑城，所以城墙位于墓葬之上,城墙夯土把墓葬压住了。考古学上用这种“叠压关系”判定两者的相对时代，是常用的方法之一，而这里城墙与墓葬的叠压层次，又表现得如此清楚，十分难得，可以论定：城墙晚于东汉。如果再与华芳墓志的记载结合起来考虑，残城正位于华芳墓地之东略南二十里。方位、里程大体相符。据此可以认定：残城址所在，即西晋蓟城。

历史上还常有这种情况：前代的城，下一代前后相沿使用。有时也略作变动，城墙向内收缩，或向外扩展。西晋的蓟城，会不会如此呢？就是说，西晋会不会使用前代旧城或略作变更呢？残城址发掘期间及发掘之后，周围地区正在大规模动土兴工。我们曾就这一方便条件，在附近地区作了比较长时间的调查。结果是，并未发现早于西晋的有关遗址、遗物。这样，目前可以得出这样的结论：东汉之后在这里初筑蓟城，没有沿用前代旧城。也就等于说，前期蓟城不在这里。

西晋蓟城，没有沿用前代城址，西晋之后的蓟城，倒是相沿使用的。

在白云观西侧的发掘现场与附近外围，我们作了大面积考察后发现，复原后的蓟城城内西北部，地势较高，为一带丘地，残城址正位于丘地的西北部边缘上。特别是残城北墙之北，低洼现象更为显著。再略北即永定河引水渠道，原是利用旧河改造而成的，这里已是土丘的最北部边缘了。

《水经注》载:“昔周武王封尧后于蓟,今城内西北隅有蓟丘,因以名邑也。

① 白云观西遗址的发掘工作，由笔者主持。参加者有北京师范大学地理系孙秀萍同志、北京市文物工作队张秀云同志。

犹鲁之曲阜，齐之营丘矣。”[①] 文献与发掘现场相互印证，可以认为，这一带高地土丘即“蓟丘”。其地正处于城内西北部，特别是有“今城内”为证，就又可以说，复原之后的城，不仅是西晋蓟城，它还是《水经注》著者郦道元所处的北魏时代的蓟城。文献与遗址现象相合。西晋至北魏时代，蓟城相沿使用，这一说法，可以成立。

北魏之前，鲜卑族慕容儁曾建立前燕政权，定都蓟城。西晋的蓟城，下延使用到北魏。前燕存在于西晋之后北魏之前，又仅有六年的短暂时间，不再另筑新城，沿用西晋旧城，自然是顺理成章的事。

唐代，蓟城是幽州治所，为北方军事重镇。唐太宗于贞观十八年（644 年）率军东征，就是以蓟城为基地誓师的。史载贞观十九年（645 年），东征回军蓟城。为哀悼阵亡将士，曾建悯忠寺于蓟城内东南部。悯忠寺即今日的法源寺，历代虽有修葺，但旧址不变。联系到新发现的残城墙址，从法源寺之东、之南，作南北、东西线，与残城转角北墙之东西延伸线、西墙之南北延伸线相交，蓟城之范围，就更加清楚。至此，后期蓟城不但可以定位，还可以说明，上起西晋，下至于唐，蓟城基址不变，而且前后相沿使用。

唐代之后，辽建南京，使用了唐代蓟城旧址。金代建中都，仍用蓟城旧址，城位不变，只是城墙有所扩展。不过，唐代的幽州，文人学者习惯上还叫它蓟城，辽代之后，就不再叫它蓟城了。金代末年，蒙古部族的铁骑、炮火，使连续数代使用的蓟城毁于一旦，成为一片废墟，后期蓟城，至此全部废弃。时至今日，只有扩展了的金代城墙的西南墙角，保存了点滴遗存，算是劫后余生的历史陈迹，还不时地接待着人们的凭吊。但它并不是蓟城墙址原物，而是金代中都扩展了的城墙的遗迹。

综上所述，可以归结为：以东汉为时限，东汉以后的蓟城是新筑的，为后期蓟城。有遗址为证，可以定位。而且，上至西晋，下至唐代，是相沿使用的。而东汉以前的前期蓟城，不在这里，要另作考虑。

---

① 《水经注》卷一三，“㶟水”条。

结语

本文旨在探索战国至汉代的蓟城城位问题。主要以遗迹遗物为论据，提出设想。北京地区广阔，城郊各地没有实物可据者，暂不论及。

提出来蓟城分期，是以遗址发掘的现象为根据。这是个新问题，需要再探索，更需要今后出现更多的证据来补充、修正。

对前期蓟城城址，作了三个设想。以三个设想相互比较，则第二个可能性较大，第一个次之，第三个最小。

蓟城问题，特别是前期蓟城，对北京古代史来说是个重要问题。城址不能定位，许多问题不好解决。蓟城的定位问题，文献不足，困难较多，就更需要地下的实物提供线索，但地下实物的出土又是如此之少。我总觉得，秋冬之际，视野开阔，有志于北京古代史的同志们，不妨迈开双腿，有针对性地到田野中去调查，到开沟挖土的现场去实地看看，做一点记录，采集些实物，再以实物为基础，开展研究工作，蓟城问题的最后解决，也当为期不远了。

原载《北京史研究》第 1 集
北京燕山出版社，1986 年

蓟门辨

北京是我国著名的古都，距今已有三千多年的历史。远在商、周时代，燕国就在这里建都。其遗址在今天北京市所属房山县琉璃河董家林村附近，已被近年来出土的遗迹、遗物所证实。与此同时，这里还有一个蓟国，嗣后，燕盛蓟衰，蓟又逐渐为燕所取代。这个说法，也为越来越多的史学工作者所赞同。到了战国时代，“燕襄王以河为境，以蓟为国”[①]，蓟又成为燕国的都城，传说其城址也在北京附近。因此，历史上又常把北京称为燕、蓟。汉代时蓟为县，属广阳国[②]。晋为燕国蓟县[③]。隋为涿郡蓟县[④]。到唐代为幽州、兼称蓟城，但诗文中却常常叫它蓟门。金、元之后，“蓟门烟树”成为燕京八景之一，吟咏蓟门的诗文增多了。实际上，蓟门的名称，随着时代的变化，应该做不同的理解。有时它是专指今天的北京或北京地区，有时也不尽然。这个问题，明清时代，人们就常有误解。今人注诗，特别是文学史家也常有误注。蓟门之名，实有一辨的必要。

唐诗中的蓟门

唐代的都城在长安。北京在唐代为幽州治所，也是军事重镇，驻有大都督府。幽州郭下治两县，西部是幽都县，东部是蓟县。由于历史的原因，又有蓟县附郭，除了幽州这个名称之外，公私文书之中还常常叫它蓟城。也许是因为地处北方，又是门户要冲，在诗人文士笔下，叫它蓟北或蓟门的还特别多。有时是泛指幽州一带，有时是专指幽州，即今北京。

边塞诗人高适有《蓟门行》，一开始就提出蓟门：

蓟门逢故老，独立思氤氲[⑤]。

他又有《自蓟北归》云：

驱马蓟门北，北风边马哀[⑥]。

李希仲，赵郡人，他有《蓟北行》二首，有句云：

---

① 《韩非子·有度》。

② 《汉书》卷二八《地理志八》上。

③ 《晋书》卷一四《地理志四》上。

④ 《隋书》卷三〇《地理志二五》中。

⑤ 《全唐诗》卷二一一，高适一。

⑥ 《全唐诗》卷二一四，高适四。

一身救边速，烽火连蓟门[①]。

窦巩，字友封，有《奉使蓟门》之作，诗云：

自从身属富人侯，蝉鳈槐花已四秋，

今日一茎新白发，懒骑官马到幽州[②]。

诗人李益，字君虞，曾经做过幽州刘济的从事，有诗《送客还幽州》云：

惆怅秦城送独归，蓟门烟树远依依。

秋来莫射南来雁，纵遣乘春更北飞[③]。

以上诸诗，《蓟北行》、《自蓟北归》中所说的蓟门，都指幽州，文意清楚，特别是窦巩诗，题目是《奉使蓟门》，诗句是“懒骑官马到幽州”，李益的诗题是《送客还幽州》，诗句是“蓟门烟树远依依”，都把幽州与蓟门紧密地联系起来，蓟门指幽州，也就特别明显。

初唐四杰之一的卢照邻，原籍幽州范阳（今河北涿州），有《送幽州陈参军赴任寄呈乡曲父老》一首，诗云：

蓟北三千里，关西二十年，

冯唐犹在汉，乐毅不归燕[④]。

洛阳人祖咏，有《望蓟门》之作云：

沙场烽火连胡月，海畔云山拥蓟城[⑤]。

安史之乱，给人民带来很大的苦难，史朝义兵败，走死广阳，诗人杜甫正在四川，心情振奋，遂有《闻官军收河南河北》一首云：

剑外忽传收蓟北，初闻涕泪满衣裳[⑥]。

唐诗中涉及蓟门、蓟北的特别多，这里仅举数例。从以上诗句看，作者之中，有幽州官吏，有的原籍就是幽州，有写幽州述怀的，也有送客幽州的，尽管情况各不相同，时间也有早晚，但从内容看，蓟门、蓟北、蓟

---

① 《全唐诗》卷一八。

② 《全唐诗》卷二七一。

③ 《全唐诗》卷二八三。

④ 《全唐诗》卷四二，卢照邻二。

⑤ 《全唐诗》卷一三一。

⑥ 《全唐诗》卷二二七，杜甫一二。

北门、蓟门北、蓟城等等，都是实指幽州或泛指幽州一带，这一点是一致的。但是，这个蓟在唐代就有过变动，这给后人解诗与注诗带来了麻烦。

唐代的幽州城中，本来有个蓟县附郭，开元十八年（730年）在幽州东北百余里处，又分置了一个蓟州，领渔阳、三河、玉田三县[①]，不过，幽州城内的蓟县并未撤销，也没有改变名称。这就是说，开元十八年（730年）后，幽州同时有两个蓟，一个是蓟县，在幽州城内，一个是蓟州，在幽州东北，两者州、县建制不同，也不在一处。

可是，唐人开元十八年（730年）后诗作之中的蓟门、蓟北，却常常仍指幽州蓟城，而不指新置的蓟州。这可能是幽州本为古蓟旧城，天长日久，形成了习惯，再可能与新置蓟州的地理位置远不及幽州重要有关。唐人作诗，对蓟州偶有涉及时，却不叫它蓟北、蓟门，而直称蓟州，如佚名唐诗《题蓟州桃李寺》便是例子[②]。

契丹族建辽，利用唐代幽州旧城，建为南京，先将城内的蓟县改名为蓟北县，开泰元年（1012年）又改名析津县，从此而后，旧时蓟县的名称消失了，后置蓟州的名称却保留下来，就是今天北京东北面的蓟县，先属河北省，今属天津市。今人注诗，不了解这一段历史情况，就常常出现误注。

南朝诗赋大家庾信（513—581年）有《出自蓟北门行》诗一首，中云“蓟门还北望”一句，近人诗注说：“蓟，州名，今河北蓟县。蓟北门，蓟州的北门。”庾信是南朝梁人，为诗之日，在唐代开元十八年（730年）之前，当时蓟州还没有建制，把蓟注为州名，即河北蓟县，其误注是明显的。

庾氏另有《燕歌行》一首，句云：“桑叶纷纷落蓟门”，注称：“蓟门即蓟丘，在今德胜门西北，亦曰土城关。”[③]这里的蓟门与唐人诗句中的蓟门一样，是北京的古称，今天北京德胜门西北的土城关，是元代大都城墙的遗址，并非蓟门，注释同样是错误的，这个问题后面还要谈到。今人所著《文学史》中有关蓟门的误注还有很多，不再赘举。

---

① 《旧唐书》卷一九《地理二》。

② 《天府广记》卷四二，诗一，北京古籍出版社，下同。

③ 谭正璧、纪桂馥注《庾信诗赋选》，上海，1958年。

唐以后的蓟门

北京为古蓟所在，唐代诗文中，蓟门指幽州蓟城或幽州一带，是容易理解的。唐代以后，有关蓟门的记载，情况就比较复杂了。

还是在唐代，幽州城中有个蓟门馆，是专门接待高级宾客的馆舍。长庆中，幽州总管张弘靖就一度被囚于该馆[①]。以蓟门为馆舍名称，大约也仍是以蓟城为门户要冲之取义。

辽代继唐幽州为南京，金又继南京为中都，中都城中，真的有个地方叫蓟门。《金史》记载，大定二十一年（1181 年）二月乙巳，世宗对宰臣说："朕前将诣兴庆宫，有司请由蓟门，朕恐妨市民生业，特从他道。"[②]世宗怕妨碍市民生业，避开蓟门走路，蓟门一定是在市区之中，还应是个繁华所在。

《元一统志》大都路、古迹条记燕京八景，有"蓟门飞雨"一景[③]，又出现蓟门，还联系到大悲阁。同书记大悲阁说："大悲阁在旧城之中，建自有唐，至辽开泰重修，圣宗遇雨，飞驾来临，改寺圣恩，而阁隶焉。"抄本《析津志》又记载："蓟门，在古燕城中，今大悲阁南行约一里，基枕其街，盖古迹尔，隳废久矣。"同书又记："状元楼，前金人任提领建于燕京，元在蓟门北，街西。"[④]《析津志》是元代人熊梦祥著，他说的古燕城，指的是辽金故城。故城中有蓟门，与前面《金史》中所记世宗绕道而行的蓟门应是一处。大悲阁因辽圣宗避雨改名圣恩寺，蓟门在附近，又演为"蓟门飞雨"，成为燕京八景之一，这与《金史》所记也是相符的。辽金故城之中有个蓟门，

---

① 《旧唐书》列传五二，张嘉贞传附张弘清传。

② 《金史》卷八《世宗下》。

③ 赵万里辑《元一统志》卷一，大都路、古迹条，中华书局。

④ （元）熊梦祥《析津志》，首都博物馆藏抄本。

千真万确，奇怪的是，在此之后的诗文中，谈到蓟门，却并不指它，而仍是泛指蓟城。如：南宋人谢翱，感于文天祥之被害大都，有《我赴蓟门》四首，其一云：

我赴蓟门，我心何苦。

我本南人，我行北土[①]。

元人刘因有《燕歌行》一首云：

蓟门来悲风，易水生寒波[②]。

元末人王冕有《即事诗》，对亡元有点怀念之情，诗云：

飞鸿点点来边塞，寒雪纷纷落蓟门[③]。

元末明初人刘崧有《燕城怀古》一首，一反凄凉情意：

北口晚阴犹有雪，蓟门春早渐无霜[④]。

宋辽、宋金，南北对峙，宣和五年时，唐代的幽州，一度改为燕山府，但在宋人笔下，却总是沿用着唐人的老习惯，仍旧叫它蓟门。金元之际，古燕城中有一个蓟门，而时人诗作中的蓟门，又常常不指这个市中的繁华所在，也仍旧沿用着旧日习惯。从以上诗文中可以证明。到了明代，情况又有变化。

明朝中叶，满洲部族兴起，时刻准备南下。唐代所置的蓟州（今天津市蓟县），其地理位置显得特别重要，为九边之一，称为蓟镇，设置了蓟辽总督，屯驻重兵，统帅大军，抵御满族，名将戚继光就曾在这里任职。这个时期，官方文书和私人的诗文信札中，又习惯地叫它蓟门，这无疑又是因为它具有门户之意。例子甚多，仅举其一。《明实录·神宗实录》载：

万历十七年正月乙亥。兵部尚书李化龙以蓟门告急，疏请发帑金五十万，以二十万留京师，内修戒备；以三十万发蓟镇，外备战守[⑤]。

这里所说的蓟门，显然不再是唐诗中的蓟门，更不是辽金故城中的蓟门，乃是由于蓟州的地理位置重要，犹如门户，而称蓟门，或称蓟镇。唐代诗

---

① 《天府广记》卷四二，诗一，北京古籍出版社。

② 《天府广记》卷四二，诗一，北京古籍出版社。

③ 刘因《静修先生文集》卷六。

④ 《天府广记》卷四二，诗一，北京古籍出版社。

⑤ 《明实录·神宗实录》卷四五四。

人笔下的蓟门，随着时光的流逝消失了，代之而起的是战争前沿阵地的蓟门，即蓟镇。名称一样，时代不同了，概念不同了，蓟门也搬了家。

到此为止，已经有三个蓟门。唐诗中常指幽州为蓟门，辽金城中有一个蓟门，边防的蓟镇，又叫蓟门。不过，为时不久，都城附近又有两个蓟门出现了。

“蓟门烟树”与蓟门

唐代的幽州，是北方重镇，门户要冲，又是古代燕蓟之境，诗人们叫它蓟门，文意是清楚的。辽金城中的蓟门，演为“蓟门飞雨”，成为燕京八景之一，是文人墨客的附会渲染，已不再是唐人的蓟门原意。到了明代，“蓟门飞雨”又变成了“蓟门烟树”，仍旧是八景之一，吟咏的诗作越来越多，还有人绘了图，题诗述怀。这个时期的蓟门，不仅大乖唐人诗意，连辽金城中的蓟门也不知所在了。诗文越多，也越来越糊涂，但是，很多文人雅士不明究竟，却又爱寻幽访胜，就乱指一通，把蓟门搅乱了。

清代的乾隆皇帝，好古成癖，他在北京城西北郊，竖立了一块“蓟门烟树”石碑，于是又添了一处蓟门。蓟门的地点越多，蓟门的意义就越不清楚，给后人带来的不良后果也越大。蓟门这个问题，算是彻底乱了套。

溯本求源，蓟门的混乱，还不自明代始，元代便已开了端。

《元一统志》古迹条，蓟丘一项记：“蓟丘，在旧城西北隅旧蓟门。有楼有馆，见之唐人诗咏，今并废，而门犹存二土阜。”把两个土阜当作门的名称本已错误。这里又多了一个蓟门，还与蓟丘联在一起更属不当。蓟丘又是什么呢？

蓟丘之名，始见于《史记》乐毅的《报燕惠王书》，里面有一句“蓟丘之植，植于汶篁”。乐毅提出蓟丘是作为燕国的象征而言的，是指燕国，是文学语言，是象征性的说法。此后，郦道元著《水经注》，又提出蓟丘，说：“今城内西北隅有蓟丘。”《元一统志》的所谓“见之唐人诗咏”，指的是唐人陈

子昂的诗，陈诗有《蓟丘览古赠卢居士藏用七首》，诗序云：丁酉岁（637 年），吾北征，出自蓟门，历观燕之旧都……[①]

诗人陈子昂曾经随建安郡王武攸宜北征，到过幽州。随军作战，他曾有过谏议，没被采纳，军中失意之余，使他想起了当年燕国的乐毅，遂愤然登上了幽州城内的高丘，引吭而歌，以抒情怀，面对着燕蓟遗迹，写出了《蓟丘览古》。且不说他是否受《水经注》的影响，指幽州城内的土丘为蓟丘是否正确，而诗中的所谓蓟门，也和其他唐人诗句一样，显然指的是幽州蓟城。

《元一统志》把蓟丘与蓟门联系在一起：如果泛指蓟城。其意还勉强可通，但是，它却把蓟丘、蓟门说成是旧城西北隅的城门，“而门犹存二土阜”，就显然是误解。

正因为《元一统志》有这样的记录，明代人就顺着方向去找土丘，认城门，指为蓟丘，就是蓟门，这就带来麻烦了。不幸得很，土丘、城门虽然找到了，但是找错了，错误也就跟着扩大起来。

明人蒋一葵有《长安客话》一书，专记北京事迹，中有“古蓟门”一条记：

今都城德胜门外有土城关，相传是古蓟门遗址，亦曰蓟丘[②]。

这就是错误的直接后果。实际上这里不是蓟门，也不是蓟丘，而是元代大都城墙遗址。有门，但不是古蓟门，而是元大都城的北门——健德门遗址。

元大都是在金代中都破坏之后建立的，位置在原金中都之东北。明代洪武元年（1368 年），徐达攻下元大都之后，以大都城大难守，城北部居民不多，所以将元大都北城墙废弃，在稍南五里处又重新筑墙，就是今天北京德胜门、安定门一线城墙。

元大都城的北墙有二门，东为安贞门，西为健德门。蒋氏找到的正是健德门。这里有荒芜的土丘，又有城门遗址，地点又在城外西北，但是他不了解这一段城墙的历史变迁，便误以健德门遗址为古蓟丘，蓟门。

致误的原因，有城址的时代问题，还夹杂了城址的方位问题。

---

① 《全唐诗》卷八三，陈子昂。

② 蒋一葵《长安客话》卷一，古蓟门条，北京古籍出版社。

唐辽金故城，在今北京城西南面，明清时代就有人指出过，随着近年来首都田野考古的调查发掘，结合文献研究工作的开展，更为确信无疑。元建大都于辽金故城东北，明初将元都北墙南迁，永乐十七年（1419年），南墙又略南移，成为今日北京内城的规模。

《元一统志》记蓟丘、蓟门，且不说它是否正确，但所记是在旧城西北隅，即唐辽金旧城西北隅，而蒋一葵却是往明朝城西北隅去找，明朝城外西北隅又恰好有元代城墙、城门遗址，于是张冠李戴。这个误解不要紧，后人不查，就照抄照搬，在记述北京史迹的书中传开。如《宸垣识略》、《日下旧闻考》诸书，莫不如此。甚至近人所编《中国古今地名大辞典》等书，也都沿用此说，有人注释唐诗，也继续沿用，一误再误，贻害不小[①]。

到清朝时乾隆皇帝立了个"蓟门烟树"碑，把水搅得更混了。他曾有"蓟门烟树"诗数首，其一云："十里轻扬烟霭浮，蓟门指点认荒丘。"其二云："苍茫树色望中浮，十里轻阴接蓟丘。"该诗诗引说："《水经注》蓟城西北隅有蓟丘，明人《长安客话》谓今都城德胜门外土城关即其遗址。"[②]《长安客话》的作者蒋一葵将蓟丘、蓟门找错，找到了元代的健德门遗址，乾隆皇帝又在找，他追踪蒋氏的说法，又一次走出德胜门，结果，他连土城关也没有看到，倒又看到了另一荒丘，附近也有一个城门遗址，他认定这儿就是蓟丘、蓟门，于是立起了"蓟门烟树"石碑。其实，这里的荒丘，不是蓟丘，是早已废弃的元代都城西墙北端遗址，这

"蓟门烟树"碑

① 中国社会科学院文学研究所编《唐诗选》上册，人民文学出版社，1978年，第32页，燕昭王注。

② （清）阙名《日下尊闻录》卷四引，北京出版社。

儿的门址，不是蓟门，而是元代都城西墙北端的肃清门遗址。蒋一葵找蓟丘、蓟门，找到元大都北墙健德门遗址，乾隆皇帝又找到了元大都西墙的肃清门遗址，他们全都上了当，受了骗，在此之后，又骗了不少人。

蓟门是北京的古称。蓟门在北京的历史上是个小问题，不值一道。但是，回首当年，它曾经受到过多少诗人、作家的吟咏、描绘，今天，也还有不少文士注家在为它绞着脑汁，小问题反而变大了。与此相连的“蓟门烟树”碑，至今还矗立在北京学院路西侧。飞雨已去，烟树重来，时至今日，仍在吸引着人们去寻古探胜，报纸、杂志，也还时常有人去绘声绘色地介绍它。

寄语文士、诗人、游客们，可要注意：古往今来，北京附近有好几个蓟门，时代不同，位置也不同，究竟哪个是你要寻访描述、注释的对象？那就请你自己去思考一番，仔细辨认吧。

原载《首都博物馆丛刊》1983年第2期

唐幽州村乡的探索

唐幽州村乡初探

首都北京，历史悠久，在唐代，为幽州治所。据考证，其城址在今北京城西南侧。幽州郭下治二县，西部为幽都，东部为蓟县。村、乡之探索，也以此二县为度。

唐制：百户为里，五里为乡。城郊村、里互称，里就是村。村乡是社会的基层组织，村乡的发展变化，分合兴衰，显示着历史进展的轨迹。研究探索社会历史，从基层组织做起，这是重要的一面，也是必要的方法之一。

唐代幽州，地处我国北方要冲，曾是我国北方的政治中心、军事重镇，设有都督府，总揽军民两政。村、乡的定位、划界，不仅可以窥见幽州城郊的政治区划，而且对首都城市建设规划的制定，工农业生产的布局安排，也具有现实意义。因而，它成为北京地区历史研究工作中的重要课题之一。

唐代幽州村、乡名称及分布情况，文献未见记载。《太平寰宇记》记：幽都十二乡，蓟县二十二乡，只记乡数，不记名称，更无村名[①]。解放前，北京地区零星出土的唐代墓志中，散见一些村、乡名称，但志石出土地点多不明确，难以对村、乡定位。新中国成立后，又有一些唐志出土，兼记村、

① 《太平寰宇记》卷六九，河北道幽州蓟县，幽都条。

乡名称，多数出土地点明确，记录详细，对于村、乡之定位、复原，实在是难得的好资料。1956—1958 年中，中国佛教协会会同有关单位，对北京市所属房山县云居寺石经进行了发掘、整理和拓印工作，在石经之唐人题记中，又出现一些幽州村、乡名称，为我们探索这一问题，增加了参考对比的新资料。

现在，主要根据志石资料，结合文献记载，参考石经题记，对幽州城郊村、乡之位置、区划等项，试作初步探索。

蓟县

（一）燕夏乡　海王村　甘棠村

1951 年冬，北京城内东单御河桥出土“唐任紫宸墓志”及其妻“桑氏墓志”。任紫宸的墓志铭称：元和三年（808 年）任紫宸卒于蓟县，元和八年（813 年）同桑氏“卜葬于幽州城东北五里燕夏乡海王村（桑志作七里）”。据此可知，今东单御河桥附近，有海王村，唐时属燕夏乡。虽村、乡之前，不记属县，但幽州城东部属蓟县，地在城东，当为蓟县属界。燕夏乡属蓟县，从“王仲堪墓志”还可证明。

北京市文物管理处藏“唐王仲堪墓志”一石，出土地点不详。志载：王仲堪“贞元十三年（797 年）二月十七日卒”，“以其年四月六日葬蓟县燕夏乡甘棠原”。清代开全唐文馆，王志辑入《全唐文》[①]，仍不记出土地点。

北京市文物管理处另藏“王仲堪墓志”之徐松“题记”一石，记录了此志始末，兼及出土地点。“题记”略载：志石乾隆五十五年（1790 年）北京广渠门内出土。道光中，徐松置于崇效寺。这段题记，帮助我们了解到，今天的广渠门内附近，为志石出土地，亦当为唐燕夏乡属界。东单御河桥东南距广渠门不远，以“题记”对照任、桑志文，结合地望考察，可以认为，

① 《王仲堪墓志》见《全唐文》卷六一四。

徐松所记之出土地点是可信的。即从广渠门，西北至东单御河桥，均属燕夏乡范围。

清乾隆三十五年(1770年),今和平门外琉璃厂,曾出土“辽李内贞墓志”,志称:李内贞“保宁十年(978年)六月一日,薨于卢龙坊私第,其年八月八日,葬于京东燕下乡海王村”[①]。“京”为辽南京,即唐幽州,京东即唐幽州之东。“下”、“夏”通用,可以证明,辽燕下乡,应即唐燕夏乡,自唐迄辽,名称相因,琉璃厂一带属燕夏乡。又琉璃厂西距幽州城约一公里,不可能再有其他乡属,燕夏乡界应西接城垣。

1972年10月，北京市西城区西四牌楼南羊肉胡同出土“唐任希墓志”，志称:任希“以贞元己巳岁（贞元五年，789年）安厝于府城北燕夏乡之原”。唐于幽州设都督府，府城即幽州城，据此又知，今羊肉胡同附近，唐时亦属燕夏乡。

总结以上志石所记，燕夏乡属界之范围，可以大致划出：自幽州城东至广渠门附近（王仲堪墓地），东北至东单御河桥（任紫宸、桑氏墓地），均属乡界范围。北部西端以羊肉胡同（任希墓地）为界，北部之东，北池子北口曾出土“唐孙逵墓志”，志记界属幽都礼贤乡，其乡界当在墓南。乡之南界燕台乡，北界礼贤乡，下面还要谈到。这样，燕夏乡界大致可以划定，东西约长七公里，南北约三公里，成为东西狭长形状。乡位在幽州城东略北。

燕夏乡仅见二村：一为甘棠村，在广渠门附近；一为海王村，当在东单御河桥至琉璃厂之间。

村以海王为名，或与水道有关。据考证，东单御河桥附近，为古高梁河所经流，海王村近高梁河，可能性较大些。

（二）会川乡　邓村

北京市文物管理处藏“唐敬延祚墓志”拓本[②]。志称：敬延祚“以中和

① 朱筠《笥河集》卷一〇，“改葬故辽李公墓记”。

② 敬延祚志文，罗振玉辑入《京畿冢墓遗文》；又见《八琼室金石补正》卷七七。

二年（882 年）九月十八日终于昌平县，以中和三年二月十一日葬于蓟县界会川乡邓村里之北原”。原石出土地点不详。房山云居寺石经《大般若波罗蜜多经》有唐人题记称：“蓟县会川乡白狼观女观主石经邑主祁妙行合邑人等上经一条。卷一〇九。”[①] 看来，蓟县确有会川乡，唯方位仍不详。但幽州廓下治两县，蓟县在东部，会川乡属蓟县，其在城东无疑。

考虑会川乡位，有两个可能：一在蓟县北，今北京西直门附近；一在蓟县东南，今永定门附近。

《元一统志》通惠河条载：“通惠河之源，自昌平白浮村……自西水门入都……东过通州，至高丽庄入白河，上下二百里，凡置闸二十有四，护国仁王寺西，广源闸二，西水门外，会川闸二。”[②] 元通惠河故道，今仍清晰可辨，护国仁王寺约在今西直门外紫竹院公园略北处，广源闸在附近，今仍名广源闸，河流东注，过会川闸，入于元大都西水门，故元会川闸地点当在今西直门附近。以会川名闸，也可能与唐会川乡有些联系，其地在唐时蓟县正北稍东。

另外，敬延祚志载，会川乡有邓村一地，邓村对复原乡位是个线索。

1956 年 11 月，北京德胜门外冰窖口迤东出土有“唐张建章墓志”，张志称：“咸通八年（867 年）葬府城东南七里邓村之原。”志后又另有识语称：“中和三年（883 年）十月十六日自邓村原改葬于幽都县界礼贤乡高梁河北原。”府城即幽州城，据志文结合识语可知，张建章是初葬邓村，之后又北迁的，邓村在幽州城东南七里处。这就提供了幽州城与邓村的相对位置及距离。度其方位里程，邓村应在今永定门外一带。识语又书明：“自邓村原改葬于幽都县礼贤乡界高梁河北原。”如果细审识语，还可以发现，语中特别注明改葬于“幽都县礼贤乡界”等语，是邓村本不属幽都县，才作此称。邓村地处幽州东南，幽州东南属蓟县界，所以葬地邓村，应属蓟县。根据实地调查，今永定门外 1.5 公里处，确有邓村一地，正在唐时幽州东南约 3.5

① 林元白《房山石经初分过目记》，收此条，载《现代佛学》1957年9月号。

② 《元一统志》卷一，通惠河条。原引赵万里辑《日下旧闻考》卷八九，中华书局。

公里处，与张志所记之里程、方位相符。故今地邓村，当为唐时旧名。

唐时幽州城外，村落稀疏，村名重复之可能性甚小，这就可以推定，张志所记邓村，敬志所记邓村与今地邓村，实为一地。在今永定门南 1.5 公里处，唐时属蓟县会川乡界。

以上两个可能相比较，如果乡址定于西直门附近，从乡位复原图可以看到，其地属礼贤乡，为幽都县界范围，与敬志所记之会川乡属蓟县不合，虽然乡界范围可以参差不齐，犬牙交错，但可能性毕竟是很小的。若以邓村为准，乡位定于永定门外，志文、地望，县属则完全符合，较之前者，可能性要大得多。故将会川乡暂定位于永定门外。

邓村属蓟县会川乡，其东北半公里处有地名安乐林，曾出土“唐姚子昂墓志”，志云葬燕台乡，则安乐林唐时属燕台乡界，邓村距安乐村仅半公里，两乡之界邻范围，可以在此半公里之内划定。因之会川乡位应在幽州城南略东，东北界燕台乡。

会川乡仅见一村——邓村。在今永定门南 1.5 公里处。

（三）燕台乡

1955 年，北京永定门外安乐林，出土“唐姚子昂墓志”，志称：姚子昂陈留郡人，曾官棣州司马，卒于宝应二年（763 年）十月十八日，“葬于幽州城东南六里燕台乡之原”。据志石，今永定门外安乐林附近，唐时为燕台乡地，以此为准望幽州城，里程、方位均相符合。乡前不记县属（按：此时幽都县尚未建制，幽州西部属辽西县），幽州东部属蓟县，安乐林在城东南，燕台乡当属蓟县，为二十二乡之一。并据此可以定位，燕台乡在幽州城东南。

关于燕台乡之范围，从志文结合实地考察，可以略作推测。

西北界、西南界　从姚氏葬地安乐林，西北至幽州城垣约 3 公里，在此范围内，不可能再有其他乡属，因之，其西北界当直达城垣。西南界会川乡，已如上述，乡界可在安乐林至邓村之间。

北界及东界　安乐林东北至任紫宸及其妻桑氏葬地东单御河桥与王仲堪葬地之广渠门附近均约 4 公里左右，北至李内贞葬地之琉璃厂约 3 公里左右，三处均属燕夏乡，已如上述，但三处均不是燕夏乡之最南乡界，而安乐林也并不是燕台乡之最北乡界，这样看来，两乡之间，数里之内，不可能再有其他乡属，两乡应属界邻。因此，于安乐林之北，琉璃厂南，东及广渠门之南的适当地区分乡划界，是完全可以的。唯有乡之东界，一时难以划出，如果比照燕夏乡之东界，以王仲堪葬地广渠门附近为准，也许相差无多。

燕台乡不见村名。

（四）招贤乡　西綦村　平村

北京市房山县云居寺石经《大般若波罗蜜多经》有唐人题记，中记招贤乡者三条，残经题记一条。共四条。

《大般若波罗蜜多经》记：

幽州蓟县招贤乡西綦村院主尼志满合村人等造经一条。贞元十四年四月八日上卷三八六

蓟县招贤乡平村院主尼静空合村人同造石经一条　幽州智妙　阎静和贞元十四年四月八日上　希玉卷

幽州蓟县招贤乡平綦村平村众人等敬造　□□日　上卷

又经题记：

蓟县招贤乡西綦村平村邑人等阎□和李乾晖阳宪成张光明赵常欢喜王净遇高三娘张大□　贞元十五年四月八日上

据题记可知，蓟县有招贤乡，西綦村、平村属之，但地望不详。

唐代幽州，为战国时燕国地，以“招贤”名乡，当与燕昭王设黄金台“招贤礼士”有关，其位置有必要联系到黄金台考虑。黄金台，略称金台、燕台，以地处幽州，或称幽州台，又以昭王为贤士郭隗所设，故又尝称隗台。从志石出土地点结合文献可以看到，唐人所指的黄金台，约在幽州城东，今永定门附近一带，“唐蔡氏夫人墓志”[①]中有“隗台之阴”是一证，晚于唐的“辽张俭志”中句“燕台蓟门双对峙”[②]是一证，永定门附近属燕台乡，台址

① 1976年，北京地安门西大街路南，北海中学出土，地在燕台之北。

② 《辽张俭墓志》系德胜门城垣出土，原石作城垣基石用，其葬地或距城不远。其地在燕台北。

在乡界内，名地相符。但燕台乡北界燕夏乡，西界城垣及会川乡，东界不详，据地望考虑招贤乡或在燕台乡之南。题记载，招贤乡属蓟县，幽州城东之南北地区属蓟县，此地在城东偏南，与题记合。姑置此，以待更正。

乡有西綦村、平村，位置不详。

（五）归仁乡　李曲村　刘村

北京市文物管理处藏“唐陆日岘夫人王氏墓志”一石，志称：“元和九年（814年）七月十四日葬于蓟城北归仁乡刘村。”[①]蓟城即幽州城，志石记归仁乡方位，但不记县属，其县属，石经题记有证。

云居寺石经《大般若波罗蜜多经》题记载：

蓟县归仁乡李曲村邑人录事裴庭倩颜持戒 卷三七七

云居寺巡礼碑题记载：

乾符三年四月八日　蓟县归仁□□安楚安楚元

据题记可知归仁乡属蓟县，有李曲村属之。

陆夫人志原藏于北京周肇祥，周氏曾撰《辽金京城考》一文，指明此志出土于阜成门外迤南铁旗杆庙[②]，铁旗杆庙为旧地名，今已不存，但阜成门外迤南地区属归仁乡界，且有刘村，是无疑问，其地正在幽州城北，与陆夫人志所记“在城北”相合。

归仁乡之乡界，一时不易划定，但从其他乡界之复原中，可约略窥见其轮廓及界邻。北、东界幽都县礼贤乡，西界幽都县归义乡，南界城垣。在蓟县诸乡中，乡界面积较小。

归仁乡见两村。李曲村位置不详。刘村之位置后面还要谈到。

---

① 志石原藏于北京周肇祥，今归北京市文物管理处，罗振玉氏辑入《京畿冢墓遗文》卷下。

② 周肇祥《辽金京城考》，载《中和》月刊二卷十一期，1941年。

幽都县

（一）礼贤乡　龙道村　别驾村　黄城　刘村

《日下旧闻考》载：清康熙二十年（1681年），有太监于北京西安门内建宅，出土了“唐故濮阳卞氏墓志”，志记：卞氏于唐贞元十五年（799年）“葬于幽州幽都东北五里礼贤乡之平原”①。清代西安门，今名称不改，仍名西安门，西安门内即今北京市西城区府右街北口一带。据志文可知，今西安门一带，唐时属礼贤乡，为幽都十二乡之一。

北京市文物管理处藏“唐常俊墓志”拓本，志称：常俊“大历十四年（779年）葬于蓟城北高梁河南礼贤乡之原”。拓本初藏于北京周肇祥氏，后有周氏跋语称：“石出西直门外数里。”今西直门外紫竹院公园北侧，为古高梁河所经流，今仍名高梁河，位置变动亦不大，高梁河附近，即西直门外数里之地，以志文对照周氏跋语看，所记出土地是可信的，这一带应属礼贤乡范围。但应注意：大历十四年常氏入葬时，幽都尚未建制，幽都县建制于建中二年（781年），即常氏入葬后二年，故礼贤乡之属幽都，应是稍后的事。

1956年10月，北京德胜门外冰窖口迤东，出土有“唐张建章墓志”，志后刻改葬识语称：“中和三年（883年）自邓村原改葬于幽都县礼贤乡高梁河北平原。”据志文可知，礼贤乡之范围可达德胜门外冰窖口一带，地跨高梁河南、北两岸。

北京市西城区地安门西大街路南北海中学教室楼前，于1976年出土“唐宋再初墓志”及其夫人“蔡氏墓志”，宋志称：“大中十三年（859年）正月十五日归窆于幽都县界礼贤龙道村”。是北海中学附近唐代属礼贤乡，且有龙道村。

1978年北京市东城区北池子北口路东证章厂内建筑施工，基槽中出土

① 《日下旧闻考》卷三七，京城总记引朱彝尊原按，并见《宸垣识略》卷一，建筑条；又见《全唐文》卷九九五。

"唐孙逵墓志"，志称:"开成三年（838 年）葬于幽州幽都县礼贤乡黄城。"[①]唐代礼贤乡的范围又东及今北池子一带，又有黄城属之。黄村当是村名。

此外,礼贤乡之名,又见于唐"陈立行墓志"[②],"侯元知墓志"[③],"穆征墓志"[④]等。

从以上数志记载，结合出土地点，对礼贤乡之界邻范围，可以大致划出轮廓。

乡界范围　北界以德胜门外冰窖口一带（张建章墓地），向东、西延伸，西及西直门外数里（常俊墓地）。西南界以西安门内（卞氏墓地）为准，西南半公里即属蓟县燕夏乡界（任希墓地），其乡界当在二处之间。南界以北池子北口（孙逵墓地）以南为界。如此，其界邻已大致清楚：西界幽都保大乡，后面还要谈到;西南界幽都归仁乡，南界蓟县燕夏乡，已如上述;唯有北、东界邻不详。

范围　从北池子北口，西北过地安门西大街一带，再西至西直门外数里处，约有七公里之远；从北池子北口南，再北至德胜门外冰窖口附近又约有七公里之远，这就大致可以看到，幽都县礼贤乡，地跨高梁河两岸，南北、东西，径直约七公里之广大地区，都属其界域范围，而且，这还是比较保守的估计。根据这一估计，还可以看到，在唐幽州诸乡中，礼贤乡的范围是比较大的一个。

关于村，除以上所记龙道村、黄城之外，志石另有所记如下：

罗振玉氏辑《京畿冢墓遗文》,收入唐"穆征墓志"全文,志载:穆征于"唐咸通十二年（871 年）十月十七日葬于幽都县礼贤乡别驾村之原"。是礼贤乡又有别驾村，穆志出土地点不明，别驾村位无考。

---

①　《唐孙逵墓志》，石存北京市文物管理处。

②　《陈立行墓志》，北京市文物管理处藏有拓本，志称陈立行"皇唐甲子四周岁在丁丑（大中十一年）殁"，"越月景申晦葬于幽都县礼贤乡之平原"；又见《八琼室金石补记》卷七五，不记出土具体地点，仅记"宛平县出土"，罗振玉辑入《京畿冢墓遗文》卷下。

③　《侯元知墓志》，石存北京市文物管理处。

④　《唐穆征墓志》，见《京畿冢墓遗文》卷下，志载穆征咸通十二年（871年）葬幽都县别驾村，后梁开平四年（910年）改葬涿州。

1969年，北京西直门南拆除城墙时，作为城墙基础用石的“唐侯元知墓志”被发现，盖已失，仅见志底，志称：“府君讳元知，字崇简，中和二年二月二十八日卒，以来年（中和三年，883年）冬十一月二十一日，窆于幽都界礼贤乡刘村之原”，是礼贤乡又有刘村。

从志文看，礼贤乡至少有四村，即龙道村、别驾村、黄城、刘村。

四村之中，别驾村无考，黄城约在今北池子北口附近，以龙道村在志石中记录的最清楚，据之定位，最为确切。

北海中学教室楼前出土之宋再初夫人“蔡氏墓志”称：夫人“会昌六年（846年）十二月葬于幽州幽都县礼贤乡龙道村西南一百二十步”。将葬地与村庄之相对位置、距离，记录得如此具体，在出土志石中是少见的，这对于复原村庄之位置是绝无仅有的好资料。也就是说，从北海中学教室楼前算起，往东北一百二十步，即龙道村之西南边缘。其地恰在今北海公园天王殿正北，今地名“龙头井”处。看来，龙头井之名，很可能是因袭龙道村而来。龙头井再东，距今北海体育场与什刹海游泳池仅两三百步，据考证，什刹海为古高梁河故道遗迹，现在可以肯定，这个龙道村即唐代礼贤乡界内傍水而居的村落之一。

1956年，西城区旃檀寺西街（今改名爱民街）曾出土“唐周元长墓志”，志称：“以（开成）三年（838年）岁在戊午四月十三日庚子，卜葬于蓟城东北七里龙道之古原”。旃檀寺东北距龙头井不及500米，周志所称之“龙道古原”，当是龙道村无疑了。

关于刘村，亦可考虑定位。礼贤乡有刘村，见于“侯元知墓志”，侯志是原西直门南部城垣作为基础用石的，该城垣基础，系元大都西城垣旧基，初建于至元四年（1338年），侯志则很可能是元初建城，开沟取土时出土又用于城基的，出土地点虽不清楚，但估计不会太远，因之，刘村当在今西直门南阜成门附近。同时，仍可以广济寺为证。

广济寺在今阜成门大街东头、路北，原名“宏慈广济寺”，今略称广济寺。《宸垣识略》记：“弘慈广济寺，在阜成门大街历代帝王庙（今159中学）之东，旧为西刘村寺，金时刘望云建。”[①] 金代建寺，寺名西刘村寺，可知附近有西刘村，地正处唐礼贤乡界内，寺距阜成门不远，阜成门附近有刘村，村为唐名，金时以村名寺，就可以理解了。

前面讲到，蓟县归仁乡有一个刘村，是“陆日岘夫人王氏墓志”指明的，志出阜成门外迤南铁旗杆庙，该地亦称刘村，幽州城外出土之志石记葬地村落常重名，而葬地又常相距甚远，可知村落并不密集，联系到侯志之刘村、广济寺之西刘村考虑，在这东西一线上数里之内有两个刘村、一个西刘村，是不可能的，因此，估计这三个刘村，应是一处。如果暂定位于阜成门附近，则于王志、侯志与广济寺所指者，皆相符合。故暂定位于此。

这里就有一个问题需要讨论：陆氏夫人王志所指刘村属蓟县归仁乡，侯志所指刘村属幽都礼贤乡，村同名。但县属、乡属不同，值得注意。其实，认真研究这一问题似也不难解释：以时间论，前一刘村，是陆氏夫人王志指明的，时间在元和九年（814 年），后一刘村是侯志指明的，时间在中和三年（883 年），时间相隔近七十年，这正说明，七十年中，县属、乡界有过变动；以村位言，从“村乡复原示意图”可以看到，礼贤乡与归仁多为东西界邻，刘村所在，恰在礼贤乡偏西，距归仁乡东界很近，也正好说明，七十年中，刘村位置不变，只是随县属、乡界之变动而隶属有所变更。

（二）房仙乡　庞村

1949 年，北京市丰台区石景山东南庞村，出土“唐乐邦穗墓志”，中和二年（882 年）上石，志称:“葬于幽都县界房仙乡庞村。”[②] 志石出土地，今仍名庞村，唐村名称未改。地点在石景山东南，永定河东岸。可知该地唐时属房仙乡，为幽都十二乡之一。庞村东距幽州城垣约 15 公里，庞村之西，是否仍有幽都属乡，目前还不清楚，但幽都所辖，远及今永定河是可以肯定的。

---

① 《宸垣识略》卷七，北京出版社标点本，第125页；又见《燕都丛考》第二编，广济寺注条，第165页。

② 石原藏北京大学历史系，今下落不明。

房仙乡有庞村凡两见。北京市文物管理处藏“唐南阳郡张氏夫人墓志”一石，石景山首都钢铁厂内出土，志称：“夫人大中三年（849年）己巳岁五月甲寅朔十一日甲子葬于本县（幽都）房仙乡庞村东南上约三里之原”。这一庞村与乐志所记庞村应是一地。

房仙乡之复原，又有两方辽代志石可作参考。

1964年，北京复兴门外八宝山革命公墓曾出土“辽韩资道墓志”，志载：“以其年（咸雍五年，1069年）五月十九日葬于宛平县房仙乡鲁郭里”。复兴门外公主坟马路北侧，曾出土“辽王师儒墓志”，志称：“王师儒于天庆四年（1114年）归葬于宛平县房仙乡池水里。”唐代幽都县，辽改为宛平县，据此可知，房仙乡乃因袭唐名。乡名不改，估计区划范围可能没有变动，或变动不大。若真如此，公主坟西距庞村约10公里之遥，北界包括八宝山革命公墓附近在内。南界尚不详。仅以东西范围而论，在幽州诸乡中，就目前所知，乡界范围应是最大的一个。

（三）保大乡　杜村　樊村

北京市文物管理处藏“唐崔载墓志”拓本，原题“唐故太子洗马博陵崔府君墓志铭并序”。据志文，崔载于“元和十四年（819年）十一月十六日葬于幽州幽都县保大乡杜村北一里之原”[①]。志石出土地不详，乡位一时难定。《宝禄堂收藏金石记》收录了这篇志文，题“唐太子洗马崔府君墓志铭”[②]。编者朱士端有按语略称：“癸巳年得于都中，册首有默轩氏题识云‘宝五峰修园种地，掘地得之’。碑云葬于幽州幽都县保大乡，五峰家于旃檀寺西，唐时幽都县保大乡当在今之内城，朱竹垞（按：即朱彝尊，曾撰《日下旧闻考》专记北京事）考日下事最详，此石出土未久，惜乎其未之见也。”这段按语，不仅记录了志石的出土时间，而且记录了出土地点，对保大乡的定位、划界，至关重要。朱士端，清嘉庆时人，癸巳当为乾隆三十八年（1773年），是志

① 又见《全唐文》卷七二三。

② 宝应朱士端《宝禄堂收藏金石记》卷四，同治二年六月，春雨楼丛书本，第23页；并见《金石萃编》卷一〇，唐七，陆增祥《八琼室金石补正》卷一七；罗振玉《京畿冢墓遗文》。

石约出土于乾隆时，地点在旃檀寺西。清代旃檀寺，今仍名旃檀寺，估计其出土地约当今西四北大街北端附近，这里当时属保大乡界。

1956年旃檀寺西街（今改名爱民街）曾出土“唐周元长墓志”，志称葬于“龙道古原”，龙道古原即龙道村，属幽都礼贤乡界，已如上述，旃檀寺西街属礼贤乡，再西则属保大乡，是则两乡为界邻，礼贤在东，保大在西，其乡界当从旃檀寺西街之西，西四北大街附近分界。考虑到西四北大街之西不远处，今有北沟沿，为古水道所经流，因之，北沟沿或为两乡之界。这应是保大乡的东界。

文物管理处又藏“唐王公晟墓志”[①]及其夫人“张氏墓志”拓本[②]。王志称：王公晟“咸通十一年（870年）八月四日葬于幽都县保大乡樊村里之原”，张志称：“以咸通四年七月十二日葬于幽都县界保大乡樊村之原。”二志都记樊村，属保大乡，但地点不详。王志拓本，北京图书馆曾入藏，卡片目录注“北京西郊出土”，北京西郊，地域广大，具体位置仍不详。

1956年，北京西郊紫竹院三虎桥出土“唐赵氏墓志”，赵志称：“文德元年（888年）二月九日葬于府城西北十里樊村之原。”府城即幽州城。樊村近三虎桥，正处城西北约五公里处。又处今北京西郊，与北京图书馆藏王志拓本卡片所记相合。

本文礼贤乡条，据常俊志已知，西直门外数里属礼贤乡，其地在紫竹院南，今紫竹院附近的三虎桥有樊村，属保大乡，是其乡界当在三虎桥东侧划定。1952年，北京阜成门外甘家口北京钢丝厂曾出土“唐姚季仙墓志”，志称：咸通五年（864年）“窆于幽都县界保大乡樊村之原”，是甘家口又属保大乡。于此可知，紫竹院南，至阜成门外数里甘家口附近之适当地点，即二乡之界，保大乡在西南，礼贤乡在东北，二乡界临。再联系到崔载志石所记，以西四北大街北端以西的北沟沿划界，是保大乡的东、南乡界，便可约略划定了。

文物管理处另藏“唐耿宗倚墓志”，系1966年北京西郊八里庄京密引

---

① 罗振玉《京畿冢墓遗文》卷下收入王志文，王志拓本，北京图书馆曾入藏，目录卡片注“北京西郊出土”。

② 《八琼室金石补正》卷七六载张志文，题下书“石出宛平，归楼霞牟氏”。石存天津某氏，北京市文物管理处所藏拓本系从天津拓回。

水工程中出土。志称：耿宗倚“以广明二年（881 年）十月二十七日葬于幽都县界保人乡樊村里原”。这里又一个樊村，又一个保人乡。樊村实有其地，保人乡却值得怀疑。我觉得,这个“保人乡”应是“保大乡”之误书或误刻。历代乡里命名，常有取义，或源于官爵姓氏，或出自诗书典故；历史故事，山川寺庙，常成为命名参照，而且常常有所因袭。城池名称改变，乡里名称依旧是常有的事。元大都有“保大坊”之命名,源自“武有七德,保大定功”①，但“保人乡”义无所取，“人”、“大”仅一笔之差，所以，“保人乡”很可能是误于书家或刻工，况且，类似的误书、误刻，在历代刻石、墓志中是屡见不鲜的。值得注意的是这里又出现一个樊村。我认为，此一樊村，与王公晟夫妇志，赵氏志中之樊村应是一地。幽州城外，村落并不密集，从八里庄耿志出土地到紫竹院三虎桥附近约 2.5 公里，都以樊村之名而记入志石，正与本文所述燕夏乡海王村东西相距很远，都以海王村记石，属于同类性质。但是，保大乡的西部范围，至少应将八里庄附近划入，却是肯定无疑了。

保大乡又见于“唐阎好问墓志”，原记西直门外出土，志称：好问于“咸通十四年（873 年）仲秋月二十八日厝神于幽州之乾十里高梁河岸保大原”②。是保大乡界包括高梁河岸。

保大乡界，目前所能划定的范围，从复原图可以看出：东界礼贤乡，约以北沟沿为界；北跨高梁河，南以阜成门外甘家口为界，南界蓟县归仁乡，幽都归义乡；西至八里庄，西南界邻房仙乡。北及西北之界临乡属，目前尚不清楚。

保大乡见二村，杜村当在北沟沿北端附近；樊村约在西直门外三虎桥附近。

（四）归义乡

1962 年，北京阜成门外二里沟出土“唐王叔原墓志”。首题“唐故恒王

① 赵万里辑本《元一统志》卷一，大都、郭坊乡镇条。

② 《阎好问墓志》拓本，北京图书馆藏，记西直门外出土；又见《京畿冢墓遗文》卷下，不记出土地点。

府司马幽州节度经略军兵曹参军太原王府君墓志铭并序”。志称：王叔原“元和八年（813年）春二月十八日宅兆于幽都县归义乡”。是出土志石之二里沟附近属归义乡。其地在唐幽州城正北，今阜成门外。归义乡，志石仅一见，不著村名。其分界虽不详，但从其他乡界之复原中，可以约略窥见其范围及界临。

北界保大乡，东与归仁乡为邻，西界房仙乡，南界太平乡，与其他乡相较，面积略小（见村乡复原示意图）。

（五）太平乡　仵村　万合里

1970年10月，北京广安门外马连道商场门前出土“唐故汝南郡夫人周氏墓志”，志称：周氏“元和三年（808年）七月二十二日葬于幽都县太平乡之西原”，是太平乡为幽都十二乡之一，今广安门外马连道附近属之。

1974年10月，马连道商场南略西，北京钢厂内又出土唐“侯氏墓志”，志称“侯氏于大中九年（855年）十月九日葬于幽州幽都县西界三里仵原”。“仵原”虽不著乡属，以地望度之，应属太平乡。城外“原”、“村”互称，仵原应即仵村。

太平乡界，据志石所记，可以略作推定：侯志称葬地在幽州城西1.5公里左右，周志称葬地在乡界西原，则城与葬地之间，不可能再有其他乡属，是其东界城垣，西界在周氏、侯氏墓地附近。北界归义乡，如复原示意图所示。

太平乡之南界，有辽代志石一方，可作参考。1970年，北京西南郊丰台镇桥南，曾出土“辽故陇西郡夫人李氏墓志”，李氏于辽代“重熙十四年（1045年）十月十二日葬于宛平县太平乡万合里”。唐幽都县，辽时改为宛平县，重熙上距元和已二百多年，如果乡界没有变动，则太平乡可南达今丰台镇附近，南北至少有5公里。据周志，葬地在太平乡界西原，则葬地之西不远即乡界所在，又辽代李志记，葬地亦属太平乡，地在周志之南偏西，故乡界应自周氏葬地西侧，向西南方向延伸，故太平乡西界，当为东北、西南方向。至此，乡界轮廓，已大致清楚：东北界城垣，北端东西略窄，南端略宽。

乡之北端有唐时仵原，即仵村。南端有万合里，即万合村，为辽代村名，是否为唐时村名不详。

（六）相公乡　显固村

“唐故中山郡郎氏夫人墓志”，罗振玉辑入《京畿冢墓遗文》[①]。志称：“夫人于大中二年（848 年）正月二十二日葬于府城北昌平县东南相公乡显固村东南一里”。志先称：郎氏“大中元年十一月而遘疾焉，十二月日终于铜马坊私第”。郎志出土地点不详。按：铜马坊为幽州城内诸坊之一，府城即幽州城，葬于城北，幽州城北属幽都，相公乡似应属幽都，惟志文之断句有两种可能，其乡属便可作两种解释：

1. 葬地相公乡在幽州城北之昌平县东南，属昌平县。2. 葬地相公乡在幽州城北，昌平县东南，属幽州。

唐代的昌平县旧址，在今昌平县西约 5 公里左右，地名“旧县村”。今北京北郊、西北郊，海淀区北部、西部，唐、辽、金、元及明清，都属昌平界，因之，乡属昌平，亦有可能。如果两相比较，死在幽州城内，葬在城北，则乡属幽州之可能性大些。幽州城北，已有归仁，保大诸乡，指明城北，或指诸乡以远而言，特别指明昌平县东南，或系地近昌平县界。由此推测，相公乡属幽州之可能要大得多了。如果这一推测不误，相公乡之位置，当在保大乡北，南界保大乡、西南界房仙乡，北界昌平县境。

志文不记县属，以地望度之，应属幽都县。乡有显固村，位置不详。

（七）美锦乡　南四村

北京市房山县云居寺石经《大般若波罗蜜多经》有唐人题记：

幽都县美锦乡南四邑及诸村等石经邑张令芬　卷三七七

题记不汼年月，从刻经之上下卷数排列次序可以推知，约刻于德宗贞元中。可知幽都有美锦乡。

南四邑之“邑”，是同村、同行业联合刻经之组织，“邑”与“社”

---

① 罗振玉《京畿冢墓遗文》卷下。

同[①]，南四邑当是南四村。

美锦乡仅一见，地望不详。乡属幽都，幽都在幽州城西部，乡位暂置西部，待改正。南四村位置不详。

（八）效德乡　姚村

《京畿冢墓遗文》载有“唐常氏墓志”，首题“大燕赠右赞大夫段公夫人河南郡君温城常氏墓志铭并序”。志称：“夫人以其年十一月二十一日权殡于燕京城南吹嚸邨。”[②]志石不记葬年，只记“夫人之所天唐开元十九年已先逝”，天宝十四年安禄山起兵叛乱后称燕，从首题“大燕”看，其入葬在天宝十四年之后。乡名三字左侧均有残剥，但后二字复原容易，应是“德乡”，首一字作“效”字可解，暂作效字，存疑使用。燕京即幽州，是幽州城南有效德乡，但不能确指其乡位。暂置城垣之南，俟后改正。

1965年，丰台区四顷三村出土“唐王郅夫人崔氏墓志”，志称元和中“葬府城南十里姚村”，葬地在今右安门外草桥，是草桥附近有姚村。姚村不记县属、乡属，只记城南，城南属幽都，地属幽都县无疑。与常志对照，如果效德乡在城南，或属效德乡。

（九）展台乡

房山县云居寺石经《大般若波罗蜜多经》题记中，有展台乡之名，题记称：“展台乡卢万顷妻甄女六娘合家为亡夫敬造石经两条供养　卷二二五”。

题记不记年月，从卷数排列次序估计，约刻于大历年中。唐时有展台乡之名，县属、乡位不详。

《天府广记》载：“展台在京西南，与碣石宫俱燕昭王展贤之地。”[③]《天府广记》为记录北京名迹之专著，“京”即北京，展台在北京西南，方位明确，惟里程不详。

---

① 罗振玉《京畿冢墓遗文》卷上。

② 罗振玉《京畿冢墓遗文》卷中。

③ 《天府广记》卷三七，名迹条，北京出版社。

蓟城附近，传为燕国首府所在，燕昭王筑台取士，为邹衍筑宫受业，不论其台址、宫位是否真实，但后人取展台之义，再念前贤，以之名乡，用志敬慕之忱，是完全可能的。据此判断，展台乡位，应在蓟城西南约三十里处，蓟城西属幽都，展台乡属幽都。

但也要作另一估计：展台乡名，仅一见于云居寺石经题记，云居寺址唐时在范阳县（今河北省涿县）界，堰经石题记习惯，乡前不记县属者，常为范阳县属；虽然范阳之外其他村、乡，也有乡前不记县属者，但毕竟占少数。这样看，展台属范阳县，也有可能。唯两相比较，属幽都之可能性较大，姑置幽都。

小结

《太平寰宇记》载，幽州郭下幽都、蓟县共三十四乡。经初步整理探索，可以确定名称、县属，并可作初步定位、划界的计燕台，燕夏，礼贤，归仁，归义，保大，房仙，太平等八乡；仅知名称、县属，但乡位暂定尚需进一步考订核实的计会川，相公，效德，招贤，美锦，展台等乡。从复原图可以看出（见唐幽州村乡复原示意图），约略定位的多在幽州近郊北部、东北部、东南部、西北部；西南部缺的较多，城郊以远，缺的最多，尤其是蓟县，原计二十二乡，缺的就更多了。

各乡所属村里，计甘棠村、海王村、邓村、李曲村、刘村、西綦村、平村、龙道村、别驾村、庞村，樊村、杜村、仵村、显固村、姚村、黄城、南四村等，有的仅见村名，不能定位，有的虽然约略定位，位置不见得确实。此外，本处另藏“唐任智静墓志”，记开元中“葬蓟县怀仁里”，怀仁当为村名，属蓟县，仅一见位置不详，更不详乡属。

对幽州郭下村乡的定位、复原、划界，仅是个初步尝试，探索。既不全面，又不具体，有的还可能名地不符，位置错乱，这就有待于今后做更多的工作，收集更多的材料，再作进一步补充、修正。

附记

本文整理过程中蒙本局资料室、保管组，中国佛教协会资料室提供资料，并请吴平同志制图，谨此致谢。

原载《中国考古学会第一次年会议文集》
文物出版社，1979 年

唐幽州村乡再探

首都北京，在唐代为幽州。1979 年，我曾著文对幽州历史上所属村、乡试作考证复原，定名《唐幽州村乡初探》①。初步探索计得：属蓟县者 5 乡，村 7 个；属幽都县者 7 乡，村 12 个。这些村乡，大部有定位，有的还可划出乡界并标明村址。资料来源，除文献外，主要依据北京房山县云居寺唐代石经题记与解放前、后北京地区出土的墓志材料。十五年过去了，北京地区又有唐代墓志出土，新的墓地与志石对幽州村、乡之复原、定界又提供了新的线索，与旧作《初探》核校，虽然大部乡界位置不变，但有些须作调整；又有新的村乡出现，须作新的补充。乃再作探索，并作草图示意，以补正前文。

《初探》已阐明，幽州郭下治两县，西部为幽都县，属区在城西，兼及北部；东部为蓟县，属区在城东部、南部，今仍两县分述。

① 《中国考古学会第一届年会论文集》，文物出版社，1979年。

蓟县

（一）燕夏（下）乡

《初探》对燕夏乡有定位，并划有乡界、乡名。定位主要是根据墓志所记与墓地位置而定。其乡邻：南部西邻幽州城垣，北部西邻归仁乡，今西四牌楼羊肉胡同曾出土“唐任希墓”，志石记地属燕夏乡，再西，阜成门迤西铁旗杆庙曾出土“唐陆日岘墓”，志石记地属归仁乡，因之，二乡之界当在羊肉胡同与阜成门之间划出（参示意图，图以实线示乡之实界）；广渠门曾出土“唐王仲堪墓”，志石记地属蓟县燕夏乡，但东部界邻不详；北池子北口曾出土“唐孙逵墓志”，石记地属幽都县礼贤乡，乡界当在北池子北口以南划出，即北界为礼贤乡；南部乡界不详，曾约略划出。今有新的唐志出土，据之可修正南界。

1985 年 12 月，永定门外四路通邮政汽车保养场出土“唐赵悦墓志”[①]，志记赵悦于“大历十二年（777 年）十月十九日殡于蓟城东南燕下乡之原”，志石示明永定门外四路通唐时为燕下乡（志石“夏”“下”常互用），以之划界确切可信。此志的出现，比《初探》拟定之南界又南移 1.5 公里。

燕夏乡四界划定：北界礼贤乡（属幽都县），西界归仁、城垣，南界燕台乡，唯东界不详。乡属面积南北约 6 公里，东西约 7 公里以上，在幽州诸乡中属略大者。

（二）会川乡　从善村

《初探》对会川乡有定位，并有划界。乡名见于石经题记与墓志。云居寺唐人石经题记有“蓟县会川乡”的记录，但仅记县属乡名，不记位置；旧藏“唐敬延祚墓志”拓本记：敬氏“中和三年（883 年）二月葬于蓟县会

①　《北京考古四十年）第三章三节，北京燕山出版社，1990年，第130页—133页。

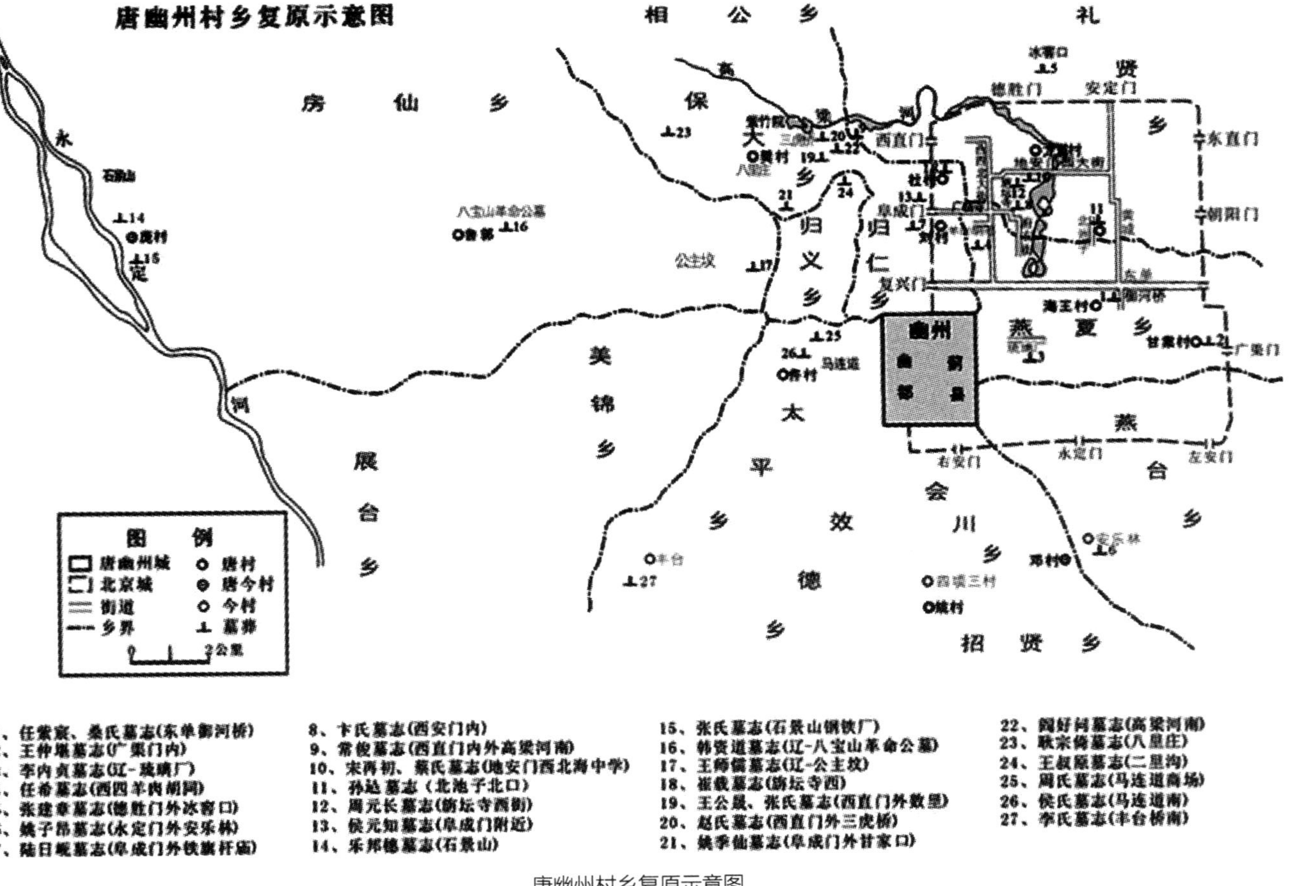

唐幽州村乡复原示意图
相公乡
礼贤乡
房仙乡
保大乡
归义乡
归仁乡
美锦乡
展台乡
太平乡
效德乡
会川乡
燕夏乡
燕台乡
招贤乡
永定河
高梁河
幽州
蓟县
幽都县
西直门
阜成门
复兴门
德胜门
安定门
东直门
朝阳门
广渠门
右安门
永定门
左安门
冰窖口
海王村
甘泉村
石景山
八宝山革命公墓
公主坟
马连道
丰台
安乐林
图例
唐幽州城
北京城
街道
乡界
唐村
唐今村
今村
墓葬
2公里
1、任紫宸、桑氏墓志(东单御河桥)
2、王仲堪墓志(广渠门内)
3、李内贞墓志(辽-琉璃厂)
4、任希墓志(西四羊肉胡同)
5、张建章墓志(德胜门外冰窖口)
6、姚子昂墓志(永定门外安乐林)
7、陆日晛墓志(阜成门外铁旗杆庙)
8、卞氏墓志(西安门内)
9、常俊墓志(西直门内外高梁河南)
10、宋再初、蔡氏墓志(地安门西北海中学)
11、孙彪墓志(北池子北口)
12、周元长墓志(旃坛寺西街)
13、侯元知墓志(阜成门附近)
14、乐邦穗墓志(石景山)
15、张氏墓志(石景山钢铁厂)
16、韩资道墓志(辽-八宝山革命公墓)
17、王师儒墓志(辽-公主坟)
18、崔载墓志(旃坛寺西)
19、王公晟、张氏墓志(西直门外数里)
20、赵氏墓志(西直门外三虎桥)
21、姚季仙墓志(阜成门外甘家口)
22、阎好问墓志(高梁河南)
23、耿宗倚墓志(八里庄)
24、王叔原墓志(二里沟)
25、周氏墓志(马连道商场)
26、侯氏墓志(马连道南)
27、李氏墓志(丰台桥南)

唐幽州村乡复原示意图

川乡邓村里之北原”，唯出土地点不详，对复原乡位造成困难。对乡位曾有两处考虑：一是《元一统志》通惠河条记有“会川闸”，约在今西直门附近，地当幽州城北，“闸”与“乡”同名，为线索之一；再是乡有邓村，属蓟县，蓟县治所位于幽州城内东部偏南，故蓟县乡属当在幽州城东、城南，为线索之二。德胜门外冰窖口曾出土“唐张建章墓志”，石记张氏“咸通八年（867年）葬府城东南七里邓村之原”，石后又刻识语称：“中和三年十月十六日自邓村原改葬于幽都县礼贤乡”，识语记明张氏是先葬邓村而后北迁的。府城即幽州城，邓村在城东南七里处，敬志又记邓村属会川乡，这两个邓村是不是一地呢？经过调查，今永定门外原有邓村（今已入市区建筑楼房，已无村），其地又正当唐时幽州城东南约七里处，城东南又为蓟县所属，方位、里程、县属均相符，曾舍会川闸地而暂定位于此。今又有新材料为证。

1987年，永定门外略西之西罗园出土“唐曹朝宪夫人陶氏墓志”①，记陶氏“太和元年（827年）十月三日葬蓟城（幽州城）东南八里会川乡从善村东北原”，从陶志可以认定，州城东南八里为会川乡，有从善村，以村西北准幽州城，方位、里程也都相符，证实了《初探》对会川方位的估定是正确的。

陶氏志石的出土，对会川乡划界仍有续补。1955年永定门外安乐林曾出土“唐姚子昂墓志”，志记姚氏“葬于幽州城东南六里燕台乡之原”，综合以上张、陶、姚志可知，幽州城东南六里是燕台乡，七里邓村、八里从善村，属会川乡，这一带正是二乡邻界处。兹据墓地作图示意：姚氏墓地安乐林，略偏东，西北距幽州城六里；张氏墓地邓村，地略偏西，西北距城七里，从善村在邓村之南一里，距城八里；如在安乐林西侧与邓村、从善村之间画线（以实线示意）作为唐时燕台与会川两乡旧界，当确切无误。会川乡西界邻广宁乡（见后广宁乡条）。

会川乡有从善村，为新见。

（三）燕台乡　东岗　高义村

《初探》记：1955年，永定门外（南）安乐林出土“唐姚子昂墓志”，

① 《北京考古四十年》第三章三节，北京燕山出版社，1990年，第130页—133页。

志记宝应二年（763年）十月姚氏“葬于幽州城东南六里燕台乡之原”，志石记方位、里程明确，安乐林一带为燕台乡，定位无误。城南为蓟县地，燕台乡应属蓟县。据乡位可见界邻：北界燕夏乡，西界会川乡，均如前述，西北是否达于城垣，暂存疑。燕台未见村名，今又有发现。

1989年8月，丰台区西罗园发现“唐董长庆墓志”，记董君“大中十三年（859年）归窆于幽州蓟县之东岗燕台乡新茔”。西罗园地在永定门外西南侧，地望与《初探》划定之燕台乡位相符。东岗属燕台乡，或为地名，或为村名，姑作村名待正。

1985年，丰台区蒲黄榆方庄小区（焦家花园）发现“唐彭城夫人刘氏墓志”[①]，记“大和七年卒，其年十二月葬幽府东南十里燕台乡高义村之原”，幽府即幽州之另称，蒲黄榆在西罗园之东，燕台乡正当城东、东南，证实方位无误。西邻是否达于城垣，不详。辖界东南至少十里属之，有高义村。

同地又有“唐周璵墓志”出土，记周氏“大中十一年宫于高义村之原”，石不记乡属，同地而葬，地属燕台无疑。高义村又一见。

（四）广宁乡　鲁村　姚村

1985年5月，丰台区槐房乡六必居酱园工地发现“唐王时邕墓志”[②]，石记“会昌六年（846年）葬蓟县南一十五里广宁乡鲁村东一里之原”，墓地在今右安门正南约15里，地当唐幽州城正南略东，其地为蓟县广宁乡，有鲁村属之。

广宁乡为新见，所属鲁村亦新见。

广宁乡之位置当无疑问，但乡界涉及会川、效德二乡，当再作讨论。

《初探》曾记：1965年丰台区四顷三村出土“唐王郅夫人崔氏墓志”，记元和中崔氏“葬府城南七里姚村”，其地在今右安门外草桥，志石未记县属、乡属。

---

① 《北京考古四十年》第三章三节，北京燕山出版社，1990年，第130页—133页。

② 《北京考古四十年》第三章三节，北京燕山出版社，1990年，第130页—133页。

1982 年，右安门外西三条出土“唐刘钤墓志”[①]，志记“文德元年（888 年）刘氏葬于蓟县姚村北原之先茔”。

两个姚村，都在城南，当是一地，属蓟县。这一带有会川、广宁、效德三乡，它又该属哪乡呢？也即哪乡界邻城垣呢？细审会川乡名，疑与水道有关。幽州城西，原有大湖，今称莲花池，过州城东南注，上段称莲花河，下段称凉水河，西面另有溪流来会，所经正当会川乡地，会川之名或取此义，且地处城南偏东，因疑会川乡与城垣接壤之可能性不大；幽州城南十五里为广宁乡鲁村，十里有姚村，如果鲁村为广宁乡之中，此界距城也仅数里，姚村应在乡界内，且数里之内不应再有乡属，则广宁乡应北界城垣。如此定界，广宁东临会川乡，北及城垣，西邻太平乡（见《初探》图示）。《初探》曾推定姚村或属效德乡疑误，效德乡位宜略南移。

广宁乡有鲁村，为新见；有姚村，应属广宁乡。

幽都县

（一）丰乐乡

1981 年夏，京西海淀区钓鱼台东门外马路东侧发现“唐郭元贞墓志”[②]，记郭氏开元十七年（729 年）卒，二十一年（733 年）“安厝于蓟城北丰乐乡之原”，是郭氏墓地所在之钓鱼台东门外一带为丰乐乡地，地在幽州城西北，志石虽不记县属，以乡位看，当属幽都县。

丰乐乡系新见，《初探》无此乡。度其乡位，东界归义乡，西界房仙乡，北界保大乡，南界太平或美锦乡。乡域范围偏小，与归仁、归义相若。

丰乐乡尚无村名出现。

---

① 《北京考古四十年》第三章三节，北京燕山出版社，1990年，第130页—133页。

② 《北京考古四十年》第三章三节，北京燕山出版社，1990年，第130页—133页。

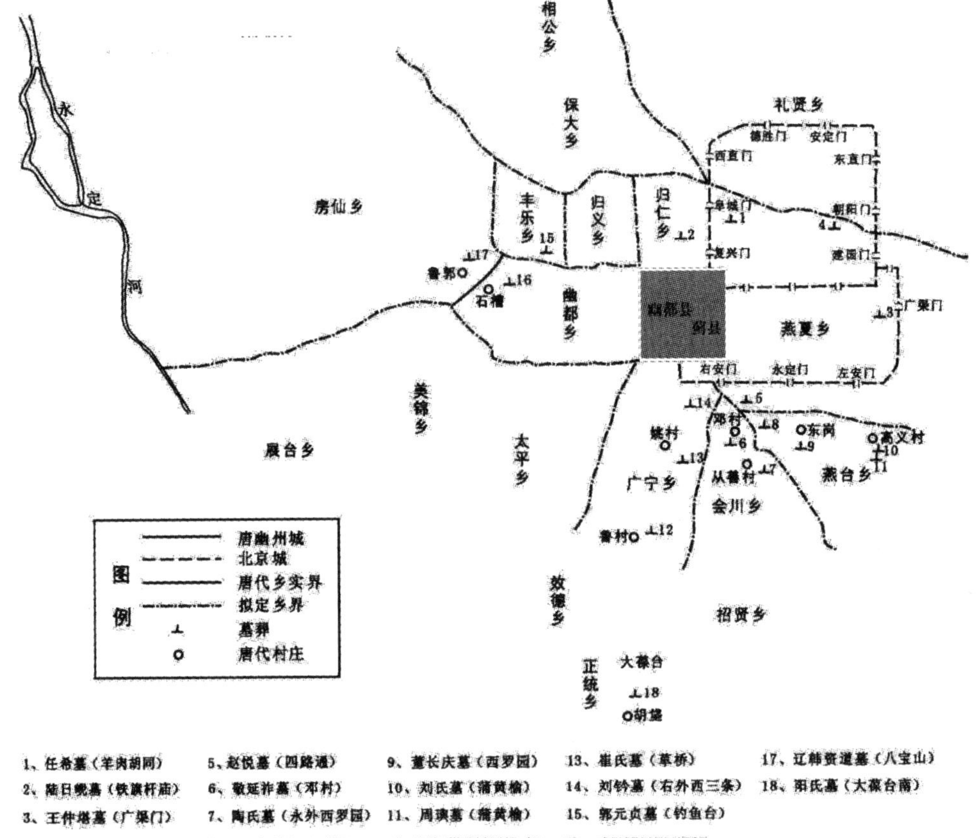

唐幽州村乡再探图示

（二）幽都乡　石槽

1985年春，京西石景山区玉泉路东建筑工地发现唐代“纪公夫人张氏墓志”，石记张氏大中元年死于潞邑（今通县），同年“葬于蓟城西幽都县幽都乡石槽之原”①。幽州城西为幽都县属，墓地正当城西，地望相符，其地为幽都乡，东界城垣无疑。葬地近旁今仍有石槽村，现村落占地面积42000平方米，居民1174口，唐时村名不改，距今至少有1100年以上历史了。

石槽村附近今有鲁郭村（或作鲁谷），《初探》记：鲁郭辽代为房仙乡属（据辽韩资道墓志）。城外村乡名、属，如无特殊原因，一般无大变化，辽之房

① 《北京市石景山地名志》聚落地名篇，北京科学技术出版社，1991年，第25页。

仙前承唐代，可知鲁郭当是唐村。今石槽在鲁郭东南二里，如在二村之间划乡界以为唐代幽都、房仙二乡之旧界，当距史实不远。

幽都乡、石槽村均为新见。

（三）正统乡　胡垡

1981 年，丰台区大葆台南一里铁路边发现“唐田公夫人阳氏墓志”①，志记阳氏于“永泰二年（766 年）葬蓟城南廿里正礼乡胡垡”。墓地正处幽州城南略西，方位与志石所记相合，其地为唐时正统乡无疑。志石不记县属，以方位计当属幽都县。应注意：“廿里”是志作者之估计数字，不能作为距城之实际里程。如以今里计，当在二十五里以上。在目前所见诸乡中，是距幽州城最远的乡属之一。

正统乡名，以前未见记录，为新发现。胡垡村亦新见。今附近已不见胡垡村名，略西南数里，今有狼垡，再南有葫芦垡，皆永定河下游沙淤滩地，或为胡垡之音转，也可能是胡垡旧地。

小结

幽州村乡，再探既毕，小结如下：

（1）蓟县乡属原定个别乡界略有变动，新增广宁乡，又增从善村、东岗、高义村、鲁村。

（2）幽都县部分乡界略有变动，新增丰乐、幽都、正统三乡。又增石槽、胡垡二村。

《太平寰宇记》卷六九记幽州蓟县二十二乡，幽都县十二乡，《初探》复原蓟县计燕夏、会川、燕台、招贤、归仁等五乡，今新增广宁，共计六乡，距二十二之数尚远；幽都县复原计礼贤、房仙、保大、归义、太平、相公、

① 《北京考古四十年》第三章二节，北京燕山出版社，1990年，第128页。

美锦、效德等八乡，今新增丰乐、幽都、正统三乡，共计十一乡，已接近原数。

《初探》中两县复原共十八村，今新增六村，共计24村，两县原有村数不详，估计绝不止此数，缺的尚多。

虽然对幽州村乡两作探索，乡属村位，名实不符者，当还不少，只能待今后有新的发现，再作补正。

附记

新出土墓志，多为北京市文物研究所诸先生经手、发现，承蒙提供，谨表谢忱。

原载《首都博物馆丛刊》1994年第9期

唐良乡城与史思明墓

段熙仲先生在《中华文史论丛》第 8 辑上发表《丰台唐墓玉册初探》一文，对 1978 年《文物》第 4 期鲁琪先生的《北京市出土文物展览巡礼》一文中，谈到的丰台区林家坟唐墓出土的玉册作了考征，并提出“初步设想：墓主是分裂叛乱分子史思明”。为了进一步证实这一设想，他又提出了与此相关联的两个问题，一是该墓出土文物之有关情况，如玉册之陈列形式等；二是良乡与丰台之关系，如丰台林家坟唐墓所在地，唐代是否为良乡属界等等。这两个问题，对于确定墓主是否为史思明，至关重要。本文就这两个问题作如下的探索。

玉册的发现与丰台

林家坟唐墓，是 1966 年当地群众在生产劳动中发现的。墓砖大部分已为群众拆除使用，出土文物、玉册等也相继散失，后为北京市文物主管部门——前北京市文物工作队得知，几次派人调查、处理，仅追回了铜牛、马镫及零星玉册等。现场前已破坏，此后再无清理过。从墓砖形制看，确为唐墓无疑，至于墓室结构则不详。据出土文物看，此次破坏之前，似未被盗掘过，至于玉册原来之陈列形式，就无从知道了。

玉册

《巡礼》一文，仅介绍了三枚玉册，另有同时出土的二枚残玉册，因未展出，该文未作介绍，现补充介绍如下：

二枚残册，都是上部残缺，下部完整，侧面有孔，各存三字。一枚字迹是“为急拯”，另一枚是“超忽伊”。此墓仅存的五枚玉册，字迹体势相若，宽度也相同，但厚度不一。“为”册（为指说方便，均以首字称）厚1.2厘米，厚度与“帝”、“恋”册同，“超”册厚度为1.5厘米，与“血”册同。以常识论，一具完整的玉册，不应有厚薄不一的现象，莫非它原是两具玉册，或至少两具？据现场目击者反映，当时出土的玉册，数目的确不少，至少有数十枚之多。这是有关玉册之情况。

再谈林家坟与丰台之关系。

林家坟唐墓所在地，今属北京市丰台区，在区界西南边缘，东北距丰台三十里。《巡礼》一文在介绍该墓时冠以“丰台”，这是以现行区划为准，对该墓编号的简称，这是考古工作者对墓葬、遗址等编号的使用习惯。实际上，该墓发现前不久，这里还不属丰台区，而属良乡县。新中国成立后，北京市所属城郊区县，曾经作过几次调整，界属范围也随之有所变更。林家坟在良乡县北，南距县城十四里，原属良乡，1956年县区调整，良乡县与房山县合并，改名周口店区，良乡县城改镇，林家坟改属周口店区，后又调整，周口店区改为房山县，界属变动，林家坟又改属丰台区。

北京在金代为中都所在。中都南门有丰宜门，门南有郊台，故有丰台之名。丰台地名的出现，上限不早于金代，因此，林家坟唐墓所在地与丰台镇之地缘关系，不必多作讨论；讨论墓主是否为史思明其人，关键在于唐代良乡界属，是否包括林家坟在内，这倒是需要解决的问题。

《新唐书·史朝义传》载:史朝义曾“去至梁乡,拜思明墓”。“梁乡”即“良乡”。从文献记载看，史思明墓的确在良乡。再看唐墓所在地之林家坟，位于良乡镇北十四里，应属良乡县界，与文献相合，该墓当属史氏无疑。但是，今良乡镇并不是唐时良乡县所在，因之，问题又变得复杂了，对“今”、“古”良乡，还需要作考察。

“今”、“古”二良乡

今良乡镇，在北京西南五十五里，有城，即明、清良乡县旧治。改镇是解放以后的事。

据《燕魏杂记》、《天府广记》、《读史方舆纪要》等书记载，后唐长兴三年（932 年）赵德钧曾在幽州南六十里阎沟筑良乡城。今良乡镇西，地势低洼，确有“阎沟”地名。由于这些记载，又有阎沟为证，世人多以今良乡镇城筑自五代。其实，古籍所记，也并不一致。《明实录·英宗实录》卷一九九景泰附录十七，景泰元年十二月甲戌：筑顺天府良乡县城。万历《顺天府志》卷二“城池”条记:“良乡,正统中筑土城”。光绪《良乡县志》载:“良邑旧无城,隆庆初贵阳安邑候始城之”,这又与赵德钧筑城说相抵牾。就是说，今良乡镇城也不一定是后唐的良乡城。当然,良乡镇城是否筑自明代或后唐，以及阎沟附近是否另有残城，由于未作实地勘察，暂且不必讨论。但至少可以说，其时代均晚于唐代，即今良乡镇城也绝不是唐良乡县治所。既然如此，林家坟虽然位于镇城北仅十四里之距，那也再无必要与良乡镇城作地理上的联系,更不能据之以确定其为唐时良乡界属。那么唐代的良乡治所，还要到别处去找。

我则认为，今房山县属之窦店古城，即唐代之良乡县所。根据是城址遗存与文献记载。

窦店位于北京西南八十里，东北距良乡镇二十五里，今属房山县。窦店，文献时称“旧店”，今又常作“豆店”。村西一里，有残城遗址，为1959年北京市文物普查时发现。古城残址，夯土清楚，南墙保存较好，全城东西长，南北略短，今已废为耕地。原调查报告[①]根据城址之主要遗物，结合文

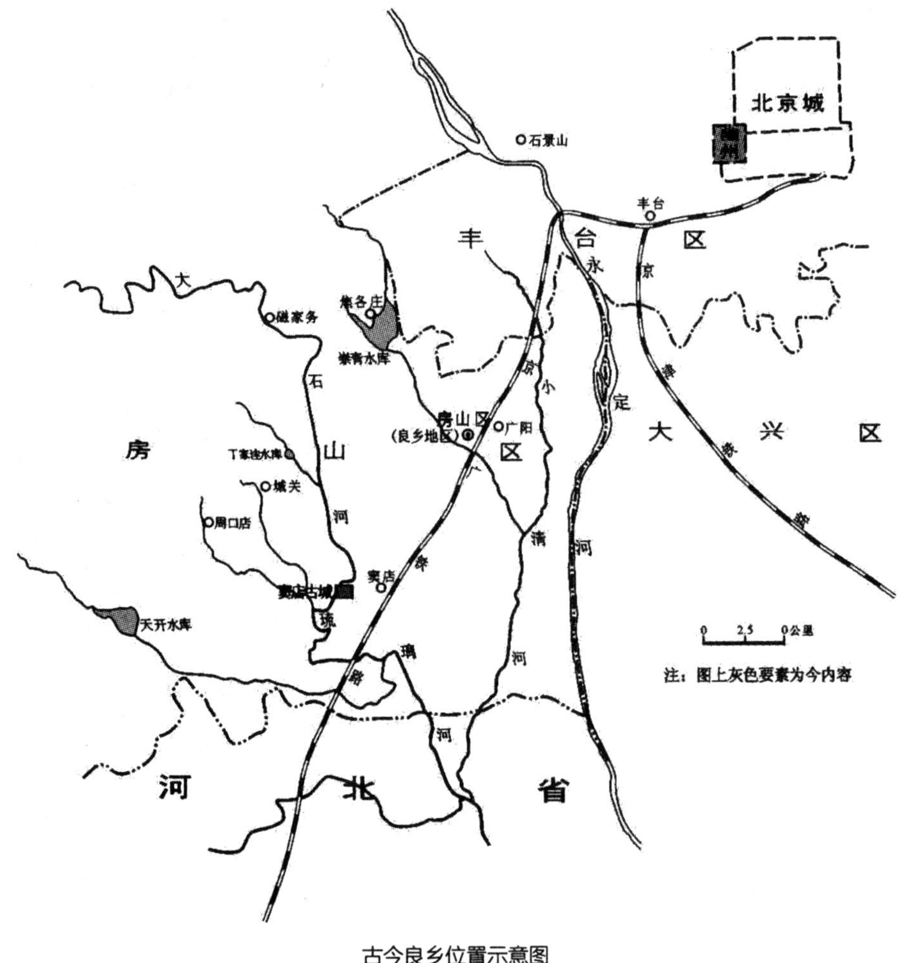

古今良乡位置示意图

① 调查报告题名《北京市周口店区窦店土城调查》，见《文物》1959年第9期。请注意，题前冠以“周口店区”是因编号习惯所致，调查时地属周口店区，其实，调查前不久，这里还属良乡县，之后，区县调整，良乡县取消，这里又属房山县了。

献，对城址筑造年代作了推断，定为汉良乡县城。这一推断是正确的，但城址使用之下限年代，并未涉及，晚期遗物仅提到了辽代残瓷片等。之后，我们对古城又做过复查，发现残址中仍有不少晚于汉代的遗物存留，如唐代之砖瓦残片等等。据此，应该说，其使用年代，上及于汉，下限至少可以到唐、辽时代。因之，我认为，窦店古城就是唐良乡县治所在。从遗址、遗物看是如此，从文献也可以找到证据。

宋人乐史所著《太平寰宇记》卷六九“幽州良乡”条有如下记载：

（一）“西南八十里”。

良乡唐代属幽州[①]，所记方向、里程，无疑是以唐幽州城为准。据考证，唐幽州城在今北京城西南侧，以幽州城为准的良乡残城址，方向正确，里程相符。

（二）“大防山，在县西北三十五里，山下有石穴”。

大防山即房山，在今房山县西，房山县因此得名。其山正在窦店古城西三十五里，方向正确，里程也相符。所谓“石穴”，也确有其处，即孔水洞，洞在房山北磁家务。我们也做过实地调查，报告题为《北京万佛堂孔水洞调查》，刊于《文物》1977年第11期，洞址在古城址正北稍西四十里。

（三）“防水”：“《隋图经》云，防水在良乡县界，有石穴，东北洞开，春秋有白鱼，珍美非常味，东经羊头阜，俗谓之羊头溪是也。”

古城北十五里，孔水洞南十五里，地有羊头冈，当即羊头阜，冈西又确有小河，东南注于琉璃河。“有石穴，东北洞开”，又当是孔水洞无疑，当时属良乡县界。《水经注》卷一二“圣水”条注：“防水……出县（良乡）西北大防山南，而东南流经羊头阜下，俗谓之羊头溪，其水又东南流，至县（良乡）东入圣水。”[②]圣水即琉璃河，古往今来，这条水变化不大。洞与水都在古城附近属良乡县界，地望相符。

---

① 并见《新唐书·地理志》、《旧唐书·地理志》。

② 《水经注》影印郭守敬疏本，下同。按《水经注》此处记载有误。例如良乡有两个石穴，一个是孔水洞，即“白鱼出者”是，就是上面所说的孔水洞。另一个是云水洞，在圣水峪，洞长而无水，所谓“人穴三百里”者是，两者不在一处，相距三十里，郦道元把二洞混为一个了，致使后人不易理解。

（四）“圣水”：“郡旧《志》云：俗名回城水，源出县西北玉石山，东流经县（良乡）北四里，又南流入范阳县界。”

圣水即今琉璃河，上流称大石河，大石河源远流长，自古城址西北而南，流经城址北，又西过城侧而南流，入涿县（即范阳）境，再而东流。值得注意的是，城址西南十里处，又确有回城村，为大石河所经流，这回城，当即迴城，也当是“回城水”取名之由。以城址对照文献，水、地、方位，完全符合。

（五）“广阳故城，在今县（良乡）东北三十七里，汉为县”。

关于广阳城，1962年做过调查[①]，城址仍有存留，在今良乡镇东八里。从窦店古城望广阳故城，约三十五里，城在东北，方向相符，里程也基本正确。晚出之《读史方舆纪要》、《光绪顺天府志》、《良乡县志》等书，则都记载为“在县东八里”。这显然都是以今良乡镇为准而言。这也证实了今良乡镇绝不是唐良乡县所，同时，从方向、里程也证明，窦店古城正是唐时良乡县所。

上述《太平寰宇记》“良乡”条所记诸项，与窦店古城遗址对照，都相符合，另城址中还残留不少晚于汉代的遗物，包括唐代遗物在内，因之可以说明，窦店古城当是唐时良乡县所，同时还可以说明，上起汉代，下迄于唐、辽，良乡治所都在这里。

林家坟唐墓所在地唐属良乡属界

关于良乡之历史界属，文献有零星记载，可资参考。

《水经注》卷一二“圣水”条，经文载：“圣水过良乡南界。”圣水即今琉璃河，《水经》成书于东汉，这就表明，东汉时今琉璃河一带为良乡南界。又“湿水”条注称：“湿水，又东南迳良乡县之北界，历良山南。”湿水，即今永定河，良山即凉山，即今日之石景山，为高梁河所自出，在北京西面，

① 题名《北京房山县考古调查简报》，《考古》1963年第3期。

这也就表明，郦道元注《水经》的北魏时代，北京西郊的石景山以南地区为良乡属界，林家坟附近地区，在北京正南偏西，当然也包括在内。不过，这究竟是唐朝以前的情况，从东汉至唐，界属是否有过变动，不得而详，这只能作为参考。

唐代良乡县所，已经定位，如果仔细划定界属，唐代墓志的记录，倒是绝无仅有的好资料。

首都博物馆藏《张道昇墓志》一石，志盖全，解放前出土，出土地点不详。从内容推测，应是良乡县出土。志石首题“唐故开府仪同三司使持节陇州诸军事行陇州刺史上柱国南阳开国伯张府君墓志铭并序”。志称：张道昇于“□员元年冬十一月廿五日庚寅窆于幽州良乡县阎沟山原”。志石年代有残剥，首字全残，次字上半部残，下部贝字完整，从志石内容考察，残剥之年代当是唐顺宗“永贞元年”（805 年），今良乡镇西略北有“阎沟”，即前面所讲赵德钧筑城处，张志之出土地点，当在附近。林家坟南距阎沟十余里，如果阎沟不是良乡县之最北界，则林家坟应属良乡界。

1972 年，北京房山县崇各庄公社焦各庄又出土《唐故夫人郑氏墓志》，志载：郑氏以贞元二年（786 年）故去，“以其年（贞元二年）十一月壬寅窆于良乡县北原。”焦各庄前属良乡，今属房山县，葬地东稍南八里即林家坟，如以焦各庄为良乡之北界，向东延伸，林家坟应划入界内，地属良乡，是无疑问，何况，焦各庄不见得就是良乡之最北边界。焦各庄南距窦店古城即原良乡治所五十余里，看来，唐良乡之北部属界比南部要大一些。

小结

《新唐书·史朝义传》有“至梁乡，拜思明墓”的记载，林家坟唐墓出土之玉册，据段先生考证，曾“设想”其墓主为史思明。梁乡即良乡，唐良乡城即今日之窦店古城，林家坟唐时属良乡界，从玉册之考证，到属界之探求，遗址、遗物、志石、文献，皆相符合，现在可以说明：北京丰台区林家坟唐墓之墓主，当是那个分裂叛乱分子史思明。

安史之乱，在我国历史上对社会经济、民族关系都曾造成严重的破坏，尤其是对于当时的幽州地区（今北京）破坏就更为严重。历史上遗留下的有关安史之乱的文物本来就不多，史墓之确定及其出土之文物，对于研究北京地区历史，尤其是安史之乱，具有重要价值。

同时，良乡为唐代幽州属县，其治所及属界之确定，对于研究北京地区沿革地理及绘测北京地区历史地图，也有重要意义。

原载《中国历史博物馆馆刊》1984 年第 6 期

唐《张建章墓志》续考

唐代张建章墓志，1956年11月16日出土于北京德胜门外冰窖口迤东101工地，现入藏于首都博物馆[1]。志石除记录张建章生平、家世外，又记录他受命于幽州都府出使渤海国并著《渤海记》的史实。

唐代幽州即今日的北京，唐制，在幽州设大都督府，简称都府，总揽军民两政。另设幽州卢龙节度使专制军事。渤海国是当时我国东北地区靺鞨族建立的地方民族政权。张建章代表幽州都府与少数民族的交往活动，自是北京历史的重要内容之一，所著《渤海记》一书，更属重要文献，因之，张氏墓志被首都博物馆列入重要文物并在“北京历史文物展”展厅内陈列展出，任人参观。唯志石是在基本建设工程中发现，于完工后交来，墓葬早已无存，随葬器物一无所知，甚是遗憾。

张志出土后，徐自强先生作《张建章墓志考》，刊于《文献》1979年5期。佟柱臣先生又有《〈渤海记〉著者张建章〈墓志〉考》，刊于《黑龙江文物丛刊》1981年创刊号。两文对张志的有关内容均作了精详考证。

二十多年过去了，东北的考古工作有很大进展。对渤海的历史遗迹、遗物做了不少调查研究，并有专论、专著问世，与此同时，北京的文物工作与历史研究工作也进入了一个新阶段，收获甚丰。借助这些成果，重读张志，深感志石所涉幽州史实者尚多，有必要再作些探索、思考与理解。

---

① 北京市文物局编印《北京市文物博物馆事业纪事》上。

墓志拓片

张建章两《唐书》无传。近年来北京市石景山区有张建章所撰墓志铭文出土，为人撰志作铭，看来他可算唐代幽州地区的著名文人。今不揣谫陋，步徐、佟先生之后，再对张志略作考述，拾遗补阙，如有些许收获，也算是对北京历史研究、资料的一点小补。乃续作考识。

张建章墓志

张建章墓志，青石质，志石、志盖全。志盖长100厘米，宽110厘米，四面略见斜坡。周刻十二人像，怀中各抱十二生辰动物，每边三幅。

中刻篆书“唐蓟州刺史兼御史大夫张府君墓志”。

志盖下面刻迁葬题记，文曰：

唐幽州卢龙节度押奚契丹两蕃副使摄蓟州刺史正议大夫检校太子
左庶子兼御史大夫上柱国赐紫金鱼袋张公建章墓铭 中 和三年十月
十六日自邓村原改葬于幽都县礼贤乡高梁河北原。

志石长95厘米，宽96厘米。志文竖刻32行，满行31字，遇尊亲尊称有空格，一格二格不等，考与圣旨等称皆顶格。

志文正书，繁体字，无标点，竖行，今录为简体字，横行。加标点。行末加“」”。

志文如下：

唐幽州卢龙节度押奚、契丹两蕃副使、摄蓟州刺史、正议大夫、检校太子左庶子兼御史大夫、上柱国、赐紫金鱼袋、安定张公墓志铭并序。

从兄幽州节度掌书记、中散大夫、检校尚书工部员外郎、兼侍御史、赐绯鱼袋珪撰。

弟前幽州节度衙前散兵马使总章书。

公讳建章，字会主，中山北平人也。其先受氏于轩后，系祖于前凉。降及冠冕闬闳」，历代沿袭，家谍详备，故编近以识之。高祖頔贞，皇特进、朔方节度副大使丨知使事、鄗国公、赠司空。曾祖阌 皇特进、太府少卿充河北陆运使、封临泾侯、赠太子少傅。祖诜，皇儒林郎、守定州北平县丞、知县事。

考幪，皇通议大夫、检校太子右谕德、涿州别驾。公幼聪而俊，哲美而和，时」谓间生琳琅，乡中英妙。洎自青襟从师，丹霄有志。年十六，云水兴高，风月吟苦。旋自」试于秋赋，明敏著名；尚持疑于春闱，琢磨益厉。大和四载，博陵歉，尤迫旨甘，乃咄嗟而谋曰：仲由负米，毛义捧檄，孝敬之行也，予独何为，执以阙寿违亲。便近游，方」者燕。既馆于碣石，太保李公厚遇，縻之安次尉。逾年，李公入觐，弘农」杨仆射受钺。星纪再周，渤海国王大彝震，遣司宾卿贺守歉来聘。府选报复，议先」会主假瀛州司马，朱衣使行。癸丑秋，方舟而东，海涛万里，明年秋抄，达忽汗州。州」即挹娄故地，彝震重礼留之，岁换而返。□王大会，以丰货、宝器、名马、文革以饯之」。九年，仲秋月，复命。凡所笺、启、赋诗，盈溢緗帙。又著《渤海记》，备尽岛夷风俗、宫殿、官」品，当代传之。历　司徒史公，知而竟屈。至　太尉张公，以素分擢受节度随军。委」之草檄，询之运筹，破虏荐名，授节度巡官、监察御史里行。寻迁幽州节度掌书记」，转殿中侍御史内供奉，展陈琳之笔，勒班超之功。不幸府故，嗣袭。福王遥帅，公入处宾寮，迁尚书主客员外郎，兼侍御史，赐绯鱼袋。将还，

加水部郎」中，充观察判官。无何，工部奉遣归阙，汝南周公代，未几而捐馆」。

保相清河公弓招，表升驾部郎中，余如故。洎陟明之典，加兵部郎中、幽州节度判」官。大中十二年敷奏，对扬大悦。

圣旨面赐金紫，兼御史中丞。贾生宣室之召，方朔辨对之机，百辟荣观。咸通五」年四月奏升押奚、契丹两蕃副使、正议大夫、检校左庶子、兼御史大夫。储幄清崇，亚相显贵。六年十月，摄蓟州刺史诸军事。期桑麦之瑞，慕襦袴之谣，渔阳大理。七」年九月十日，大病于官舍，享年六十一。词锋没于逝川，学植摧为朽壤，悲夫」！

夫人京兆韦氏，先公而谢五年矣。以咸通八年二月二日，迁窆于府城东南七」里邓村之原，祔用鲁礼。有子二人。长曰异，前莫州任丘主簿，迁衙前将。孾曰小丑」。有女一人，适归义县丞石令存，皆禫慕号诉。以珪旧

且宗，请志陵谷。铭曰：

碣石山高兮，上捧箕星；桑乾水远兮，下注沧溟。

中有崇岗兮，叶吉泉扃；贤人官业兮，万古芳馨。

张建章使聘渤海

张建章字会主，中山北平（今河北完县）人。志云卒于唐懿宗咸通七年（866年），享年61岁，由此上推，他生于唐宪宗元和元年（806年）。

他丹霄有志，青襟从师，至十六岁时（长庆元年，821年），云水兴高，风月吟苦，已以诗文见长了。至大和四年（830年），博陵（今河北博野）歉收，张建章自觉无以养亲，乃近游燕地，在碣石（今河北昌黎）设馆授徒。由于太保李公的厚遇，当上了安次县（今河北廊坊）尉，官阶为从九品下。这是张建章仕途之始。

次年，即大和五年（831年）幽州局势有变化，李公入朝。再次年——“星纪再周”，即大和六年（832年），渤海国王大彝震遣司宾卿贺守谦来聘。府选报复，议先会主假瀛州司马朱衣使行。渤海国官制仿唐，有“太常、司宾、大农寺，寺有卿”。司宾寺相当唐的鸿胪寺，卿是寺的最高官吏，掌管接待外国使节①。

唐初，高祖改郡为州，太守为刺史，又置都督府以治之。各大州设大都督府，中下州设中下都督府，各设都督，掌管州兵马、甲械、城隍、镇戍、粮廪、总判府事。幽州是大州，设大都督府。由于渤海国司宾卿吴守谦的来聘，于是大都督府选定张建章以兼用瀛州（今河北省河间）司马的名义代表幽州大都督府回聘渤海国。使者入蕃，唯使副官阶过低，难免鄰封不满，常随所居官大小加借以遣，唐时如此，也达及后世。

渤海立国之后，与唐王朝交聘贡使不断，对唐王朝的地方政府，特别

① 王承礼《渤海简史》第五章第二节，黑龙江人民出版社。

是临近渤海国的幽州，这还是仅有的一次交聘，其意义非同一般。唐代官品服色有定制：安次尉，九品，服青；瀛州司马，五品，服绯。因之，此次的“朱衣使行”，对张建章而言，自是风光无限了。

唐代的渤海国，是我国东北地区以靺鞨粟末部为主体建立的民族政权。靺鞨是我国古老的游牧民族，史不绝书。周秦至汉称肃慎，东汉时称挹娄，晋隋时称勿吉，勿吉，实即靺鞨之同音，新、旧《唐书》有传。它也是后世女真人——满族之先世。

唐武后圣历元年（698 年），靺鞨人结合部分高句丽人，于忽汗河（牡丹江）上游敦化——宁安为中心，自立震国。唐玄宗先天二年（713 年），册封其首领大祚荣为左骁卫员外大将军、渤海郡王，并以大祚荣统辖的地区为忽汗州，加授忽汗州都督。从此，去靺鞨之号，专称“渤海”，史称“渤海国”。它正式成为唐王朝一个地方行政机构——忽汗州，大祚荣既是地方政权的最高统治者，又是唐王朝的地方官吏。

渤海官制、宫殿等制仿唐，用汉文，又颇知书契，设五京十五府六十二州，建立了完备的行政管理制度。《新唐书·渤海传》记：地方五千里，户十余万，胜兵数万。

金毓黻先生据文献综合考释其疆域：“南与新罗，以泥河为界，西南以鸭绿江之泊沟口及长岭府之南境与唐为界，东际海，西界契丹，东北至黑水靺鞨，西北至室韦，地方五千里”①。这当是渤海全盛时期情况。

渤海传十五主，于辽太宗天显元年（927 年）被辽所灭，改为东丹，即东部契丹之意，部分遗民以今鸭绿江畔浑江市为中心建定安国，圣宗时又并入辽。这是后来的情况。

志石记：张建章使聘渤海，以癸丑秋成行，即大和七年（833 年），时年 28 岁。明年秋末，到达忽汗州上京龙泉府（今黑龙江省宁安县渤海镇）。国王大彝震隆重地接待了他，此时张建章 29 岁。“岁换而返”，即大和九年（835 年）仲秋复命，回到幽州。

回程之际，渤海国王以丰货、宝器、名马、文革相赠，更重要的是他

① 金毓黻《东北通史》，社会科学战线出版社，第295页。

把此期中所有的笺、启、赋诗等文字资料，装满箱笼，统统带回。前后两年时间，历尽波涛，千里风霜，终于不辱使命，胜利归来，时年30岁。

大约记录渤海诸多情况的《渤海记》也是在此前后完成的。渤海远隔千里，道途阻隔，那里的情况，中原人士很难得知，此著的面世，自然对中原大陆会有很大影响，所以志石云："当代传之。"

遗憾的是该书已佚，并未流传下来。关于《渤海记》，《新唐书·艺文志》、《宋史·艺文志》、郑樵《通志二十略·艺文四》等书多有存目，但多记为《渤海国记》，约元代已不见原书，今志石出土，对名称应有纠正，当以刻石所记《渤海记》为妥。

张建章在渤海停留期间，正值十一世王大彝震时，被称为"海东盛国"时期，得以详细记录了诸王谥号、官制、品秩、物产、交通等情况，为后来撰《新唐书·渤海传》所采择，丰富了渤海国的历史内容。也属不幸中之幸。

张建章使聘渤海，既是军政代表，又是文化使者，他的出使以及他苦心所撰《渤海记》一本，终于为历史、为后世作出了贡献。

志石所涉幽州人物与事迹

张建章之行年事迹与幽州上层执事者相关联，特别是当时的幽州卢龙节度使。

自安史之乱后，唐王朝中央力量削弱，各地方势力大增。"方镇相望于内地，大者连州十余，小者犹兼三四。兵骄则逐帅，帅强则犯上。"当时的幽州地区正是如此。节度使握有兵权，一有变故，或父死子代，或父死子握其兵而不肯代，或取舍由于士卒，或自择将吏，号为"留后"，邀命于朝廷。朝廷力不能制，号令自出，莫肯听命，也只能忍耻姑息。张建章正处于这一地区，这一时代。

(一)志石记:大和四载,既馆于碣石。太保李公厚遇,縻之安次尉。逾年,李公入觐，弘农杨仆射受钺。

《新唐书·地理三》记：安次县（今河北廊坊）唐代属幽州，为上县，县有尉二人。从九品上。

张建章大和四年（830年）在碣石（今河北昌黎）设馆，又为安次尉，据志石：他生于宪宗元和元年（806年），时年当是25岁。

蒙太保李公厚遇，才当上了安次县尉，这太保李公是谁？逾年（大和五年，831年）李公入觐，杨仆射受钺。钺是朝廷的礼仪大斧，受钺即入朝服务，这入朝的杨仆射又是谁？事涉幽州史实，史有文载可考。

《新唐书·文宗纪下》载：大和五年（831年）正月庚午 幽州卢龙军乱，逐其节度使李载义。兵马使杨志诚自称留后。

《旧唐书·文宗纪》载：大和五年（831年）二月壬辰 以卢龙节度使、守太保，同平章事李载义守太保、同中书门下平章事。时载义失守入朝，赐第永宁里，给赐优厚。

这里讲的是幽州卢龙节度使的情况。同年异月，实际是同一件事。

从时间看，大和四年时，李载义正任幽州卢龙节度使；逾年，即大和五年正月李载义被逐,《旧唐书》的“失守入朝”与志石所记的“李公入觐”又同是一件事，而李又有“守太保”，同中书门下平章事衔名。看来，这太保李公当是李载义。安次县属幽州，张建章有节度使李载义厚遇，当一个从九品的小县尉，实也顺理成章。从时间、地点与事理看，与志石所记皆相符合。

李载义两《唐书》有传。《旧唐书》本传载：他是常山愍王之后，少有勇力,善挽强、角觝,为幽州节度刘总致为亲军。至敬宗时,拜检校户部尚书,兼御史大夫,封武威郡王。大和三年(829年)时,李同捷据沧景以邀袭父职,李载义平沧景有功，又有平奚战功，被逐入朝后，不仅无罚，又授为山南西道节度使，太原尹，并晋爵册拜太保[①]。

李载义被逐，杨志诚自称“留后”，这个杨志诚即受钺的杨仆射，其事

---

① 《旧唐书》卷一八〇《李载义传》，中华书局版。

迹也有考。

杨志诚《旧唐书》有传，记：李载义被逐，朝廷大惊，但也无计可施，只能“因而抚之”。以嘉王运遥领节度使，杨志诚为节度观察留后，检校左散骑常侍，兼幽州左司马。不久，又改为检校工部尚书、节度副大使、知节度事。大和七年（833 年）又转检校吏部尚书。对方镇，朝廷一味姑息，但“姑息愈甚，兵将愈骄”，工部转吏部，这一转又闹出了事端。

“检校”含有“办理”的意思，为加官。按照唐时朝廷习惯，检校吏部尚书与检校工部尚书（均正三品）都是虚衔，并非实授，只是次序排列时吏部在前，工部在后，由工部转吏部名分上也可算略有所荣，但是，杨志诚拒不接受。“军中不识朝廷体位，只知自尚书改仆射为迁，何知工部转吏部为美。”他扣留中使，非要“仆射”之衔名不可。朝廷无奈，只好再遣使加“尚书左仆射”。

唐初，设尚书省，尚书令一员。武德时，太宗李世民曾为此官，此后阙而不设，自不置令，由仆射总判省事，设左、右仆射各一员（从二品）。杨志诚争得此官，实际上也非实授，仍是虚衔。

这一事件折射出节度使之骄横与朝廷之暗弱。另外，杨志诚争得“仆射”之名，志石中所谓“杨仆射受钺”，这杨仆射即杨志诚亦无疑矣。

这一时期，幽州乱甚。大和八年（834 年）八月，杨志诚又为部下所逐，三军立大将史元忠为留后。杨志诚被迫入朝。大和九年（835 年）二月，朝廷以史元忠为幽州卢龙军节度使。会昌元年（841 年）九月，史元忠又被逐，三军推牙将陈行泰为留后。不久陈行泰又被杀，至会昌二年（842 年）张仲武为幽州卢龙节度使，局面稍见平静。

杨志诚入朝后被御史台鞫询，说他在幽州用龙凤纹饰僭越，流放岭外，至商州（今陕西商县）杀之。结局远不如李载义。

还是在李载义被逐之初，其母葬在范阳[①]，杨志诚逐李载义怒及其母，把李母的墓葬挖开暴尸。后杨志诚被逐入朝，路过太原，李载义在太原又

① 唐时范阳有二，一为县，即今河北涿县；一为郡，即今北京。幽州卢龙节度使驻节范阳郡，此范阳即今北京。

要挖他的心、肝，以泄怨报复，部下苦谏得免，但尽杀其随军及妻孥。

如再稍前溯可知，李载义也是靠杀戮上台的。敬宗宝历二年（826年）五月，幽州军乱，幽州卢龙节度使朱克融被杀，军人立其次子延嗣为留后，九月，李载义同其弟再宁同杀朱延嗣及其家属三百余人，载义被推为留后，后为节度使。李载义初名再义，后被赐名李载义。本传记："晚年骄恣，惨暴一方。"时幽州杀戮成风，可以想见。

（二）志石记：历司徒史公，知而竟屈。至太尉张公，以素分擢受节度随军。

从幽州卢龙节度使的逐擢时间及次序看，此司徒史公当是幽州卢龙节度使史元忠；太尉张公，当是后继的幽州卢龙节度使张仲武。史书可证。

（1）关于司徒史公

《旧唐书·文宗纪》载：大和八年（834年）九月辛巳 幽州节度使杨志诚、监军李怀仵悉为三军所逐，立其部将史元忠为留后[①]。

同书又记：会昌元年（841年）九月，幽州军乱，逐其帅史元忠，推牙将陈行泰为留后。三军上章请符节，朝旨未许。十月，陈行泰被诛[②]。

史元忠两《唐书》有传，均甚简略：杨志诚被逐后，通王淳遥领节度。史元忠被授左散骑常侍、幽州大都督府左司马、知府事，充节度留后。后转检校工部尚书、节度副大使，知节度事。至大和九年（835年）二月为幽州卢龙节度使。

志文所记"历司徒史公,知而竟屈","屈"作"竭诚"解,"竟"有"始终"之义，"知"即"知遇"，就是说：张建章受知于节度使史元忠，一直为他竭诚尽力。这样的理解也许不如直接解释为"未得尽才"，即才能没有得到充分发挥。如果略作统计：史元忠大和八年（834年）九月为留后，至会昌元年（841年）九月被逐，把留后计算在内，履任节度使约历七年，张建章于大和八年（834年）正在渤海忽汗州，九年（835年）八月回到幽州，这两年除外，他服务于节度使史公麾下至少也在五年左右，以年龄计，他大

---

① 《旧唐书》卷一七下《文宗本纪》，又见《新唐书·文宗纪》事在八年十月辛巳。

② 《旧唐书》卷一八上《武宗本纪》。

和九年（835年）回幽州时30岁，会昌元年（841年）时已36岁。五年的时间，志文未记张氏升迁，显然，为文者从兄张珪意有所怨，为张建章叫屈。

张建章历司徒史公并不得意，至太尉张公，即卢龙节度张仲武时代，情况就大不一样，他将大展宏图，一路春风了。

“司徒史公”是史元忠无疑，但两《唐书》不见“司徒”之衔名，志与史似不合，对于这一点，后面还要谈到。

（2）关于太尉张公

史元忠被逐，陈行泰为留后，行泰被诛后，张仲武为卢龙节度使，从事迹、时间看，太尉张公，应是张仲武。

《旧唐书·武宗纪》记：会昌二年八月，以张仲武为幽州卢龙军节度使、检校工部尚书，封兰陵郡王[①]。

两《唐书》张仲武有传记：张仲武是范阳（即幽州，今北京）人，为军中旧将张光朝之子，少读《春秋》，兼晓儒书，老于戎事，性抱忠义。时有回鹘一族七千帐东逼渔阳（今北京平谷），张遣其弟仲至率锐卒三万人大破之，降三万人，获牛马、骆驼、罽帐无数。使奚与契丹人亦不敢近边。诏加检校兵部尚书，兼东面招抚回鹘使。并于蓟北立《纪圣功铭》，宰相李德裕为之撰文。《旧唐书》本传载有《纪圣功铭》全文。

张仲武取得战功，正是张建章发挥才干、大展宏图之时，与志文对照，所记“委之草檄，询之运筹，破虏荐名”是也。史事与墓志所记相合。

张仲武于会昌二年（842年）八月出任幽州卢龙军节度使，回鹘东面招讨使，以素分擢张建章为节度随军，张建章时年应为37岁。会昌三年（843年）取得胜利，破虏荐名，又被授节度巡官，监察御史里行，时年应是38岁。此后一路攀升，至大中三年张仲武去世。

（三）志文记：不幸府故，嗣袭，福王遥帅。

《旧唐书·宣宗纪》载：大中三年（849年）五月，幽州节度使、检校司徒平章事张仲武卒。三军以其子直方知留后事[②]。

① 《旧唐书》卷一八上《武宗本纪》。

② 《旧唐书》卷一八下《宣宗本纪》。

显然，“府故”指张仲武去世，“嗣袭”指其子张直方为留后一事。福王是顺宗（李涌，年号永贞）之子，名绾，与宪宗李纯为同母所生。咸通元年（860年）进拜司空，咸通二年（861年）卒。遥帅即遥领卢龙节度，并不任事。

张直方《旧唐书》有传记：以幽州节度副使承袭父位。他性极残暴，多行豪夺。由于多行不法，又怕被部下谋害，大中三年（849年）冬，以游猎为辞，离开幽州奔赴长安，被授为金吾卫将军。又以罪贬柳州司马。十一年（857年）又迁右骁卫将军，分司东都洛阳。咸通时，位至羽林统军。

中和年间，农民起义军逼近长安，公卿官吏多藏匿于张直方家，他招纳亡命徒，想加害农民首领黄巢，有人告发，被杀。他怕被部下杀害，从幽州跑到长安，但仍死于刀下。

张仲武是大中三年（849年）五月去世的，此前，张建章在其麾下数度升迁，授节度巡官、监察御史里行。又迁幽州节度掌书记，转殿中侍御史内供奉等。张建章的升迁很快，颇得张仲武赏识可以想见。

（四）志文记：工部奉遣归阙，汝南周公代，未几而捐馆。保相清河公弓招。表升驾部郎中。

《旧唐书·宣宗纪》记：大中三年（849年）十一月，幽州军乱，逐其留后张直方，军人推其牙将周綝为留后。

同书又记：大中四年（850年）九月，幽州节度使周綝卒，军人立其牙将张允伸为留后[①]。

前面谈到，张仲武于大中三年五月去世，其子张直方为留后，张直方于当年冬季奔赴长安；今又记张直方大中三年十一月被逐，周綝为留后，大中四年九月周綝卒。张建章墓志记：工部奉遣归阙，汝南周公代，未几而捐馆。这里“遣”作“令”解，“阙”指朝廷，即都城长安。从时间、地点看，志石所记与张直方被逐，周綝为留后，不久又去世，是同一件事。《旧唐本·宣宗纪》载，大中四年（850年）三月，以幽州节度副大使、检校工部尚书张直方为金吾卫将军。他有检校工部衔。所谓工部奉遣归阙的“工部”当是

① 《旧唐书》卷一八下《宣宗本纪》。

张直方无疑。他本来是被逐又怕部下加害而奔赴长安的，志文说是奉令回朝，实作溢美而已。周綝为留后，不久去世，与周公代、未几而捐馆，与史实都相符合。周公即周綝亦无疑义矣。

志记“保相清河公弓招”，“弓招”见《左传》：翘翘车乘，招我以弓。意为礼聘，保相即相国、宰相，清河公礼聘张建章，清河公是谁？从时间看，大中四年（850 年）九月幽州节度使周綝死后，军人立牙将张允伸为留后，对照史实，这清河公，他只能是张允伸。《新唐书》有《张允伸传》，记张允伸曾任检校散骑常侍，又为节度使，但不记时间。

《旧唐书》张允伸也有传记：张允伸是范阳人。世仕幽州军门，累职至押衙，兼兵马都知兵马使。大中四年（850 年），表允伸为留后，朝廷可其奏，加右散骑常侍，其年冬，诏赐旌节，迁检校工部尚书，咸通九年（868 年）累加至光禄大夫、检校司徒、兼太傅，同中书门下平章事，燕国公。从其所历职衔名称，司徒、太傅、同中书门下平章事等已是形同宰相了，所以，这保相清河公是张允伸无疑，但史书不记其封爵食邑“清河”，史书不记，另有所出，后面还要谈到。

《张允伸传》记：允伸领镇（幽州）凡二十三年，克勤克俭，比岁丰登，边鄙无虞，军民用乂，至今谈者美之。他大中十三年（859 年）卒，享年 88 岁，在多年混乱与厮杀的幽州高官中，只有这一个还值得称道。

前面谈到：司徒史公当是史元忠，唯史书不记“司徒”之名；又保相清河公，当是张允伸，史书又不见“清河”之称，这两种称衔却都在云居寺石经题记中出现了。它提出了确证，并可补史。

云居寺在北京西南房山县白带山，距北京百里之遥。山中凿有石室，石室藏石经，经始刻于隋，盛于唐，及于明末。近年来对石经进行了整理、拓印、研究。总计 15060 石，其中完好经石 14640 石，残经石 420 石，洞外各种碑铭 82 石，刻佛经种数为 1025 种[①]。唐代是刻经高潮，每年四月初八浴佛节日，附近的善男信女纷纷刻经祈福，其中，百姓之外，有唐时幽州

① 吴梦麟《房山石经述略》，载于《房山石经之研究》，法音文库本，中国佛教协会出版，1987年。

的军政要人，包括史元忠、张允伸也留下了名字，而且是全部的职衔。如：

（1）无年月《卢至长者因缘经》题记载

幽州卢龙节度副大使知节度事观察处置押奚契丹两蕃经略卢龙等使银青光禄大夫检校司徒兼幽州大都督府长史御史大夫史元忠。

此刻经不记年月，但显然不是节度使的最后结衔，不过已有“检校司徒”之名。有此一证，前所谓“司徒史公”是史元忠无疑。此外，史元忠尚有“司空”之名，史传亦不载。

（2）咸通四年（863年）刻《文殊师利问菩提经》等载

幽州卢龙节度副大使知节度事观察处置押奚契丹两蕃经略卢龙等使银青光禄大夫检校司徒同中书门下平章事兼幽州大都督府长史上柱国清河开国公食邑一千五百户张允伸①。

这也不是张允伸全部职衔。其衔名史书多不载。此处有清河开国公，是张允伸无疑。前面推断清河公是张允伸，亦可得到验证了。

唐制：节度诸使皆为差遣，除授必带京职。这里司徒、司空等位属三公，都是京职，节度使带京职，也得到印证。

志石所记职官品阶种种

唐人重视官爵品阶，墓志尤甚。张建章墓志记录了包括其祖上在内的诸多职衔，总计有数十项。唐朝官制十分复杂，专称术语又多，且常有简称，史书虽有记录，但不全面，对理解这一问题带来困难。上节中对幽州卢龙节度使的考述中不厌其烦，列举了很多官衔，如果把志石中一连串的职衔与史书结合，进行探索，对照比较，也许能取得一些收获，理解会加深些，现做一试。错误难免，敬求指正。

① 张建木《房山石经题记历史资料初探》，载于《房山石经之研究》法音文库本，中国佛教协会出版，1987年。

唐代官制，就其大要，可分职事官、散官、爵、勋四项。五品以上官，有的各项兼备，最低也有职事官和散官两项。各项又具独立性质，不随他项之变动而变动，因之，遇有职事官升调降黜之制勅，其他各项是否保留，就要附带说明。

官分九品，每品各有正阶、从阶。自正四品以下，正和从再分为上下二阶，合成三十阶。但职事官、散官、爵、勋四项官制中又不是各阶俱备，其复杂之因在此。

职事官，是执行事务的官吏，表示了实际的官职（中亦有挂名者，但非设官本意）。武德令，各品阶都有，唯正二品只尚书令一职，太宗曾为此职，龙朔二年（662年）后不设。散官，是没有固定业务的官，实际上用以表示品阶。贞观年令制，文武入仕者皆带散位，谓之本品。文散官无正一品，由从一品起设立。爵，凡十等，武德令唯有公、侯、伯、子、男，贞观十一年（637年）始加开国。封爵本有食邑之规定，以封爵太滥，不注明“食实封”者不享其实。勋，初用隋制，贞观十一年（637年）、上元元年（674年）两次改定名称，计十二转（级），实际上勋官比封爵更滥，文官亦可授勋，已非酬劳战功原意，咸亨以后战士亦不乏授勋者。

作以上理解再看张建章墓志，志记：

（一）高祖顿贞，皇特进，朔方节度副大使知使事，鄯（国）公，赠司空。

“皇”是对先辈之尊称，特进为文散官，正二品。鄯国公是封爵，从一品。朔方节度副大使知使事是职事官。《旧唐书·地理一》记：朔方节度使治灵州。主要是捍御北狄，统经略、丰安、定远、西受降城、东受降城，安北都护、振武等七军府，管兵六万四千七百人，马四千三百匹，衣赐二百万匹段[①]。唐制，大使多是特派出巡之官名。亲王领节度使者称节度大使，实际负责之副使称副大使知节度事。司空是三公之一，正一品，“赠司空”，是死后封爵。

从一系列经历、官职品阶看，张建章之曾祖是高官、武将。

（二）曾祖阅，皇特进，太府少卿，充河北陆运使，封临泾侯，赠太子少傅。

太府少卿属太仆寺，卿一人，少卿二人，从四品上，掌财货、廪藏、

① 《旧唐书》卷三八《地理志》。

贸易等项。封爵临泾侯，仅是荣显，并无实土。河北陆运使应是临时设置的官吏，其兴废不定。《新唐书·百官一》记：有置使之名，或因事而置，事已则罢，或遂置而不废。“充”字表示官品中未列的职务，归入差使一类[①]。赠太子少傅也是死后的事。太子少傅，从二品。

（三）祖诜，皇儒林郎，守定州北平县丞，知县事。

儒林郎为文散官，正九品上。定州北平县为上县，丞一人，从八品下，为职事官。职事官品阶高于本人所带散官，故加“守”字，称守定州北平县丞，知县事。

（四）考幪（张建章父）皇通议大夫，检校太子右谕德，涿州别驾。

通议大夫为正四品下，检校太子右谕德，正四品下。检校本为办理之义，肃宗、代宗之后带检校者都是虚衔，非实授。

涿州为上州，别驾一人，从四品下。刺史巡视辖境时，别乘驿车随行，故名。唐于永淳元年（682年）始置州别驾，为刺史之佐吏，数度改称，实即州丞或长史之职，地位仅次于刺史。

张建章是从这样一个家庭中走出来的。其父曾任涿州别驾，唐代的涿州（今河北涿县）是北方一个文化较为发达的地区，有汉卢植兴学授徒的传统，再加上张建章的丹霄有志，青襟从师，云水兴高，风月吟苦，终于成长为幽州地区的著名人物，其出使渤海国，并著《渤海记》，不是偶然的。自有其家庭环境影响在焉。

我们再看一看他的成长过程、升迁情况。

（五）太保李公厚遇，縻之安次尉。癸丑秋，方舟而东，假瀛州司马而行。

张建章初入仕途是在大和四年（830年），为安次县（今河北廊坊附近）尉。安次为上县，尉有二人，从九品上。癸丑秋，方舟而东，出使渤海国时，假瀛州司马而行。癸丑年即大和七年（833年），瀛州（今河北河间）为上州，设司马一人，从五品下，假作兼、摄解，张建章原为县尉，从九品上，今以州司马名义、从五品出使。时年28岁。

① 岑仲勉《依唐代官制说明张屈江集附录诰命的错误》，载《中山大学学报》1958年第3期。

（六）至太尉张公，以素分擢受节度随军。委之草檄，询之运筹，破虏荐名，又授为节度巡官，监察御史里行。

节度使下有随军四人，巡官一人。监察御史属于御史台，正八品上。御史台是掌持邦国刑宪典章的机构。"里行"有暂任之意。唐初，太宗得马周，欲加重用，因其原系布衣，令其暂于监察御史里行。意为暂与正官共事，不占名额编制。监察御史十五人，掌分察百寮。巡按州县，狱讼、军戎、祭祀等事。

（七）寻迁幽州节度掌书记，转殿中侍御史内供奉。

节度使下有掌书记一人。不记执事。比照天下兵马元帅掌书记职务看，当是掌朝觐、聘问、慰荐、祭祀之类。御史台有三院，一曰台院，有侍御史；二曰殿院，有殿中侍御史；三曰察院，有监察御史。殿中侍御史掌殿庭供奉之仪，九人，从七品下。内供奉可有两种理解，一是官名，《旧唐书·职官二》卷四十三记，两省自侍中、中书令已下，尽名供奉官。这里内供奉，似以试用、暂用解较宜。

此事应在张仲武大中三年（849 年）前，即张建章 44 岁以前。

（八）公入处宾寮，迁尚书主客员外郎，兼侍御史，赐绯鱼袋。将还，加水部郎中，充观察判官。

尚书主客员外郎属礼部，员外郎一人，从六品上，掌诸蕃朝聘。兼侍御史，侍御史属御史台，从六品下，掌纠举百寮及入阁承诏，知推、弹、杂事。

赐绯鱼袋，当是赐"绯服、银鱼袋"之简称。散官品阶涉及服饰：

服色：贞观元年（627 年）定制，三品以上服紫，四、五品服绯，六、七品服绿，八、九品服青，妇人随夫之色。高宗上元元年（674 年）又诏：文武三品以上服紫，四品服深绯，五品服浅绯，六品服深绿，七品浅绿，八品深青，九品浅青。此服色是以散官为标准。

鱼袋：武德元年（618 年）改制银鱼符。高宗永徽二年（651 年），开府仪同三司及京职文武职事四、五品并给随身鱼。咸亨三年（672 年）五品以上赐新鱼袋，饰以银，三品以上各赐饰金鱼袋，装刀子、砺石一具。开元九年（721 年）后赐绯紫者例兼鱼袋，始有"赐绯鱼袋"、"赐紫金鱼袋"之称。实际上赐绯是服色，鱼袋只能饰银，银字即可略去。故绯鱼袋即绯服银鱼袋之简称，这在当时是十分清楚的，只是后人不易理解了。

将还，加水部郎中。水部郎中为工部之官，从五品上，管渠梁、堤堰、渔捕、漕运等事。

充观察判官。唐代常于不设节度使之处设观察使。特派担任临时职任的大臣，皆得自选中级官吏充任判官，判官是临时判事之意，实际上这都属虚衔。

文中有“将还”二字，即是“将回幽州”之意，据此，此时张建章历职是在唐京长安。

（九）保相清河公弓招，表升驾部郎中，余如故。洎陟明之典，加兵部郎中，幽州节度判官。

保相清河公即幽州卢龙节度使张允伸，在上节中已经明确。“弓招”意为礼聘，驾部郎中属工部，从五品上。职与员外共掌邦国舆辇、车乘、传驿、厩牧、官私马牛杂畜薄籍，辨其出入，司其名数。陟明之典，语出《书经》：黜陟幽明，进用之意。兵部郎中，从五品上，掌经营兴造之务。幽州节度判官二人，判官由本使选任，以备差遣，非正官。

（十）大中十二年，敷奏，对扬大悦，圣旨面赐金紫，兼御史中丞。

“对扬”是答君命并宣扬其意。大中十二年（858年）宣宗李忱面赐金紫，这金紫可作三种理解，一是金印紫绶；二是金紫光禄大夫；三是赐紫服金鱼袋。一、二均不妥，以第三解较为合宜。这也可印证志石首题，张建章衔称中有赐紫金鱼袋之称。这也是荣宠之例。

御史中丞属御史台，大夫一员正三品，中丞一员，正四品下，掌邦国刑宪典章以肃正朝廷。中丞仅次于大夫。

此事在大中十二年（858年），张建章时年53岁。

（十一）咸通五年四月，奏升押奚契丹两蕃副使、正议大夫、检校左庶子，兼御史大夫。

正议大夫为正四品上，文散官。左庶子为东宫属官，左春坊下有左庶子二人，正四品上。御史大夫为台官之最，正三品，押奚契丹两蕃副使，实即幽州卢龙押奚契丹两蕃副使之简称。唐时东北地区奚、契丹、霫、同罗等族兴起，朝廷于幽州卢龙等节度使加“押”字以示临制。天宝之后，沿边御戎之地置节度使，受命之日，赐之旌节，专制军事，行则建符节，谓之节度使，外任之重无比。

汉制，丞相缺人，常以御史大夫递升。唐时常称御史大夫为亚相以示荣，此时的张建章，位兼御史大夫，故志石有“亚相显贵”之语示荣。

（十二）（咸通）六年（865 年）十月，摄蓟州刺史诸军事。七年（866 年）大病于官舍。享年 61 岁。

唐幽州即今北京，古称蓟，以地处北方，诗人常泛称蓟北，又以地位重要，当北方门户，又常称蓟门。开元十八年（730 年）分渔阳、玉田、三河置蓟州（治今天津蓟县），原幽州蓟城分为两县，一为幽都县，在城内西部，一为蓟县，在城内东部。故唐时有两蓟，一为县，一为州。开元十八年前称蓟者为幽州蓟城，十八年后之蓟州，即指今河北蓟县地。

唐制，州为上、中、下三等，户满四万为上州，刺史从三品；满二万为中州，刺史正四品上，下州者不满二万，刺史正四品下。蓟州为下州，刺史为正四品下。

摄蓟州刺史诸军事，“摄”有代理、协理之意，仍是军事管理者。这是张建章最后结衔。次年，即咸通七年去世，享年 61 岁。

关于张建章之官爵结衔仍有一处未解：志石首题中有“上柱国”之称，唐制“上柱国”为勋之最高级，正二品，此勋多为酬劳武功者，唐晚期虽有滥封，但张为武人，亦可当之。又近年北京石景山区出土唐《论博言墓志》，志文为张建章死前一年（咸通六年，865 年）撰文，结衔仍有“上柱国”之名，可知实获此勋，唯志石文中不记获勋年月，未悉何故。

（十三）志石记：渔阳大理。

《旧唐书·地理二》记：开元十八年（730 年）置蓟州（治今天津蓟县），天宝元年（742 年）改渔阳郡。渔阳即蓟州。渔阳大理即大治。避高宗李治讳，改“治”为“理”。

祖籍与现籍

张建章墓志首题作“唐幽州卢龙押奚契丹两蕃副使、摄蓟州刺史、正议大夫、检校太子左庶子、兼御史大夫、上柱国、赐紫金鱼袋、安定张公墓志铭并序”，其中铭：即后面“碣石山高兮”等几句韵文，序是前面叙述事迹的文字。首题一大串官衔中副使、刺史等是职事官，正议大夫是散官，上柱国是勋;安定张公的“安定”，当指张建章籍贯而言，但是后面又记:“公讳建章，中山北平人也”，中山北平也当是籍贯，显然，两个籍贯，这里有祖籍与现籍之分了。

志中之“系祖于前凉”。前凉为晋十六国之一。301年张轨任晋凉州刺史。有政声。西晋灭亡后，张氏世守凉州，成为割据政权，史称前凉。345年张骏曾称凉王，都姑臧（今甘肃武威），376年为前秦所灭。张姓有此一段经历，曾为一代之凉王，所以记入志中，为姓氏之所出，也以此为荣典。

曾祖阕爵封临泾侯。隋安定郡有临泾县。武德元年，讨平薛仁杲，改名泾州（约今甘肃东北部），天宝元年（742年）复为安定郡，乾元元年（758年）复为泾州。张建章曾祖有临泾之爵，临泾实即安定，有侯爵之荣，所以称安定张公，这显然是祖籍之义。

其祖父张诜，曾守定州北平县丞，知县事，定州后汉为中山国，北平也是汉县，属中山国，治所约今河北顺平、望都附近，署名中山北平人也，当是以今籍而言。

志中撰文者为张建章之从兄张珪，他说“以珪通旧且宗”，他们是同宗，把祖籍与张姓祖出与前凉之王联系起来，对自身言也是一种荣誉。

文人张建章

张建章为唐代幽州的著名人士，但两《唐书》无传。墓志的出土，对其平生稍有了解，唯多在政治方面。实际上，他在史学、文学方面的成就及声誉，也为当时人所推崇。《渤海记》的“当代传之”是一例，另有例，如：

1999年11月，北京石景山区发现唐代《论博言墓志》，志文为张建章所撰，时在咸通六年（865年），即张建章去世之前一年60岁时之作，当是晚年成熟之笔矣。墓主之全称为“唐幽州卢龙节度左都衙银青光禄大夫检校国子祭酒摄檀州刺史充威武军使兼御史中丞上柱国晋昌论公（博言）”从这一大串长长的官衔看文武职事散勋具备，虽有虚衔也当是高官无疑，能为如此人物撰志文，在当时当地其文学之声誉也可想见了[①]。

北宋人孙光宪著《北梦琐言》一三，有题“张建章泛海遇仙”事，亦可见张氏苦读情况。记云：

> 张建章为幽州行军司马，后历郡守，尤好经史，聚书至万卷，所居有书楼，但以披阅清净为事，经涉之地，无不理焉[②]。

这里所记，当是张建章在幽州时苦读经史的情况。不为所见，亦当是所闻。同书又记云：

> 又回至西岸，经太宗征辽碑，半在水中，建章则以布帛包麦屑置于水中，摸而读之，不欠一字，其笃学也如此。蓟门之人，皆能说之于时，亦闻于朝廷。

“太宗征辽碑”，当系唐贞观十八年（644年）太宗李世民亲征高丽纪事碑石。古人读碑，记录碑文的同时，又常作拓片备用，拓碑之法，至今沿用。上一段文字清楚，但文句不能达义，显然有夺文[③]。

凡碑石刻文，多是阴刻，即文字之笔画雕凿凹入石内。以布帛包麦屑是拓碑石的工具，今称“朴子”，用以拓字。其法：将纸用水喷湿，贴于碑面，用布帛包麦屑扎紧，形如馒头，在纸面上扑打，在纸面贴入字迹凹中时，

---

① 《从论博言墓志谈吐蕃噶尔氏家的兴衰》一文刊于《北京文博》1999年第4期，只说张建章撰志文，惜未布原文。照片文字模糊，不能通读。

② 转引自金毓黻著《渤海国志长编》上编，社会科学战线杂志社翻印本，第74页。

③ 碑石拓片。古拓本，今存世有高宗永徽元年（650年）题记者。拓法古今略同，请参《田野石刻传拓技法》贾瑞宏、郭继华文，载《首都博物馆丛刊》2003年第17期。

再将墨汁涂匀于“朴子”表面，轻轻拍打，则纸面染墨略黑，文字凹入不能染墨，显示为白字，拓片为黑色，完成后揭下来晾干，即可装裱存放了。若如上文《北梦琐言》所云，将布帛包麦屑入水中拓字，实际是不可能做拓的。如在置字下补入“拓”字，即：张建章以布帛包麦屑置“拓”，这指所拓为碑石的陆上文字部分；“于水中摸而读之，不欠一字”，这指水下文字部分。用陆上所拓与水下摸读上下两部分文字顺序结合，则碑石全文畅通可读，顺理成章了。可知夺文当是“拓”字。

这里所见，是北宋人讲张建章笃学事例之一，而且是当时蓟门（唐时幽州之泛称）人都知道的事实。由此可知，张氏笃学之名远播幽州之外，且为后人所乐道。此事发生有泛海水中摸读太宗征辽碑为证，可知应在使聘渤海期间。

由此看来，张建章殁世，其从兄张珪于志石撰云“词锋没于逝川，学植摧为朽埌”，诚非虚誉。

张建章生平简表

年号	公元	年龄	事迹	背景
元和元年	806	1	出生	
长庆元年	821	16	风月吟苦	朱克融为幽州卢龙节度使
大和四年	830	25	馆于碣石	李载义为幽州卢龙节度使
大和五年	831	26	李公厚遇为安次尉	李载义被逐，杨志诚为留后
大和六年	832	27	渤海贺守谦来聘	
大和七年	833	28	假瀛州司马答聘渤海	
大和八年	834	29	达忽汗州	杨志诚被逐，史元忠为留后
大和九年	835	30	仲秋复命回幽州	史元忠为节度使
会昌元年	841	36	历司徒史公知而竟屈	史元忠被逐，陈行泰为留后
会昌二年	842	37	任节度随军	张仲武为节度使
会昌三年	843	38	节度巡官，监察御史里行	

续表

年号	公元	年龄	事迹	背景
大中三年	849	44	幽州节度掌书记，殿中侍御史	张仲武卒，子直方为留后，直方被逐，周綝为留后
大中四年	850	45	尚书主客员外郎兼侍御史，赐绯鱼袋，加水部郎中充观察判官升驾部郎中，加兵部郎中，幽州节度判官	周綝卒，张允伸为留后，张允伸为节度使
大中十二年	858	53	圣旨面赐金紫，兼御史中丞	张允伸卒
咸通五年	864	59	奏升押奚契丹两蕃副使，正议大夫检校左庶子兼御史大夫	
咸通六年	865	60	摄蓟州刺史诸军事，为论博言撰志文	
咸通七年	866	61	卒于官舍，享年 61 岁	

注：佟先生文后有简表，今以之为基础，略作增补，谨此致谢。

历史与文物

文物，是历史文化的物化。

渤海人继承了靺鞨文化传统，特别是接受了中原封建文化的濡染，随着历史的发展，形成了具有民族特色的地方文化。它使用汉字汉文，实质上成为高度发展的唐朝文化的组成部分。但是，具有文字记录的有关渤海文物并不多，目前所见仅四件。

（一）贞惠公主墓志

此碑 1949 年发现于敦化六顶上贞惠公主墓，花岗岩质，高 90 厘米、宽 49 厘米、厚 29 厘米，碑文 21 行，字迹可辨者约三分之二，出土时已裂为七块，今已修复，石存吉林省博物馆。

（二）贞孝公主墓志

1980 年出土于吉林省和龙县龙水公社龙海大队西南龙头山贞孝公主墓道内，碑作圭形，花岗岩质，通高 105、宽 58、厚 26 厘米，保存完整，汉字阴刻，楷书其字，共 18 行，计 728 字。石存吉林省延边朝鲜族自治州博物馆[①]。

以上二石所记，贞惠公主是渤海国三代王（谥文王）大钦茂第二女，贞孝公主是大钦茂第四女，二公主出嫁后都死了丈夫，都衔悲守节，又刻石以记，无疑是受中原文化影响。二文通篇骈体，长于用典，层次分明，文笔流畅，表现出渤海文学家对中原文学之稔熟与精湛。

（三）唐崔忻井栏题名刻石

《旧唐书 · 渤海传》记：唐玄宗先天二年（713 年），遣郎将崔䜣往，册拜祚荣为左骁卫大将军、渤海郡王。次年，返回途中，路过旅顺，于黄金山下凿井两口，刻石题记，文曰：

敕持节宣劳靺鞨使

鸿胪卿崔䜣井两口永为

记验开元二年五月十八日

先天二年即玄宗开元元年（713 年），次年即开元二年，刻石所在，是册封使返程时上岸之处，崔忻即崔䜣，以刻石为准。这一刻石自然是渤海国与唐王朝关系史上的重要见证，也是重要文物，但是，约于 1905 年前后

① 二石形制、文字均见《渤海国志长编》下编附录，社会科学战线杂志社翻印本。孝惠公主墓石有损伤，已修补整齐，且补原文。文据王承礼《唐代渤海〈贞惠公主墓志〉和〈贞孝公主墓志〉的比较研究》，载《社会科学战线》1982年第3期。

它被日本人掠走，藏之内府了[1]。

（四）张建章墓志

张建章墓志记录了张氏衔命渤海之经过，也记录了隆重礼遇，还带回了渤海国诸多情况之实录。宋人著《北梦琐言》、《南部新书》均记张建章“曾赍府戎命往渤海”，府戎命自然是指幽州都督府之军命，但交聘之目的何在？结果又如何？属军事机密，志文与著作均不记，一时不易说明。倒可提出问题，供推测、思考：

（1）时契丹与奚族，正兴起于东北，加速扩张，渤海与之近邻，受到的威胁，可以想见。交聘或与此有关。

（2）渤海与唐王朝交往频繁，多在长安，此次就近与幽州都府通好，军情密事，预为之计，其意也是明显的。

与渤海交往的历史已成为过去，但是，与交往有关的文物却始终说明历史的存在。

文物，不仅是物化的历史文化，它本身就是历史，更是历史的见证。它承载着历史，也承载着历史问题，承载得越多、越复杂，也就越发值得重视。张志之历史价值与意义，正在于此。

附记

张建章墓志，记唐代乡里名称计两处：

一、讦窆于府城东南七里邓村之原。

二、改葬于幽都县礼贤乡高梁河北原。

20 世纪 60 年代，笔者为复原唐代幽州乡里，曾过访德胜门外冰窖口张

① 《渤海国志长编》下编附录，金毓黻著社会科学战线杂志社翻印本。金先生有考证，曾亲见拓片，并见同书卷一九丛考，第469页。

建章墓地遗迹。当时该地已建工厂，站立在工厂矮墙荒草中，南望高梁河道，仅见高梁水域与京城高墙相映。四十年后再过原地，冰窖口已地名不存，北部地区辟为“双秀公园”，原来的明代城墙亦不存，城墙北侧古高梁河遗迹已被填平，高楼林立了。

邓村原在北京城永定门南三里许处，大道之西，为木材厂，有铁路通入，厂西仅存十余农家，尚存邓村之名。今唐代邓村之名不存，唐村遗址又为高楼所掩矣[①]。

原文载于《首都博物馆丛刊》2004年第18期

① 笔者曾撰唐代幽州村乡有划界定位并作图示，参：赵其昌《唐幽州村乡初探》，载于1979年中国考古学会《第一次年会论文集》。嗣后唐村乡位置、划界又有调整，唯邓村与礼贤乡位置不变。赵其昌《唐幽州村乡再探》，载《首都博物馆丛刊》1994年第9期。

唐、辽昌平乡、里考

前言

昌平县在北京北面80华里处，原属河北省，20世纪50年代改属北京市，今又改为区。文献多以县称，为征引指说方便计，仍以县称之。

唐、辽时代，城内有坊，坊与里互称，坊也称里；城外有乡，乡下有里，村里互称。此考乡、里，指城外乡、村，城内坊里不计。有关城外乡、里，文献记录绝少，仅墓志、刻石等略有所记，据刻石考察又涉及出土地点及城址变化，故对昌平城址变迁略作记述。

昌平自然环境优越，山水交融，气候温和，近年发现不少古代文化遗址，这反映着先民对自然环境认识与利用的不断深化，它是形成后世村、乡聚居的基础，因也略作述说。

乡、里是社会的基层组织。在我国历史长河中一切社会生活、公私生产都从这里做起。它的分合兴衰，也蕴涵着或预示着一种蜕变或新生。历史走到今天，研究它递进的脚印，从基层做起，也许对社会进化大脚步的认识会更清楚一些。

昌平史前遗迹

昌平县西南为太行山北段，有天险居庸关。西面临山，北面往东是燕山余脉军都山，山前是平缓的坡地，昌平县正处于这黄土坡地上。县西面10余里处有泉水喷涌，即古虎眼泉与易荆水。东南面有汤山温泉，再东有芹城水、蔺沟水和温泉，中部有温榆河即古漯余水穿过。这里背风向阳，水流纵横，优良的地理条件自然是古代人类栖息之地。

县城西南10里处雪山村，1961年发现新石器时代晚期文化遗址，曾作正式发掘，出土有陶簋、陶钵和彩绘陶鬲等，被称为“雪山遗址”，是距今约5000年前人类活动的遗存。定陵博物馆何宝善先生见告：20世纪80年代初，河北省武安县农民在昌平县东8里南邵村取土烧砖，挖出石斧、石刀、陶纺轮等，经县文化馆发掘认为是新石器时代文化遗存，与雪山遗址时代大体相当。

笔者于1956年发掘的明代万历皇帝定陵时，在陵墓填土中发现骨针一枚。陵墓填土是从陵西南10余里处取来，追踪到那里，看到的是方圆数里的大土坑，今名黄土塘，这里正处于县城西略北10余里处。从遗址看，数千年前这里也是先民生活聚居处所之一，惜被明陵取土破坏。县城北，今十三陵水库南侧，有宝山一地，土山不高，南临平原，山北紧临水库，山前曾发现零星陶片，从质地、纹饰看，也是一处先民聚落遗址，距今也在千年以上。军都山前这一大片广袤的土地，并未作详细的考古调查。想来，古代人类聚落一定还有不少。

今昌平城

进入历史时期，随着农业生产的发展，人口增加，原始聚落分裂、演变，进而形成市井乡里。唐代百户为里，五里为乡，县是乡里的直接管理机构，县治的迁徙，也直接影响着村落的布局与组合。

今昌平城是明代建成，历史背景与明代帝陵的建立和“土木之变”有关。《明实录·景泰附录》记：

景泰元年正月辛巳 命于天寿山之南筑城，周二十里，以居长陵、献陵、景陵三卫官军，并移昌平县治于内[①]。

景泰二年十月己卯 徙昌平县治并儒学仓库等衙门于长陵新筑土城之内[②]。

这里是明代昌平县城新筑的官方纪录。景泰元年（1450年）初筑，次年建成，县治及长、献、景陵三陵卫迁入。明代有卫、所之制，这里的“陵卫”是专为护陵而设，与之有别。

朱元璋建明朝，定都南京。四子朱棣即位，建元永乐，决定都城北迁。永乐五年（1407年），皇后徐氏在南京病故，永乐七年灵柩北运，葬于昌平北面的天寿山下，此后这里形成明代帝陵区。太宗（后改谥成祖）朱棣帝后葬长陵，仁宗朱高炽帝后葬献陵，宣宗朱瞻基帝后葬景陵。此后帝后陆续埋葬，成为今日明十三陵。陵制：陵各有监，即神宫监，是守陵太监办公用房，建在各陵附近；各有园，是种植菜蔬的园地，以供祭祀食用，分布在陵园各处；各有卫，是护卫陵寝、巡逻山场的部队，以人数众多，故不驻在陵园之内。各陵卫的人数不详，但长陵卫有记录。弘治十四年（1501年）户科给事中蔚春等奏：“长陵一卫，原额七千八百余名，今止二千二百人，而差杂居多”[③]一卫之数七千多人，长、献、景三陵卫总数，即不满员也当在一万至二万人左右。终明之世，除崇祯的思陵无卫，其他陵卫也都驻于新筑的昌平城内，至今城内还有“长陵卫胡同”等名称留传下来。

正德十四年（1519年）蒙古瓦剌部南侵，英宗朱祁镇亲征，在河北怀来土木堡被掳，史称“土木之变”，其弟朱祁钰即位，即景泰帝。这次明军

---

① 赵其昌主编《明实录北京史料》第二册，第222页，第263页，北京古籍出版社1995年版。

② 赵其昌主编《明实录北京史料》第二册，第222页，第263页，北京古籍出版社1995年版。

③ 胡汉生著《明十三陵大观》陵卫条，中国青年出版社1992年版，第170页。

大大失利，所以景泰帝刚一即位便以驻陵卫名义再建新城，显然有整顿防务之深意。同时，北京周围修筑的城池，仍有京南良乡县，京东三河县、东安县（今已撤销，并入永清、廊坊）京西斋堂城等。

此次昌平筑城，从《明实录》结合其他文献可以明确三点：

第一，全部为长、献、景三陵卫军工所作，没用民工。

第二，这里原有个永安城，原很简陋，此次是就旧址加固修筑[①]。

第三，景泰以前的昌平城不在这里。

实际上，昌平县以军事地位重要，不仅设防筑城，又以供应皇家陵园诸项事务繁多，于正德元年（1506 年）又作为州，清朝因之，迟至 1914 年才复为县。

后来城也屡有修筑，万历元年（1573 年）又在城南新筑一城与之相联，只设南门。崇祯九年（1636 年）拆除旧城南墙，合新旧城为一，城周 7 里，东、西、南三门俱重门瓮城，内外各有层楼，瓮砖。清朝康熙年间又重筑旧城。这座完整的县城城墙一直保存至 1949 年北京解放。

1956 年冬，昌平县号召抗旱，全县打井千眼，用城墙砖，拆除无偿归自己所用，一冬之间城砖大部拆除，孤立的城墙填土，日久夷为平地。北城墙拆除较晚，后建造房屋又拆除。城中北部原有鼓楼，歇山重檐，甚为壮观，1971 年以妨碍交通拆除，砖木用于近旁开发建造百货公司。至此，昌平旧迹，尽扫无遗。

唐代昌平城

唐代昌平在哪里？前面谈到，景泰二年县治迁入昌平新城，它从何处来？原治所是否唐代昌平？这些问题，有时文献记载含混不清，地下出土

① （清）缪荃孙、刘万源纂，赵其昌点校本《光绪昌平州志》土地记，第三上，第四七页，北京古籍出版社1989年版。

文物，特别是石刻文字，一针见血，显示得清清楚楚。

明十三陵大红门内往东不远处，有皇帝祭陵时的更衣之所，称“时陟殿”，又叫拂尘殿或行宫。清代光绪年间，这里出土了一方唐代《宋俨墓志》，志略记：

故云麾将军、守左金吾大将军、试鸿胪卿、上柱国宋公（俨）墓志铭。

建中四年岁次癸亥，四月丁未朔、二十七日癸酉，葬于幽州昌平县东北十里武安乡①。

志石中所记建中，是唐德宗李适年号，四年即783年。这一年宋俨葬于昌平县东北15里武安乡，这就明确了两个问题。

一是大红门内时陟殿所在是唐代昌平县的武安乡。

二是宋俨葬地时陟殿西南10里，即唐代的昌平县治所在。

时陟殿西南10余里处，今有村名“旧县”正是唐代县治无疑。实际上，景泰年间县治东迁新址，也正是从这里迁出的。其地正处今昌平与南口间公路南侧，遗址清楚。村名“旧县”，也自景泰年间迁县始。

唐代村乡探索，先确定县治位置十分重要，但要特别注意，文献也好、刻石也好，所注里程、方位，虽然具体、明确，但都是大体的估计，如果具体实测丈量，方位、里程并不见得完全相符，仍需依靠遗物遗迹，结合文献判定才好。

唐代昌平乡、里

（一）武安乡（今昌平北10里）

据唐代《宋俨墓志》记：宋氏建中四年（783年）葬于昌平县东北10

① （清）麻兆庆著，姜纬堂校理《昌平外志》卷四，第20页，宋志全文见第68页，北京燕山出版社1991年版。下同。

按：宋志全文《陶斋藏石记》与缪荃孙《艺风堂文集》均载。又，志石原藏北平周肇祥氏，今首都博物馆藏有拓片。

里武安乡。是今明十三陵大红门内东侧时陟殿址所在，唐代属武安乡无疑。按：唐凡百户为里，五里为一乡，这里只见乡名，不记村里名称。所属村里不明。

北京在唐代为幽州，是北方军事重镇。昌平西有居庸关，更属要冲。位置极为重要。武德元年（618 年）幽州设总营府，后改大总营，大都督等以总军事。州领蓟、良乡、潞、涿等周围 8 县，昌平是其一。后至天宝元年（742 年）改范阳郡，乾元元年复为幽州，领县十，昌平仍为辖县，志石“幽州昌平县”，盖源于此。①

（二）海北乡　兴寿里　桃林里（县东 30 华里）

1959 年，昌平县“兴寿公社”姚村大队出土唐代“黄直墓志”。原为县文化科征集，后交北京市文物调查研究组，转首都博物馆收藏。志石略记：

唐故雄武军捉主将、大中大夫，试殿中丞黄公墓志铭。

府君讳直，字全直，江夏人也。

自咸通四年起家授定虏镇烽铺将，□□迄八年，迁纳降军防镇副将，至九年光招召大将。

咸通十三年（872 年）十二月有五日，终于桃林里之私第、春秋五十有五。

乾符二年十月十一日迁窆于海北乡兴寿里之原。

《新唐书·兵志》记：唐初，兵之戍边者，大曰军，小曰守捉，曰城，曰镇。雄武军在蓟州，即今河北省蓟县界。职有守捉，故疑志石首题捉前夺“守”字。定虏镇烽铺将，军虽有铺，但此处疑铺为“副”之讹。纳降军在幽州城内，从职事看，黄直应是军职人员。

志石出土地所谓“兴寿公社”，是 20 世纪 50 年代的机构名称。实际公社所在地即兴寿村，姚村大队是公社的下属村，是临时建制。唐代村里互称，兴寿里即今天的兴寿村。在今昌平县东 30 华里处。村东 3 里处有桃林村，当是唐代桃林里。二村相近，都是唐村，千年来名称不改。两村相近，属海北乡，村、乡都可定位。

---

①　《旧唐书·地理二》幽州大都督府条，中华书局标点本。下同。

志石所记，乾符是唐僖宗李儇年号，二年即875年，窆字音“扁”，落葬之意。就是说，根据黄直落葬记录证实，兴寿，桃林二村及海北乡，距今至少有1300多年了，村落初建，当然还要更早些。

这里要特别提出，兴寿村辽代建有崇圣寺一座，寺存经幢与契丹文石刻，国内稀见，异常珍贵。它为这古村又增一抹光彩。今为县级文物保护单位。

（三）太尉乡　白浮（县西10华里）

昌平县南5里处有白浮村，1961年出土《唐曹府君夫人墓志》，志石记首题及葬时葬地简述为下：

唐故钜鹿曹府君夫人，清河郡张口祫祔墓志

大中元年二月七日，终于本镇雄武军界万全栅身亡，享年六十有七。

夫人清河张氏，开成二年四月十九日，终于防御军，享年五十有一。

大中元年十月癸巳朔，十四日丙午，祫祔于昌平县东太尉乡白浮之原①。

志石出土地点明确，在今昌平县南10华里处，今仍名白浮村。地在旧县即唐昌平治所东10华里左右，与刻石所记方位里程均相符，唐代白浮村可以定位。

曹府君与妻张氏均不记名。张氏开成二年（837年）终于防御军，防御军在居庸关以北，曹府君大中元年（847年）终于雄武军万全栅，雄武军在蓟州（今河北蓟县）②，是夫人先卒，待曹君去世后迁来合葬的。终地万全栅应是蓟州所属，与幽州不涉，位置不详。

白浮村属太尉乡，出土志石仍有记。

1958年昌平何家营东南洼出土《唐王恭墓志》，略记首题及葬时葬地如下：

唐故河东道汾州司马、试太子舍人、上柱国、王府君墓志铭并序。

---

① 北京文物工作队编《北京市出土墓志目录》第一编1964年版。

按：黄、曹二志石均为昌平县文化科征集，交北京市文物工作队，后转首都博物馆人藏。

② 《新唐书·地理志一》幽州范阳郡昌平条下记：北十五里有军都陉，西北三十五里有纳款关，即居庸故关，其地有防御军，故夏阳川也。中华书局标点本。同书蓟州渔阳郡条下记，有雄武军，故广汉川也。

府君讳恭，字仙，其先太原人，因官弃业，家于北燕，即昌平。

以贞元二十年庚午，终于幽州之私第，享年七十有三。以永贞元年十月葬于幽州昌平县东15里太尉乡之北原。

志石又有铭曰："前临白石之山，后对司空之里。"

这个何家营村在今昌平东10里，据志石，这里是唐代太尉乡北原。从曹府君墓地白浮村看两地相对位置，何家营地偏东北，白浮村位在西南，两地相距约15余里，这就说明至少在此范围内，均属太尉乡。

乡名太尉，其名有因。"安史之乱"后，北方军阀势力大增，军中常自立节度或留后，朝廷也只能忍耻承认。时昌平人朱滔军权在握，曾权知幽州卢龙节度、留后，又加检校司徒，滔姑子刘怦也是昌平人，为涿州太守，曾致书朱滔曰：

司徒位崇太尉，尊居宰相，恩宠冠藩臣之右，荣遇极矣。今昌平故里，朝廷改为太尉乡、司徒里，此亦大夫不朽之名也[①]。

据此可知，太尉乡、司徒里是朝廷命名，是为笼络朱滔而改称的。志记"前临白石山"，实有所指，白浮村有石山二，今名凤山，山下有龙潭，即元代大水利家郭守敬引水筑"白浮堰"以济通惠河者。又记"后对司空之里"，看来，葬地之北的何家营，才是朱滔的老家了。司徒、司空，名稍有异，都是荣崇，都指朱滔无疑。

（四）桃谷（峪）（昌平东新城）

隋代曾于营州（今朝阳）之境汝罗故城置辽西郡，以处粟末靺鞨降人。唐代武德元年（618年）曰燕州，领三县，辽西、泸河、怀远。是年省泸河。六年（623年）自营州迁于幽州城中。贞观元年（629年）省怀远。开元二十五年（737年）徙治幽州城北桃谷（峪）山。此时，这个燕州只剩一个辽西县了[②]。

徙治幽州城北的"桃谷"，即昌平的桃峪口村。谷（读"玉"音）即峪字，

① 《新唐书·列传三七》刘怦传。

② 《新唐书·地理一》幽州范阳郡幽都条。

村在今昌平东36里处，东侧有桃峪口水库。叫桃峪口，是因北面紧邻山口为名。唐时少数民族内附，多以有围墙的城寨以居，桃峪两侧当时有土筑城墙，称新城（今有东、西二新城），实际上这个新城才是内附的粟末靺鞨人居处。

桃谷即今日桃谷口，另有文献可证。《太平寰宇记》燕州条记四至八到：

东至檀州80里，西（南）至幽州90里，西至幽州昌平县55里，北至大山50里，西南芹河50里[①]。

处于桃谷的燕州，四至八到的里程并不正确，但从位置看，东有檀州（今密云），西南是幽州（今北京）北面是大山，西南有芹河（芹城水）都是正确的。所谓幽州城北有桃谷即今桃峪新城无疑。

实际上，这个原迁于幽州寄治的燕州辽西，本在幽州蓟城西部，也即后来幽都县的前身。同书又记：

天宝元年改为归德郡，乾元元年复为燕州。领县一，无实土户，所领户出粟皆靺鞨别种[②]。

靺鞨人迁桃谷是实，此处记乾元元年（758年）复为燕州，原靺鞨人在蓟城西部建有廨署，建中二年（781年）朱滔灭燕州，建幽都县。从此，幽州城内才有两县分治。东部是蓟县，西部是幽都县。幽都县使用的是燕州旧廨署。以至幽州城内西部留下燕州角、辽西坊等名称。

（五）永宁村（昌平西北约80余里，今属北京市延庆县）

《唐敬延祚墓志》记：

府君讳延祚，字延祚，其先平阳人也。曾祖讳包，摄幽都县令。

以中和二年九月十八日终于昌平县界永宁村之私第，享年卅有六，以中和三年二月二十一日葬于蓟县界会川乡邓村里北原[③]。

延祚字延祚，在唐代名与字同一者屡见。敬氏先籍平阳，曾祖包曾摄幽都县令，所以落籍幽州。志记唐中和三年（883年）葬蓟县界会川乡，葬

① 《太平寰宇记》卷七一燕州条。

② 《新唐书·地理一》幽州范阳郡幽州条。

③ 罗振玉辑《京畿冢墓遗文》卷下，社科院考古所图书馆藏本。下同。按：《八琼室金石补正》记，此石出顺天大兴。首都博物馆藏有拓片。

地村、乡有考：幽州城东部为蓟县，会川乡邓村在县南略东处，距今永定门数里之地。见拙著《唐幽州村乡初探》[①]。

居庸关以北约30余里处有永宁村（今为镇）。群山环绕，中间地势平坦宜居，村落范围广大，今属北京市延庆县。明代洪武十二年（1379年）曾设永宁卫，永乐十二年（1414年）又设永宁县。居庸关为我国北方军事重镇，有重兵屯驻，历来属昌平，永宁村为居庸守关所属驻军要地，在唐时属昌平无疑。永宁与昌平中间相隔一道山梁，中间经德胜口有捷径可通。直线距离约60里。看来唐时昌平比今昌平辖区范围要大，至少西部如此。

（六）安集乡　怀居里（昌平西南，约65里，今属北京市海淀区）

1958年，北京市海淀区温泉白家疃出土《唐故陇西郡要氏夫人墓志铭》一石，志文有残缺，但葬时葬地年代清楚，略称：

唐文德元年葬于昌平县安集乡怀居里[②]。

文德为唐德宗年号，仅有元年，即888年。据志文，今温泉白家疃（疃今常写作滩）即唐代的安集乡怀居里，村、乡均可定位。如从唐昌平（旧县）望怀居里，正当南北方同，怀居里在治所南约60里，在今昌平南略西约65里。

安集乡另有记。《京畿冢墓遗文》载《唐高霞寓墓志》记：

唐故幽州节度押衙、全紫光禄大夫、检校大子宾客、摄妫、檀、义州刺史高霞寓墓志铭

大和七年遭疾归祔。

岁在摄提格二月三日，葬昌平县安集乡[③]。

大和为唐文宗李昂年号，七年即833年，摄提格为寅，即次年甲寅，834年二月三日入葬昌平县安集乡。前面《要氏夫人墓志》记葬地已说明京西温泉白家疃为怀居里属安集乡，则此安集乡仍在温泉一带亦可定位。要氏葬时在888年，高氏葬时在834年，五十余年中乡名未变。

---

① 赵其昌《唐幽州村乡初探》载《中国考古学会第一次年会论文集》文物出版社1989年。下同。

② 北京市文物工作队编《北京市出土墓志目录》第一编1964年。

③ 《京畿冢墓遗文》卷下。

志记高氏曾摄妫、檀、义诸州刺史。妫州为今延庆，檀州为今密云，义州之名不经见。《旧唐书 · 地理志》涿州条下有归义县。武德元年（618 年）于县置北义州，固安县属之。贞观元年（627 年）州县同省。八年（634 年）复置，改属幽州。志所记义州当是北义州之简称。其地改在京西涿州附近[①]。

《旧唐书》又另有高霞寓传，记高为范阳人，唐时范阳有二,一为县，即今涿县，二为郡，幽州范阳郡即今北京。本传载高氏五世不异居，以孝闻乡里。诏表阙于门。看来姓名相同，不是一人。

（七）相公乡 显固村（昌平东南约 60 里）

《京畿冢墓遗文》载《郎氏墓志》题称《唐故中山郡郎氏夫人墓志铭》略记：

父讳迁晟，马军大将、试太常卿，夫人则卿之第十一女，适清河郡张氏，字荣秀。夫人享年七十有三，大中元年十一月遭疾焉。十二月十日终于铜马坊之私第。

大中二年正月廿四日卜葬于府城北昌平县东南相公乡显固村东南一里之原[②]。

据志石，夫人自姓郎，夫家姓张，可称张门郎氏。府城即幽州城，以设都督府故称府城。4 世纪时前燕慕客隽曾都蓟城（唐幽州，今北京），有良马“赭白”，死后作铜像厢于城内东门，因有铜马门，唐时设“铜马坊”源此，郎氏遂在铜马坊设宅。大中为唐宣宗李忱年号，二年即 848 年，入葬至今已逾千年。葬地在幽州城北昌平县东南相公乡显固村。方位明确，惟不计里程，村乡之名，又仅此一见，定位困难。

顾炎武《日知录》卷二四记：前代拜相必称公。分以相公为名，如前所述太尉乡一样，当有来历。唐代昌平除朱滔之外，拜相称公者尚有滔兄朱泚，也是当时割据一方的军阀，还曾潜位称帝。唐以同平章事为相，太尉、司徒、司空称公，朱泚曾任幽卢龙节度使、幽州长史，后又加拜同平章事，加检校司空，太尉，太子太师，又加拜中书令。朱泚拜相称公，虽不实政，

---

① 《旧唐书 · 地理二》河北道涿州条。

② 《京畿冢墓遗文》卷下。

然荣崇已极。相公乡之名当指朱泚，其来有自矣。

近年来对幽州古代村乡位置的探索可知，唐代幽州城北的辖区，最远不过今天的清河镇。志石又特别提出“府城北”，这就似在显示，葬地距府城幽州要比属地昌平要近。清河镇正处于唐昌平县东南，相公乡显固村似可在今清河镇附近寻求。二十多年前探索此村乡、曾怀疑它位于幽都县北，实误，当予纠正①。

（八）清水店（昌平西南约 60 里）

唐代为笼络少数民族而设羁縻州。羁縻是笼络的意思。贞观十八年(644年）唐太宗东征高丽，得到东北少数民族的支援。十九年（645 年）于营州置羁縻州——带州,以处契丹乙失革部落,杂于营州都督。万岁通天元年(696年）迁于青州，神龙初年又杂于幽州都督。天宝时领县一，孤竹，寄治于昌平清水店，为州治②。

清水店,《昌平外志》作者昌平人氏麻兆庆认为地在今昌平西南数十里之太州务。理由是太带同音，太州是带州，孤竹省音为务。村西有黑龙潭，店名清水。此清水店当是唐时契丹乙失革部所居地。所述有理，唯无实据。

我觉得另一处亦可考虑，即京北清河镇。从两《唐书》所记当时设置羁縻州的意图以及安置内附民族的习惯看，大多先择古城、古寨或有围墙的处所，这倒像是一个规律。京北清河镇有大口古城，又有清河之名。它更像是契丹乙失革部寄居的清水店③。有关清河大口古城，后面还会谈到。

（九）辅化乡　□寇村

北京云居寺房山石经《佛说父母恩重经》一卷题记献经人：

幽州昌□县辅化乡□寇村弟子 郝忠孝男少清少珍少荣少典

① 赵其昌《唐幽州村乡初探》第二节，幽都县相公乡条，相公乡入幽都有误，应据此文改正。

② 《旧唐书·地理二》营州都督府条。

③ 尹钧科先生提出同样看法。见所著《北京历代建制沿革》第二章第七节幽州范阳郡带州条，第114页，北京出版社1994年。

孙王小妻楚氏

大和五年四月八日建造[①]。

大和为唐文宗李昂年号，五年为831年，四月八日为佛祖生日，被称为浴佛节，善男信女都在此日献经祈福。题记昌下字残缺，幽州辖县只有昌平相符，因是昌平无疑。唯寇前字缺，今昌平之地无相关者。辅化乡□寇村为新见。十分可喜。唯不知所在。

辽乡里

（一）兴寿　桃林村

唐代有兴寿、桃林村，属海北乡，时至辽代，兴寿、桃林仍然宛在，但乡属有变化。《昌平外志》有“灯幢记”载：

大辽国幽燕之北，虎县之东，龙门乡兴寿里，邑众杨宗金等，久弘善念，特建灯幢。

乾统五年乙酉岁，十一月乙未朔，庚戌日坤时建记[②]。

同书又有《尊胜陀罗尼□□幢》，幢记：

尊胜陀罗尼□□幢

乾统五年乙酉九月乙未朔，十四曰□□日辛时

昌平县桃林（余阙）[③]

唐辽时代，礼佛献供常结为“邑”“社”进行。此“邑众”当即兴寿村民。两幢同为辽乾统五年建。乾统为辽天祚帝耶律延禧年号，五年为1105年。据前唐代黄直志记乾符二年（875年）入葬，兴寿、桃林至辽乾统五年（1105

① 北京图书馆编《房山石经题记汇编》第三部诸经题记第230页，书目文献出版社1987年8月版。

② 《昌平外志》金石记卷四，第71页，北京燕山出版社1991年10月版。按：此文载陈述先生辑《全辽文》卷十，题为《造长明灯记》。第二八六页，中华书局1982年版。

③ 又见《昌平外志》金石记卷四，第71页。

年）建幢，兴寿、桃林，两村名称、位置，历 120 余年不变，唯乡属有变，唐代海北乡，辽代属龙门乡了。

文有“大辽国幽燕之北，虎县之东”句。辽都南京，即今北京，为幽燕之地，昌平地处南京之北，志记方位正确。唯“虎县”常涉争议。涉此句者，有的认为昌平北有虎峪山，虎县指虎峪山，有的则怀疑，昌平或一度曾改为虎县。实际上“虎县”即“虎眼”之误，虎眼即虎眼泉，《水经注》漯余水条记：

易荆水又东，左合虎眼泉，水出平川[①]。

易荆水即今昌平南沙河，虎眼泉在今昌平西南 10 余里、旧县南 3 里处，地名百泉庄，至今仍有泉水涌出。以方位论，兴寿、桃林也正在虎眼之东，方位方向均相符合。“虎县”与“虎眼”实字体相近而讹。类似的情况，史书多有出现。

《昌平外志》又记兴寿村有《元银山宝岩禅寺上下院修殿堂记》（补记）一文，记：

寺曰宝岩，实亡辽寿昌间，满公禅师之开创。有元甲辰间，又得兴寿村众耆宿，服佛觉之道，上下殿一新之。

至元二年十一月住持传法沙门潜云道泽玄[②]。

银山宝岩寺在兴寿村北约 20 余里处，辽金时代一直是宗教圣地，今仍有金代塔林。修殿堂记所记“元甲辰”是元大德八年，1304 年。至元有二，前为世祖，此处至元当是顺帝至元二年，即 1336 年[③]。这就是说，唐代古村兴寿，从唐至辽至元代村中人众宗教活动不辍。

（二）坊市　南安窝村

北京西部海淀区古刹大觉寺，有辽代咸雍四年阳台山清水院《创造藏

① 杨守敬纂疏、熊会贞参疏《水经注疏》卷十四，第四页，漯余水。社科院图书馆藏。抄本。

② 《昌平外志》金石记卷四，第73页。

③ 《昌平外志》金石记卷四，第73页文后有校理者按语，认为此至元为世祖至元。按：此按语实误。据文意，大德时修葺，后至元刻石记事，当属正常，如立石为世祖至元，必不能记大德事。

经记》碑，碑有记称：

燕京通天门外供御石匠曹辩镌造。燕京天王寺文英大德赐紫沙门志延撰。昌平坊市乡贡进士李克忠书[①]。

碑记咸雍四年，即1068年，距今已400余年。《旧唐书·食货上》记，在居邑者为坊，在田野者为村。说明"坊市"当是县内的地区组织，犹如后世之"城关镇"，今可视同村里。

碑中所记玉河县南安窝村名称，当是今日南安河村。村庄就在大觉寺北不远处。玉河县为五代刘仁恭据守大安山时建，实是分割出幽州蓟城北界昌平部分而属，看来南安窝原为昌平旧村，坊市也属唐时旧名。

（三）仁和乡　东道里

1956年，昌平县西城墙下出土辽代《史洵直墓志》记首领及葬年葬地略如下：

大辽故左谏议大夫、开国子、食邑五百户、赐紫金鱼袋致仕史公墓志铭。

乾统四年五月廿四日终于昌平县之私第。

辽天庆四年葬于昌平县仁和乡东道里[②]。

辽天庆为天祚帝耶律延禧年号，四年即1114年，史氏入葬地为辽代仁和乡东道里，系明景泰时建昌平新城将墓地压于城下。以墓地在白浮村正北约5里处，白浮在唐代属太尉乡，墓地正处于唐太尉乡界西部，辽代仁和乡与唐代太尉乡时代前后相连，地域上下相叠，这就明白地显示：辽代仁和乡是唐代太尉乡名回改的，辽代的东道里也应是唐代村。太尉乡本名应是仁和乡，军阀朱滔得势期间，朝廷为笼络朱滔而改为太尉乡，村改司徒里。曾几何时，人死之后，太尉乡名也随之泯灭，又恢复仁和乡旧名。唯不知葬地何家营是否旧名。

---

① 碑文见《全辽文》、《金石萃编》等。

按：北京市文物局所属大觉寺管理处孙荣芬、张蕴芬等著《大觉禅寺》一书，第一章第三节录碑文更详。北京出版社2006年版。

② 石藏首都博物馆。

《隆庆昌平州志》记有乡屯一节，有“仁和屯，在州南”之句[①]。州志所记各屯大多系元代或明初所设。仁和之名，不论是乡是屯，由唐至辽，降及元明，终于留传下来了。总结以上唐辽乡里列表如下：

<table>
<tr><th>时代</th><th>乡名</th><th>村里</th><th>方位里程</th><th>来源</th><th>年代</th></tr>
<tr><td rowspan="12">唐</td><td>武安乡</td><td></td><td>昌平北 10 里
唐昌平东北 10 里</td><td>宋俨墓志</td><td>建中四年（783 年）</td></tr>
<tr><td rowspan="2">海北乡</td><td>兴寿里</td><td>昌平东 30 里</td><td rowspan="2">黄直墓志</td><td rowspan="2">乾符二年（875 年）</td></tr>
<tr><td>桃林里</td><td>昌平东 33 里</td></tr>
<tr><td rowspan="2">太尉乡</td><td>白浮里</td><td>昌平南 10 里</td><td>曹府君夫人墓志</td><td>大中元年（847 年）</td></tr>
<tr><td>司徒里</td><td>昌平东 10 里
唐昌平东 15 里</td><td>王恭墓志</td><td>贞元元年（785 年）</td></tr>
<tr><td rowspan="4">安集乡</td><td>桃峪</td><td>昌平东 36 里</td><td>两《唐书》</td><td>开元二十五年（737 年）</td></tr>
<tr><td>永宁村</td><td>昌平西北 80 里</td><td>敬延祚墓志</td><td>中和二年（882 年）</td></tr>
<tr><td rowspan="2">怀居里</td><td>昌平西南 65 里</td><td>要氏墓志</td><td>文德元年（888 年）</td></tr>
<tr><td>昌平西南 65 里</td><td>高霞寓墓志</td><td>大和八年（834 年）</td></tr>
<tr><td rowspan="2">相公乡</td><td>显固村</td><td>昌平东南 50 里</td><td>郎氏墓志</td><td>大中二年（848 年）</td></tr>
<tr><td>清水店</td><td>昌平西南 60 里</td><td>两《唐书》</td><td>天宝初年</td></tr>
<tr><td>辅化乡</td><td>□寇村</td><td></td><td>石经题记</td><td>大和五年（831 年）</td></tr>
</table>

① 《隆庆昌平州志》上海图书馆藏胶卷本，仅存4—8卷，系据天一阁藏本摄。

续表

<table>
<tr><th>时代</th><th>乡名</th><th>村里</th><th>方位里程</th><th>来源</th><th>年代</th></tr>
<tr><td rowspan="5">辽</td><td rowspan="5">仁和乡</td><td>兴寿</td><td>昌平东 30 里</td><td>灯幢记</td><td>乾统五年（1105 年）</td></tr>
<tr><td>桃林</td><td>昌平东 33 里</td><td>经幢</td><td>乾统五年（1105 年）</td></tr>
<tr><td>坊市</td><td>昌平县</td><td rowspan="2">创造像记</td><td rowspan="2">咸雍四年（1068 年）</td></tr>
<tr><td>西安窝</td><td>昌平西南 50 里</td></tr>
<tr><td>东道里</td><td>昌平西里</td><td>史洵直墓志</td><td>天庆四年（1114 年）</td></tr>
</table>

小结

唐辽昌平乡里整理既毕，有两个问题值得注意。

（一）乡数目

昌平县唐辽时代的村里，旧有的和新出现的共十余个。只以唐代乡论，《太平寰宇记》载幽州昌平四乡。现在可知的乡，即武安、海北、太尉、安集、相公、辅化等至少六个，多出来两乡，又将如何理解呢？

太尉乡名，是朝廷为笼络朱滔而改，前已述及，史有明文可据，其乡界与辽代仁和乡有重合，从而可知，其原名应是仁和乡，朱滔死后，太尉乡名随之泯灭，仁和乡旧名又随之恢复。循此例，朱泚的相公乡也应是旧有乡名现改的，原乡名称不得而知。朱泚 43 岁而殁（参两《唐书》本传），改过的新名，估计也不会留传多久。不过，名称更改，乡位地点、范围应不变，六乡之数还是确切无误。

《通志二十略》载:唐凡百户为一里，五里为一乡[①]。昌平由四乡骤增至六乡，乡以里计，里以户计，这就意味着人户也大大增加。此时的六乡昌平，算来该有30个村,3000多户,每户以五口计总数在15000口左右。所谓六乡，仅是就目前所知而言，乡里联系着人户，人口增长，是农业生产提高的重要标志，在封建社会中尤其如此。

这里倒可提出问题:由四乡变为六乡，对昌平来说，究竟又意味着什么?它是正常现象?还是一时起落?在以农业生产为基础的社会条件下原因何在?把它放在更大一些的范围内观察比较，也许能看得略见清楚一些。

昌平时属幽州，幽州辖八县。《太平寰宇记》载幽州各县乡数如下：

蓟县（辖幽州城内东部及城外东部）二十二乡

幽都（辖幽州城内西部及域外西部）十二乡

良乡（幽州南）十三乡

永清（幽州西南，今属河北省）十乡

安次（幽州东，原属河北省，今已取消）十六乡

武清（幽州东北，今属河北省）十乡

潞县（幽州东，今通州）十乡

昌平（幽州北）四乡[②]

八县中昌平之外，最少的也有十乡，而昌平今仅六乡，相差太多了。论条件，幽州东、西、南三面都是平原，水甘土厚，是可农耕，昌平南东也是平原，水源丰富，与诸县相差无几，而乡里人口却悬殊如此，再用生产条件优劣相比衡量解释，已经不能自圆其说。要归于战乱之故，倒可信理服人了。

安史之乱以来，长期游牧于长城之外的草原民族、契丹、奚、同罗等，一旦进入居庸关，昌平首当其冲，烧杀之外，还掳掠人口，抢劫物资，一日有警，乡民流亡数年不能恢复。从乡里的聚合增减中透出了信息，在一定程度上也应是当时社会情况的真实写照。战乱涉及民生，民生失序，使

① 郑樵著《通志·二十略》下册，职官略，第六，第1206页，中华书局1995年版。

② 《太平寰宇记》卷六九。

乡里变化也失常。不仅如此，还可看到，在县治的迁徙上，在幽州地区昌平属于变迁最多的县分之一，其原因实也当在此。

（二）改名称

唐代有乡里改名的习惯，此风至五代及辽不辍，从文献与出土刻石记录中可以看出。如：

①《旧唐书》张道源传载：道源并州祁人，年十五，父死居丧，以孝行称，县令郭湛改其所居为复礼乡至孝里。[①]

②《旧唐书》孟诜传载：诜好方术，开元初，河南尹毕杨以诜有古人之风，改其所居为子平里。[②]

③《旧唐书》刘子玄传载：子玄本名知几，以史才知名。初知几每云：若得受封，必以居巢为名。乡人以知几兄弟六人进士及第，文学知名，改其乡里为高阳乡居巢里。[③]

以上有县改的，府改的，乡人自改的。五代时，有冯道其人，他曾任四朝，相六帝，三入中书，在相三十余年，享年七十一岁，这位长寿的老官僚，本传载他曾作《长乐自叙歌》，记他一生虚实、官衔、勋爵上百项，随着职务升迁，乡里名称三次更改。《旧五代史》本传记，他老家是瀛州景城人，长兴二年（931年）敕改景城县庄来苏乡改为元辅乡，朝汉里改为孝行里；济南庄贯河南府洛阳县三州乡灵台里，天福五年（940年）敕三州乡改为上相乡，灵台里改为中台里，八年（943年）时守太尉兼侍中，又敕改上相乡为太尉乡，中台里改侍中里。乡里凡三改。[④]

④1956年，北京永定门外马家铺洋桥村出土赵德钧妻《种氏墓志》，志载：应历八年（958年）葬燕京使相乡勋贤里。唐末时，常以宰相衔加节度使，称"使相"，以为荣典。唐末五代赵德钧任卢龙节度使，降辽，封太师、中

---

① 《旧唐书·列传一三七》忠义上，张道源传。

② 《旧唐书·列传一四一》方伎、孟诜传。

③ 《旧唐书·列传五二》刘子玄传。

④ 《旧五代史·周书十七·列传六》冯道传。

书令、北平王，中书令即宰相，虽不领政，荣誉已极。使相乡勋贤里之名当是专为赵氏而改的。为营葬而改乡里之名，历史上却也少见。

唐辽或稍后，朝廷府州、县乡，为乡里改名是政治时尚，也成为一种文化现象，但是它能留传多久呢？以唐代幽州地区而论，乡里名称成百上千，流传至今者仅见“礼贤”一例。战国时幽州为燕国境，传说昭王曾设黄金台，招贤纳士以图兴国，故乡名有金台、招贤、礼贤、燕下、归仁、归义等等。笔者考证唐时礼贤乡约在今北京德胜门一带，范围不小。而今却在京东南50里处出现，仍名礼贤镇，属大兴县。这显然是元代建大都城时集体迁走的。也可以说是燕昭王兴国初衷在后裔心中的显现吧。

附录　芹城、蔺沟、大口（古村时代不明）

（一）芹城

芹城是古村，在今昌平东略北约40里处。今以监狱著称，常被写作“秦城”，不确。芹城得名甚早，《水经注》记：

漯余水又东南流，芹城水注之。

水出北山，南迳芹城。又东南流注漯余水。[①]

著者郦道元北魏时人，可知北魏时已有芹城。大典本《顺天府志》又记：

芹城在（昌平）县东四十里蔺沟社。

《隋图经》云，昌平有芹城，盖谓是也。[②]

芹城北面是东西横亘的山脉，村坐落在山南平原上。有芹城水发源于村北山涧，蜿蜒入温榆河，今称沙河，即古漯余水。附近有温泉，原有城址，

---

① 《水经注疏》漯余水条，第四页。

② 大典本《顺天府志》昌平县古迹条，第四一四页。北京大学出版社1983年版。

按：以该书系缪荃孙抄自《永乐大典》者，据原抄影印，故多称大典本。

从零星遗物看，初建可到汉代前后，成村年代不详。[①]估计早于唐代。

所谓蔺沟，也是古村。有桃谷水经蔺沟，入芹城水，又著录于《隋图径》，可知隋时或已成村，唯无确证。不过，在昌平而言当是最早的村落之一。

有《芹城小志》一书，李因笃著。李是陕西富平人，字天生，“天生寓此而为志”，为一个村作志也是少见的。《日下旧闻考》多引用之。[②]

《析津志辑佚》记：

海子桥金水河北一带有象房。庚子年象房废，今养在芹城北处，有暖泉。[③]

这个豢养大象的芹城也是今昌平芹城。《析津志》是元人熊梦祥著，庚子年是大德四年，即1300年。至今芹城北面有个象房村，距今也有700多年历史了。

（二）大口　大口古城、大口店　清河镇

1953年，北京市文物调查研究组周耿先生，在京北清河镇发现一处古城残址。地点在清河镇西南侧朱房村，曾作部分试掘，从出土器物及城址内涵判定，初筑当在东汉时期。估计是为军用戍守而筑。后体育大学取城墙土填操场，今已遗址无存。这一古城，文献有记载:《光绪昌平州志》引《旧志》记：

大口故城，在州东南五十里。[④]

《旧志》所记“大口故城”无疑是清河镇的这个朱房古城。引《旧志》记在州东南五十里的这个“州”当是指原唐昌平县旧址。方位、里程均符。《析津志辑佚》记大兴县“古迹”列出：

大口店在京城西北四十里。旧有城，今为店。西有高丘鼎峙，曰：

① 《昌平外志》卷一，第20页，芹城列入魏村名。

② 《光绪昌平州志》艺文录，第二十一、第四七三页。

③ （元）熊梦祥著《析津志辑佚》物产条兽之品，第二三二页，北京古籍出版社1983年版。

④ 《光绪昌平州志》土地记第三上，第五四页。按：《日下旧闻考》卷一三五，京畿昌平州二，第二一七二页，记载略同。

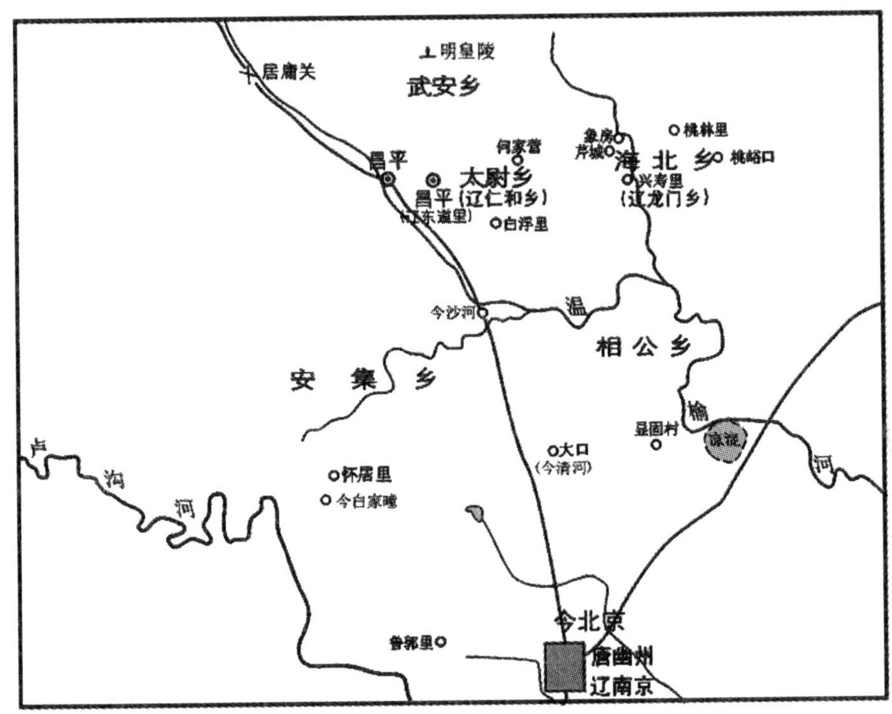

唐辽昌平乡分布示意图

三疙疸，车驾春秋往还，百官迎送于此。①

同书又记昌平山川：

大口　大驾时巡，千官导送至此。其迎驾迹如之。②

这两项所记，大口店、大口是一地。即清河镇的朱房故城，所谓店，实指应是今清河镇。

昌平的居庸关，古称“上口”，是军事要塞。关南而下有“下口”，亦称“夏口”，有城，今称“南口”，也属要塞，再南即“大口”，这个“大口古城”也应是历代整体防御体系的组成部分。所以建有军事戍城，南北联成一线，相与呼应。明代，这一线建有墩台，用于守望、运输、传递信息，从居庸关直抵京师，甚为便捷。文献记景泰元年七月，即修筑昌平城的同时，

①　《析津志辑佚》大兴县、古迹条第246页。

②　《析津志辑佚》昌平县、山川条第250页。

"筑德胜门北双线铺及东直门外望京村墩台。"[1] 这些墩台，直到 1949 年北京解放时还有存留，后渐湮没。

这个清河镇有个特殊现象，它距北京很近，仅三十余里，从历史记录看，它不属北京，却一直属昌平，这可能与军事防御布局有关。

《析津志》记属大兴，实际也是误记。所谓"三疙疸"也实有其处。即三个大土堆（市语三格答），实是三个汉墓，因堆土高大而名。新中国成立后有破坏，曾进行了发掘清理，出土有陶器制品，系多室砖室，时代为东汉，这也应是当时守护幽州重镇的军事将领的墓葬，当发掘后曾略作修葺，准备保留俟后开放，后以当地用砖拆毁。

从大口的经历看，大口、大口城、大口店、清河镇都应是一地。最初东汉筑城，自是防御性质，又是交通要道，又有军士驻守，人员往来频繁，自然逐渐有居民，店铺，逐渐形成铺店，以利商旅也属正常。上面讲道"百官迎送至此。大驾时巡，千官岛送至此"，这是元朝事。以此推测，至少元朝这里该有居民人户，成村则应更早些。辽金时这里也是要津，南北往来频繁，成村或在此时。

关于大口，文献有异文。《日下旧闻考》京畿良乡条引《方舆纪要》记：

自良乡往易州涞水县，出龙门口，凡十五关口，有天门关口，又叫天津口，一名大口。宋嘉定六年，蒙古破金人瀛、莫等州，自大口逼中都之路。

又记：

元致和元年（1328 年），上都诸王，梁王、王禅等，袭破居庸，游兵至大口；天历二年，明宗即位于和林北，南还，文宗迎之，发京师，明日至大口。所谓大口，皆天津口也。[2]

这里引《方舆纪要》所说三个大口都是天津口，显然有误。前一个大口在易州涞水。后两个才是京北清河镇的大口。

元致和元年（1328 年）王禅等破居庸，游兵至大口，是自上都和林南下，

---

① 《明实录北京史料》第二册，第240页，景泰元年七月癸卯朔条。

② （清）于敏中等编：《日下旧闻考》卷一三三，京畿良乡条引《方舆纪要》第七册第二一四五页，北京古籍出版社1987年版。

游兵才能到大口。天历二年（1329年）则是明宗即位南还，文宗出京师北行迎驾，才至大口。这和前面所讲，元代迎送大驾在大口正相一致。而与易州涞水的大口则毫不相涉。

《首都博物馆丛刊》2007年第21期

辽代燕京之显忠坊、檀州街与市

辽代燕京之显忠坊、檀州街与市

1979 年 3 月 19 日《人民日报》报道：山西省应县文物保管所发现了辽代燕京印制的卷轴佛经，共 50 轴，每轴长 20—30 米，字数多在万字以上。辽代的印刷品传世极少，它的发现，可以说在我国印刷史上填补了一项空白，也为研究辽代的雕版印刷技术，提供了一批宝贵的实物资料。同年国庆节，影片《古都北京》上演，影片中披露了应县佛经中有关《妙法莲花经》的一幅照片，经尾刻有题记数行，字迹清楚，记云：

燕京檀州街显忠坊门南颊住冯家印造太平五年岁次乙丑八月辛亥岁次辛亥朔十五日乙丑

“太平”为辽圣宗耶律隆绪年号，五年即 1025 年，辽代的燕京，即今日的北京，这样看来，它又是研究北京历史上印刷造纸等手工业发展情况的一件重要实物证据，经尾还刻有造经人所在的街坊名称，也为研究首都历史上的坊市布局提供了线索。

显忠坊之定位

北京在唐代叫幽州，为治所所在。辽建国后，沿用了幽州故城，辽太宗耶律德光会同元年（938 年），升为南京，又称燕京。据考证，辽燕京故城在今天北京城西南侧宣武区属界内。坊时或称里，是城内居民聚居的所在，唐时幽州城内有坊，辽因唐城，城内仍有坊。经尾所记的显忠坊，显然就是燕京城内诸坊之一。

辽燕京城内，共有坊二十六个。《乘轺录》载：

幽州城……中凡二十六坊，坊有门楼，有罽宾、肃慎、卢龙等坊，并唐时旧名。[①]

《乘轺录》为宋人路振所著，他于大中祥符元年（1008 年）曾经到过燕

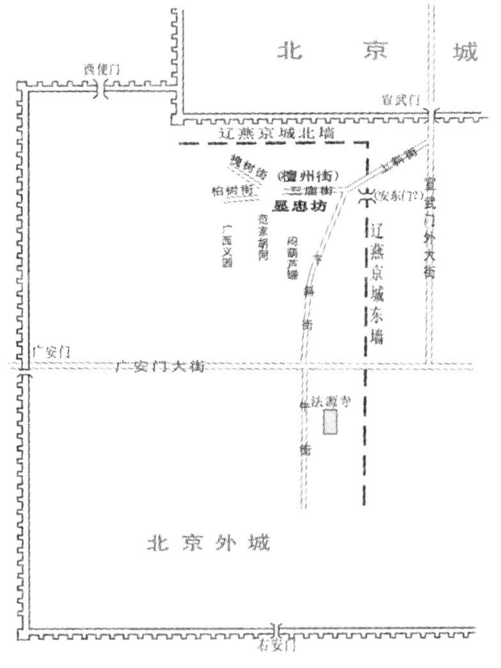

辽代燕京之显忠坊、檀州街位置示意图

① 路振《乘轺录》，第三编第二十三集，粤雅堂丛书本。

京，亲目所见，记录的坊数、名称当是可信的。但是，他只记下了三个唐时旧坊名称，其他坊名并没记录下来，此次发现之佛经题记，又为我们提供了一个显忠坊名。《乘轺录》记“坊有门楼”，经尾记“坊门南”，看来，辽坊不仅有门，也有门楼。唐代长安城内的坊是这样，幽州城内的坊是这样，到辽燕京时，也仍是这样，题记与文献印证相合。

显忠坊的名称，曾见于北京房山县云居寺石经题记，云居寺《题名小碑》载：

燕京显忠坊阁日大迁石经卫校尉彭城霭金佛十七尊。①

云居寺是京郊著名古寺之一，位于北京西南一百四十里白带山，地属房山县。这里保存着大量的石经刻石，多是隋代以后北京地区官吏、僧尼、居民人等所献，以唐代最多。历史上北京叫燕京曾有两次：辽代叫燕京，唐天宝中安禄山、史思明拥兵叛乱时也曾叫燕京，这块《题名小碑》不著年代，属唐属辽，一时难定，但所记之显忠坊与应县辽经尾所记之显忠坊，应是同一地点，都在燕京城内，当无疑问。如《乘轺录》所载，辽燕京城内诸坊多是唐幽州旧坊名称，辽代这个显忠坊，又当是沿用了唐时旧坊的名称。

辽代燕京城内的显忠坊，要做具体定位，历史上竹林寺的位置所在，不失为一个重要依据。《元一统志》载：

竹林寺，始于辽道宗清宁八年（1062 年），宋楚国大长公主以左街显忠坊之赐第为佛寺，大定七年（1167 年）太常丞蔡珪作记。②

据此可知竹林寺在显忠坊，但寺的位置不详。《日下旧闻考》考按：“竹林寺，明景泰中重修，易名法林，在笔管胡同，今废为菜圃。”据此又可知，显忠坊的竹林寺，明代重修过，清初已不存在，但又指明，地在笔管胡同。笔管胡同为旧时地名，今天也不存在了，旧时地图亦不见记载，定位有困难。清人朱一新曾撰《京师坊巷志稿》，列有笔管胡同一条，有竹林寺，并有明人吕原《竹林寺记》，略称：“宣武门外西南二里有故址。”③ 又引王著《宛平

---

① 《题名小碑》题记，编号“外一九九”，中国佛教协会藏拓本。

② 赵万里辑《元一统志》卷一，大都路，名胜古迹条，中华书局版。

③ 朱一新《京师坊巷志稿》卷下，北京出版社版。

志》称:“竹林寺在长营。”[①] 所记“宣武门外西南二里”，方位、里程虽然明确，但长营的名称，今亦不存，还是不能定位。关于长营，《京师坊巷志稿》卷下有载，东、西长营条称：长营距下斜街里许，迤南有闷葫芦罐，迤西曰融脖树，广西义园。新中国成立后，北京地名多有变更，唯下斜街名称不变，再检阅民国二十六年所制《实测北京内外城地图》[②]，以上地名都有著录，据此，则显忠坊可以初步定位，其位置当在闷葫芦罐北，广西义园东、下斜街迤西之地。其地正当宣武门西南的二里之处，方向、里程相符，文献、地图亦相合。如果再与唐辽故城址核对：以北京内城南墙略北处为唐、辽故城之北壁，今法源寺（唐悯忠寺）略东为其东壁，则显忠坊正位于燕京城内北部偏东处，坊址可以确定。

还应谈到，辽代的燕京城是沿用唐代幽州旧城，辽显忠坊理应因袭唐时幽州坊名。到金代建立中部时，又沿用了辽代燕京故城，城垣有扩展，面积扩大了，坊数增为六十二个，其中仍有显忠坊的名称，这显然又是承袭了辽坊的旧名，其位置也应该没有变更，还在这里。

檀州街之定位及走向

应县佛经尾刻“燕京檀州街显忠坊”，可知显忠坊位于檀州街。辽代燕京有檀州街，文献、实物仅此一见，但是，檀州街名不自辽代始，唐代幽州便有檀州街的名称，唯不详其位置及走向，但辽檀州街显然是因袭唐时旧名。如果辽代的檀州街能够确定其位置及走向，唐代幽州檀州街的位置、走向亦可解决。这对研究北京城市历史上的街坊布局，显得特别重要。

房山云居寺石经《大般若波罗蜜多经》题记载：

---

① 北京宣武门西南附近，元、明、清时皆属宛平县，故列入宛平志书。

② 《实测北京内外城地图》，北平市政府工务局测绘，民国二十六年制。比例尺五千分之一。

大唐幽州蓟县界蓟北坊檀州街西店弟子刘师弘何惟颇侯存纳贾师克等造大般若石经两条……[①]

题记虽然不著年代，但檀州街在唐幽州城内是无问题的。唐代幽州郭下治二县，西部为幽都县，东部为蓟县，题记注明蓟北坊属蓟县，蓟县在东部，又与檀州街连称，街在城内东部无疑。据上节所述，辽代显忠坊位于城内北部偏东处，与檀州街连称，以此上推唐时的檀州街，无疑也应在这里，再以地望核校石经题记，也仍是相符的。

以显忠坊位为据，檀州街定位于燕京城内北部偏东处，其走向如何呢？街与显忠坊相近，以坊位与燕京故城复原图对照，坊东坊北，都有空地，街为南北或东西走向，都是可以的。但是，细审石经题记，可以发现：檀州街与西店连称，这个“店”，无论理解为店铺之店或旅店之店，它都应以位于街之西部得名，为此，檀州街应是东西走向才较合理。再与应县佛经题记核对，题记有“檀州街显忠坊门南”，有“坊门南”为证，“坊门”似应指显忠坊之北门而言，以显忠坊在檀州街南，街在坊北为宜。

檀州街既定为东西走向，根据显忠坊位与今地对照，实地调查发现，坊位北面，正有一条东西街道，今名三庙街。一般讲来，城市变迁，如无特殊情况，街坊位置之变化不大。因之，这条三庙街，当是辽代的檀州街，如果这个推测不误，其名称街址，亦可上推，也就是唐代的檀州街。

唐代的石经题记，蓟北坊与檀州街连称，辽刻经尾题记，显忠坊与檀州街连称，二坊之关系如何？即蓟北、显忠二坊，由唐及辽，是同时并存还是本来就是一坊，只是时代不同，名称有所改变？这一问题，已资料缺乏，目前还不清楚。不过，有一点值得注意。实地调查，三庙街西端，今范家胡同附近，西接槐柏树街，是新中国成立后新辟的，旧日地图不载，而且二街略偏北、偏南，不与三庙街径直。由此推测，原来檀州街西端，似应止于范家胡同附近。街坊对照，显忠坊应止于檀州街西端，如果蓟北坊与显忠坊是二坊，则蓟北坊应在显忠坊之东部北面。

对于檀州街的长度问题，还应注意。目前的三庙街，从现状及民国初

① 中国佛教协会藏拓本，编号“二·一一六”。

年地图看，其东端都是略向北偏，接上斜街，与今宣武门外大街相通，唐辽时代的檀州街是否如此，值得注意。我倒认为，古代的檀州街，应是东西径直的，东端的北偏，应是以后的事。这又涉及北京城址的变迁问题。

唐、辽、金时，城址相因，金亡后，旧城废弃，元代在旧城东北另建大都城，明代略有改建，形成了今日北京城的规模。这样一来，问题发生了，元代建城之后，新旧城之间在有护城河相隔的情况下，人民的往还，特别是檀州街与大都之间，最近便的路线是哪条？檀州街东端北偏，便应是唐辽金旧城与元代新都最简便的捷径，久之形成了街道，而檀州街原来径直的东端，反而废掉了。如果一般讲来，城址变化，其街道常常变化不大，那么特殊地讲，这条檀州街的变化，倒是特殊的一例，有变有不变，西端没变，东端变化了。

如果这一推测能够成立，与此相联系的另一问题还应考虑：辽代燕京城有八门，东城墙北面的门名安东门，从檀州街的位置看，原来这条径直的街道，其东端应是通向安东门的。不过，这仅是推测，是否符合历史的真实，还有赖于地下遗址、遗物来证实，还要通过考古发掘来解决。

燕京城内的市

从应县佛经尾题记看，佛经的雕版、印刷都是在显忠坊进行的，显忠坊位于城内东北部，这一带在辽时当是手工业中心之一。坊是居民住地，市是商业区域，二者互有联系，这一带还应是市廛所在。叶隆礼《契丹国志》记载当时燕京情况：“城北有市，陆海百货，聚于其中。”看来，燕京的市是相当繁华的。但是，“城北有市”，不应理解为城外北部有市，以市在城内北部为妥。唐代的两京长安，有东市、两市；东京洛阳，有南、北、西三市，都在城内；唐时幽州的檀州街，地处城内北部偏东处，街有“西店”，应是繁华市廛标志之一；辽继唐城，市仍在城内北部偏东处，也当是有继承关系的。经尾题记，又为复原燕京市廛所在，提供了佐证。

北京西北郊有古刹大觉寺，寺有辽代咸雍四年（1068 年）《旸台山清水院创造藏经寺碑》。碑刻“燕京通天门外供御石匠曹辩镌造”字迹，辽代燕京城有八门，通天门是北墙二门偏东门名，门外为石工曹辩住处，石工住地，邻近市廛，一门之隔，是可以理解的。

辽代燕京的市，是汉族人民同兄弟民族进行商业活动的重要场所，市的设置，对于促进各民族间的友好往来，互通有无，无疑起了重要作用。

原载于《首都博物馆丛刊》1982年第1期

附记

《北京文博》2006年第3期刊出罗保平先生《唐檀州街新考》一文，同意拙文檀州街位置，但不同意东西走向，提出是南北走向，根据仍是佛经题记“燕京檀州街显忠坊门南颊住冯家印造……”其具体解释是：“颊指人脸之两侧，门南颊即是显忠坊大门南侧，由是显忠坊门只能面东或面西，如坊门面南或面北，只有门东颊或门西颊，而无门南颊之说，古檀州街南北走向可定。”

愚意：一、颊即面颊是对的。上面佛经题记用现代语言来表示，即刻印造经的冯家，住在檀州街显忠南门脸。今日北京俗语中仍有门脸一说。如果它仍不能说明其走向，而另一条题记则明白无误。

二、《大般若波罗蜜多经》题记，有“大唐幽州蓟县界蓟北坊檀州街西店弟子刘师弘，何惟颇……”檀州街有“西店”之名是店在街西端，其街为东西走向明佚。罗先生文中也引用了此条唯未注意，可再查。简复如上，不再另文作答。

作者

2006年10月

辽代玉河县考

玉河县始末

首都北京，在辽代为南京析津府，领十一县，玉河县是其一。关于玉河县，《辽史·地理志》载："玉河县，本泉山之地。刘仁恭于大安山创宫观，师炼丹羽化之术于方士王若讷，因割蓟县分置，以供给之。在京西四十里，户一千。"[①] 从遗址来看，今天北京门头沟区的城子村，就是当年玉河县城旧址。

城子村在北京正西，距北京四十里，东濒永定河。北距三家店四里，南距门头沟三里，现属门头沟区。几十年前，这里还有土城残址存留着，可惜现在看不到了。但城子的名称却保留下来。与《辽史·地理》对照，遗址的方位、里程相符。

北京在唐代为幽州，唐末，刘仁恭为幽州卢龙军节度使，在幽州地区横行无忌，于大安山建立宫室，广储美女、财物，大肆挥霍。并听信方士王若讷之言，炼丹服药，以求长生不老。聚敛的方式是多种多样的，在山上凿洞，把铜钱藏起来，另作泥钱通行。又禁茶商交易，而以山中草叶出售当茶获利。如此挥霍无度，在物资、财源上自然难于满足，因之，就近设立玉河县供应。

---

① 《辽史·地理志四》。

志文概括了这一历史情况。

大安山在北京西南的房山县境内，东北距城子村约五十里，地属山区。城子村西面是山，东临平原，属半山区，论物产，并不算富庶。为供应而设县，所谓供应，也许主要指人力的役使而言。

玉河县初建于唐末，入辽之后，县名不变，隶于南京析津府。志文所记“在京西四十里”，是指辽代的南京城而言。辽代南京故城，在今北京城西南侧宣武区界内，以辽城与城子村比量对照，方位、里程相符，但是，志文又记“因割蓟县分置”，就值得研究了。

辽南京的前身，是唐代的幽州城，幽州郭下治两县，东部为蓟县，其辖区远及城外东郊，西部为幽都县，辖区远及城外西郊，这在《新唐书》、《旧唐书》地理志都有记载，也为近年来北京地区的出土文物与墓葬志石所证实。玉河县城旧址的城子村在幽州城西，蓟县在幽州城东，玉河设县，“割蓟县分置”是不大可能的，因为两地中间还隔了一个幽都县。以辖区讲，玉河县地，当是幽都县所领，因此，“割蓟县分置”显然是误记。幽州为古蓟所在，习

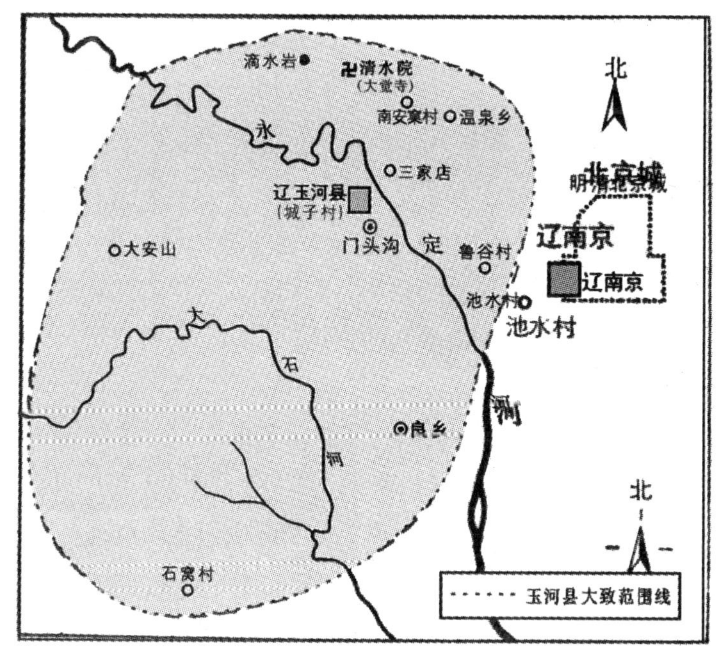

辽玉河县位置与县界示意图

惯上称为蓟城,“割蓟县分置”可能是割“蓟城”分置或者是“割幽都县分置”之误。

玉河旧城在明初还有遗存。大典本《顺天府志》引《图经志书》有玉河城一条记 :“玉河城，城在城西南三十五里，故老相传，金章宗宿顿之所，因立县曰玉河，今遗址尚存。”①

这里有个问题需要说明 :《辽史・地理志》记“玉河县在京西四十里”，是指辽南京城说的，即宣武区界内的辽代南京故城。这里又记“城在城西南三十五里”是指明朝京城而言，即今天的北京城。大典本《顺天府志》是从《永乐大典》中摘抄的,所引《图经志书》即《洪武北平图经》该书已佚。这样看来，明朝洪武年间，玉河城遗址还宛然存在。

辽代南京胡城在明朝京城西南，所以辽指玉河城在京西。明朝京城略偏北，所以指玉河城在西南，实际上这两个说法都对。至于有四十里与三十五里之别，都是估计数字，略有差异，也不算错。金章宗是否到过玉河城，暂且不管，要说因为金章宗宿顿而立玉河县，则显然又是志文的误记。事实上，到金代时，玉河县的建制已经不复存在，早已由县改降为乡了。

也许因为县小人少，地瘠民贫，这个玉河县，却不与辽代相始终，没有等到辽亡,就由县改乡了。《京畿金石考》卷上有《辽驻跸寺沙门奉航幢记》一文，僧善坚撰，正书“乾统八年四月立在玉河乡池水村善会寺”。乾统是辽天祚帝耶律延禧的年号，八年为 1108 年。玉河县的初置年代不详，如果暂以刘仁恭于乾宁二年（895 年）为幽州卢龙军节度使起算，也暂以乾统八年为改乡之下限年代，玉河县的建制，大约有 213 年之久。这仅是就文献与刻石记录所作的估计，也是最大的估计，自然，它存在的具体年代要比这个数字略小些。

辽末玉河县改乡，玉河乡的名称又保留下来了，文献与刻石屡见。《京畿金石考》卷上记有“金僧行臻塔幢记”，写明“承安五年四月立在玉河乡广济院”。承安是金章宗完颜璟的年号，金代时玉河县已经改乡，确有明证。《京畿金石考》卷上又记“尊胜陀罗尼经幢”刻石一通，普死奴立，书“大

① 《永乐大典》本《顺天府志》卷一一，宛平县古迹条，首都博物馆藏抄本。

朝己酉十一年立在玉河乡池水村”，大朝应是蒙古建元前的称呼，己酉即1249年，上距“金僧行臻塔幢记”立石，又过了49年，玉河乡仍旧存在。到明朝时，北京顺天府郭下治两县，城东为大兴县辖，西为宛平县辖，在宛平县所辖西部计有京西、香山、永安、孝义、斋堂、玉河六乡，还有玉河乡的名称[①]，并且玉河乡一直存在到清朝初年。

玉河县界之探索

刘仁恭初建玉河县，其四至范围有多大，史无明文记载，辽代的玉河县，其辖区到那里也不清楚。辽末改乡，降及元、明，玉河乡界是否为昔日县界之旧，无资料可据，更难核对。但是，倒可以作个估计，在一般情况下，由县改乡，其辖区可能随之变更，这是常理，不过如无特殊情况，其辖区变化不会太大，这也于理可通。如果从这一估计出发，综合有关玉河乡的记录，对辽代玉河县的辖界范围做一些推测、探索，虽然不见得完全符合历史的真实，至少对其辖区的复原，是会有较多的参考价值。如果辽代县界可以大体复原，上推刘仁恭之玉河县界，也就相差无几了。

北京西北郊有大觉寺，在辽代为清水院，有咸雍四年（1068年）旸台山清水院藏经寺碑，末署："燕京右街检校太保大卿大师赐紫沙门觉宛，玉河县南安窝村邓从贵承办，永为供养"[②]。燕京即辽南京，南安窝村即今南安河村（附近另有北安河村），它原属玉河县，在大觉寺东南七里，南距城子村约二十里左右，即玉河县的往北辖界至少有二十多里，包括了南安窝村还应包括大觉寺在内。这是辽代的直接记录，以此划界当是可信的。这是北界。

大典本《顺天府志》引《图经志书》记："窦禹钧墓，墓在城西二十里

① 《永乐大典》本《顺天府志》卷一一，宛平县古迹条，首都博物馆藏抄本。

② 原碑现仍存京西大觉寺。陈述先生著《辽文汇》收录碑文，并据《昌平外志》有校补。

玉河乡之鲁郭村。”[①] 鲁郭村是个古村名，近年来出土的辽代墓志屡见记录，即今天的鲁谷村，村址在京西二十里八宝山革命公墓附近，该村西北距城子村又约二十五里。鲁谷村原属玉河乡，这就可以估计，原玉河县的东南辖界，约有二十五里左右。

《日下旧闻考》卷二〇引《篁墩集》,有明朝人程敏政《重建观音寺碑记》载："都城西南五里许，曰玉河乡池水村，中有古刹曰观音寺。”观音寺已经不存在了,这里有池水村属玉河乡可以肯定。池水村名在文献与刻石也常见，其地约在今广安门迤西数里之地,西北距城子村约三十五里左右。这就表明，当年的玉河县管辖县城东约三十五里之遥，也可以说，大约当时的辽南京城西数里之外，便是玉河县管界。

明朝万历年间，宛平县令沈榜，曾著《宛署杂记》一书，中记“玉河县图”说“离城八十里”，图虽看不到了，但八十里是个重要数字。前面谈到，玉河城在京西三十五里，是指县城而言，“玉河县图”记离城八十里则显然是指管辖范围，即玉河乡之西界到北京的距离，八十里减去三十五里还有四十五里,这又表明城子村往西四十五里处是玉河乡西界。也就意味着，原来玉河县城以西的管辖区域，大约有四十五里左右。

近人奉宽，著有《妙峰山琐记》，中记京西仰山滴水岩的大悲庵有铁钟一口，铁钟铭文记："京师顺天府宛平县玉河乡仰山滴水岩大悲庵住持性亮，发心募化十方，铸造大钟一口，永供奉。大明崇祯六年三月吉日造”。仰山大悲庵在城子村西北约二十里左右，明代地属玉河乡，这又给恢复玉河县之西北处属，提供了参考的依据。

温泉，在北京西郊略北处，南距城子村约二十里，地有天仙庵圣母殿，奉宽氏同书又记，圣母殿中有清代顺治十七年铸铁馨一口，铸文“顺天府宛平县玉河乡石窝村圣水堂”，这说明清朝初年玉河乡还存在。石窝村在今房山县往西山区中，该地以盛产汉白玉石著称，金、元、明、清宫殿建筑所用雕花白石，大部是这里供应的。其地在城子村南约八十里左右。附近有圣水峪，即圣水堂。虽然这里北距温泉约有百余里之远，不过节令庙会之际，

① 《永乐大典》本《顺天府志》卷一一，宛平县古迹条，首都博物馆藏抄本。

虔诚的善男信女，百里送馨，祈瑞求祥，也完全可以理解。石窝村属玉河乡，这又为推定县界，提供了根据。

石窝村在大安山之南，玉河初建是为供应而设，在很大程度上也应包括石材在内。1974 年夏季，在大安山刘仁恭原来的宫殿遗址施工，曾有汉白玉石材出土，也足以说明这一点①。刘仁恭所在的大安山，也应包括在原来玉河县范围之内。

由玉河乡界推测玉河县界，从以上的资料排列，可以看出其辖界的大致轮廓，即以原玉河县治所在的城子村为中心，往西北约二十里，北面有二十里，东南面有二十五里，西面有四十五里，唯西南面有八十里之多，是比较特殊的。不过也应想到，刘仁恭初建玉河县，主要是为人力物资的供应，大安山宫殿位于城子村西南，玉河县往西南之辖区较远，其供应宫殿也就越为近便，如果从这个意义上考虑，这个玉河县辖界范围之推断，也可能比较接近历史的真实。

三点讨论

（1）1961 年北京西郊八宝山革命公墓出土了辽代韩资道墓志，志载，韩资道于辽代“咸雍五年葬于宛平县房仙乡鲁郭里”，该地的鲁谷村，即鲁郭里，辽代时属房仙乡，但不属玉河县，而属宛平县。前面所引大典本《顺天府志》窦禹钧墓条又记，“墓在城西二十里玉河乡之鲁郭村”，鲁郭村又属玉河乡，这是明代初年的情况。鲁郭村即鲁谷村，村址未变，而先属房仙乡，后属玉河乡，对照之下，可以说明玉河县改乡并不是就原来县界袭用，而是略有变动。房仙乡本是唐代旧名，辽代有所因袭，近年考证，唐时该乡位于幽州城西，远及今永定河一带，即城子村东北不远处，也包括了鲁

① 承原北京市地质地形勘测处在该处施工验槽人员见告。

谷村在内[1]。辽代改乡，鲁谷村又属玉河乡，这样看来，是乡界比之原来县界略有扩大，至少辽代玉河县之东北辖界鲁谷村附近是如此。现在就暂以鲁谷村附近为原玉河县之东南辖界。俟后有新的资料再行改正。

（2）北京西郊公主坟附近，曾出土了辽王师儒墓志。志载，王师儒于乾统元年故去，“□年四月五日归全于析津府宛平县房仙乡池水□西北原”。池水之后一字残剥，是“村”或“里”字无疑。所记是乾统□年池水村属宛平县房仙乡。前面谈到，“辽驻跸寺沙门奉航幢记”又记乾统八年池水村属玉河乡，两相对照，再次说明，由县改乡时，其界属范围确有变动。池水村在城子村东约二十里，先属宛平房仙乡，后属玉河乡，是其县界之东也扩大了，也就是说，原来的玉河县界应在池水村略西处才更合理。

由县改乡，东界略有扩展，推想其原因，一则是玉河县东，地处平原，人、物逐年繁盛之故；再则是，京城在东，改乡隶于郭下之宛平县，辇毂所在，显然又是为供应方便所致。至于原来的县西山区，人口，物产增长缓慢，其界属也就不见得有所变更了。

（3）由于王师儒墓志之出土，对于改乡之时间，也提供了一点线索。王师儒于乾统八年故去，□年四月五日葬于宛平县房仙乡池水村，据奉航幢记载，乾统八年池水村属玉河乡，据王师儒志，乾统□年池水村又属宛平县房仙乡，王志之葬年字虽残剥，但总应在乾统八年之前，即元年至七年之间，而玉河县改乡的时间，也应在乾统元年至七年之间，这一点倒是可以肯定的。

附记

文稿草就之后，蒙北京市测绘处王家骅同志核对村落里程、方位，谨

① 参见赵其昌《唐幽州村、乡初探》，刊《中国考古学会第一次年会论文集》，文物出版社，1979年。

此致谢。

原载《北京史苑》第1辑
北京出版社1983年12月

北京延庆县古崖居

——西奚遗址之探讨

北京市延庆县往西，沿京张公路西行，约三十里处的张山营镇西面北山中，近年发现了一处古代人类居住的石崖洞。洞室成群，散落分布在山涧之中，全部在沙砾崖石上，由人工凿成。有单室、二室或三室不等，上下错落，有石磴道连通上下。总数在百室左右。有的石室左右相连，有的一室多门，门有枢。室内外残留有石灯台、灶台、石火炕、烟道、马槽等遗迹、遗物。东山坡的一处石室规模较大，上下二层，中间有石柱擎立，室中又有石案等物。石室大部分保存完整，只有这二层石室由于年久，有部分塌落。各山涧、沟壑，从遗迹观察，原来都有流水，现在已经干涸。

从大环境看，这里是一道横亘的海陀山，或称军都山脉，石室就分布在山坡北面的崖坡上，山南是一带东西狭长的小平原，平原南临妫水，即永定河上源之一支。从平原北望，看不到石室，只有走进山坡、转几个弯、进入沟涧才看到石室全貌。这一处地方，地处延庆县之西部边缘，西临河北省怀来县。由于有洞，当地人叫它“洞沟”，现在山坡石室已被命名为“古崖居”，作为旅游景点对外开放。

从洞沟的石室及石室遗迹所显示的现象观察，它应属于古代人类居住的遗址，但是，这是一处极为特殊的居住遗址。是居住遗址，又是什么人在此居住？又是什么时间开凿的？在通常情况下，人类居住地址的选择，总要面临平川，或高坡向阳，而这里却舍弃了阳坡，把石室开凿在隐蔽的阴坡沟涧中，这是为什么？它的历史情况如何？地点临近北京，它对北京的历史发展有何关联？直面崖居，叩问历史，一连串的问题被提出来了。

恢复它的历史面貌，文献是重要的，面前的遗址、遗迹，无疑是最为直接的线索。探讨这些问题，首先应从这里做起，观察它的特点，与文献两相结合进行。

崖居即西奚遗址

洞沟的崖居遗址，有两种现象应予注意：一是火炕，二是石室。

有迹象表明，火炕源于我国东北地区，而后逐渐传入关内；凿石室而居，这不是汉族人的居住习惯。对崖居遗址、遗存作如此理解，自然地把探索思路引向东北地区，并把那里生活着的古代民族与现存的洞沟崖居遗址联系起来。

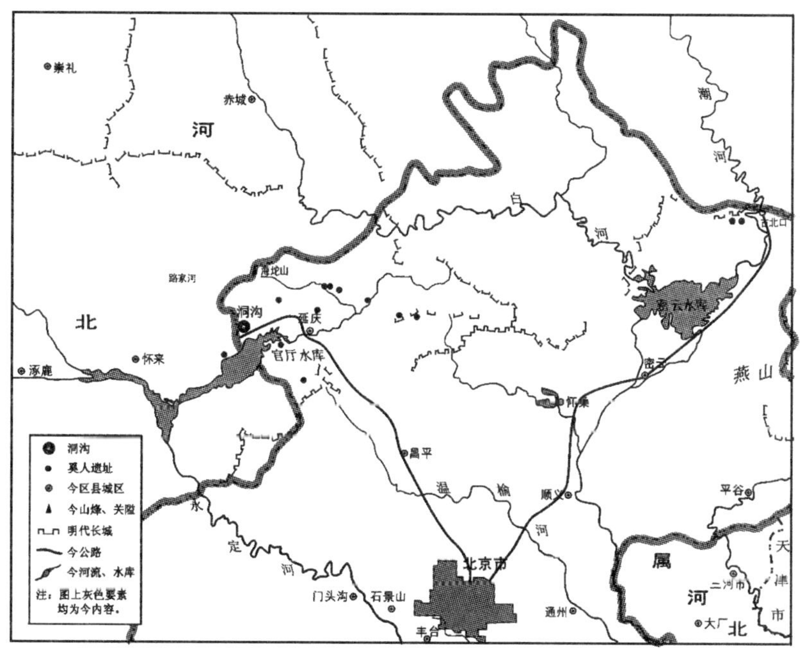

北京市延庆县洞沟遗址图

延庆县位于北京西北，距市区百里之遥，今为北京市辖县之一。北京古为幽燕之地，是古代习于农耕的汉族与草原的游牧民族经常接触的地区之一，尤其是延庆山南附近，历史上经常有多种民族出没，地方文献有记载。

古崖居

今延庆，元代为龙庆州。明永乐中，改为隆庆州，嘉靖版《隆庆志》记：

唐武德中，置北燕州，改妫川，天宝初。改妫川郡，乾元初复为

妫州。天宝末置妫川县，唐末析置儒州。五代时，为奚王所据，号可汗州[①]。

这里出现了“奚”这个古代民族，又出现了“可汗州”的名称。关于“可汗州”《辽史·地理志》有记：

古崖居

本汉潘县，元魏废，北齐置北燕郡（校记郡作州），改怀戎县，隋废郡，属涿郡。唐武德中，复置北燕州，县仍旧。贞观八年改妫州。五代时，奚王去诸以数千帐徙妫州，自别为西奚，号可汗州，太祖因之。统县一，怀来县。[②]

---

① 《嘉靖隆庆志》卷一，上海古籍据天一阁藏本影印本，1961年。

② 《辽史》卷四一《地理志五·西京道》，中华书局标点本，下同。

延庆县在历史上名称、辖区略有改变，原属县怀来今属河北省，部分土地已没入官厅水库，妫川、妫州、可汗州都是今延庆地，值得特别注意的是，它有奚王去诸徙居的记载。综合崖居遗址情况与文献记录，可以总结如下：

（1）它有灶台、火炕等遗迹、遗物，是为人类居住遗址无疑。

（2）《隆庆志》记：五代时，为奚王所据，称可汗州。

（3）《辽史·地理志》记：五代时奚王去诸以数千帐徙此。

从遗址的内容观察，有火炕等物为证，它可能与古代东北的民族有关，而奚正是源于东北地区，又“自别为西奚”，如此，这崖居石室当是西奚遗址。至此，洞沟崖居石室的居留主人已经清楚：即生活在我国东北地区的古老民族——奚族曾在此居留。具体地说：“奚王去诸曾率奚众数千帐在此居住，时在五代。”对照遗址，这与我们最初的观察、推论是一致的。

然而，奚本是我国东北古老民族之一，它因何而来，其驻留情况如何，后事又如何，尚需进一步探索。

去诸之西徙

奚，本匈奴之别种，始见于北魏，称库莫奚，后简称奚，为我国古代的游牧民族，一直在东北地区饶乐水（今内蒙古西刺木伦河）一带活动。关于奚的活动地区，《旧唐书》有记：

所居亦鲜卑故地，即东胡之界也。在京师（长安）东北四千余里。

东接契丹，西至突厥，南据白狼河，北至霫国。自营州西北饶乐水以至其国，胜兵三万人。每随逐水草，以畜牧为业，迁徙无常。[1]

在唐代，奚族一直在我国东北地区活动。“胜兵”当是到达一定年龄的兵丁，胜兵三万，全族人数估计当有十来万之众了，是个大族。贞观二十二年（648年），奚酋长可度者内附，唐王朝置饶乐都督府，以可度者为右领

① 《旧唐书》卷一九九下《北狄奚传》，中华书局标点本，下同。

军兼饶乐都督，曾封楼烦县公，赐姓李氏。此时的奚，在唐王朝羁縻政策作用下，虽有侵扰，又时有朝贡，与唐王朝大体上维持着和平关系。

奚与契丹，同为北方大族。中叶后，对唐王朝时有侵扰，被称为“两蕃”，幽州等北方节度使又常加“制两蕃”或“押奚契丹”等名号。至唐末，情况有了变化。契丹族崛起，特别是阿保机（872—926年）统一契丹八部，建立辽王朝（916—1125年）前后，不断向外扩张，征服临近各族。奚是大族，首当其冲，成为契丹降服的主要对象。契丹对奚是打击与利用并举，打击也是为了利用，奚人成为被降服者，为其役使从征，再也不能自由放牧，奚人与邻族契丹的关系发生了根本性的变化。奚王去诸正是在这一历史背景下离开故地率众西徙的。关于去诸率部西徙事《新五代史》有记：

契丹阿保机强盛，室韦、奚、霫皆服属之。奚人常为契丹守界上，而苦其苛虐，奚王去诸怨叛，以别部西徙妫州，依北山射猎。常采北山麝香、人参赂刘守光以自托。其族至数千帐，始分为东西奚。[①]

此处记录了契丹降服室韦、霫和奚后，奚人为契丹守界并受到苛虐事。这自是去诸率众西徙之因，同时又提到刘守光，这就带给我们一条重要信息——奚人居留洞沟的时间。

刘守光是五代时人，新、旧《五代史》有传。他与乃父刘仁恭为害幽燕地区，罪恶昭著。他的出现，除了为我们判定洞沟遗址的时代提供证据之外，他又收受奚人山中特产麝香、人参等物，这又显示着另一种情况：奚人隐藏、居留于洞沟时的艰难处境。这一点后面还要谈到。

所涉诸族历史情况，据史籍略作叙述。

契丹阿保机，即辽太祖，耶律氏，汉名亿。与奚一样，契丹也是古代我国东北地区的游牧民族之一，源于东胡。北魏以来，一直在今辽河一带放牧。《旧唐书·契丹传》记：

契丹，居潢水（今西辽河）之南，黄龙之北，鲜卑之故地，在京城东北五千三百里。东与高丽邻，西与奚国接，南至营州，北至室韦。[②]

---

① 《新五代史》卷七四《四夷附录三·奚传》，中华书局标点本，下同。

② 《旧唐书》卷一九九下《北狄契丹传》。

霫，也是我国古代东北地区的游牧民族之一，匈奴之别种，隋唐时居潢水之北，以射猎为生，其俗与契丹同。贞观三年（629 年）曾有朝贡，《旧唐书》有传。

室韦，为契丹之别种，也是古代游牧民族，活动在今内蒙古东北境，远及黑龙江一带，唐贞观三年曾贡丰貂，《旧唐书》有传。

室韦、霫、奚与契丹，活动地区相近，契丹强盛，先攻近邻，实属必然。现将奚早期被契丹攻击之情况，据《辽史・太祖纪上》摘录如下：

（1）唐天复元年（901 年），痕德堇可汗立，以太祖为本部夷离堇，专征讨，连破室韦、于厥及奚帅辖剌哥。俘获甚众。

（2）先是，德祖俘奚七千户，徙饶乐之清河，至是创为奚迭剌部。

第一条是阿保机称帝前为部族军事首领时的征讨情况，奚是被攻击对象之一，并有俘获。第二条是记撒剌的之功绩。德祖即阿保机之父撒剌的。一次俘获七千户，一户按四口计，当近三万众，可以想见战事规模之大。此事在 903 年，后面还要谈到[①]。

契丹建辽前后，不断征服邻近各族，“胜兵甲者即著军籍”，一直在扩大兵源，为其扩张服务，契丹对奚是亦打亦拉，打而后拉。所谓“拉”，实即利用。打击、征服之后，把他们编入部伍，再去征讨其他族部。因此，奚与契丹的主要矛盾自然在军事方面。

《辽史・兵卫志中》记有“众部族军”一项，这是以被降服部族为主体的军制。奚初有五部，即遥里部、伯德部、奥里部、梅只部、楚里部。部族军下二十八部中有遥里、伯德、奥里三部，为“东北路统军司”所属。从名称看，它显然是奚初五部中的三部[②]。全是奚人无疑。按辽制规定，“众部族分隶南北府，守卫四边，各有司存。”“分隶南北府”是指隶属关系；“守卫四边”自然是指任务而言，即众部族军有守卫四边之任务。

《辽史・兵卫志下》又有属国军一项，列被征服各属国五十九，中有西奚、

---

① 《辽史》卷一《太祖纪上》，参本文第三节。

② 《辽史・营卫志下》北府二十八府中有南克部、北克部也是奚人，为圣宗合奥里、梅只、堕瑰三部后置，见“奚王府六部五帐分”条。这里主要想说明辽初情况，此以建制略晚，不计。

东部奚、乌马山奚的名称。这又是被征服的奚人被列入属军的编制，并规定："有事则遣使征兵，或下诏专征，不从则讨之。"从"遣使征兵或下诏专征"可知，这都受契丹首领之直接控制，"不从则讨之"，规定十分严格。

辽军定制，出征时军器、军需、战马自备。奚人是被降服者，有为契丹守卫四边并随时应征作战的任务，战具还要自备，战殁沙场、暴尸荒野或终身致残对生者都是残酷的现实。奚人从自由放牧到为人役使，从征守土，作为被征服者，稍有不从，被施之以暴是自然的。《新五代史》所载"奚人常为契丹守界上，而苦其苛虐"，从多方面看，当是历史事实。契丹对奚族如此，对其他各族也不会比奚人好些，唯其他各族势小力薄，慑于高压，只能默从而已。好斗的奚人，曾有反抗，反抗无效，只有逃亡远走一途。

奚王去诸带领数千帐奚众终于西徙了，在妫州北山居留下来——《辽史·地理志》记"五代时奚王去诸以数千帐徙妫州"。文献所记与崖居遗址两相符合，不过，谓迁徙时在五代，似嫌简约，其西徙之具体时间，根据史料仍可做一点考核、推断。

居留洞沟的时间

唐末的妫州，地旷人稀。有大山东西横亘，向北连绵延伸不断，历史上叫它军都山或北山，今天又叫它海陀山。山前是一条东西狭长的小平原，再南就是永定河。对于奚王去诸来说，摆脱契丹的统治，能够隐蔽地生活下来，这里还是比较理想的所在，便于放牧，也可农耕。但是，它并不是净土一方。永定河南，便是刘仁恭、刘守光父子的地方势力范围，父子两代经营，独霸一方，对远道而来的去诸一族仍是个不小的威胁。

刘仁恭出身行伍，靠他的多智多诈于乾宁二年（895年）进入幽州（今北京），授为幽州卢龙军节度使。此后他在大安山盛建馆舍（今北京市房山县境内大安山，尚有遗迹），聚敛钱财，大肆搜刮，室集艳妇，穷极侈丽，以墐泥作钱行使，把铜钱掘地窟藏起来，杀工灭口。又拜道士王若讷，祈祷长生。后为争夺爱妾被儿子刘守光囚禁起来。这个刘守光又是一个军阀，其淫虐残暴，甚于乃父，竟又自号“大燕”，改元“应天”，居然当起皇帝来——一个地地道道的土皇帝。[①] 这一年为后梁乾化元年即911年。《新五代史》记奚王去诸“常采北山麝香、人参赂刘守光以自托”应该正在此时前后。此后不久，刘氏父子被杀。

就在刘仁恭割据幽州时，为了供应大安山物资方便，曾设立了一个玉河县，其治所在今北京西四十里的城子镇（今属门头沟区）[②]。从城子镇往北至延庆洞沟仅隔一条永定河。残暴肆虐的刘守光，近在咫尺，又怎能放过去诸？刚刚逃脱契丹压迫的奚王去诸，才离虎口，又入狼窝，受到的威胁与艰难的处境可以想见，其以麝香、人参等土特产赂刘自保，但求相安无事，也属必然了。不过，从历史的角度看，这一史实并不重要，重要的是它为我们寻觅奚王去诸驻留妫州留下了一个大体上的时间刻度，即刘守光僭称帝号的911年。至少可以认为：这一年前后去诸带领奚众已经到达洞沟并与刘守光有所接触了。

后梁乾化元年（911年）奚王已经驻留洞沟，应是事实，但这不应是初来时间，对其初来时间，文献仍有线索可资稽考。现就契丹讨奚之记录排列考查：

（1）《辽史·太祖纪上》载：

唐天复元年，岁辛酉（901年），痕德堇可汗立，以太祖为本部夷离堇，专征讨，连破室韦、于厥及奚帅辖剌哥，俘获甚众。

《辽史·兵卫志上》又载：

遥辇耶澜可汗十年，岁辛酉（901年），太祖授钺专征，破室韦、于厥、奚三国，俘获庐帐，不可胜纪。

这两处所记讨奚，实为同时一事。时在辛酉岁901年；事在阿保机称帝（丁卯岁，907年）前，被征讨的奚，是原游牧于饶乐水时的奚。

唯应注意：此事《太祖纪》载于痕德堇可汗时；《兵卫志》载于耶澜可汗时。

---

① 《旧五代史》卷一三五《刘守光传》；《新五代史》卷三五《刘守光传》。

② 见赵其昌《辽玉河县考》，原载《北京史研究论集》，1982年。

据《辽史·世表》，耶澜可汗于唐武宗会昌二年（824年）附唐，其早于阿保机生年（唐咸通十三年，872年）三十年，其事系于耶澜可汗显然有误。[①]

（2）《辽史·太祖纪上》又载：

明年（岁癸亥，903年）春……冬十月，引军略至蓟北，俘获以还。先是，德祖俘奚七千户，徙饶乐之清河，至是创为迭剌部，分十三县。

遂拜太祖于越，总知军国事。

《辽史·兵卫志上》又载：

（遥辇耶澜可汗）十二年（岁癸亥，903年）德祖讨奚，俘七千户。

《兵卫志》所记“德祖讨奚，俘七千户”，用耶澜可汗纪年不确，干支纪年应在癸亥岁，即903年。《太祖纪》又有同样的记载。唯“明年”是以唐天复二年（岁壬戌，902年）计，这个“明年”，岁当癸亥，即903年。德祖是阿保机之父撒剌的，“先是，俘奚七千户”，徙饶乐之清河，并创为迭剌部，两处记载又是同一件事。显然这俘徙的七千户，又是原游牧于饶乐水时的奚。

此事系于太祖癸亥岁，初读以为与“先是”之文不合，细审文意，其重在太祖拜于越事，前有“冬十月”，俘奚在此月前，其意亦当不悖。

（3）《辽史·太祖纪上》又载：

明年（岁丙寅，906年）二月，复击刘仁恭。还，袭山北奚，破之。十一月，遣偏师讨奚、霫诸部及东北女真之未附者，袭破之[②]。

此处“明年”，按干支排列是丙寅岁，906年。本年二月，阿保机征讨刘仁恭，“还”即回军时又击山北奚，这个“山北奚”应该是从饶乐水迁徙而来的去诸奚部。从地域看，刘仁恭的势力包括大安山所建馆舍在内，在永定河之南，阿保机征刘北还，正好打击位于永定河北的奚王去诸部，地域方位也相契合。

不过，《新五代史》记：奚王去诸西徙妫州后，“依北山射猎，常采北

① 《辽史·兵卫志》“校勘记”以为痕德堇可汗时为妥。见中华书局校点本第二册，第400页。又，愚意：《太祖纪下》有“德祖之弟述澜北征于厥、韦室，南略易定、奚、霫”之文。此述澜当是阿保机父辈，如此，耶澜是否为述澜之异译？

② 《辽史》卷一。

山麝香、人参”这个“北山”是否就是“山北奚”所在延庆北面军都山一线呢，仍可再作核证：

《旧五代史·李嗣肱传》载：

天祐十九年（922 年），新州（涿鹿）刺史王郁叛入契丹，嗣肱追兵，定妫、儒、武三州，授山北都团练使。[①]

妫州为今延庆（包括原怀来县），儒州（今永宁）在延庆之东，武州（今宣化）在延庆之西，这东西横列的诸州，都在延庆这东西绵延的山脉一线上，历史上谈到幽州地区涉及这一山脉时，叫它“北山”，此次涉及妫州，叫它“山北”，从包括妫、儒、武三州的“山北都团练使”之名看，与“山北奚”的名称是一致的。就是说，阿保机北还时所打击的“山北奚”正是从饶乐水迁徙而来的奚王去诸一部。至于同年十一月，遣偏师讨“奚、霫诸部”，则指原放牧于饶乐水未徙延庆北山之奚众也确定无疑。这一次连未徙之霫及女真也同时受到征讨。

总结诸项，可以作出判断：

（1）901 年，岁辛酉，奚尚在饶乐水附近，受到阿保机的攻击。

（2）903 年，岁癸亥，阿保机父撒剌的俘奚七千户徙饶乐水之清河，创迭剌部。

（3）906 年，岁丙寅，去诸已经率众到延庆北山，受到阿保机的追踪袭击。

这样看来，奚王去诸之西徙妫州，初至洞沟，必在 903 至 906 年之间，当以 904 或 905 年为接近事实。

徙来又归去

奚人不愿臣服而远走逃亡，契丹又不断地跟踪征讨。实际上，征讨不断，

① 《旧五代史》卷五〇《唐书·宗室传》、《李嗣肱传》。又，此事《辽史》系于卷二，《太祖本纪二》下，“神册六年冬十月癸丑朔”条。

反抗也在继续。

906年契丹袭山北奚后，又“遣偏师讨奚、霫诸部及东北女真之未附者”。这就表明，饶乐水附近未徙之奚众及邻近各部族对契丹人仍在不断地进行反抗。类似的例子还多有，《辽史·太祖纪上》记：

太祖四年（906年）冬十月，乌马山奚库支及查剌底、锄勃德等叛，讨平之。[①]

而对奚最大一次规模的征讨是下一年进行的。同书记：

太祖五年（907年）春正月丙申。上亲征西部奚。奚阻险，叛服不常，数招谕弗听。是役所向辄下，遂分兵讨东部奚，亦平之。于是尽有奚、霫之地。

这次是阿保机亲征，很明显主要是征讨西部奚，即奚王去诸驻留洞沟的这一部。同时东部奚（即徙琵琶川一带者）及原放牧地霫等也受到征讨。

这次征讨规模很大。对阿保机来说也很有战果：“东际海，南暨白檀，西逾松漠，北抵潢水，凡五部。咸入版籍。”并于三月“次滦河，刻石记功”。太祖的亲征，刻石记功，对我们看待居留洞沟的奚人，倒多了几分理解。

（1）“叛服不常，数招谕弗听”。去诸之逃亡，契丹并没有放弃追袭，也曾有过不止一次的“招谕”，只是奚人并不接受。

（2）“奚阻险”。这又使我们豁然开朗：奚人不在军都山阳坡居住，而居于沟涧之内，原来他们早已料到，契丹不会放弃追袭。果然，追击终于袭来了，而且是契丹首领亲自率队而来的。

（3）他们在契丹到来之前、之中，战不胜即走，人马转入深山。那里还预藏有粮食。《新五代史》记：“（粮食）窖之山中，人莫知其处。”看来奚人对契丹的追袭是早有准备的。

从表面看，“刻石记功”阿保机是胜利了，事实并非如此。例如，《辽史·太祖纪上》记：

神册元年（916年）十一月，攻蔚州（蔚县）、新（涿鹿）、武（宣化）、妫（延庆）、儒（永宁）五州，斩首万四千七百余级。遂改武州为归化州，

---

① 《辽史》卷一《太祖纪上》。

妫州为可汗州。[①]

本来，去诸逃亡之初，“自别为西奚，号可汗州”，这“可汗州”是奚王去诸自封的，也是对契丹的反叛，辽太祖并不承认。他两次攻击妫州，“所向辄下”，其实奚人也并未屈服。至此，“改妫州为可汗州”，辽太祖终于承认了“可汗州”这一名称。《辽史 · 地理志》可汗州条也记“太祖因之”，也就是无可奈何地终于接受了奚王去诸驻留洞沟这一现实。

《辽史 · 营卫志下》“奚王府六部五帐分”条，记下了一则稍后奚人反抗的故事，甚是生动：

天赞二年（923 年），有东扒里厮胡损者，恃险坚壁于箭笴山以拒命，揶揄曰：大军何能为？我当饮堕瑰门下矣！[②]

这位奚军首领胡损，据箭笴山堕瑰门天险以抗军令，他傲视辽太祖，嘲弄契丹大军，“你们还有什么本领？”“来吧，小仔！我正准备了羊羔、美酒犒赏你们！”可以想象，那神情、语言，简直是一幅图画，轻松又凝重，寥寥几笔，显示出奚人面对强敌的无畏精神。不过，他终于敌不过契丹铁骑，最后，“太祖灭之”。

《辽史 · 太祖纪下》又记：

天赞二年（923 年）三月，军于箭笴山，讨叛奚胡损，获之，射以鬼箭。诛其党三百人，沉之狗河。[③]

以上两处记的是一件事。“射鬼箭”，《辽史》屡见，“国语解”的解释是：辽帝亲征或祭祀，取死囚乱箭射之，以祓不祥。班师则射俘。这里叛奚胡损被获，射以鬼箭，其做法当是按《礼志·军仪》行事的，即“植柱缚其上，以所向之方乱射之，矢集如蝟”。把人捆在柱子上，乱箭穿身像刺猬，无疑是一种酷刑，这种酷刑的目的在于折磨受刑者，使目睹者产生心理畏惧而不敢反抗。包括“诛其党二百人沉之狗河”在内，足可窥见契丹统治者对付奚人反抗者的手段了。也可能是为了加强统治，讨平之后，太祖又设了

---

① 《辽史》卷一《太祖纪上》。

② 《辽史》卷三三《营卫志下》。

③ 《辽史》卷二《太祖纪下》。

个奚堕瑰部。这当是后话。

奚王去诸所处的军都山一线，虽然地势可战可走，可牧可耕，要立足下来也确是艰难，前有强敌，后有追兵，不仅须时刻防御契丹的追袭，此时此地又正处于后梁、燕、后唐等多种势力互争互斗之中，这使他必须善于平衡、处理多方面的关系，而全力对付契丹。

后一段历史更复杂，《新五代史》有记：去诸死后，子扫剌继立，与后唐修好，后唐赐其姓李，更名绍威。绍威卒后，子拽剌继立，父子都曾遣使朝贡，这样做显然是为了多方联合以抗衡契丹，这也自然会使契丹不满，最后为逐不鲁事件果然引来了麻烦：李绍威娶契丹女舍利逐不鲁之姊为妻，后逐不鲁叛辽，入于西奚，“绍威纳之”。李绍威敢于接纳叛辽的人，这使辽主大为不满。

天显十一年（936年）十一月，辽太宗耶律德光立河东节度石敬瑭为晋皇帝，得到燕云十六州，包括妫州在内。此时逐不鲁与绍威已故，耶律德光北归之际，拽剌于马前迎谒，表示了悔罪。德光说：“非尔罪！负我者扫剌与逐不鲁尔！”此事与你无关，他表面上原谅了拽剌，但不放过已经死去的李绍威与逐不鲁，掘了他们的坟墓，碎骨扬灰，总算泄了点愤懑。[①]但事情并没完结。第二年，“遣国舅安端发奚西部民各还本土”。应该说明，再回原地，“各还本土”，是“遣返”，不是去自由放牧，而是编入部队，再度置于契丹严密控制之下，任其调遣、从征、守界等等。也就是说，从前的“苦其苛虐”又所难免，也可能更为苛虐了。对西奚而言，这个“遣返”该是最严厉的措施与惩罚。

从此，“西奚”或“西部奚”之名在历史上消失了。这一年是天显十二年，即937年春正月。[②]再者，从“各还本土”来看，被遣送“各”回本土的，已不完全是最初与奚王去诸数千帐同来者，而后，逐渐集聚这里的同族“后”来者也一定为数不少。也一同“遣返”，又“各还本土”。

如果奚王去诸率部西徙以903—906年初来为限至937年被遣计，他们

---

① 《新五代史》卷七四《四夷附录三·奚传》，中华书局标点本，下同。

② 《辽史》卷二《太祖纪上》。

在洞沟大致生活了三十多年。

生活习俗

考古工作，总希望从古代人的生活遗物中寻觅些实物线索，如陶片、砖瓦或生活用品之类，进行比较研究，以为解决某些问题的依据。但石室空空，除火炕、灶台等遗迹之外，别无一物，如此，则只能依赖少得可怜的文献做一些生活习俗方面的解释与推测了。

《新五代史》记：

去诸之族，颇知耕种，岁借边民荒地种穄，秋熟则来获，窖之山中，人莫知其处。

妫州山南有平原，适于农耕种植，虽然塞外风寒，一年一种尚可以收获。彼时此地，正处于多种势力互争交错的“瓯脱”地，加上刘仁恭父子的残暴，使这里的居民离家远走，人烟稀少了，这正好给奚王去诸带来了难得的机遇，使得远道而来的奚人栖身于此。

“岁借边民荒地种穄”，“穄”是奚人未西迁时就曾种植的作物，今常作“稷”，与“黍”（或作秫）同类，同为我国古老作物，《诗经·王风》有记：彼黍离离，彼稷之苗，行迈靡靡，中心摇摆。这里谈讲的虽然不是黍稷本身，而是用比兴寓意什么，但所记为周代事无疑，可知三千多年前的黄河上游，已经种植黍稷，且奚人与之早有交往了。黍稷颗粒较粟（谷）略大，黍性黏，稷性不黏。北京人称稷为“枚子”（糜子），黍稷的颗粒都很光滑，其穗脱去颗粒，华北一带常用之紥为帚，清扫屋宇。秸秆比粟类秸秆略甜，为牛羊上好的饲草。

从“秋熟则来获”看，只是在一定时间才来收获，不精耕，更不管理，并不专事农业，收获之后“窖之山中”，必要时才食用。据此估计，奚人在此略有农作，仍以放牧为主，自然饮食习惯也就以奶类肉食为主了。当然，前面也谈到，契丹不断追踪，粮食藏入山中显然是有备而为。

《新唐书》记奚人“断木为臼，瓦鼎为飦，杂寒水而食”。《新五代史》记“爨以平底瓦鼎，煮穄为粥，以寒水解（读如叶，和水稀释）之而饮”。飦，字书解为稠粥，所谓“飦”、“稠粥”可以寒水解之，可能是指“干饭”之类，不一定是指类似今日早餐之“粥”。显然，干饭有便于收藏的优点。“断木为臼”看来生活还很原始，这应是奚人早期的生活方式。到洞沟之后是否有所改变呢？尚未发现炊器，不能断定。所谓“平底瓦鼎”，据文义是指煮粥用的锅或罐之类的炊器，而非实指三足鼎。这种平底罐应是奚人用具之特点，北京地区古代遗址中少见。20世纪50年代，北京地区屡见辽代铁锅出土，其形制都是锅上腹部略高，直径在20—30厘米左右，有六鋬伸出，便于制灶架支，考古工作者习惯叫它“六鋬锅”。辽人已用铁锅无疑，奚与契丹为近族，也应有铁锅，且石室中有灶台，唯文献不载。实物无存。历史上记述，北方草原民族重视铁器，与农耕的汉族边民贸易铁锅占很大比重。想来可能是被“遣返”北归时把实物带走了。

《新五代史》又记：“地多黑羊，马逾前蹄坚善走，其登山逐兽，上下如飞。”马登山善走，应是奚马的特点，被阿保机攻击时，想来是靠马的优越在深山之中与其周旋的。所谓黑羊，当指黑色山羊，今黑山羊少见，50年代，笔者到京西深山斋堂川、百花山等处做文物考古调查，曾见到黑色山羊，形体不大，登山便捷，都在山崖上放牧。显然，奚人黑羊之后裔繁衍下来了。

《隋书》记“奚人”，“死者以苇箔裹尸，悬之树上”[①]，这里记载了奚人树葬的习惯。前面曾谈到，耶律德光立晋北归时，去诸之孙拽剌迎谒马前，为逐不鲁事，他原谅了生者拽剌，却发掘了死者扫剌和逐不鲁的墓葬，而且碎骨扬灰。如此看来，奚人也还有入土埋葬的习惯。而扫剌与逐不鲁都应是在洞沟去世的，其墓葬也应在洞沟附近。果如是，墓地也值得调查。再者，洞沟中果有土葬墓地，又是否悬葬习俗有所改变呢？这些全无证据。姑此存疑。

《隋书》又记载“其俗甚不洁，而善射猎，好为寇钞”。善射猎，这应是游牧民族几乎都有的本领及习俗。为寇钞即“打抢”，也是早期与契丹为

---

① 《隋书》卷八四《奚传》，中华书局标点本。

邻时所为，到洞沟后环境有改变，此种习俗亦必有改变。唯“不洁”不知何所指。游牧民族不定居，故洗濯不便，汉族定居近水泉或凿井，用水方便，习俗因而有别了。

一份遗产——火炕

无可奈何，奚人在洞沟艰难地生活了三十多年之后，又在契丹的刀剑之下回归本土。他们走了，带走了生活用具、牛羊马匹等等——应该还有汉民族的文化；而他们却留下来一份对北方人民普遍造福的遗产——火炕，多少年来，始终不为人们所注意。

现在并不是说，后世北方地区的普遍使用火炕，是从洞沟的奚人崖居开始，至少可以认为，它对北方地区火炕的普遍使用是一个重要的历史标志。

有迹象表明，火炕源于我国东北地区，而后逐渐内传。《旧唐书·高丽传》载：

（高丽）其俗，贫寠者冬月皆作长炕，下燃煴火取暖。

这是较早的有关火炕的文献记录。《三朝北盟会编》卷三并见《大金国志校证》附录一“女真传”记：

女真人依山谷而居，墙垣篱壁，率皆以木，门皆东向。环屋为土床，炽火其下，寝室起居其上，谓至炕，以取其暖。

唐代前后高丽贫民使用火炕，生活于白山黑水间的女真人也同样使用火炕。可是，近年来出土的遗址，又有新的发现。

新华社 2000 年 8 月 5 日长春电：

中国吉林省通化市万发拨子遗址发掘中，考古工作者发现了三座魏晋时期的火炕遗迹。考古专家研究证明，在一千六百年前，中国东北地区即使用火炕。

在万发拨子遗址出土的三座魏晋时期房址中，发现了火炕的遗迹。

火炕呈长方形，最宽处达 40—50 厘米，长约 10 米，以块石垒成内外壁，在块石之间以板石立砌成往复式烟道，烟道上部以经过修整的板石或块石平铺覆盖，间隙间以碎石填充形成平整的炕面。

灶址一般位于火炕的北部，是用四块较大的河石垒砌成的正方形，扁长的河石长约25厘米，发掘时河石内壁已被烧烤成红色，灶内堆满大量灰烬，证明这些火炕在当时都使用了相当长的一段时间。考古工作者推测，当时的居民应在火炕上铺垫毛革，以利使用。[①]

有遗迹实物可证，这一下子又把它的使用提早了若干年。而且可以确确实实地证明，火炕源于东北。并且，洞沟火炕遗迹的出现，是东北火炕南传的实物证据，这又不能不说奚人是传播使者之一。

这种制作简便又经济实惠的火炕自然容易传播。洞沟是石炕，因地制宜，华北广大地区则是土炕，黄土、砖石结合。至少金代时，山西已经使用了。元好问《中州集》有记，朱弁《炕寝三十韵》中云：

"风土南北殊，习尚非一蠋。出疆虽仗节，入国暂同俗，淹留岁再残，朔雪满崖谷。御冬貂裘弊，一炕且跧伏。西山石为薪，黝色惊射目。"[②]

古崖居火炕

① 2000年8月6日，美国芝加哥华文版《世界日报》报道。时笔者正旅居芝城，乃剪报以志。国内载于何刊不详。

② 元好问《中州集》卷六，国学基本丛书本。

朱弁本来是南方人，为宋朝吉州团练使，天会六年（962年）出使金朝，金朝留下他做官，他思念故国，有家回不得，结果用锥子把目刺伤，托疾得归。他在山西（云朔）二十多年的生活，对火炕有亲身的体味，一口气写下了《炕寝三十韵》，“冬天大雪，貂皮衣服也不行，一伏在火炕上，全身觉得暖洋洋的。”值得注意的是，火炕的燃料不是柴、炭，而是“石为薪”，这当然就是“煤”了。山西之煤，金代已经开采了，且用之于烧火炕了。

元代末年，江西人熊梦祥偕张真人在北京西山的斋堂村著《析津志》，张仲举有诗相赠，中有“土床炕暖石窑炭，香酒再注田家盆”[①]，这里是山区，也有烧煤的火炕。明清以来，不仅乡村用火炕，城市用火炕，连皇家贵戚、平民百姓冬睡火炕已经极为普遍了，文献多有记载。

周口店的“北京人”，在数十万年之前开始用火，用于熟食，使人类逐渐脱离蒙昧走向文明，用“火”熟食成了文明与野蛮的分界标志，数十万年之后，在人类生活的衣食住行中，这个“火”又开辟了新的领域，用之于“住”，而在冬寒地区又如此普遍，不少地区至今沿用不衰。

火炕——“火”用之于“住”，在人类文明发展史上，它是否具有划时代的意义呢？特别是北京地区，地处农耕与草原民族的交会前沿，作为历史发展民族融合的实例，洞沟“火炕”遗迹，必将记入史册——它是奚族留下的一份珍贵的历史遗产。

关于东奚

奚王去诸西徙洞沟后，别地奚人继续活动。《新五代史》记：“自去诸徙妫州，自别为西奚，而东奚在琵琶川者，亦为契丹所并，不复能自见云。”[②]以地而论，这就把奚名分开了，西面的叫西奚，东面的称东奚。琵琶川即兴

① 纳兰性德《渌水亭杂识》，昭代丛书本，已集卷二四。

② 《新五代史》卷七四《四夷附录三·奚传》，中华书局标点本，下同。

州河，地点在北京密云县（古檀州）北界，古北口北面、内蒙古自治区宁城县境。如果从北京去承德旅游，出古北口往北，沿途有个别地方就涉及过去东奚所在，只是遗址已不存在。这里并无大片平原，山水之间，偶有小块土地可以放牧、农耕。与西奚比较，它地处东面，习惯上叫它东奚或东部奚。有关东奚的情况，史籍所记绝少，但这里有个特殊条件，地处辽中京区域，历史上宋辽交聘，使节往来不断，从宋使的回国报告（时称语录）或诗文中，却透出一点信息，在迄今尚无发现完整的东奚活动的遗址前，它成了我们了解东奚人生活的宝贵资料。不过，在时间上这已是西奚回归本土一百多年之后的情况，而且不是奚人独居，而是与契丹、渤海、汉人杂处了。

辽咸雍四年（1068年）、大康三年（1077年）宋朝人苏颂两度使辽，所著《苏魏公集》有《牛山道中》诗云：

农夫耕凿遍奚疆，部落连山复枕冈。

耘粟一收饶地力，开门东向杂夷方。

田畴高下如棋布，牛马纵横似谷量。

赋税百端闲且少，可怜生事甚茫茫。

五代时刘仁恭统治幽州地区，骄奢贪暴，很多汉人避乱至此，也有不少是被契丹掳来的。这里记的汉人与奚等杂居的情况，辽人有东向的习俗，这里汉人也有东向开门了。诗题有注称“耕耘甚广，牛马遍谷，问之，皆汉人佃奚田，甚苦役之重”①。汉人从事农业、手工业，佃奚人的田地生活，此时的奚人已经成为地主了。

另有《奚山道中》一诗云：

拥传经过白霫东，依稀村落见南风。

食饴宛类吃萧市，逆旅时逢饧灶翁。

诗题记：“村店炊黍卖饧，有如南土。”饧饴大约是甜食之类，北疆南土，有村店、甜食，已经不像是游牧生活了。

诗中出现“白霫”，以此处为白霫之地，《旧唐书·铁勒传》谈到白

---

① 《苏魏公集》卷一三，道光本。

霫[①]，日本学者白鸟库吉氏认为白霫为突厥之一部，铁勒十五部之一，为东胡之一部，与霫相近[②]。

另有《奚山路》一诗，诗题“出奚山路，入中京界，道旁店舍颇多，人物亦众”。

百余年之后，苏颂所记，已大异于延庆洞沟之奚，村落、街市已具雏形，与洞沟比较，农业成分大大增加了，显然，多种民族杂处，交流影响，加速了奚人的社会发展进程。

宋朝人沈括于宋熙宁八年（辽大康元年，1075年）使辽，曾著《熙宁使虏图抄》，记：

恩州以东为渤海，中京以南为东奚。其王衙西京数十里，其西南山间奚西奚。有故霫之区，其西治牛山谷。奚、渤海之俗类燕，而渤海为夷语。其民皆屋居，无瓦者墁上，或苫以桦木之皮。[③]

不同的族属，生活习俗、心理状态包括语言总是有别，虽是杂处，实际上同族总是聚居。沈括把这里几个族属的居住分布大体上勾画出来。特别值得注意的是：“其民皆瓦屋”，显然已不再是庐帐，也不是石室。南边的宋朝人屋顶用瓦墁上，这里用桦木皮，在沈氏眼中，它既新鲜又简单，这一极为简单的情况已说明，他们已经定居，放牧牛羊可能仍有存在，但游牧生活将逐渐成为历史了。

住屋，契丹人稍异。苏颂有《契丹帐》诗记：

行营到处即为家，一卓穹庐数乘车。

千里山川无土著，四时畋猎是生涯。

诗题曾记：“鹿儿馆中见契丹车帐，全家皆宿陌坡阪”，契丹人仍保持着车帐到处为家的习惯。

1089年即宋元祐四年，辽大安五年，宋朝著名文学家苏辙使辽，路过

---

① 《旧唐书》卷一九九上《东夷传》、《铁勒传》。

② 金毓黼《东北通史》卷四引，五十年代出版社，1980年翻印本。

③ 《永乐大典》卷一〇八七七虏字“诗文二”条，收入此著。唯题宋沈存中《西溪集熙宁使虏图抄》，西溪集三字疑衍。沈存中即沈括，《宋史》本传作《使契丹图抄》，下简称《图抄》。

这里有《出山》诗云：

燕疆不过古北关，连山渐少多平原，

奚人自作草屋住，契丹骈车依水泉。[①]

这里所说，奚人住草屋，与契丹车帐不同。

沈括又记："奚、渤海之俗类燕，而渤海为夷语。"如此看来，奚人、渤海人可能受燕蓟一带汉文化影响较多，但渤海人语言仍旧。诗云："汉人何年被流徙，衣服渐变存语言。"这里生活的汉人，绝大部分是阿保机时代被俘而来与刘仁恭时代逃难而来的，不用说，见到南来的宋使同族总要交谈几句。衣服的形式已经改变，但语言仍旧；它不是一时就能改变的了的。百余年来，民族之间已逐渐融合，汉人与奚人仍不能同契丹地位平列。诗中说："汉奚单弱契丹横，目视汉使心凄然。"诗中道出了当时的情况。

实际上，汉人与奚人之间虽然都在契丹统治之下，但汉、奚地位也不平列。苏辙另有《奚君》诗云：

奚君五亩宅，封户一成田。

故垒开都邑，遗民杂汉编。

不知臣仆贱，漫喜生杀权。

燕俗嗟犹在，婚姻未许连。

奚人有田有宅，高高在上，作威作福，汉人是佃户，凑凑合合了此一生，糊口而已，"力耕分获世为客，赋役稀少聊偷安"。汉人不能与奚人通婚，因为族属不同，也由于身份地位有异。

《熙宁使虏图抄》又记：

奚人善伐山，陆种、斲车；契丹之车，皆资于奚，车工所聚，曰打造馆。

伐山烧炭，是奚人长期山居的结果。用炭煮粥、取暖比木柴要便捷，特别是用之于庐帐、石室，更是如此。这里有的称"打造馆"者，是车工聚集之处，想来有锻铁之技，但不知是否如中原用炭锻铁，惜文献不记。

"契丹之车，皆资于奚"，不仅契丹人用奚车，连契丹皇帝也用奚车。《辽

① 苏辙《栾城集》卷一六，陈宏天等点校《苏辙集》第一册，中华书局，1990年版。

史·太宗纪》：

会同九年三月，辽军与晋军战，不利，上（太宗）乘奚车退十余里，晋兵追急，获一橐驼乘乃归。①

契丹主乘奚车，卓毡帐覆之，寝处其中，谓之车帐。②

此前奚车也是早就出了名的。用于贡品有记："天宝十一载，安禄山遣安庆绪进献贡品于唐王朝，有生口（俘虏）三千人，金、银、锦、罽、驼、奚车，布于阙下。"③

关于奚人造车，也有异说。《宋会要辑稿·蕃夷》引王曾《上契丹事》记："过石子岭，自此渐出山，七十里至富谷馆，居民多造车者，云渤海人。"又有记黑车子室韦也会造车。这大约是民族逐渐融合，交往渐多，汉人记录，对奚人、渤海、室韦也不易分辨之故，但奚车名重当世，则属事实。

奚王牙帐问题

有一个问题值得提出讨论：即洞沟石室是否就是奚王牙帐所在。

《辽史·地理志》记："五代时，奚王去诸以数千帐徙妫州，自别为西奚。"《新五代史》又记："其族至数千帐，始分为东、西奚，"两条资料都说奚人到妫州为数千帐，这"数千帐"可不是小规模，其人马数量之多可以想见。

洞沟石室总数仅及百数，从现存遗址的规模观察，怎么解释都不能说这是西徙奚人之全部。是"数千帐"词有夸大？还是另有原因？

《新唐书·北狄传》记奚："其君长常以五百人持兵卫牙中，余部散山谷间。""五百人卫牙"这当是奚人在饶乐水时的情况，西徙之后，可能仍保留原有习惯，果如此，则洞沟石室当是五百人持兵所卫的奚王去诸牙帐

---

① 《辽史》卷四《太宗纪上》。

② 《资治通鉴》卷七二一《后梁纪六》，均王龙德二年，契丹主车帐条，胡三省注。

③ 姚汝能《安禄山事迹》卷二，上海古籍本1988年。

所在。正好，又有几间较大的厅堂，当奚王议事之用，如此推断，遗址规模与文献记载大体相合，但是，“余部散山谷间”，这“山谷”的余部又在何处?

检诸报章,又有发现:1990年1月25日《北京晚报》刊李大儒先生文章,报道密云县也发现了崖居石室,标题为“是唐代客还是战国人”？副标题是:“密云崖居仍是谜”。文曰：

在密云不老屯白沟村北山，近日发现4处古人生活居住的石窟，引起人们的极大兴趣。此次发现的4处石窟位于北山峡谷的两道陡峭崖壁上，为人工开凿而成,最大的一间室高2米,长5.2米,室内有石炕、烟道、灯台等,室外有石罩、流水漕，石室洞上到地面设有10米多长的石梯。经密云县文物部门考证，该处石窟与延庆海陀山石窟相似。……

从文字记述看,这里的石室、石炕、灯台等遗迹与延庆洞沟者时代无异。密云不老屯石室与四面延庆洞沟石室相距百里，却都处于同一东西横亘的山脉一线上，但较之洞沟石室，规模、数量要小得多。没有一点战国遗物它不是战国人，也不再是谜，它是否是奚王去诸西徙后“散山谷间”的“余部”之一，在这里出现了?

《北京日报》2000年3月1日以“解释千古之谜又有新资料，延庆发现古人类洞穴遗址”为题，报导崖居石室又有新发现：

日前延庆文物管理所在文物普查中又新发现了一处古人类洞穴遗址，它位于张山营镇佛峪口村东侧大曾家沟靠近山顶的一面崖壁上。该崖壁面积约1000平方米，从上到下呈斜面分布着千孔空洞，其中只有靠近地面洞口朝北的4号洞室能进入，其他3孔洞室单靠徒手攀登无法进入，当年古人巧妙地利用天然的石坎而后稍加凿刻便形成了洞室的通道。同时再借助于搭建的木梯或栈道以确保安全。如今这些木梯栈道早已无存，石阶路也因年代久远严重风化。该处遗址与以前所发现的古崖居几处遗址相比，虽然其规模不是很大，但风格却很相似，所处位置比以前所发现者更高更险更隐蔽。

这里又一处石室遗址被发现，它距洞沟更近，形制、特点与洞沟者一致，且不必说，无论它是藏之深山的“粮仓”还是居室，其属于奚人“余部”

确定无疑，这也进一步支持洞沟为奚王牙帐的议断。

虽然，不断有新的发现，但距“数千帐”之数仍有距离，现在可暂作进一步推断:洞沟石室，是奚王牙帐所在，是奚人指挥、活动中心。中心往西、往东、特别是往北，深入山涧腹地，可能仍有奚人活动场所、居室、墓地等遗物遗址、遗存，等待我们去继续发现。

小结

历史上，奚族曾为古老的中华民族大家庭的一员，他们曾一度活跃于我国北方的历史舞台，可惜文献记录却十分简略。岁月悠悠，他们早已熔融于其他民族，要想把他们从历史的熔炉中分离出来去认识它，已不再可能。饶乐水的遗迹，杳不可寻，而洞沟的遗迹、遗物却清楚地记录了他们三十多年生活的全貌，又完整地展现在文化古都的历史长廊中，这太宝贵又太难得了。奚人不再，石室尚存。面对绝好的文物遗迹，千载难逢的契机，能不能作这样的设想：

有关部门，邀请考古、民族史及有关人士参加，对洞沟做一次严格意义上的学术性的调查、发掘，进行综合性研究，得出一个更为细致、翔实的结论。其结果不啻救活一个已经逝去的古老的兄弟民族，同时，在当前首都新的文化建设中，与它相伴而来的，也许将是一个全新的、内涵丰富的民族博物馆的出现。

原载《首都博物馆丛刊》2002年第16期

附记

2004年8月18日，随北京市文物保护学会到古洞沟，得悉延庆文物管理所对崖居作过初步调查与发掘，研究结论与笔者所论略同。并蒙程金龙，范学新所长赠送有关基本情况资料，兹据之补充如下。

（一）古崖居遗址位于延庆县张山营镇东门营村西北2.4公里处，占地近10万平方米。前后沟共公三区，据不完全统计有洞窟130余座。前沟从山顶到山脚有洞窟二十多层，鳞次排列，错落分列，共洞91座。后沟洞窟26座。前后沟之间的小山边为中区，布满洞窟，坍塌较少，保存较好。前后沟各有一处险要的峡谷，形成两道寨门。

（二）以古崖居为中心往东有姚家营洞、狐狈沟洞、七孔洞、富裕洞、焦家洞、朝阳洞等八处洞窟遗址。往西在河北省怀来县北部山区还发现了五道壶、马鞍山等六七处洞窟遗址。另在密云县不老屯白土沟北山也发现一处类似遗址，但只有5座洞。

（三）目前能调查的洞窟中，共发现56处火炕，估计当时成年人口数量应在57—114人左右。多数洞窟为双人炕，可以认为遗址中的基本生活单位主要是由两个成年人构成的。洞内炕多的可能代表的是二三代人的或一夫多妻制的较大的家庭。

（四）马厩较低，说明当时马的体量也不大，从马槽的宽度分析，遗址内的马厩可养40至50匹马左右。

（五）最近在姚家营村北洞沟内一洞窟内壁上还发现一尊石刻浅浮雕佛像。

又记：在洞沟遗址中发现三处水泉遗址。泉已无水，又被破坏。残迹尚存。据云是当地群众天旱时取水，以水流不畅想用炸药炸开取水所为，结果水断泉毁。

笔者当晚在窟旁小住一夜，山雾迷茫，林风瑟瑟，面对遗址，夜不能寐。遥思去诸一族，远道避难而来，千辛万苦，亦耕亦牧，战前防后，艰苦备尝，数十年后，作为战俘，又被遣返，凄然而去，不胜唏嘘。

适逢主人索字，乃濡笔涂句以应。曰：

燕山之野妫水滨，亦耕以牧觅生存；
留得石室奇观在，引来后世话奚人。

作者于海淀上庄

丙戌春忆补

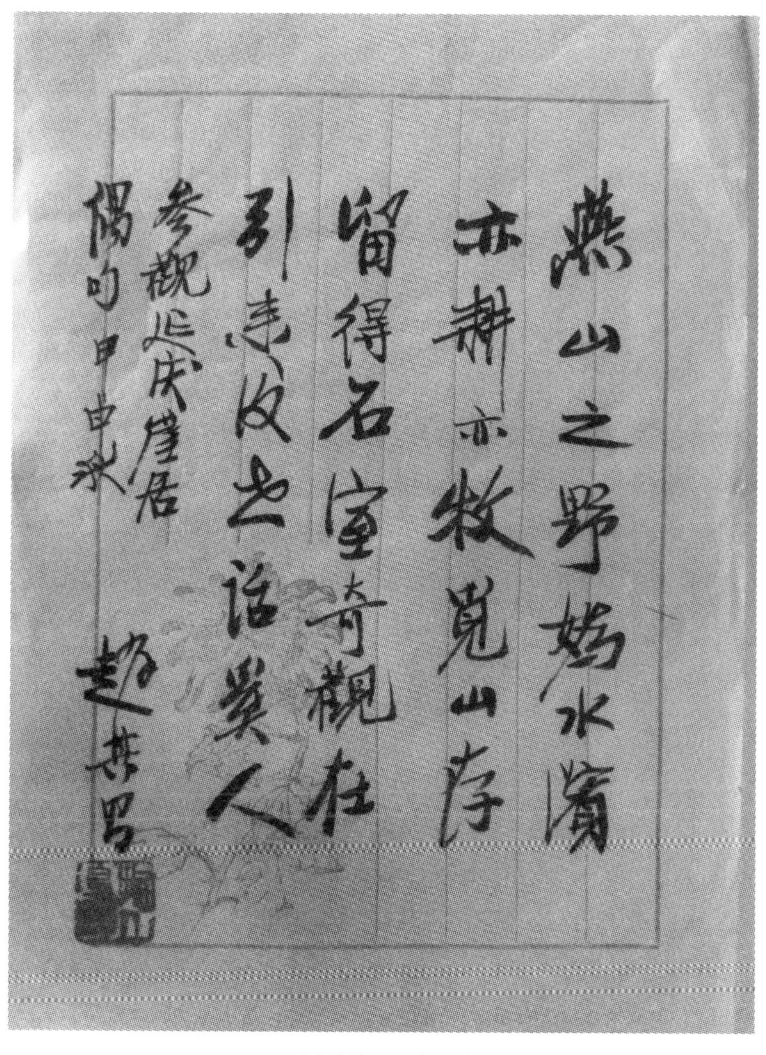

延庆古崖居手书墨迹

古北口的杨业祠

古北口在北京密云县北面，是长城的一道关口。山坡上有一座庙，是为纪念宋朝名将杨业修建的，被称为杨业祠。庙虽不大，十来间房屋，却是远近闻名，由来已久。新中国成立后还进行过一次修缮。邓拓同志在《燕山夜话》中也曾经介绍过。遗憾的是，十年动乱中它又遭到了破坏。杨业祠不仅是北京地区的一处重要古迹，而且在宋、辽关系史上也是一处实物见证。

杨业就是传说中的杨令公。《宋史》卷二七二《本传》载："业老于边事……契丹入雁门，业领麾下数千骑，自西陉而出，由小径至雁门北口，南向北击之，契丹大败。"杨业本名杨继业，字重贵，原是北汉的大将，后归于宋朝，赐名杨业。他"屡立战功，所向克捷"，所以人称"杨无敌"。不过，杨业却不是死在古北口，而是在山西雁门陈家谷被擒后绝食而死的。

宋、辽的陈家谷之战，杨业是在兵力、地势与战机完全不利的情况下进行的，主帅王侁、潘美彼此争功，拒不救援，致使杨业"身被数十创，士卒殆尽，业犹手刃数十人，马重创不能进，为契丹所擒，不食三日死"。同死的还有他的儿子杨延玉。看来杨业作战确是英勇，死难也是壮烈的。根据《辽史・圣宗纪》与《宋史・太宗纪》的记载，杨业是在辽统和四年（宋雍熙三年，986年）死的。大约死后不久，这座纪念杨业的祠便建立起来了。

宋、辽对峙时期，宋都开封，辽都上京临潢（在今内蒙古昭乌达盟境内），北京地区属辽国，今天的北京，当时叫南京，是辽国陪都之一。那时的古北口，不但是辽国两京间的交通要道，也是宋、辽交聘使者往还的必由之路。

1055年（辽清宁元年，宋至和二年）宋人刘敞，出使辽国，就曾到过这里，他见到了杨业祠,还留下了诗句。他的《公是集》卷二八有《杨无敌庙》一首，诗云：

西流不返日滔滔，垄上犹歌七尺刀。

恸哭应知贾谊意，世人生死两鸿毛。

题下自注说，庙“在古北口，其下水西流”。古北口地势很高，两山环抱,关口下水向南流西转,形成一个小弯曲,今天还是这样。作者刘敞字原父，《宋史》卷三一九有传。本传记：他博学多才，长于博物考古，是著名文人。就诗文讲，他目睹滔滔流水西逝，寓意杨业的遇难，“垄上犹歌”，是说至今田垄百姓仍在歌颂他的忠烈，并寄以敬仰哀悼之忱。寓情于景，一语双关，意境也还是不错的，就事实讲，它说明了杨业祠的存在，还给我们留下来一点地貌特征的纪录。诗中提到汉朝人贾谊。贾谊学识渊博，二十多岁受到汉文帝赏识，但遭到一些贵族大臣之诬陷，被文帝疏远，贬为长沙王大傅。他悲叹自己的遭遇，比拟屈原，写了《吊屈原赋》抒发愤懑。后又被征聘为梁怀王太傅，梁怀王不幸坠马而死，这使贾谊更为悲痛，经常哭泣，一年而殁。刘敞经过这里，目睹杨业祠，触景生情，想起前辈的忠烈，恸哭长叹，

古北口杨业祠

有感而发：世事忠奸，死有泰山鸿毛之别，自然感慨系之。刘敞成诗之时，上距杨业之死，才仅仅六十九年。

1079 年（宋熙宁十年、辽大康三年）宋人苏颂奉命使辽，贺契丹主生辰，他也到过古北口，有《和仲选过古北口杨无敌庙》(《苏魏公文集》卷一三）诗一首：

汉家飞将领熊罴，死战燕山护我师。

威信仇方名不灭，至今遗俗奉遗祠。

苏颂字子容，也是宋朝著名文人，《宋史》有传。他到杨业祠，上距刘敞使辽时又是二十多年，杨业祠仍旧完好。

诗中有“汉家飞将”之句，这指的当是汉代飞将军李广。李广抗击匈奴，进行战斗数十次，屡立战功，但受到皇室姻亲卫青的牵制，引刀自杀，《史记》李将军传有记。李广之死，责在卫青，这里显然是有意影射朝中的姻亲奸臣主帅潘美与王侁，在共同对敌时按兵不发，杨业之死，责在潘美与王侁。

诗中又有“死战燕山护我师”之句。燕山当指当时的幽州即今北京。从诗意看，杨业似曾参与了宋辽的高梁河之战。宋太平四年，辽乾亨元年，即 979 年，五月，宋军下太原，灭北汉，七月即乘胜北攻幽州，即今北京，与辽军战于高梁河（今北京西直门外），辽军一度败退，后又合军数万黑夜持炬冲入宋营，宋军大败，宋太宗身中数箭，乘驴车南逃。杨业本是北汉名将，从时间来看，先降宋，又随军攻辽，是可能的。杨业素负忠勇之名，在高梁河战役中护军保驾也属顺理成章，与燕山护师之句倒相契合。苏诗上距高梁河战役为时不远，所记也当是实录，可信，亦可补史。

1089 年（宋元祐四年、辽大安五年）宋人苏辙，作为宋国贺辽主生辰使又一次经过古北口，他也瞻顾了杨业祠，他的《栾城集》卷一六有“古北口杨无敌庙”诗云：

行祠寂寞寄关门，野草犹知碧血痕。

一败可怜非战罪，太刚嗟独畏人言。

驰驱本为中原用，尝享能令异城尊。

我欲比君周子隐，诛彤聊是慰忠魂。

苏辙字子由，《宋史》卷三三九也有传，他是苏东坡的弟弟，弟兄二人，加上乃父苏洵，都以诗文著称，号称“三苏”。他到杨业祠悼念，又一次表达了对这位英雄的崇敬之情，同时也惋惜他的不幸遭遇。

苏辙诗中有句“我欲比君周子隐，诛彤聊是慰忠魂”。周子隐，即西晋的周处，处字子隐，这是以杨业比拟周处。周早年丧父，少年失教，曾得到名士陆机陆云的指教，多有悔改。戏剧有《除三害》一出，讲到了周的悔过一事。周处曾为御史中丞，主察举，梁王司马彤犯法，被他纠举，心有怀恨。296年，氐族首领齐万年反晋，司马彤联合朝臣极力唆使周处带兵打齐。齐兵七万，周兵五千，自知必死无疑。本可以母病为由拒命，最后还是受命出征，结果寡不敌众，后援不继，力战而死。周处是被西王司马彤迫害致死的，显然，所谓“诛彤”即“诛潘”，乃是直斥奸臣潘美陷杨业致死，只有诛去潘美才足以慰忠魂。

潘美不仅是朝中权臣，又是皇帝姻亲，他的次女于雍熙二年（985年）嫁给宋太宗的三皇子韩王元侃，即后来的宋真宗，真宗于997年即位，时潘氏已故，是追封为皇后的。潘是皇亲，权倾当朝，为人痛恨，又多不敢直言。

苏辙到古北口，是在刘敞之后三十四年，三十多年的风风雨雨，并没有剥蚀掉祠庙的光辉，它还屹立在山坡上，享受着“异域尊”，受到各族人民的尊敬。

从史籍看，凡是路过古北口拜谒杨业祠的宋人题诗，几乎都是众口一词，无论是比兴或直陈，又无不赞颂杨业的忠勇与潘美的奸佞。历史上的杨业，虽不知书，却是一生戎马，治军甚严。常与军士一起操练，共同甘苦，所以将士乐于用命，所向无敌。死后，宋太宗曾下诏盛称杨业“诚坚金石，气激风云”。赐其家帛千匹，粟千石，追赠为太尉。按当时的恩荫制度，杨业之子延朗，即戏文中常提到的杨六郎，自供奉升为崇仪副使，对诸子有升赏。诏书中又说：“群帅败约，援兵不前，独以孤军，有死不回。”这就说明共同作战时，潘美等人的掣肘拒援。而对皇亲潘美检校太师的虚衔降三级为太保，实职如故，次年又复为太师。主帅王侁革职流配。

杨业的一门忠勇，受到当时人民的怀念，也受到后来人民的普遍爱戴。正因为这样，有关“杨家将”的小说也就经久流传，戏曲也久演不衰。

应该说明，杨业的死地雁门陈家谷，绝不是古北口，前者在山西，后者在北京，两地相距数百里。古北口当时属辽国，不属宋朝，而宋将杨业为抗辽而死，在辽国境内倒建立起杨业的祠庙来，岂不是怪事一桩？其实，怪事也不怪，理由很简单：当地人民敬仰他。包括汉人、契丹人，深深地仰慕他的英雄事迹，所以冒死也要建祠纪念，如此而已。战争究竟是统治阶级上层发动的，而各族人民对于英雄事迹的景慕之情，却是一致的。可是，这一理由却常常不为后人所理解，倒也更是奇怪了。

清朝建立之后，著名学者顾炎武，不满异族统治，“记政事，察民隐”，还实地调查了一此关隘城池，想为恢复明朝作些实际准备。他到过古北口，也见到过杨业祠，他的《昌平山水记》说，杨业与契丹作战的陈家谷不是古北口，“祠于斯者误矣”。他的考证陈家谷不是古北口，无疑是正确的，但对古北口建立杨业祠却是很不理解。他绝没想到，英雄人物是会受到普遍尊敬的，绝不受民族、地域所限制，那又管它什么陈家谷、古北口！

不仅古北口有杨业祠，《丰润县志》载，县西还有个“令公村”，传说是杨业屯兵拒辽而得名，老令公没有到过古北口，更没有到过丰润县，这就更为顾炎武所不能理解了。

原载《史苑》第一辑，

北京文化艺术出版社，1982年12月

金中都城坊考

金代中都城故址，在今北京城区西南侧。建国前，故宫博物院王壁文先生曾就城垣西南残址做过测绘工作；建国之后，北京大学阎文儒师作过全面考察研究;嗣后，中国社会科学院考古研究所徐苹芳同志又做过地下钻探。工作各有侧重,成绩卓著。1974 年,笔者借发掘白云观西“蓟丘”遗址之便，与北京师范大学地理系教师孙秀萍同志对原金中都城址地区的遗迹遗物再次作了调查，此后，并对附近的施工现场连续进行了追踪续查。今就附近的遗物遗存、寺观庙宇结合文献记载，着重对金中都的城垣、城门与城内的坊里布局作进一步的探索，并作图示意，以就教于前辈专家与同好。

中都营建始末

北京在唐代为幽州治所，城址在今北京城区西南侧宣武区界。辽代用幽州城故址建陪都，称南京，又称燕京。金中都城是海陵王完颜亮于天德三年（1147 年）在辽代燕京城址上开始营建的，城垣有所扩展。天德五年（1149 年）城垣、宫殿建成，定名中都。当年改元贞元，并正式下诏自上京（今黑龙江阿城市白城）迁都于此，作为与南宋交战的基地，而成为统治半个中国的都城。

参加中都的营建者计有户部尚书张浩、燕京留守刘筈、大名府尹卢彦伦与刘枢等人[①]。宫阙制度,模仿宋都汴梁(今河南开封)。金主完颜亮事先曾遣画工写汴梁宫室图形,宽狭修短,照图施工。砖石与琉璃瓦件,可以就地取给,宫殿的材木则取之真定(今河北正定)潭园。真定在唐时为成德军节度使治所,藩臣王武俊及孙王镕曾着力经营,一时居民富庶,佛宫禅刹甚盛。府后潭园,围九里,有古木参天,是绝好的建筑材料[②]。宫殿之建,数百里南下选运木材,可以想见其规模之高大堂皇。城垣规模也不小,《析津志》载:"金朝筑燕城,用涿州土,人置一筐,左右手排立定,自涿至燕传递。空筐出,实筐入,人止土一畚,不日成之。"[③]涿州(今河北涿县)在京南百里,取土筑城之说未必可信,就地取土,挖城壕土即可筑城,但其城墙高厚,城围又有扩展,远远超过了辽代的燕京,则是事实。

城垣、宫殿的营建工程是在强制又紧张的情况下进行的,役使军工民夫达一百二十万。《金史·张浩传》载:"既而暑月,工役多疾疫,诏发燕京五百里内医者使治疗,官给药物。全活多者与官,其次给赏,下者转运司举察以闻"。三年的时间,中都建成,军民夫役死于疾病寒暑饥饿者不知凡几。实际上自贞元元年定都,至完颜珣贞祐二年(1214年)南迁汴梁,中都使用共六十年。

南迁汴梁之次年,即1215年,中都为蒙古兵所破,遭到毁灭性的破坏,宫殿焚毁殆尽。中统元年(1260年)忽必烈到燕京,以都城残破不堪,住在城外,当年回开平即位称帝。忽必烈看中了燕京的地理位置,以开平为主要都城,将燕京作陪都,每年南北往来,在燕京过冬,开平度夏。中统四年(1263年)定开平为上都,第二年又将燕京定为中都。但是,残破的中部,使忽必烈不得不放弃旧城,于至元四年(1267年)在旧城外东北处另建新城,至元八年(1271年)建国号大元,次年明令新城为都城,称大都。新城于至元十三年(1276年)建成。由于新城位置偏北,时人习惯上称中

---

① 《金史》卷二一《张浩传》,卷七五《卢彦伦传》,卷一〇五《刘枢传》。

② (宋)吕颐浩《燕魏杂记》,丛书集成本。

③ 《析津志》城池街市条。

都旧城为南城、旧城或燕京城。

大都建成后，元朝政府制定条例让官民陆续迁入新都，至元二十五年（1288 年），忽必烈出于战争考虑，又拆毁旧城的城垣，旧城的宫殿残址也逐步成为民居、市肆，街衢坊里也非昔日景象，旧城再度荒落下来，只有一些寺观、名胜，每届春日，成为官民雅士游历饮宴的场所。明代建都北京，续用元代新都，嘉靖三十二年（1553 年）再筑北京外城时，中都旧城的东部圈入外城之内，至此，一代金朝中都城，已是面目全非了。

城墙与城门

（一）城墙

中都城是在辽代南京城故址上建立的，较之旧城有所扩展，城址比原来增大了。年代久远，残墙存留不多，原有旧城墙高、厚、门址及工程做法等情况不详，城墙的向外扩展，文献有零星记录。

东墙　《金史》蔡珪传记:“初,两燕王墓旧在中都东城外,海陵广京城围，墓在东城内。”[①] 两燕王墓原在城外东部，海陵王建中都时将两墓圈入城内，这是中都城东墙外展的记录。《金史》用语不够确切，所谓“两燕王墓旧在中都东城外”，指的是辽南京东城外，用意甚明，否则“广京城围”就围不到中都城内了。两墓发掘后，经蔡珪考证，认为一个是西汉高祖子刘建墓，一是燕康王刘嘉墓，大定十年诏改葬于城外。金代的东城墙残址到明代还存在，地名梁家园（今虎坊桥西北面有梁家园胡同），明人刘定之《游梁氏园记》载，城墙高坚，当地人用城墙土掺和煤炭，称为真黄土。也有就土作墓者。[②] 稍南，有地名潘家河沿，1974 年地下施工，笔者亲见距地表 5 米处发现沟壕污泥，这当是东城墙外护城沟壕残迹。

---

① 《金史》卷一二五《蔡松年传附蔡珪传》。

② 《皇明文衡》卷三七。

南墙 《元一统志》大觉寺碑记："河桥折而西，有精舍焉，旧在开阳门郊关之外，荒塞寂寞，有井在侧，往来者便于汲，因名义井院。天德三年作新大邑，燕城之南广斥三里，寺遂入开阳东坊。"[①] 大觉寺碑为大定十年（1170年）四月立，撰者为行太常丞骑都尉蔡珪。碑记中记明，天德三年（1151年）中都新建时，城墙往南扩展三里，寺遂圈入城内的开阳东坊。另，耶律楚材的《燕京大觉禅寺创建藏经记》也有同样的记载。[②] 所谓"燕城之南广斥三里"，乃是估计之词，里数不见得十分准确，但就辽南京城旧址向南有所扩展，乃是事实。南墙东段的城墙遗址早已不存，1974年调查时，只有西段今万泉寺西尚存一段，高4.5米，东西长17米左右，夯土每层25厘米左右。今该处已划入丰台区，墙南北已建为民居，墙址仍有存留，但较从前小多了。万泉寺南有很长一段东西向洼地，已成为稻田，南北宽在30米以上，当为城外护城沟壕遗迹。

西墙 《元一统志》十方观音院条记载金泰和年间其创建之由，略云"永乐观音院者，亦里巷一胜地。先未建时为长乐庄，隶宛平县，观音堂有屋三间而已，僧惠进与其徒居之。及展大都城，囿为内郭"。[③] 金代中都城内计两县分治，东部为大兴，西部隶宛平，长乐庄属宛平，当在城外西部，展筑都城时圈入城内，这显然是西城墙向外扩展了。同书又记，金中都故城的十方万佛兴化院有金大定七年（1167年）二月蔡珪所撰碑记："都城之南部有精舍焉，绘万佛于一堂，上遂以名院。天德中作新大邑，都西、南广斥千步，遂隶城中。"[④] 蔡珪所撰碑记，将城的西墙、南墙的外展都提到了。所谓广斥千步，也仍是估计数字。建国之后，广安门外马连道南有残墙址，后建仓库，圈于库内。1974年调查时尚见土丘，近时已夷为平地，仅仓库往南约一公里处，尚存残址一处，高2.5米，南北长4米，张姓人家在墙西建屋，以残墙为院墙，又利用墙搭盖猪舍，残墙得以保存下来。残墙之西

① 《元一统志》卷一《古迹》。

② 耶律楚材《湛然居士集》卷八。

③ 《元一统志》卷一《古迹》。

④ 《元一统志》卷一《古迹》。

为一南北向壕沟，虽无水，今仍显示城壕迹象。

北墙　军事博物馆往南数百米处，有会城门村，近年村落已经不存，但仍有以会城门为名称的店铺、饭馆。就地望言，此处应是中都北墙偏西的城门——会城门旧址所在。旧址北面东西两侧仍有壕沟残迹，当是原护城河道。当地在零星施工中，出土了不少大型石条，至今散存于该处。当是原门基或城河桥梁用石。如果以会城门旧址为准，往东作引线延伸与中部东墙北端相交，往西略作延伸与中都西墙北端相交，中都北城墙可以复原。

中都城的东、西、南三面城墙向外扩展了，文献有记录，残迹有证据，唯有北墙，近人为文涉及者，都以为是因袭了辽南京北墙之旧，并未向外扩展，实际上，这是个误解。近年的考古发现可以找到证据：1974 年 3 月，笔者在白云观西发掘“蓟丘”遗址，遗址西侧揭露出一段土筑城墙残址，残址正好是城墙转角所在，即北墙与西墙相交处——城的西北城角，[①] 残墙之下又有三座东汉墓葬。根据城墙与墓葬的叠压关系推断，筑城的上限年代不早于东汉，查证文献，结合出土的墓葬志石记录可以断定，它应是晋代的蓟城、唐代的幽州城的西北城墙转角残迹，辽代的南京沿用了唐幽州旧城，实际上这一转角残迹，也是辽代南京城西北城角。残迹往北，距会城门向东延伸线——即中都北城墙，尚有百米左右距离，这就表明，金代筑中都城，在辽城的基础上，东西南北四面都有扩展。北墙的扩展，虽无文献记录，有遗址为证，可以纠正所谓金中都北墙并未外展传统的说法。

经阎文儒师测量，中都北墙长 4900 米，西墙 4530 米，东墙长 4510 米，西墙 4750 米，略作正方形。西墙南端墙略向内弯曲。

西北城角在今羊坊店附近，东北角在今宣武门内南翠花街附近，西南城角处今名凤凰嘴村，东南城角遗迹不明显，约在今北京南站（永定门火车站）附近。

---

① 参加发掘的尚有北京师范大学地理系教师孙秀萍，北京市文物研究所张秀云。

（二）城门

金中都是在辽代南京的旧基上扩建的。《辽史》记南京城门有八，即“东曰安东、迎春，南曰开阳、丹凤，西曰显西、清晋，北曰通天、拱辰”。[①]城垣扩展之后，城门数目有所增加，且重新命名，但门数与名称文献记录不一。

（1）《大金国志》记“城门十二，每一面分三门，其正门两旁又设两门。正东曰宣曜、阳春、施仁；正西曰灏华、丽泽、彰义；正南曰丰宜、景风、端礼；正北曰通玄、会城、崇智，此四城十二门也”。[②]《金图经》记都城之门十二，名称与《大金国志》全同。

（2）《金史》记城门十三，“东曰施仁、曰宣曜、曰阳春；南曰景风、曰丰宜、曰端礼；西曰丽泽、曰颢华、曰彰仪；北曰会城、曰通玄、曰崇智、曰光泰”。[③]

（3）《析津志》记：“城门之制十有二，东曰施仁、宣曜、阳春；南曰景风、丰宜、端礼；西曰丽泽、灏华、彰义；北曰会城、通玄、崇智，改门曰清怡、曰光泰。”[④]

《大金国志》《金图经》《析津志》皆记十二门，唯《金史》记十三门，颇不一致。究竟哪一个对？这一问题需要其他资料才好辨明。金人元好问曾撰《东平贾氏千秋录后记》称：“（贾）洵……董燕都十三门之役，群众聚居，病疫所超，君出已俸市医药，有物故者又为买棺以葬之。”[⑤]中都初建，贾洵参与了营建工程，事迹昭彰，元好问记当代事，中都十三门的数目应是清楚的，《金史》记十三门也应是可信的。关于门数，近人为文颇有不一致，曾经有一种理解，认为中都荒芜之后，元代在中都城外东北另建大都城，两城相距不远，为往来方便计，元代在中都北墙上又另辟一个城门，《金史》多记一个光泰门，可能由此而来。实际上，这应是一个误解。《东平贾氏千秋录后记》写成于壬子，即1252年，撰者元好问故于1257年，元大都迟至

① 《辽史》卷四〇，南京道。

② 《大金国志》卷三三，燕京制度条。

③ 《金史·地理志上》，中都路。

④ 《析津志》城池街市条。

⑤ 元好问《遗山先生全集》卷三四，光绪八年翰文斋本。

1267 年才开始营建，元氏先记十三门在大都营建之前，中都后辟门之说不确是明显的，因之，十二门之说，实出于误记。

城门数目文献记录不一，也可能与城门名称之改变有关，诸书记东西南三面城墙门名称全同，唯北墙门名有变化，实际上问题也集中在光泰门。如《析津志》先记中都十二门，又记北城墙门“北曰会城、通玄、崇智，改门曰清怡，曰光泰”。元代末年，著者熊梦祥对中都曾做过调查，《析津志》是他调查工作的记录[①]，按道理讲所记应是可信，但这一段文字，特别是门名的改变，由于标点之故，意义含混不清，可作几种理解，即：

（1）崇智门先改清怡，后改光泰，即崇智、清怡是一个门。从门数言，这符合熊氏所记十二门之总数。

（2）通玄门改名清怡，崇智门改名光泰，即崇智、光泰是一个门，这也符合中都十二门之总数。

（3）崇智改名清怡，另有光泰门。这样中都实为十三门，与熊氏自己所记的十二门之总数不合。

理解这一段文字，同书“河闸桥梁”条可作参考。记桥梁有“崇智门外一，光泰门外一”，“会城门外一”。[②]崇智、光泰并列，门外各有桥梁一，这显然崇智、光泰是两个门，也就是说崇智门曾改名清怡门，以上面第三条理解为妥。同时，会城门、通玄门加上崇智门、光泰门北墙共四个门，再加上东、西、南墙各三门，全城共十三城，与《金史》所记相合。十二门之总数，也实是熊氏《析津志》的误记。或原稿本抄录有误。

全城十三门是确定的，以上是根据《析津志》所记推测门名改变情况。不过，门名改变也仍可作异说:《金史》记卫绍王三年二月“通玄门重关折”，同书五行志记卫绍王三年二月“吹清夷门关折”，这两条同年同月，实记一事，门当为一门，即通玄门为正名，又称清夷门。据此，门改清怡（或清夷）不是崇智，而是通玄。如果以此为准，《析津志》这一段文字正确的写法应是“北曰会城、通玄（改门曰清怡）、崇智、曰光泰”。

---

① 参赵其昌《〈析津志〉及其著者熊梦祥》，载《首都博物馆丛刊》1982年1期。

② 《析津志》河闸桥梁条。

同时，清怡门、光泰门在《金史》另有记载。《金史》百官志内侍局项有报德寺提控一条，下注“在光泰门街”，报恩寺提控条下注“在清夷门（清怡门）街”。[①] 两条同时并列，又说明清怡、光泰是两个门，也说明中都实在是十三门，十二门为误记。

至于中都门位，也常说法不一，据上述文献、实地调查结合《金史》所记郊坛位置，可以推定：东墙正中为宣曜门，南为阳春，北为施仁；西墙正中为灏华门，北为彰义，南为丽泽；南墙正中为丰宜门，西为端礼，东为景风；北墙中为通玄门，西为会城，东为崇智（曾改名清怡，或作清夷），再东为光泰门。

中都诸坊

坊又称里，是城市内人民生活的区域。唐代幽州有坊，但坊数不详。大中祥符元年（1008 年）宋人路振到过辽代燕京，所著《乘轺录》载“城中凡 26 坊，坊有门楼，罽宾、肃慎、卢龙等坊，为唐时旧名”，[②] 辽代南京坊的数目明确，部分坊名是唐代旧称。金中都在辽代南京基址上扩建，坊数有所增加，有关坊名，金元人诗文中屡见，但以《元一统志》记载最完整。

《元一统志》记中都西南、西北二隅 42 坊，东南、东北二隅 20 坊，全城共 62 坊。[③]

西部诸坊计西开阳、西开远、北开远、清平、美俗、广源、广乐、西河曲、宜中、南永平、北永平、北揖楼、南揖楼、西县西、棠荫、蓟宾、永乐、西甘泉、东甘泉、衣锦、延庆、广阳、显忠、归厚、常宁、常清、西孝慈、东孝慈、玉田、定远、辛市、会仙、时和、奉先、富义、来远、通乐、亲仁、

① 《金史》卷三七《百官二》。

② 《乘轺录》粤雅堂丛书本。

③ 《元一统志》卷二。

招商、余庆、郁邻、通和坊。

东部诸坊计东曲河、东开阳、咸宁、东县西、石幢前、铜马、南蓟宁、北蓟宁、啄木、康乐、齐礼、为美、南卢龙、北卢龙、安仁、铁牛、敬客、南春台、北春台、仙露坊等。

现将诸坊略作排列，作图复原定位，不能定位者暂缺待补。

文献记录、注释，中都城内不少庙宇的碑刻中记录了庙宇所在坊位，这些庙宇，有的至今尚存，有的虽倒塌倾圮，但遗址清楚，这对诸坊的定位带来了方便，有些庙宇的遗址虽已不见，但仍可据所记方位做一些推测，对坊位的复原也有好处。

东部诸坊

（一）东开阳坊

《元一统志》大觉寺条记，有碑记“……河桥折而西，有精舍焉，旧在开阳门郊关之外……天德三年作新大邑，燕城之南广斥三里，寺遂入开阳东坊”。[①] 碑刻记载了金中都城南墙南展三里，将大觉寺圈入开阳东坊，是坊位应在南部。

《元一统志》明远庵条又记“燕京金故宫东南有坊曰开阳坊，街之北有庵曰明远”。这里记录了开阳坊与金故宫的相对位置，金故宫在城内中部偏南，坊位应在南部偏东，开阳东坊、开阳坊，实即东开阳坊。

《大典本顺天府志》引《图经志书》记毘卢寺，在天寿寺西开阳坊。同书又记天寿寺在阁街东，阁即大悲阁，位置偏北，与开阳坊位相距略远（参复原图），阁街如指大悲阁所在之南北向大街，则开阳坊实在街东，即东开阳坊，与所记相符。以坊位证街，中都城内东侧之南北大街，称阁街，或

① 耶律楚材《湛然居士集》卷八载“燕京大觉禅寺创建藏经记”文字与此略同。

大悲阁街。阁街当为简称。

又据《元一统志》，坊内有龙泉寺。

（二）春台坊

《元一统志》记，天宝宫在旧城春台坊。同书又记龙泉寺在旧城开阳东坊。《析津志》记龙泉寺在天宝宫西北。

据上所记，天宝宫与龙泉寺的相对位置可以明确，寺在西北，宫在东南，是则龙泉寺所在的开阳东坊在西北，天宝宫所在的春台坊在东南，开阳东坊即东开阳坊，坊位已定（参东开阳坊条），则春台坊可以比照定位，坊位在东开阳坊东南（参复原示意图）。春台坊有南北之分，度其坊位偏南，天宝宫所在当为南春台坊。

天宝宫为道观，《元一统志》天宝宫条又记有王之纲创建天宝宫碑，略曰“冲虚（静照张君）高弟刘希祥等市燕故都开阳里（坊）废宇为焚修之所，为殿为门，象设俨然。至元八年，通元于琳宅之左创立殿五楹，而又建层坛于中央，敞三门于离位，十年，敕赐宫额曰天宝”。[①] 刘希祥等先在开阳里（即开阳东坊）建宫宇，又于其左（东）建天宝宫于南春台坊，是二坊相邻。

（三）北春台坊

《元一统志》崇元观条记，崇元观在旧城北春台坊。观内有大德三年翰林直学士王德渊撰碑记，略称“旧都东北隅北春台坊，有观曰崇元，殿曰虚极，以奉元至德洞渊通真人，邯郸崔志融之所建也”。崇元观为道观，建于元代，碑记指明崇元观所在之北春台坊在金中都（旧都、旧城）东北隅，坊可约略定位。

《析津志》杜康庙条又记，杜康庙在南城南春台坊西大巷内资福寺西。《大典本顺天府志》引“图经志书”称资福寺在昊天寺东北。昊天寺为辽刹，已废，寺址在今西便门内，其地在中都北部，寺东北的资福寺西如定为春台坊址，其坊位偏北，与南春台坊之义不合，而与北春台坊位于旧都“东北隅”合，

① 见《日下旧闻考》卷一五六，存疑。

因疑《析津志》所记杜康庙在南城南春台坊之“南”字为“北”字之误。又《日下旧闻考》卷一五五存疑引《元混一方与胜览记》称，杜康庙在旧城北，据此，北春台坊应在中都北偏为是，因疑《析津志》记方向有误。

（四）康乐坊

《大典本顺天府志》记兴真观，“在旧城康乐坊”。又记中统甲子（1264年）春长安李庚作观记称，“都城东北之隅曰康乐坊，殿堂巍然，两庑翼然，兴真观也”。都城即金中都故称，康乐坊在城东北隅，可约略定位。

据《元一统志》载，坊中有玉阳观，寓真观，圆明寺。圆明寺又称三学寺，见《大典本顺天府志》引“图经志书”和耶律楚材《湛然居士集》。

（五）石幢前坊

石幢前坊，顾名思义是因石幢而得名，中都城中辽金时代的石幢不少，如以之定坊位则误，实际上，坊名来自唐代，云居寺石经题记透出了消息。

云居寺位于北京市西南房山区境内，为唐时北方巨刹，每年四月八日的浴佛节日，幽州地区的善男信女，相率刻石献经成风。在唐代刻经题记中有石幢南、石幢下的记载。如《金刚三昧经序品第一》题记“石幢南百姓等奉为司空敬造石经一条……太和二年四月八日建”。[①]《佛说百佛名经一卷》题记“石幢下邑人阎忠孝男公习……”[②]《佛说鬼子母经》题记“开成三年四月八日石幢下社人等敬造”。[③]《敬福经》题记“大唐开成四年四月八日，幽州石幢下石经邑人及诸多施主敬造”。[④]幽州居民以石幢为名结社、结邑刻经，且不论石幢南、石幢下是否为坊名，至少城中的石幢在群众心目中是个重要标志。金中都城是在唐幽州城基上沿袭下来的，金代石幢前坊之名，来自唐代石幢，也是顺理成章的。但石幢又在哪里呢？

---

① 见中国佛教协会藏云居寺石经拓本，编号九·二三〇。

② 见中国佛教协会藏云居寺石经拓本，编号九·二四一。

③ 见中国佛教协会藏云居寺石经拓本，编号九·三三三。

④ 见中国佛教协会藏云居寺石经拓本，编号九·一四五。

《析津志》宝集寺条记“宝集寺在南城披云楼对巷之东五十武，寺建于唐，殿之前有石幢，记越建年月……佛殿前石幢刻曰大唐幽州宝集寺”。同书又记“历辽,方至金重修”。文献记中都唐幢仅此一见,寺到金代还存在。[①]同书又记录了与披云楼的相对位置，十分难得。

《析津志》披云楼条记“披云楼在故京燕(按:应作燕京)之大悲阁东南”。《元一统志》大悲阁条记“(阁)在旧城之中，建自有唐，至辽开泰重修。圣宗遇雨,飞驾来临,改寺圣恩,而阁隶属。金皇统九年重修,元至元壬午(十九年)再修”。同书圣恩寺条又记“圣恩寺即大悲阁，后有方石甃八角塔，在南城旧市之中”，总结数条记载：圣恩寺即大悲阁，位于市中。另据《析津志》记载，阁东南有穷汉市，后面有蒸饼市，南有胭粉市，包括披云楼在内，附近的确是个繁华所在。其位置有记载，可以确定。

《宸垣识略》卷一〇外城二记“圣恩寺在斜街东广宁门大街，辽开泰间重修，阁后有方石甃八角塔，今寺存而阁与塔俱废”。著者吴长元，清乾隆时人，对北京的古迹名胜曾作仔细调查，圣恩寺清初时还存在，记录是可信的。《日下旧闻考》卷六十城市圣恩寺条按语称,圣恩寺在斜街口。《燕都丛考》引《顺天府志》亦称圣恩寺在斜街口。近人张润普,留心北京古迹,著有《燕京随见录》，称圣恩寺在斜街口，即商品陈列所地[②]。诸条记录是一致的，即寺在斜街口。所谓广宁门大街即今广安门大街，所谓斜街，即宣武门外下斜街。其斜街口商品陈列所，北京解放前有展陈经营，后取消，其地即今宣武门外菜市口稍西处。圣恩寺东南为披云楼，披云楼之东为宝集寺石幢，石幢前坊在寺东南，可以定位。

又，菜市口附近为仙露坊(参仙露坊条)，石幢前坊应在仙露坊南，二坊相近。

(六)铁牛坊

铁牛坊以铁牛庙得名。

---

① 《大典本顺天府志》引“图经志书”记宝集寺在旧城，金大定十六年重修。

② 《燕京随见录》近人张润普著稿本。

《析津志》记铁牛大力神庙，在南城施仁门内。《元一统志》记，铁牛庙在旧城东南，近东城路北，土埋铁牛露脊，都人因而祠之。

两记大致相同，庙在中都旧城东南（按：据考施仁门为中都东墙偏北之门，据此，南为北之误）。施仁门内，路北。据此可以定坊位。

又，金中都东墙共三门，中为宣曜门，作中都图，将施仁门列于宣曜之北，以此记为证，庙与坊亦可定位。

坊内另有兴教院、妙真院（见《析津志》）。

（七）铜马坊

前燕鲜卑族慕容儁称帝，曾都蓟城，置百官，建宫室，又为其父慕容皝坐骑“赭白”铸铜像置于东掖门。像成而马死，遂有铜马门、铜马坊之名。

《元一统志》记，坊在旧城东南隅，昔慕容儁铸铜马置之东掖门，后人因名铜马为坊。又《宸垣识略》卷五，内城一记，铜马门在旧城东南隅，昔慕容儁铸铜马置之东掖门处，今尚有铜马坊。①

据记，铜马坊名来自铜马门，唯东掖门为前燕慕容儁所处之宫城东门，坊位不应太偏东南，应在中都东部，据此可约略定位。

（八）北蓟宁坊、南蓟宁坊

北蓟宁、南蓟宁二坊，《元一统志》列入东南东北二隅。只知二坊在东部，确切位置，文献无征，定位困难，但可作推测。

中都诸坊的位置，上承唐辽，坊名坊位有继承关系，如唐有显忠、归厚等坊，至金坊名坊位不变；有的坊名音同而改异字，如唐有罽宾，至金改为蓟宾坊；金代本朝曾将永安坊改为常宁坊，常宁又常写作长宁坊；有的则改写，如唐有石幢下，金改石幢前等等。唐辽时代，城池较小，金代扩展，城变大了，置坊也远比前代为多，所以不少同一坊又有东西、或南北之分者。从坊位复原中可以看到一个规律，凡同一坊名又分为东西或南北者，都有着对称关系，如春台坊，北春台在北，南春台在南，二坊南北对称，东开阳在东，

---

① 《天府广记》卷三八，所记略同。

西开阳在西，二坊东西对称。遵循这一规律，有些坊位则大体可以定位。

根据上述坊名改字的现象，我怀疑蓟宁坊是唐代蓟北坊的改称。特别是蓟宁有南北之分，如称北蓟北坊，两个北字饶舌难读，称呼不便，改字就更有可能，如果这一推测不误，蓟宁坊倒可以定位。

唐代幽州城内有蓟北坊，房山云居寺《大般若经》题记载："大唐幽州蓟县界蓟北坊檀州街西店弟子刘师弘、何惟颇、侯存纳、贾师克等造大般若石经两条。卷四百七十一。"①

唐代的檀州街，至辽仍称檀州街，位于唐辽故城东部偏北，即今北京宣武门外三庙街。②该街为东西走向，中部为显忠坊，西为归厚坊，蓟北坊当在显忠坊之东。

唐代幽州城内为两县分治，西部属幽都县，东部为蓟县，蓟北坊位于城内东部偏北，属蓟县界，此坊所在当是北蓟宁坊。此坊原是唐辽旧坊，位置偏北，接近北城墙，金扩中都城，坊也扩增，遂有北南之分。北蓟宁坊在东部偏北，与此南北对称，南蓟宁坊当在东部偏南处。《元一统志》将此二坊列入东南东北二隅，与这一记录相合。

（九）东县西坊

金中都府曰大兴，城内两县分治，西曰宛平，东曰大兴。东县西坊，顾名思义是以坊在大兴县治所之西得名。习惯上治所如无特殊情况常是因袭不变的，治所如果上袭唐辽，大兴治所当是唐代的蓟县治所，蓟县治所位置不见于文献，但可作推测。

北京房山区云居寺石经《佛说八部名经》题记载"会昌元年四月八日幽州蓟县西角开阳坊邑主僧克存邑人等同献"。③所谓角，文献、刻石屡见，即拐角、转角之意，蓟县西角，即蓟县治所衙门西转角之谓。社主邑主刻

---

① 见中国佛教协会藏云居寺石经拓本，编号二·一一六。题记不记刻经年月，按诸经次序排列，当刻于唐开成三年左右。

② 参见赵其昌《辽代燕京之显忠坊·檀州街与市》载《首都博物馆丛刊》1982年1期。

③ 见中国佛教协会藏云居寺石经拓本，编号九·二七九。

石献经常以地区组织进行，题记蓟县西角与开阳坊邑主连称，正说明开阳坊与蓟县治所相接，这是唐代情况，下及于金，如治所相沿，则大兴县治所仍与开阳坊相近。

今开阳坊（东坊）已定位（参东开阳坊条），则蓟县署亦可定位，东县西坊位于蓟县治所之西。其南为东开阳坊。

（十）敬客坊

《大典本顺天府志》引“图经志书”记“至元禅寺为古燕招提寺故基”。文下小字注称“《析津志》（记）（至元禅寺）在敬客坊南，双庙北街东”[①]，按：今宣武门外西侧上斜街西有孔雀胡同，地名二庙，亦称双庙（其西有三庙）。如果这里为至元禅寺，则寺北当为敬客坊位。其地在中都北部偏东。

又，《房山石经题记汇编》第四部分诸经题记（辽金）载《大方广总持宝光明经》题记：“施主檀州街敬客坊樊刘氏续造此经为自身恶业。条六七（下八三八六）”。据此敬客坊在檀州街，檀州街在中都城内东部，定位后的敬客坊在东北部，近檀州街。《元一统志》将敬客坊列于东南东北二隅，位置与文献相符。

但是，敬客坊有异说。《析津志》记：清和观在敬客坊南，至元寺之西，真常之北。《宸垣识略》卷一一记，真常观又名长春别院，在宫西一里，与朝元阁相直。按：真常观为道观，遗址已不存，宫即长春宫，地在白云观西侧，今遗址尚存，1974 年笔者作过发掘。如果遗址往西一里之北为敬客坊位，则坊地在中都北部偏西，与上说近檀州街异，因疑后列文献记录有误。

（十一）仙露坊

《元一统志》记，“仙露寺在旧城仙露坊，按〈燕台土地记〉载，寺建于唐乾封元年”。又记，“玉虚观，在旧城仙露坊，有旧碑记，金泰和八年尚书户部主事云骑尉庞铸撰重修玉虚观三清殿记”。《宸垣识略》卷十，外城二记，玉虚观在罐儿胡同。《京师坊巷志稿》（二三〇页）记仙露寺在菜市口。

---

① 《析津志》辑佚本此条失载。

据以上所记，仙露坊名当来自仙露寺。今宣武门外菜市口北路西，尚存仙露寺址，此地当为仙露坊地。[①] 寺西有玉虚观，地称罐儿胡同（今改诚实胡同），又近菜市口，与文献全合。

据《元一统志》胜严寺在旧城仙露坊，《析津志》又记胜严寺在城南春台坊西，街北。据此，仙露寺应近春台坊，春台有南北之分，此当指北春台坊。对照复原图，与记合。

（十二）东河曲坊参本文西部诸坊（17）西河曲坊条

西部诸坊

（一）北开远坊与南开远坊

《元一统志》卷一记，紫金寺在旧城北开远坊，元中统二年（1261 年）兴修。紫金寺为旧刹，已废，但据文献仍可推定其位置。

《京师坊巷志稿》卷下，善果寺东西夹道条记，善果寺东旧有紫金寺。《宸垣识略》卷十，外城二紫金寺条有著者吴长元按语，称紫金寺已废，其遗址在善果寺东南百余步。[②] 善果寺今尚存庙址，紫金寺所在的北开远坊，应在善果寺东南，坊位可以推定。

又，《宛署杂记》卷五铺舍条记，宣南坊八铺有紫金寺街、长营街名称。《宛署杂记》为明人沈榜著，明代曾将宣武门外分为宣南、宣北二坊，坊内铺舍，为昼夜巡逻、传递公文而设，紫金寺街与长营街并列，可知二街相近，紫金寺街名今虽不存，今宣武门外尚存长营地名，以长营为准，北开远坊仍可定位。

---

① 1981年12月7日，笔者曾邀宣武门外小学教师黄韬拯先生共同调查，寺址尚存，已为民居。

② 并见《日下旧闻考》卷五九《城市》，紫金寺条按语。

又,《京师坊巷志稿》卷下,善果寺东西夹道条又记,善果寺西有归义寺。实际上归义寺在善果寺西南，归义寺属时和坊（参时和坊条），则北开远坊与时和坊相邻（参复原图）。

又，北开远坊贴近北城墙，比照南蓟宁、南春台坊例，南开远坊与之有对应关系，颇疑坊位贴近南城墙，与北开远相对。

（二）显忠坊

《元一统志》记，“竹林寺，始于辽道宗清宁八年，宋楚国大长公主以左街显忠坊之赐第为佛寺，赐名竹林”。据《京师坊巷志稿》卷下笔管胡同条记，竹林寺在金代仍名竹林寺，明景泰中改名法林寺，地在笔管胡同。又同条记明代吕原有法林寺记称，“宣武门西南二里有故址”。又《北平庙宇通检》（一四八页）记寺在“西城根三庙西”。今宣武门西南二里处旧城根附近有三庙街，当为竹林寺址，显忠坊可定位于此。①

唐代长安外郭有朱雀大街,街西为长安县辖,称右街,街东为万年县辖,称左街，左街之意本此。显忠坊定位于中都东部，与左街之意相符。

又，显忠坊为唐代幽州坊名，至辽不变，沿用至金。

（三）归厚坊

《大典本顺天府志》引“图经志书”记“仰山寺在归厚坊”。《析津志》记“仰山寺在竹林寺西”。竹林寺所在为显忠坊（参显忠坊条），竹林寺西仰山寺所在为归厚坊，是归厚坊在显忠坊西，二坊相邻，可以定位。

坊内有荐福寺、法云寺（见《元一统志》）。

（四）时和坊

《元一统志》与《析津志》并记：归义寺在旧城时和坊，有大唐再修归义寺碑,张冉撰文。肇自天宝中,安氏乱常,金陵史氏归顺,特诏封归义郡王,

---

① 参见赵其昌《辽代燕京之显忠坊·檀州街与市》载《首都博物馆丛刊》1982年1期。

始建此寺。据《日下旧闻考》卷五九，城市下记，归义寺在善果寺西。

归义寺今讹为皈依寺，尚存故址，在广安门内大街北面核桃园东街，以寺为准可以定位。

（五）棠阴坊

《元一统志》记大昊天寺条，“辽道宗清宁五年，秦越大长公主舍棠阴坊宅为寺”，是寺在棠阴坊。

《宸垣识略》卷十记，昊天寺在西便门大街之西，有井泉尚存，已废为菜圃。近人张次溪著《燕京访古录》记西便门大街西偏北，有残缺石塔铭记“大辽清宁五年春月吉日，右为秦越大长公主发心造十三级石浮图一座”。

今昊天寺址已无存，当地今称郝井台，刻石已失，唯西便门大街尚有街址可寻，棠阴坊位置可定。据上述资料，坊为辽建，沿用至金。

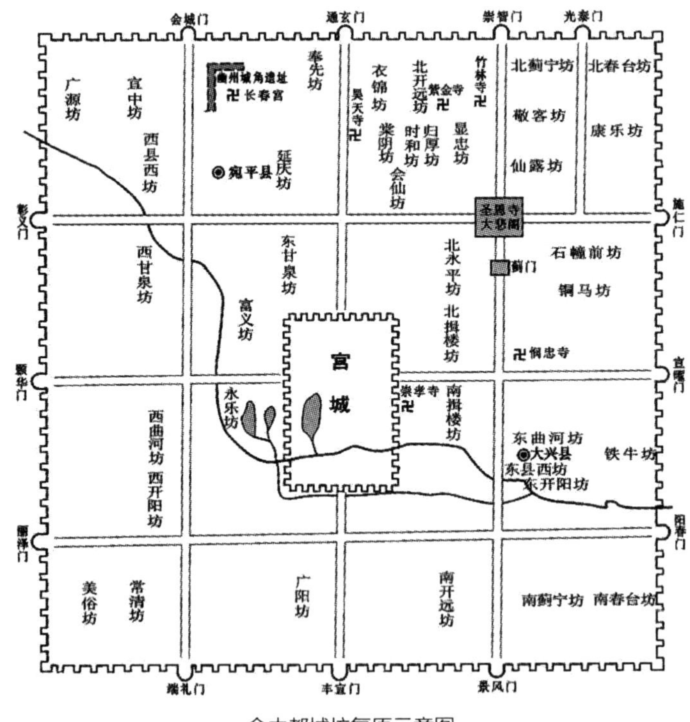

金中都城坊复原示意图

（六）会仙坊

《元一统志》记“天长观在旧城昊天寺之东会仙坊内，有唐再修天长观碑”。《析津志》又记，“天长观在皈义寺南，内有唐碑三，燕京古道观惟此一也”。

按：唐归义寺今讹为皈依寺，尚存遗址，准之地望，天长观应在归义寺西南。又昊天寺今为郝井台地,天长观实在郝井台东南。归义寺属时和坊，昊天寺属棠阴坊，是则会仙坊西北与棠荫坊为邻，东北与时和坊为邻。

（七）北永平坊

《元一统志》记，静远观在蓟门之西永平坊。《析津志》记静远观在荐福寺南。《大典本顺天府志》引“图经志书”记荐福寺在归厚坊。

按：荐福寺所在为归厚坊，静远现在荐福寺南，是归厚坊南为永平坊。归厚坊已定位（参归厚坊条），永平坊可以据之定位。永平坊有南北之分，从复原图看，其位置偏北，北坊当是北永平坊。

又,《析津志》记：“蓟门在古燕城中，今大悲阁南行一里，基枕其街，盖古迹尔。”蓟门在大悲阁南，阁东南为石幢前坊（参石幢前坊条），蓟门之西为北永平坊，则坊东南为石幢前坊。

北永平坊内另有兴国寺（见《元一统志》），药师寺（见《大典本顺天府志》）。

（八）北揖楼坊与南揖楼坊

《元一统志》记永庆寺，“永庆寺在旧城揖楼坊，据寺额建于大定丙申（1176 年）”。《宸垣识略》卷十记，“永庆寺在教子胡同，今尚存”。

按：教子胡同在今宣武区法源寺（唐悯忠寺）西侧，坊位可定。揖楼坊有南北之分，今坊位在中都城东，疑是北揖楼坊。

北揖楼坊位已定，南揖楼与之对称，当在南侧，暂此待正。

（九）衣锦坊

《元一统志》记宝塔寺，寺“在旧城衣锦坊，建于辽，道宗太康九年重修”。又《大典本顺天府志》(31页)记,宝塔寺在衣锦坊。《析津志》记“宝塔寺在竹林寺西北，有唐武后碑刻。”

竹林寺所在为显忠坊（参显忠坊条），据此，其西北为宝塔寺，即衣锦坊位。显忠坊西为归厚坊（参归厚坊条），显忠坊西北为衣锦坊，是衣锦当在归厚之北。

又，衣锦坊据宝塔寺定位，宝塔寺有二说，衣锦坊位亦可作二说。《燕都丛考》三编(147页)引宛平王志称“里仁街作里神街,云有宝塔寺,今圮,迤西曰半步桥”。今右安门内大街东尚存里仁街、半步桥名称，附近若为宝塔寺故址,则该处可定为衣锦坊址。《元一统志》将衣锦坊列入西南西北二隅，此处在中都故城西部南偏，与所记相合。但坊在竹林寺西北，仍与所记西南西北二隅合，未知孰是。今暂列入竹林寺西，待正。

（十）奉先坊

《元一统志》记，玄真观在旧城，通玄门路西有坊曰奉先，金刹，明昌初赐名玄真。有泰和三年翰林侍制朱润撰记。

通玄门为中都北中门，据此，奉先坊可定位于通玄门内西侧。

（十一）延庆坊

《元一统志》记，“天王寺，在旧城延庆坊内”。天王寺即今天宁寺，建于隋开皇中，唐开元时修，明正统时改天宁寺。《析津志》载：“天王寺在黄土坡上，有塔。”按：天宁寺在今宣武区白云观南二里许，廊舍虽有倾圮，塔尚完好，其地高亢，与黄土坡之义合。延庆坊可以定位。

（十二）宜中坊

元人王恽《秋涧文集》真帝观条记“大都南城故宜中里真常观，至元二十二年建”。大都南城即金中都故城，坊里互称，宜中里即宜中坊。《元一统志》、《析津志》均记，真常观在云仙台下。

《日下旧闻考》引“甘水仙源录”记,真常观,长春别院也,真常李公所创。《宸垣识略》记，真常观，长春别院，真常李公所创，在宫西一里。

综合数记可知，真常为道观，统长春别院，在宫西一里，宫即长春宫，长春宫遗址在 1974 年曾作发掘，[①] 在白云观西侧百米，遗址甚高。宜中坊在长春宫西，可以定位。

（十三）西县西坊

西县西坊，《元一统志》列于中都城内西南西北二隅。中都城内原为两县分治，西部为宛平，东部为大兴。西县西坊，顾名思义是以坊在宛平县治所之西而得名，定坊位当以治所为准，宛平县治所不见记载，但参考文献，可以大致推出。

一般讲，治所有继承性，常常是前代治所，后代沿用，如无特殊情况，治所不变，特别是城址不变，治所更少变更，这是一般规律。金中都之前身为辽代南京，辽南京城内也两县分治，西部为宛平，东部为析津。辽南京之前身为唐幽州，城内仍治两县，西部为幽都，东部为蓟县，《旧唐书·地理志》载："幽都县管郭下西界，与蓟分理，建中二年取罗城内废燕州廨署置幽都县，在府北一里。"幽州城有子城、外城，罗城当指外城，所谓府，即大总管府，后改大都督府。燕州廨署原为靺鞨首领突地稽治所，武德六年自营州迁幽州。[②] 幽都县治在府北一里，府署虽不明确，但县治所在府北一里可大致定位，即子城之西，外城西部城垣之东略北处。唐辽时城址不变，幽都、宛平治所继承，考虑到金代城址外展，金代宛平县治所则可大致定位于城内中部西偏略北处，而不接近西城垣。县治约略定位，坊可定于县治西侧。

（十四）广源坊

《元一统志》记玉华观，"按旧记，都西北隅广源坊有观曰玉华，至元九年落成，有大德元年李鼎为记立石"。记明观在都西北隅广源坊，坊可约略定位。

---

① 发掘工作由赵其昌主持，发掘情况尚未发表。

② 《太平寰宇记》卷六八。

（十五）富义坊

《大典本顺天府志》卷七引“图经志书”记，“寿圣寺在旧城富义坊，此寺即崇孝道坊之佛位，大定、明昌间堂宇百楹”。《宸垣识略》卷十记“圣寿（为寿圣之误）寺在崇孝寺后，相传唐刹，无碑碣可考”。近人张润普著《燕京随见录》称寺在崇孝寺西北，尚完整。

按：崇孝寺即今崇效寺，唐刹，今尚存，为小学校舍，寺西北当为富义坊，可定位。

（十六）东甘泉坊与西甘泉坊

《日下旧闻考》卷一五六，存疑引《甘水仙源泉》记赵复“燕京玉清观碑”略称“甘泉坊有东岳行祠，燕有隐君子马天麟斥地数亩建玉清观”。

《元一统志》记“玉清观在黄土坡南尽头”。《析津志》记天王寺在黄土坡，天王寺即今天宁寺，寺尚存，地属延庆坊（参延庆坊条），是寺两黄土坡尽头为玉清观，即甘泉坊所在，北临延庆坊。

《元一统志》记“招提寿圣寺有比丘尼通辩大师德行碑。记师讳善，赵氏，戊寅岁来金台，住燕京甘泉坊寿圣寺”。同书又记寿圣寺在富义坊。按：寿圣寺在崇孝寺北，崇孝寺地属富义坊（参富义坊条），是寿圣在甘泉、富义之间，即甘泉坊南界富义坊。

按：中都城中治两县。西部为宛平治，东部为大兴，甘泉坊有东西之分，但都列于西南西北二隅，即二坊皆属宛平。此坊地处中都中部稍西，再东即大兴治区，故当是东甘泉坊。

西甘泉城中坊位有对称规律，东西甘泉皆列入西部，东甘泉之西，即西甘泉坊。

（十七）西曲河坊与东曲河坊

元人王恽《秋涧集》卷八十六有《乌台华补弹右巡院准拦王得进事状》一文记：“今察得西曲河坊丁阿齐女心哥，召到弘河人户王得进弟王千奴为婚，于至元六年十一月内为病卧于积粪团标内冻饿身死……”据都西曲河坊句可知坊在都西部，中都宫城西有河而曲，当是坊名由来，西曲河暂定位于此。坊内有魏泉道院（据《析津志》）。

东曲河坊当在西曲河之东,《元一统志》列东曲河入东部坊,故应在东部。宫城之东亦有曲河，暂置以待正。

（十八）西开阳坊

《元一统志》西开阳坊观音院条记："燕城开阳里观音院，乃福兴禅师所建也。"按："开阳里即开阳坊，中都扩城，城址增大，使坊有东西之分。坊有对称关系，开阳东坊（参东开阳坊条）已定位，东坊西部即西开阳坊，与东坊相对。"

坊内有修真院，创于金天会年间（见《元一统志》）。

（十九）广阳坊

《析津志》名宦条记："赵吉甫，汲古自号也。家居城南周桥之西，即祖第也。有园名种德。同书古迹条记，汲古斋，在燕京丰宜门里，园桥（按：系周桥之误）南岸之西，赵吉甫老人所建，在种德园内。同书又记，丽泽堂，在园桥（按：系周桥之误）广阳坊。"

据上所记，燕京丰宜门内周桥西为种德园，又有丽泽堂，地处广阳坊。丰宜门为中都正南门，门内稍西为广阳坊地，可以定位。

坊内有北清胜寺、真元观（见《元一统志》），清逸观（见《析津志》）。

（二十）常清坊

《元一统志》记东阳观，李真人子万户于燕京西南隅常清坊用白金千两得第宅一区，为观曰东阳。《大典本顺天府志》记玉华庵，"旧都西南隅常清坊有庵曰玉华，至元十二年立石记兴修始末。"

据记载，常清坊在中都西南隅，可以定位。

又据《析津志》坊内有昭觉禅寺。

（二十一）美俗坊

《元一统志》记冲微观称“保真散人女冠陈守玄刘建于旧都西南隅美俗坊”。观在中都旧城西南隅，坊可约略定位。

据《大典本顺天府志》载，坊内有净垢寺。

（二十二）永（礼、广、常）乐坊

《大典本顺天府志》记宁真观，在旧城西南永乐坊。《析津志》记宁真观在南城正南礼乐坊。又云在渤海寺西，西营之北。宁真同是一观，所记坊位有西南、正南之说，又有永乐、礼乐坊名之异。《元一统志》记中都西部坊名中有广乐坊，永乐坊，无礼乐坊。因疑广乐、礼乐为永乐之误。

《析津志》记渤海寺在西花潭西，中都故城中仅故宫西有水域，疑即西花潭。宁真观在渤海寺西，是永乐坊在金故宫西。

又，《元一统志》记广福院有金蔡珪撰碑记称“贞元三年得上林之西常乐坊隙地数亩，成就法席，大定初为广福。上林、潭西意略合，坊位可定于宫城西”。但西部坊名中无常乐名，又疑常乐为永乐之误。

金故宫在中都城中部偏南，坊位定于宫城西，位置当城西南，暂用永乐坊名。

（二十三）玉田坊

《元一统志》记:“崇仁寺，在旧城玉田坊，至元九年沙门显辨立石。”《京师坊巷志稿》（275 页）记，玉田坊或以玉田观得名。但目前崇仁寺、玉田观皆不能确指，其地坊位暂不能定。

又《南烬纪闻》记，少帝到燕京，居安普寺，后徙居城东玉田观。《纪闻》虽伪书，然其所记寺观自足据。据此，玉田观应在城东部。但《元一统志》列玉田坊于西南西北二隅，与坊在东部不合。坊在东在西，暂不能定位，存疑待考。

（二十四）常宁坊（永安坊）

金中都有常宁坊，列于西南西北二隅，可知坊在西部，但位置不详。

常宁坊曾名永安坊，文献有记载。

元好问《续夷坚志》卷三，永安钱条记："海陵天德初，卜宅于燕，建号中都，易析津府为大兴。始营造时，得古钱地中，文曰'永安一千'，朝议以为瑞，乃取长安例，地名永安，改东平中都县曰汶阳，河南永安县曰芝田，中都永安坊曰长宁。"按：《金史·地理志》河南府芝田条下记：宋名永安，贞元元年改。又山东西路东平府芝田条记：本名中都，贞元元年更为汶阳，所记与《续夷坚志》相符。

据此，贞元元年（1153 年）时，不仅析津府改名永安府，永安坊亦改长宁坊，长与常同音，遂称常宁坊。

余记

金中都城上承唐、辽，至元代又另建新城。城址变迁原因是多方面的，未加赘述，仅就城垣划出了大体范围，而城垣本身如门墙基址的高厚、做法等，也仍不清楚。这需要在今后的田野考古发掘工作中探查解决。

唐代的西都长安、东都洛阳都有坊，文献记录坊为纵横各三百步，实际上也不完全如此。唐幽州仿两都制置坊，辽南京承幽州旧制仍置坊，坊制是否规整如唐之两都，仍不清楚。中都的坊位，部分上承唐辽，但以城垣扩展，新增的也不少。虽然坊位并未完全复原，但大体上观察，坊的布局疏密不同，北部偏东较密集，西部、西南部较稀疏，估计坊位是以居民聚居的疏密程度划定的，坊之大小，不见得尽同。

《乘轺录》记辽南京坊有坊门，《春明退朝录》记北宋都城汴梁坊有小楼，列坊牌于上，并置鼓，这一方面是便于管理，另一方面也有警防作用。中都之建，制仿汴梁，但坊数很多，置坊门坊牌是可能的，估计不见得建坊楼。

中都城内两县分治，西部属宛平，东部为大兴。记西部 42 坊、东部 20 坊是据《元一统志》记左、右警巡院的管辖范围而定的，对照坊的"复原示意图"，可以看出，右警巡院所辖的坊，限于西部，左警巡院所辖限于东部，中以崇智门至景风门之南北大街为限，据此推测，这样的管辖范围，很可能是金代宛平、大兴的旧制。宛平治所偏西，大兴治所偏东，用它来作为城内两县的原有分界，也可以理解。

长安、洛阳坊外另有市，以为交易场所。唐代幽州市廛情况不详，辽南京的市在城内北部。《析津志》记中都旧市以大悲阁为中心，附近有穷汉市、蒸饼市、胭粉市等，位置偏东。旧市之南三灵庙附近有马市，其他地方还有不少酒楼，如崇义楼、县角楼、揽雾楼、遇仙楼等。金亡后，皇城故址还建了寿安酒楼。中都城内有固定的市，散处的商业店房也不少。古代的城市建设中，坊是居民区域，市为交易而设，但是，随着社会的进展，人民交易活动的逐步频繁，坊市制的都市布局已经不能适应人民生活的需要，成为都市发展的桎梏，交易场所逐步转向街巷，沿街设店也将成为历史发展的必然结果。中都城正处于这一历史转变时期，城中坊里的兴衰始末已经看出这一趋势了。

附记

文稿草成后，蒙北京市文物工作队刘之光同志阅，多所指正，谨此致谢。

附注：所用文献，以下三志所用最多：《元一统志》用赵万里辑本，中华书局版。《析津志》用北京古籍出版社辑佚本。《顺天府志》用北京大学影印本，本书从《永乐大典》中辑出，为别于他志，称“大典本顺天府志”，不再注明。

原载《首都博物馆国庆四十周年文集》，1989 年

又见《辽金史论集》第 4 辑 中国辽金史学会编

书目文献出版社，1989 年

《元大都画册》前言

首都北京的历史悠久，距今四五千年以前，周围地区已经形成许多居民聚落。商周时代，是诸侯国燕国蓟城所在，春秋战国时期的蓟城，经济、文化又有所发展，汉代以至隋、唐，成为我国北方的军事重镇。到契丹族建辽，定为陪都，称南京，燕京；女真族建金，建为中都，成为五京之一。但是，辽金时代的燕京、中都，毕竟是作为统治半个中国的陪都、行都出现的，而成为多民族大一统的国家首都，则是以蒙古族建立的元代大都开始的。

元大都始建于1267年，至1987年适逢建城720周年。1987年10月间，首都博物馆为纪念大都建城，于北京白塔寺举办了“元大都历史陈列”，借以介绍元大都的历史概况。12月，又会同北京市社会科学院、北京史研究会、北京市文物保护协会、北京市环境变迁学会、北京博物馆学会、北京水利史学会、元代文学研究会等单位，联合举办了“纪念元大都建城720周年学术讨论会”，现在再以“元大都历史陈列”为基础，将北京地区历年出土的元代文物以及遗迹、资料照片，剪裁编排，附以说明，辑成这本《元大都画册》，作为纪念元大都建城720周年的一份薄礼。内容仍按展出的顺序排列，分作十章，前三章主要是大都的规划、布局、设计建设者、街道、坊巷等，第四章起为政治、经济、水利、科技、宗教艺术、文化生活、中外交流等项。这样一来，虽然它是一本书，实际上，有文字、有图片，它仍是一个专题性历史陈列，只是形体上缩微而已，观众变为读者，读者增多了，而受众范围也大大扩展了。

画册的辑成，如果能为专家们研究元大都提供一些形象资料，自然是一项有益的工作。作为博物馆陈列的一个片断，对渴望了解北京历史的广大读者来说，如果能从中吸取一些有益的历史知识，进一步珍视我国的历史文化遗产，从而更加热爱我们的首都，无疑是我们热切的希望。当然，编排时间紧迫，从形式、内容，都不尽理想，我们期待着读者提出更多的宝贵意见，以使它更臻完善。

元代虽然上承金代，但元大都却不是沿用金代中都旧址，而是易地新建的。元朝政权初建时，原来的上都开平，作为政治中心，统治地域广阔的多民族国家，已经远远不能适应了，于是忽必烈接受朝臣“都燕”的建议，决定中心南移。但是，以前成吉思汗于 1211 年和 1213 年的两次伐金，给中都城带来的几乎是毁灭性的破坏，宫阙、衙署毁于大火，变成一片废墟，中都不能沿用了，因之，不得不另觅新址。新建的大都城，位于中都旧城外东北，至元四年（1267 年）兴工，至元十三年（1276 年）建成。都城始建的同时，又筑宫城，次年完工。至元八年（1271 年）建大内，并建国号“大元”，次年正名大都，为元朝首都。至元十一年（1274 年）正月，宫阙告成，忽必烈御正殿，接受皇太子、诸王、百官朝贺，实际上大都城内建筑基本完工，已延至至元二十年（1283 年）了。

大都城方六十里，开十一门，南北略长，东、西、南三面各三门，唯北面二门，城外有护城沟壕环绕。皇城在城中部稍南，皇城内琼华岛西有兴圣宫、隆福宫，东面即宫城，殿阁楼堂林立，主要建筑大明殿，为举行大仪礼的所在。皇城之北，还有御苑，广植花草林木，供皇帝观赏。宫殿群与山水景观结合成一个整体，成为大都建筑的特点之一。大都的规划，出自刘秉忠之手，他根据《周礼》“前朝后市、左祖右社”的原则，把朝堂宫殿建于全城中央偏南处，市廛在皇城之北，祀祖的太庙布于皇城之东的齐化门内，祭祀土地、五谷之神的社稷坛安排在西面和义门内稍南处。《周礼》是我国儒家思想追求的目标，大都城内祖、社、朝、市布局的完成，也成为忽必烈“遵行汉法”的一个内容。实际上城垣、宫殿、庙堂，无论建筑形式还是基本结构，都是汉族的传统，但是，多民族参与其事，某些细微技法、形式、材料、色彩，也显示着蒙古族和其他兄弟民族的某些特色，而大都城本身就成为多民族文化交融的象征。

对元大都的研究，解放前，已有不少专家进行了这方面的工作，并取得了一定的成果。新中国成立后，经各专门学会、专家们的不断努力，把研究工作又向前推进了一大步，完成了不少高质量的论著，而考古工作的开展，为元大都的研究所提供的直接史料更是前所未有的。近年来，城郊各地发现了不少元代墓葬、遗址与文物，这些都直接、间接地从多方面提供了实物资料，而最值得称道的是对元大都遗址的主动勘查与发掘工作。

元朝末年，明军攻下大都之后，为适应军事需要，曾把大都的北城墙南缩，再度筑墙，形成了后来明代北京的北城墙，即今日德胜门、安定门一线。在元代，这里也算是繁华地带，当时紧急的军事行动使不少衙署、宅院来不及拆除便压在城墙之下了。前几年，因修筑地下铁路，拆除旧墙，这一线便成了理想的考古现场。1964 年前后，北京市文物工作队与中国科学院考古研究所联合组成考古队，进行了勘查与发掘工作。后英房出土的院落遗址，则很有典型意义：三间柱廊把前庭与后院联结起来，砖砌的台基，室内用方砖铺地，从出土的素烧与施釉的建筑构件看，其屋顶的装饰也应是华美的。同时出土的还有石砚、玛瑙围棋子、螺钿漆盘等器物，这都显示着房主应是中上层人物，与其他地方出土的狭小的房基、碎砖砌成的墙壁和仅有一灶一炕和简单遗物的居住遗址相比较，元代贫富悬殊的阶级关系，便活生生地出现在眼前。大都和义门的发掘，也都为研究大都城墙、城门的筑造结构提供了难得的实物资料，其他遗迹遗存也有类似的例子。遗憾的是，这些遗迹没有保存下来，现在只能一睹照片而已。

元大都是开放性的都市，多民族聚居，中外交流频繁，商业也日趋繁盛。大都初建，根据《周礼》，有“后市”的规划，元代末年，皇城北面的“后市”，仍有米市、面市、缎子市、帽子市、鹅鸭市、柴炭市等，但南面的丽正门、文明门、顺承门附近，市廛已经繁盛，又有菜市、羊市、马市、牛市、骆驼市、驴骡市、猪市、鱼市、柴炭市等。随着经济的发展，市民生活需要的变化，“左祖”、“右社”、“前朝”可以原地不动，而“后市”却无论如何不能一市独占了。经济的发展，冲破了儒家的《周礼》规范，也使城市的坊里制布局发生了变化。

我国隋唐时期的长安、洛阳城内有坊，坊又称里，坊有坊门，是居民住地，另设市，为居民交易场所。唐代的幽州也有坊，辽代在幽州城址建南京，又有坊的设置，市在城内北部，与“后市”之意相合，金中都设坊62个，而市已经不再集中一处，如旧市以大悲阁为中心，附近有穷汉市、蒸饼市、胭粉市等，旧市之南三灵侯庙附近又有马市等，而散处的店房也不少。元大都虽说置50个坊，但是城市经济的发展，一个“后市”已远远不能适应需要，沿街设店铺，进行交易，成为历史的必然趋势，而封闭的坊里制也就必然为开放式的街市制所代替。就全国都市讲，这种转变，北宋的汴梁初见端倪，南宋的临安，已经完成。北方金代的中都，正处于转变的时期，在元大都，封闭的坊里制已经看不到多少痕迹，而开放的街市制，就显示得更加清楚了。

七百多年前建立的大都城，无论选址、规划和建筑布局等等，作为历史遗产，都有可供汲取的经验，但是，也有教训，森林植被遭到大规模的破坏，就是一例。当然，前因不自元代始，至少，元代使后果变得更加严重了。

北京地区，在汉代前后有茂密的林木，已为事实所证明：1974年，丰台区有两座西汉大墓出土，仅“黄肠题凑”就用柏木15000余根，这么多的木材，显然是近郊西山一带砍伐而来的。文献记载：唐代贞观年间，今房山县的古刹云居寺，六月水涨，一夜之间，“浮大木千余株至山下”，隋代也有同样的情况。来自宗教性质的记录，认为有佛祖之助，数量难免有夸张，但是，历年的砍伐，大木留存山野，一遇山洪，顺水漂流而下，当是事实，于此也可以看到当时京郊林木之多。历年砍伐，宋辽战争，加上辽建燕京，对林木是个大破坏，以致金代建中都宫室，不得不南下真定，远道取用“潭园”的木材济急。元建大都，有“凿金口漕西山木石”的记载，至元二十二年（1285年）为修造万安寺，以中卫军四千人伐木，伐木大军多至四千，砍伐量就可想而知了。元代的著名画作“运筏图”又真实地勾画出当时运输木材的场面。可以说，大都之建，把西山林木几乎吞噬殆尽，以致明代再建宫殿，不得不远及湖广、云南取材。

林木的大量砍伐，植被破坏，水土流失，气候随之变坏，给当代和后世带来灾难性的后果。《水经注》记载京西居庸关附近，5世纪前后的情况是“林障邃险，路才容轨，晓禽暮兽，寒鸣相合”，当时的永定河有“清泉河”之称，而此后，清澈的河水，变为黑水卢沟、浑河，水灾也接踵而来。

专家作过统计：辽代建都之前，永定河很少有泛滥、改道的记录，辽至金，仅有两次泛滥的记录，而金代平均二十二年泛决一次，元代则平均七年一次，明代约十三年，至清代则平均三年半泛决一次。历史的教训是严重的，知古可以鉴今，我们也就更加认识到，今天，我们在北京周围广植树木，改善生态环境，其意义是何等重要了。

原载《元大都画册》前言
北京燕山出版社，1989 年

《析津志》及其著者熊梦祥

《析津志》是记述北京的志书，成书于元代末年。著者熊梦祥，字自得，号松云，江西丰城人。原书已佚，但从其他书籍的引文中还能看到部分内容。首都博物馆资料室藏抄本《析津志》三册。一册题名《辑本析津志》，另二册题名《析津志》第一册、第二册，这三册都是1954年前从北京图书馆藏本转抄而来。原本也是抄本，据云系该馆赵万里先生组织馆内同志辑佚者，抄录编排时间不详。现存该馆善本部。由于它成书时代较早，又是记述北京的专书，对于研究北京的历史变迁、风土民情来说，是极为宝贵的资料。现就其有关问题，做一些初步的探索。

《析津志》的名称、所记地域与保存志文的书籍

北京在唐代为幽州。契丹族建辽，于会同元年（938年）定为陪都，名南京，又称燕京，府名幽都。古人以星土分野，北京是古燕国地，燕分野旅寅，为析木之津，开泰元年（1012年），遂改幽都府为析津府。志书也就取名《析津志》或称《析津志典》，有时也叫《燕京志》。书以析津为名，但它记述的内容，却不仅限于辽代，金代内容也不少，而以元代最多。元代人记元代事迹，也最为确切可信。

辽代的南京故城，在今天北京城西南侧宣武区界内。入金之后，海陵王完颜亮于贞元元年（1153年）又建为中都，仍旧沿用辽代故城。元代建国，以中都城残破，又于残城东北五里处另建新城定都，即大都城，也就是今天北京城的前身。辽金故城地点偏南，当时就叫南城、旧城或故城，偶尔也叫燕京城。新建的大都城，叫新城、北城、新都或大都城，这在元人文集中如此，在《析津志》中也是这样。也许因为志文兼记旧城事迹，所以又叫《燕京志》。

辽代南京，郭下本治两县，东部为蓟北县，西部为幽都县，开泰元年改南京析津府后，郭下仍治两县，但名称改变了。蓟北县改为析津县，幽都县改为宛平县。这样一来，终辽一代就有两个析津，一个是府名，一个是县名，而且都在旧城。志文中凡用析津名称时，指府还是指县，这在当时人是清楚的，今人阅读就必须注意了。

金建中都之后，析津府改为大兴府，郭下仍治两县，原辽代的析津县改为大兴县，宛平县仍叫宛平。元代另建新城后，郭下又治两县，即大兴与宛平。这就是说：旧城之中原有大兴、宛平，新城之中也有大兴、宛平，名称一样，但时代不同，位置不同了；前者属辽金，在旧城，后者属元代，在新城。《析津志》主要是记述辽金故城与元代新城的事迹，两县的名称经常出现，极易混淆，在阅读时就更要加以分辨。

辽代析津府领十一县，除析津、宛平外，还有武清、香河、安次、永清、昌平、良乡、潞县、玉河、漷阴等。析津、宛平两县的属区，基本上是今天北京四郊附近，昌平县名称不改，今天还叫昌平，良乡今改镇，潞县是今天的通县，玉河县已废，旧址就是京西的城子村，在三家店南，今属门头沟区，漷阴县已废为村，叫漷（音火）县，属通县。其他县有废有存，今多属河北省，大体看来，析津府治县比今天北京市辖区略小。现存志文，主要记析津，宛平，其他县记载较少，偶有记载，内容也很简略。

析津府又领六州，计顺州、檀州、涿州、易州、蓟州、景州。有的今属北京市，如顺州即今顺义县境，檀州今为密云县境，其他属河北省或天津市，但志文很少涉及。

保存《析津志》内容的书籍，就目前所见，有下列数种。

1.《日下旧闻考》

清代康熙中，朱彝尊曾撰《日下旧闻》，对北京的历史掌故、民俗风物记载很详细，旁征博引，引书一千六百多种，但是并没有引到《析津志》。到乾隆时敕令重修，又作了补充、考证，增添了内容，定名为《日下旧闻考》。这一次的增补，从《永乐大典》中引入了《析津志》。志文的部分内容，被《日下旧闻考》保存下来了。

2. 抄本《析津志》

首都博物馆藏《辑本析津志》部分内容辑自《日下旧闻考》；另有辑自《永乐大典》者，计崔字韵、京字韵、局字韵、仓字韵、庙字韵、尊字韵、服字韵、郊字韵、队字韵、蔬字韵、堂字韵、门字韵、台字韵、站字韵等，以站字韵记元代站赤内容最多。纂辑者姓氏与辑录年月不详。另在天头中常有小题签，注误字，推想这可能是北京图书馆同志们校阅时的心血。

本册中有清人胡敬《南薰殿图象考》卷下转引《析津志》一条，内容是记述“罟罟”即元代的“罟罟冠”。应该注意的是：胡敬的《南薰殿图象考》一书，目前仍有印本流传，经与原书核对，我曾发现，原书引《析津志》计两段，而转录中误漏下段。遗漏原文是：

袍多是用大红织金缠身云龙，袍间有珠翠云龙者，有纳失失者，有金翠描绣者，有想（厢），其于春夏秋绣冬轻重单夹不等。其制极宽阔，袖口窄，以紫织金爪。袖口才五寸许，即大其袖，两腋摺下，有紫罗带拴于背，腰下有紫提拴，但行时有女提袍，此袍谓之礼服。

上段讲的是冠，这段是服，冠、服是两回事，但作为《析津志》的原文，显然是原辑录时的贻误。至于所引《永乐大典》诸韵文字，是否有所疏漏，原书不易核对，就不得而知了。

另二册首页均有印章“述史楼”，“维则所得善本”；书后印章为“会稽徐氏铸学斋藏书印”。下册后又有徐维则跋文二则，并有小印章“会稽徐氏”等。从跋文看，二册题名《析津志》还是后来的事，从前不叫《析津志》，而是题名《宪台通纪》。徐氏跋前记：

右书二册，山阴李柯溪吏目宏信小李山房藏本，后归同邑孙古徐先生沂小青书楼者也。旧于首题《宪台通纪》，为柯溪先生手笔，装修时为鼠剥去。

按《宪台通纪》元人赵承禧、潘迪各有其书，载在《元史·艺文志》，是书现存古迹、岁纪、祠祀、析津风俗、学校诸门，又有朝仪、祭祀、迎驾、岁仪、驾回、舆地诸类，见于注中，皆非通纪所应收之事，且学校门中有今改为府学、洪武三年颁行格式之语，岂有元人之书而载明事？其非《宪台通纪》可知，殆柯溪先生因载有《宪台通纪》序文而偶题之欤？……光绪丁酉十月徐维则记。

徐氏的跋文，除记录本书的流传过程外，又提出来本书不是《宪台通纪》，这一意见十分正确。徐氏的第二则跋文又记：

又案：书内引《大一统志》（按：即《元一统志》）、《天京事略》、《舆地要览》、《岁时风纪》，皆元人之书，今已不得见，赖是足以知大较，引《析津志》殆即熊自得《析津志典》。则又记。

徐氏认为所引《析津志》就是熊自得的《析津志典》，这当然是对的。其实，如果仔细考察，倒可以说，没有引注《析津志》处，也同样是《析津志》原文，证据是：文中出现“臣梦祥曰”、“梦祥曰”凡数处，梦祥即熊自得，是《析津志》的著者，文下不注引自《析津志》，也应该是《析津志》文无疑。原题《宪台通纪》显然是错的，致误的原因，正如徐氏所说，是文中有一则《宪台通纪》序文所致。什么时候改为《析津志》，已经不清楚了。至于跋文中提到的内容中曾有记明代洪武三年事迹，这涉及《析津志》的最后定稿年代，下面还可以讨论。

3.《永乐大典》本《顺天府志》

首都博物馆藏抄本《顺天府志》八册，仅见七至十四卷，里面保存了《析津志》内容不少，这八册是 1954 年时借用北京大学原藏抄本复抄的。原抄本是清代学人缪荃孙录自《永乐大典》者，故名大典本《顺天府志》。

朱元璋建明，定都南京，北京当时叫北平府，太宗永乐元年（1403 年）改称顺天府。题名大典本《顺天府志》，实际上就是明代初年的《顺天府志》，《析津志》成书于元末，《永乐大典》成书于永乐六年（1408 年），所以《析津志》的部分内容收入了《永乐大典》，现在又被缪荃孙抄录出来，很多是新见的内容。

4.《金史纪事本末》与《京师坊巷志稿》

《金史纪事本末》，清李有棠撰，首刊于光绪十九年（1893年），今有中华书局标点本。李有棠字芾生，江西萍乡人，生于道光十七年（1837年），卒于光绪末或宣统中，书中诸章之“考异”部分，散引《析津志》十余条。部分是原文，有的是原文大意，但都与上列诸书之引文重出。看来李氏之引文，或者来自《日下旧闻考》，也可能是从其他书籍转引的。

清人朱一新撰有《京师坊巷志稿》，北京出版社有标点本，内列北京街巷不少，各条下也有几处引到《析津志》，不过，引文也和上列诸书所引重出。《京师坊巷志稿》实际上就是《光绪顺天府志》坊巷部分的底稿，缪筌孙曾经主持过该书的编纂工作，他又从《永乐大典》中摘抄过《析津志》，所以朱氏所引的《析津志》文，就很可能是来自大典本《顺天府志》了。

上列几种书籍，无论是抄本、印本或辑本，都在不同数量上保存了《析津志》的内容，而且，也都是在不同时间、不同渠道来自《永乐大典》。但是把这么多种书籍所引《析津志》文汇合起来，也还不是它的全部内容。

《析津志》的分目并内容举要

志书与其他书籍不同，在体例上多是列出门类，分目编纂。门目名称又常是因时、因地而异。《析津志》主要是记述辽金故城与元大都事迹，都会之地，事物繁杂，比之其他志书，估计其门目要多一些，原书不存，现在见到的门目名称，都是后人摘引原文时所列，已经不是它的本来面目了。如果细审原文，条分缕辨，还能理出一点头绪来。其原有门目，至少应包括下列诸项。

1.朝堂公宇志

抄本《析津志》上册首页，先记“古迹”二字，又圈去，后有序文一则：

中书省，太祖皇帝辛未年十月，于燕置行省，大业实肇于此……盖欲使后之稽者，知创始之初意，今复以南北二省公宇并列于后，乃作朝堂公字志。

从内容看，记的是元代中书省各厅司建筑布局与刻石题名等等。看来“朝堂公宇”应是一个大“门类”，“中书省”应是下面的一“门”或“目”。

2. 祠祀志

抄本《析津志》下册，有“祠祀”一项，又有序文：

山川祀典，国有常礼，而所在土神，因人而立，雨旱丰稔，无不祷焉……乃作祠祀。

内容记的是五岳四渎，幽州镇山，海漕天妃及祠堂等等，从题目与内容看，虽然没有“志”字，它应是大“门类”即“祠祀志”，如果是“志”下的“门”或“目”，是不会有序文的。

3. 学校志

抄本《析津志》下册，列有“学校”一项，后有序文：

世祖在主邸时，有旨以燕京儒户免差，有碑刻……此则大都路学，乃作燕京学校志。

这是原书的本来面目，原书有“学校志”一大门类。

4. 台谏志

辑本《析津志》引《永乐大典》台字韵有台谏叙一条，文曰：

台端乃天子耳目之官，朝廷纲纪所系，故擢官必自圣裁，取其人必忠纯体国，以成笃厚风纪之政……乃作台谏志。

这也是《析津志》原文，原有“台谏志”的门类。

5. 名宦志

大典本《顺天府志》卷九，有名宦一项，后面文字是：

析津志书曰：宅朔方曰幽都。幽都山名也，都者京也……是以教化之所被，炳焕垂远者，岂可不记述，以诏方来，乃作名宦志。

名宦之下，列有金元名宦甚多，原书有名宦志的门类。

6. 菜志

大典本《顺天府志》卷十引《析津志》有诸菜叙一条，记曰：

诸菜叙。无菜则曰馑，岁荒则曰饥……乃作菜志。

检诸志书，将菜蔬单列为一大门类是少见的。而《析津志》不仅单列一项，且记菜蔬品类甚多，并记特征、特性，乃至用途等，十分详尽。对于研究我国北方菜蔬之种植源流，很有好处。

7. 岁时风纪

抄本《析津志》下册，列“岁纪”一项，无序文。又“元宵”条下注文说：“累朝故典见岁时风纪。”又“富春乐”条下有小字注“岁时风纪，松云撰”。松云即熊梦祥，原书当有此一项，所谓“岁纪”当是简称。以无序文，应是“志”下的一个“门”。又虽然有“松云撰”字样，倒不像是熊氏另有专书“岁时风纪”。

8. 岁时朝仪

同书“十七日天寿圣节”下有小字注文见“岁纪朝仪”。《析津志》是记述辽金元都城事迹，都会之地，所以有“朝仪”一项，但不应是“志”，应是“志”下的一“门”或“目”。

9. 岁仪驾回

同书有一条：“是月也，元宰奏，太史师婆俱以某日吉，大会于某处……”下有小字注详见“岁仪驾回”，可知原书有此一“目”。

10. 艺文

一般志书，常列“艺文”一项，唯现存《析津志》文不见。大典本《顺天府志》卷十，“内翰王文康公”条下小注记：“有行状及碑铭，在艺文门。”看来原书是有“艺文”一门的。

11. 风俗

记风俗是志书通例，抄本《析津志》下册，列有“风俗”一项，记新、旧城风俗数则，这应是原书所有，是“志”、是“门”、“目”更不清楚。

以上数则，是根据原文的序和小字注粗略列出的，另有山川、河流、桥梁、寺观、人物、物产诸项，都是抄时所列，是否为《析津志》原文就不清楚了。

有一点须要说明：在不少条目下常有小字注，如见庙仪门、迎驾门、祭祀门、羽猎门等。上面的“岁仪驾回”，也很可能是“岁仪”单列为门，而“驾回”又是“岁仪”门下的一目。特别是菜志之下，又列了不少品类，如菌之品、叶之品、草花之品、果之品、野蔬之品等，此外又有木之品、竹之品、谷之品、豆之品、草之品、黍之品等，还有家具、兽、瑞兽、鼠狼、翎等，品类繁多，不一而足。

原书的分类是相当细致的，有志、门、目，下面再分细目，以物、事、人等分别列入。以当时新城故都人物之盛，事物之繁、品类之多，再把郊垧州县列入，便可想见其卷帙之浩繁，包罗之广博，也可推见熊氏用力之勤苦了。

有关内容。《析津志》的内容很多，一般内容《日下旧闻考》等书容易看到，这里仅从抄本《析津志》与大典本《顺天府志》中，撮取少见的内容数条，介绍如下。

1. 关于学校

抄本《析津志》下册，《燕京学校志》记：

太宗五年癸巳，初立四教，读以蒙古子弟，令学汉人文字，仍以燕京夫子庙为国学，南城文庙有己酉年石刻诏云……

下面记录了一通元代皇帝圣旨白话碑，内容是要蒙古的孩子学习汉文字、语言，并要背识，学习时不准说蒙古话，否则，说一次打一板。师生们每人日给面一斤，肉一斤，并有金代枢密院改建文庙等内容。文献记载，元代建立国子监教授生徒是大德年间的事，元建大都之前，在中都旧城建学，虽有零星记载，但记录得如此详尽，却是仅见的。它说明当时蒙古人学习汉文化的情况，对于北京地区建学授教的历史也添补了一段空白。原碑是见不到了，但文字却靠《析津志》保存下来，类似的白话碑文就有好几通。元代白话碑文遗留下来的本来就不多，这里又增加了新内容，实属难得。

2. 关于关汉卿

同书有“关汉卿”一条，记：

关一斋，字汉卿，燕人，生而倜傥，博学能文，滑稽多智，蕴藉风流，为一时之冠。是时文翰晦盲，不能独振，淹于词章者久矣。

关汉卿是我国词曲大家，曾被列入世界四大文化名人，他的作品流传不少，但有关他的生平事迹，却知之不多，仅在元人钟嗣成的《录鬼簿》，蒋一葵《尧山堂外纪》等书中有一点记载，这里文字虽有四十多字，还算比较多的，也是比较重要的。关于他的籍贯，一说大都人，一说山西祁州或河北人，这里又笼统地说是燕人，为研究他的生平事迹及籍贯，也提供了一点线索。

3. 关于北京用煤

《析津志》中有一段关于用煤的记载：

煤，城中内外经纪之人，每至九月间，买牛装车，往西山窑头载取煤炭，往来于此（此疑为北）新安及城下货卖，咸以骡马负荆筐入市，盖趁其时。冬月则冰坚水涸，车马直抵窑前。及春则冰解，浑河水泛滥则难行矣。往年官设抽税，日发煤数万，往来如织，二三月后，以牛载货卖。

北上（山）又有煤，不佳，都中人不取，故价廉。

辽金时代，北京地区已有用煤的零星记载，元代大都的用煤，运载车辆往来如织，看来用煤的数量还是相当不小的。新中国成立后，在元大都城墙的考古发掘中，有铁铸元代煤炉出土，实物与文献印证是相符的。另据《元一统志》记载：宛平县西四五十里大谷山有黑煤三十余洞，又西南有白煤十余洞，这无疑是今京西门头沟一带煤窑，与上项记载完全一致。运煤的时间多在每年九月以后，固然与永定河水的干涸、结冰便于运输有关，但时值秋冬，除一部分用于炊食，也应包括居室取暖用煤。

4. 大口故城

1953 年，北京市文物调查研究组在北京郊区清河镇西南侧朱房村发现古城址一处，虽然未作全面发掘，从零星出土文物及残陶片看，时代属于东汉，遂定名东汉古城，但城址名称却一直未能解决。大典本《顺天府志》卷十二引《析津志》记：

大口店，在京城西北三十里，旧有城，今为店，西南有高丘鼎崎，曰三疙疸，车驾春秋往还，百官迎送于此。

《析津志》记大口店，与其他文献对照，它叫“大口城”。同书卷十四，昌平县引《图经志书》记：

大口故城，在县南五十里清河社。三疙疸，在县（昌平县）南五十里清河社，有三土丘故名，元往来上都，亦驻于此。

从历史上看，北京北郊的清河镇，虽然距北京仅三十多里，但辽金元以来，一直属昌平县，所谓大口店，就是清河镇。这里是元大都通往居庸关的交通要道，车驾往还，临时驻跸，所谓东汉故城，也就是大口故城无疑，至少元代叫“大口故城”，古城的名称，算是初步解决了。所谓“三疙疸”，实际上是三座汉墓，新中国成立后曾经发掘了一座。同书卷十四，又引《松云闻见录》记：

松亭关与居庸、北口关，为三关，世并称之。南口、大口在南，北口在北……

松云即熊梦祥，闻见录当是他撰《析津志》的底稿或采访记录，南口即今天的南口镇，在居庸关南，大口即清河镇，又在南口之南，从方位、里程计，都是相符的。“世并称之”，大口之名，也许不自元代始。

《析津志》还有《居庸关过街塔铭》一文，并附时人诗句甚多，又有《大金西京武州山重修大石窟寺碑》一文，两者都是研究我国重要文化遗产的宝贵资料。特别是后者，原碑已毁，碑文又为其他书籍所不载，就显得更为重要。1965年，吾师北京大学宿白教授对塔铭与碑文曾经进行了专题研究，刊于《文物》（1964年第4期）、《北京大学学报》（1956年第1期）。《析津志》所记材料甚多，这里仅举数项而已。

《析津志》所记元大都戽斗式机轮水车

一

首都博物馆藏抄本《析津志》二册。《析津志》是现存最早的北京志书，成书于元代末年。著者熊梦祥，字自得，号松云，江西丰城人。他于元至正十三年（1353年）左右到大都任职，约于至正二十四年（1364年）回丰城原籍。居留大都期间，他调查了辽金故城和大都，举凡名胜古迹、风土民情、轶闻旧事，都随时记录，最后在京西的斋堂村辑录成书。北京在辽代为南京析津府所在，其书乃取名《析津志》。书名虽用辽代旧称，但所记内容不仅限于辽代，而以关于元代大都的为多。书并未刻版，且已亡佚，现在所见的只是从《永乐大典》中摘集的残篇[①]。其中有关水车的一则资料颇具科技史价值。“施水堂”条称：

（施水堂）京师乃人马之宫分，为一统都会之朝。公府趋事者，非马曷能济事，城大地广故也。而马匹最能负苦，其思渴尤甚于饥者。顷年有献施水车以给井而得水，于石槽中用以饮马，由是牛畜马匹之类咸赖之。仍依于释氏之侧，庶给毋劳于民，不妨于其力。其制随井深浅，以荦确水车相衔之状，附木为戽斗，联于车之机，直至井底而上。人推平轮之机，与主轮相轧，戽斗则倾于石枧中，透于阑外石槽中。自朝至暮不辍，而人马均济。古无今有，诚为可嘉。故记之以旌其善。

从记载看，这是施用于水井的一种水车，可以称之为戽斗式机轮水车。主要机件有平轮、主轮、戽斗、石枧、阑等。用人力运转平轮取水。机轮

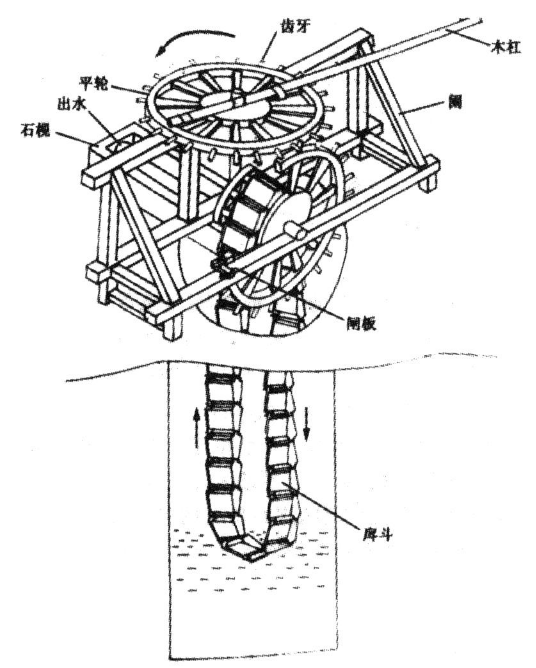

戽斗式机轮水车复原示意图

① 有关《析津志》的成书过程与熊梦祥事迹，详见拙作《〈析津志〉及其著者熊梦祥》一文，载《首都博物馆馆刊》1982年第1期。

是木制或铁制不详，但戽斗为木制是明确的。所记基本结构清楚，可以复原（见图）。余幼生农村，抗日战争时期读流亡中学，为避日寇，曾长期辗转于乡村荒野，见到过溉田水车，其基本结构当与此相似。近代北方农村曾有类似的水车，可以作为复原的参考。

“人推平轮之机，与主轮相轧”，可知平轮是平放的，主轮是立放的。两轮四周都有齿牙。平轮转动，两轮的齿牙相交，即“相轧”，带动主轮。“荦确”，字书解为山多大石貌。引韩愈《山石》诗：“山石荦确行径微，黄昏到寺蝙蝠飞。”这是说戽斗放在主轮上高矮不齐，形似山石。“戽斗”为提水而设，略呈长方形，上宽下窄，便于倾斜倒水。斗两端壁板略长，上斗、下斗由两端壁板相接，用轴穿联，便于弯转。一大串戽斗“联于车之机”，即附于主轮之侧，沉入井水，“直至井底”。转动平轮，带动主轮，即可提水上升。

实际上，平轮之上是有木杠的，北方农村中俗名水车杠。用人力或畜力转圈平推木杠，平轮转动不停，主轮随之周而复始，戽斗就提水上升，上提到与主轮相平时，“戽斗（的水）则倾于石枧中，透于（木）阑外石槽中”，以饮马匹。所谓石枧，即主轮下面承接水的石槽，一端有流水口，形似簸箕，农村中叫它水簸箕。全部机轮安放在木架上，这种木架即所谓阑（栏）。阑外的石槽，只是为积水饮（读如印）马之用，并不是机轮水车的必要组成部分。如果不用石槽，车水外流，入于沟畦，就可以灌溉田亩了。

有关元代机轮水车的形制，《析津志》所记，毕竟是简略的。在实用中还有一个重要部件不可或缺，即需有闸板一类之设置。试想，车轮转动，戽斗装水上升，重量加大，倾水之后，空斗重量减轻，这在不停转动时，是没有多大问题的，一旦停止，满装井水一侧的一排戽斗，其重量远远大于另一侧的一排空斗，就必然使机轮往回倒转。如何制止机轮倒转，闸板（《天工开物》中称为闸）的设置就显得十分重要。而这一设置是很简单的，在框架上主轮之侧安装一个木制或铁制闸板即可。它犹如钟表转轮的“千斤”，机轮转动，闸板随齿牙活动。一旦转动停止，它立刻挡住齿牙，制止倒转。近代农村中所见机轮水车都有闸板的装置，元代想来也不会缺少制止倒转的装置，至于采用什么形式，则不得而知。

二

戽斗式机轮水车的出现，是我国提水工具的一大进步，有着明显的优点。一是连续提水，出水量大。二是省力，人、畜均可运转。三是制作并不复杂。也许正是这些原因，在元大都城，这样的水车见于记载的有十六处之多。“施水堂”条下记水车的分布情况：

凤凰池一。思诚坊青柳树下一。钟楼东一。草市一。集贤院一。

礼拜寺前一。大长公主对门一。火者门一。文明门内一。齐化门外一。

平则门外一。西宫北一，此为祖。大庙西一。湛露坊南角上一。普照寺前一。平则库前一。

从分布看，坊、市、宫、院等，多在城内，同时又有齐化门、平则门，文明门等处。元代的齐化门，即今天北京的朝阳门。平则门即今阜成门。文明门原是大都南墙靠东的城门，明朝永乐年间展筑南墙时拆除了，其位置约当今东单十字路口附近。既然不仅城内有水车，城门附近也有，这就不能排除郊区也在使用。《析津志》的记载说明，元代末年大都城戽斗式机轮水车的使用已经比较普遍。至于这种水车的使用始于何时，上引文中有“西宫北一，此为祖”一句，即以西宫北者为最早，值得注意。

元代大都城内有两宫：一为兴盛宫，据《元史·武宗纪》载，初建于至大元年（1308 年），在太液池西岸，约在今北海公园西，北京图书馆附近；一为隆福宫，先为太子府，后为皇太后所居，在兴盛宫南略西，约今府右街北口附近。所谓西宫，当指隆福宫而言。元大都是世祖忽必烈于至元四年（1267 年）开始营建的，隆福宫的具体兴建年代不详。《元史·成宗纪》载：“至元三十一年（1294 年）五月，改皇太后所居旧太子府为隆福宫。”据此可知，其兴建时间，不早于公元 1267 年，不晚于 1294 年。西宫北面水车之出现，如果以改隆福宫之 1294 年为上限，以《析津志》作者熊梦祥南归之 1364 年为下限，略取其中，就可以说，约在 14 世纪中叶或初叶。

三

我国水车之制，起源甚早。《太平广记》卷二五〇邓玄挺条引“启颜录”载，邓玄挺入寺行香，与诸僧诣园观植蔬，见水车以“木桶相连汲于井水”。邓为唐代前期人[①]。刘仙洲先生著《中国机械工程发明史》，认为此条所记是我国水车之始，当然可以。但不能认为这是戽斗式机轮水车。《全唐文》卷六六〇有刘禹锡《汲机记》一文。同书卷九四八又有陈廷章之《水轮赋》。《旧唐书·文宗纪》又记：“太和二年闰二月，内出水车样，令京兆府造水车，散给郑白渠百姓，以溉水田。”唐代这些记录，所指似乎是渠旁河岸所用的木轮水车，也仍不能认为是戽斗式机轮水车。

宋人范成大有《田园杂兴诗》云：“下田戽水出江流，高垄翻江逆上沟，地势不齐人力尽，丁男常在踏车头。”[②]王安石《寄杨德逢》诗有句：翛翛两龙骨，岂得长挂壁。”[③]所谓踏车头、龙骨等，显然指的是龙骨水车。元人王桢《农书》中记水车多种，如翻车、筒车、水转翻车、牛转翻车等，都不是戽斗式机轮水车。《事林广记》卷一二载：“今江南地多筒轮水车以备旱，亦须于未旱时备旱也。”该书今通行本为宋人陈元靓著，元人有增补。此条所记，不论是宋是元，都应是江南筒车。元人陶宗仪《辍耕录》卷一记元大都宫殿园囿情况：“转机运爽斗，汲水至山顶（指万岁山，即今北海琼华岛），出石龙口，注方池，至仁智殿后，有石刻蟠龙，昂首喷水仰出。”这是否戽斗式机轮水车装置，以文字简略，还难于确定。倒很可能是或近似。

14 世纪，元大都出现了戽斗式机轮水车。大都为元代首府，四通八达，人员往来频繁，按道理讲，这种优点明显的水车应该很快普及开来。奇怪的是，此后的文献诸多不载。明代文献《天工开物》记水车类型不少，但多是溪塘所用，独不见井用水车，更无戽斗式机轮水车。这可能是著者宋应星长于江西，对北方情况了解较少之故。倒是《明实录》有一条记载，讲

① 据《旧唐书》卷一九〇，邓玄挺卒于唐武后永昌元年，即689年。

② 范成大《石湖诗集》卷二七。

③ 王安石《临川集》卷一。

到北方水车。嘉靖四十四年（1565年）十月，山西巡抚万恭奏疏说，他在各地巡视，看到民间疾苦，曾教人民“人耕”、“水车”二法，“大约人耕每二人日可耕田六亩，水车每二人日可灌田十亩，民甚称便”[①]。山西地处北方，不像江南遍地池塘，万恭请求推广的水车法，就不一定是池塘溪流取水的龙骨水车、筒车之类。如果是提井水灌田，倒很可能是用人力运转的戽斗式机轮水车，否则二人日灌田十亩就很困难。万恭并没有讲到水车的具体结构、形制，这一记载也只能供专治机械史与农业机械史的专家研究参考而已。

附 记

文稿草成后，蒙王振铎师多所指正，谨此致谢。又承清华同学周世禄同志绘制复原示意图，一并致谢。

原载《文物》1984年第10期
文物出版社

熊梦祥其人

熊梦祥，《元史》、《新元史》均无传。元人顾瑛《草堂雅集》卷六，录熊诗十二首，并附熊氏小传：

熊梦祥，字自得，江西人。博读群书，旁通音律，能作数体书。乘兴写山水犹清古，无庸工俗状。以茂才举教官，不乐拘制，辙弃去。以诗酒放浪淮浙间，卜居娄江上，扁“得月楼”。与予为忘年交，旷达之士，号松云道人。[②]

---

① 《明实录·世宗嘉靖实录》卷五五。

② （元）顾瑛《草堂雅集》，北京图书馆藏明抄本。

顾瑛，即顾阿瑛，字仲瑛，江苏昆山人。熊梦祥与他有过交往，至正十年到过他的玉山草堂，也为他所藏书画题过诗句，顾氏记：

至正庚寅十年（1350 年）正月十一日，临海陈敬初见，过同熊松云、陈良贵饮于碧梧翠竹间，遂以碧梧栖老凤凰枝为韵，得梧字。[①]

至正十二年，顾、熊再次相会于草堂。《玉山名胜集》记熊梦祥《春晖楼分题诗序》记：

至正壬辰十二年（1352 年）七月二十六日，予自淮楚来，于时道途梗阻，虽近郡不相往来，独余以六月达吴……越数日，即谒玉山主人于草堂中。[②]

两次相会于顾氏草堂，一在至正十年，一在十二年，这还应是他早年的行迹。康熙《南昌郡乘》卷三五，人物四载：

熊自得，字梦祥，丰城人，博闻强记，善绘事，得米老家法，而兴致幽远。元末召至都，授大都路儒学提举，崇文监丞。著有《析津志》。[③]

清人顾嗣立编《元诗选》三庚集，录有熊诗十四首，包括了熊氏晚年的作品，如金中都《笞女台》等，并有小传记：

梦祥字自得……以茂才异等荐为白鹿洞山长，授大都路儒学提举，崇文监丞，以老疾归……年九十余卒，其所著述，有释乐书行于世。[④]

三条记载，概括了他平生的事迹、行踪与著述。他早年博读群书，能诗善画，又擅长书法，旁通音律，这是他以后撰写《析津志》的基础。据《元史·百官志》载：儒学提举司掌管学校祭祀、教养、钱粮及考校、呈进著述文字，崇文监是艺文监的改称，管敷译儒书等事，至正元年隶翰林国史院。熊氏入都任此二职，就有机会接触府库秘籍，为他的著述提供了方便，创造了条件。

关于熊氏的名与字，记载不尽相同。前记名梦祥，字自得，后一条正好相反，哪条为准呢？倒可以说，前条记载较为确实。一是顾瑛是元人，又是他的朋友，所记当可靠；再是《析津志》中有“臣梦祥”字样数条，旧

---

① （元）顾瑛《玉山草堂集》卷上，在《元人集十种》内，毛氏汲古阁本，北京图书馆藏。

② （元）顾瑛《玉山名胜集》，北京图书馆藏胶卷本。

③ 康熙《南昌郡乘》，北京图书馆藏。

④ （清）顾嗣立编《元诗选·三庚集》，康熙五十九年，秀野草堂本。

时习惯，这样的称呼是只应称名。因之，以梦祥是名，自得是字，号松云为是。志文中又常见“松云道人”、“松云子”，自然也是熊梦祥，上面讲到的“松云见闻录”，又当是熊梦祥的笔记无疑了。

熊氏的诗，《草堂雅集》、《元诗选》有著录可见。关于书画，传世品中尚未发现有关遗墨，明初人胡俨的《胡祭酒集》卷七，有“题熊自得画”的记述兼及评价。

右小画二方，丰城熊自得画，自得故元时以艺事入都，即有声于公卿间。今观此画，真得米老家法，而兴致幽远，固可与商、高班矣。[①]

胡俨是明代永乐时国子监祭酒，著名文人，他说熊氏的画，深得宋代米芾、米友仁父子画法，又能与元代宗米的著名画家商琦、高克恭媲美，这样的赞誉，绝非偶然的。

关于音律，也有一条记载，元人张翥《蜕岩词》卷上，有“春从天上来”一阕，题注：

广陵冬夜，与松云子论五音二变十二调，且品箫以定之，清触高下，迭相为宫，犁然律吕之均，雅俗之应也。不觉漏下。月满霜空，神情爽发，松云吹春从天上来曲，音韵凄远，予亦飘然作霞外飞仙想，因倚歌和之，用纪客次胜趣。是夕丙子孟冬又三夕也。[②]

广陵，今扬州地，丙子是后至元二年，即1336年。松云子即熊梦祥，他不仅通音律，还精于音律，能吹箫定音。这次谈论音律，时间当是在与顾瑛草堂相会之前的事。

关于熊氏的籍贯，康熙《南昌郡乘》卷二十一，选举，荐辟条记：熊自得，富州人。同书、人物条又记丰城人。乾隆《丰城县志》卷十、人物条，则直记丰城横岗里人。[③]按志载，元世祖至元二十三年，丰城以户满五万，升为富州，至明代洪武二年，又复为富州，看来所记还是一致的。惟顾嗣立《元诗选》记进贤县人误。关于横岗里，有件事值得一提：吾师宿白教授，留

① 胡俨《胡祭酒集》，北京图书馆藏明隆庆李迁刻本。

② 《蜕岩词》卷上，又见《全金元词》中华书局标点本，第1004页。

③ 乾隆《丰城县志》二十卷本，满岱纂。嘉靖本《丰乘》记丰城横岗里人，天一阁藏本。

心史迹，授课之余，曾经到过丰城横岗里，对熊氏的遗迹作了专门性的采访，据云遗憾的是，十年浩劫中，该地的祀庙、碑刻、谱牒之类，横扫一空，共遗迹，世系已经无从查考了，只有一个横岗里公社，还保留着熊氏出生地的名称，仅此而已。熊氏族姓，子孙繁衍，人数不少，但是，几经访问，后辈之中，已经没人知道他们的先辈熊梦祥其人了。

熊梦祥在大都

顾氏《草堂雅集》附熊氏小传载："以茂才举教官，不乐拘制，辙弃去。"大概指的是任白鹿洞山长事，这还是他早年的行踪。他又是什么时候被召入都任职呢？从他与顾瑛的交往看，为时当在至正十二年（1352 年）之后，具体年代，一时难定，但在志文的字里行间却也透出一点消息，并能粗略地排出他在大都的时间：

1. 至正十五年（1355 年）或略早，熊氏到过京西斋堂，后面还要谈到。

2. 至正十六年（1356 年）——大典本《顺天府志》卷十七引《析津志》"花头鸭"条记：

花头鸭与江南者，盖多来自海子内与太液池中，鸭万万为群。丙申年，京南白沟等处，食尽田苗，稼将欲成熟，遭此厄难，官粮大减，虽申朝廷，物害如故。

从文意看，像是目睹或耳闻的。丙申年即至正十六年，这一年他在大都。

3. 至正十七年（1357 年）——同书卷十，"兽之品"记"象"一条，有小字注：

房在海子桥金水河北一带，房甚高敞，丁酉年元日进大象，一见，其行似缓，实步阔而疾……

又《永乐大典》记熊氏在大都为郑浚常赋诗饯行事，诗序云："至正丁酉八月……于其南迁，能诗者咸赋焉，予因继作诗云。"[①] 至正丁酉即至正十七年、为郑饯行，又亲见大象，这一年他在大都无疑。

4. 至正十八年（1358 年）——熊氏在京西斋堂，下面还要谈到。

5. 至正二十年（1360 年）——同书"野蔬之品"有海藻一条，又有小字注：

庚子年，京都人凿冰而取之，煮以充饥，救人数万计。

从语气看，是熊氏亲目所见，庚子年即至正二十年，熊氏在大都。

6. 至正二十二年（1362 年）——抄本《析津志》下册，古迹条记：

南城坊有唐卢龙节度使刘怦碑（按，怦误作评），颜真卿（子）额书丹，其碑至厚，长四尺，至正壬寅二月，凿断作四截，以象舆入内庭为台。

这又像是熊氏所见。至正壬寅即二十二年，时熊氏仍居大都。

7. 至正二十四年（1364 年）——大典本《顺天府志》卷七引《析津志》石窟寺条，有"大金西京武州山重修石窟寺碑"，碑文后有附记：

癸卯年腊月二十四日，予自东胜来，是日宿于寺之方丈，受清供，次日达西京，次年二月八日，始录上草本于何尚书思诚东斋。

这是熊氏抄录石窟寺碑文的后记。西京武州山石窟寺，即山西大同云岗石窟寺。他癸卯年到云岗，次年二月八日回到大都。癸卯年是至正二十三年，次年为甲辰即至正二十四年（1364 年），这一年熊氏在大都，这也是他大都行踪的最后记录，再过四年，元朝就覆亡了。

就时间论，熊氏初至大都的年代不详，但至少可以说时在至正十二年之后，十五年之前这两年之内，这与上文所引"元末被召入都"是一致的。就职务论，熊氏居留大都，不只是任职大都路儒学提举、崇文监丞，其实这个从五品官，对他也许是无足轻重的，更为重要的是与编纂《析津志》紧密联系着的，也就是说：至少从至正十五年至二十四年，有十年多的时间，他曾在大都，调查研究，搜集资料，埋头于著述。这是他后期的行踪，也是《析津志》成书的主要阶段，至于最后定稿，当是在此稍后。

---

① 《永乐大典》卷三五二八，见附录熊诗。此条蒙宿白师与陆峻岭先生见示，谨致谢意。

熊氏元末到大都任职、著述，他早年到过大都没有呢？有一条资料值得提出来讨论。大典本《顺天府志》卷一〇《名宦》引《析津志》，记时宦名流不少，“高显卿”条下有注记：

以上故家,多系有就外传之时。屡尝窃听父师所言,燕籍之户,百四十家,向时亦尝过其家，虽不能全言，三十年后，或仕宦于外，或贫乏不能，物故者甚多。姑识此。

所谓以上故家，包括了词曲大家关汉卿，作大都赋的李霁峰，以及辞章文士宋本、焦景山、宋子玉、元遗山、王子端、王万庆、程雪楼、刘仲明等金元名士数十人，这些前辈名流，有的属燕籍，有的长期居留大都，熊氏所谓“父师向时亦过其家”，是他早年受教于大都，还是父师居处大都之后又南下教授熊氏呢？作为一个问题，值得进一步查证，资料不多，目前还难予说明。

熊梦祥在京西斋堂村

明人朱存理编《铁网珊瑚》书品卷五，收欧阳玄长诗一首，诗序云：

豫章熊公自得，携所注书入都城西山斋堂村。山深民淳，地僻俗美，隐者之所宜居，崇真张宜相真人偕往，作诗送自得，兼柬宜相。①

清人纳兰性德的《渌水亭杂识》收入了欧阳玄此诗，同时还收有元人张仲举《送熊梦祥入斋堂》长诗一首，两诗前记说：

斋堂村在西山之北百余里，产画眉石处也。元豫章熊自得偕崇真张真人住居，撰《燕京志》。欧阳原功、张仲举皆有诗送之。

原来所谓“携所注书入都城西山斋堂村”不是隐居,而是去著《燕京志》即《析津志》。斋堂在北京西面山区,距京百余里,今属门头沟区。熊氏到斋堂,

---

① （明）朱存理《铁网珊瑚》卷五，作为书品，收录了欧阳诗，下署“平心老人欧阳玄”。按：此诗诸本《圭斋集》不载，唯道光本据《铁网珊瑚》录入。

连家属也搬去了，显然还不是短期小住。斋堂的住居，虽然不无山野情趣，生活还是清苦的，张仲举诗云：

先生生计虽苦薄，最喜静无人事繁。黄精本肥术苗脆，疆场有瓜牢有豚。吟诗作画百不理，一家笑语春常温。……近闻京志将脱稿，贯穿百氏手自缁。朱黄堆案墨满砚，钞写况有能书孙。[①]

熊梦祥在斋堂，养猪积肥，种药材瓜果，过着田家生活，看来不只是常住。满桌的墨纸笔砚，也还不忘吟诗作画，“京志”稿子由孙儿代钞，这时的《析津志》行将完成。由孙儿代为抄写，此时的熊梦祥总该年逾花甲了。

张仲举即张翥，《元史》有传。他与熊梦祥是旧雨，早有过从，若干年前在广陵就谈论过音律，熊氏著书的详情，他当然知道，所记也应是真实的，遗憾的是，目前也还不能确定诗作究竟成于哪一年。特别是，熊氏久住山区，又著书作画，是否还任职崇文监丞呢？欧阳诗序有“隐者之所宜居”，张诗序有“寄赠松云隐君”，以此看来很可能是隐于林下，他不再担任公职了。

文人山居，经营一点药材，古已有之。熊氏种黄精，术苗，也许与道士张真人有关，也许真的是由生计苦薄之故。不过，他真的卖过药，时间也许在此稍前。欧阳玄送熊诗载：

“市朝甚迩俗尘远，土产虽少人烟繁。钽畚艺陆宜菽麦，树栅作圈能鸡豚。园蔬地美夏不燥，煤炭价贱冬常温。前年熊郎入卖药，施贫者药人感恩。熊君携籍今就子，绕舍木叶书缤缁。崇真真人又继往……”

诗是欧阳玄送熊梦祥与张宜相真人的，他卖过药，对贫者也施舍药。但“携籍今就子”之“子”，可作两解，一可指真人张宜相，再可指熊之子嗣，如果是后者，那么，家眷在那里，他的斋堂常住也就可以理解了。熊氏到过斋堂几次，二诗是否同时所作，暂且不论，单就本诗讲，熊氏入都任职的时间，倒可做一点推测。

据《元史》本传，欧阳玄卒于至正十七年，以最晚的时间计算，假定

---

① 张仲举诗见《铁网珊瑚》卷五，亦作书品收入。诗前有“次韵圭斋先生寄赠松云隐君”后署“老蜕翥上”。按：张与欧阳诗同见纳兰性德《通志堂集》卷一五《渌水亭杂识》，徐乾学本。又二诗同见《日下旧闻考》卷一〇六。

此诗作于卒年，那么“前年”熊郎入都卖药与施药，最晚也应在至正十五年，前面讲到，至正十二年他还与顾瑛相会于昆山草堂，即熊氏被召入大都的时间应在至正十二年至十五年之间。如果“前年”作“年前”解，最晚也还是至正十六年。到斋堂著书则约在至正十七年或略早。

实际上熊氏到斋堂不止一次，也不止一年。大典本《顺天府志》卷一四，昌平县条，引《析津志》记：

至正戊戌十八年五月，奉奏圣旨，都堂特委御史台治书张冲叔靖，翰林学士金刚宝子贞，刑部郎中秦裕伯景容，工部员外郎周肃反恭省，检校吕谦伯益暨宛平县达鲁花赤，和尚国宾与合属首领、官吏，为团结事到来东斋堂村，设立万夫长、千夫长、牌子头目人等，于各处把隘口寨村岭，必令垒寨去处，从实勘到下项地里，悉具其后……

以下分类详记各村寨岭口计十四处之多，详记里程方位。从文意及所记之详细情况看，至正十八年，他正在东斋堂。而且那里今天还分东、西斋堂两村。

斋堂村在元大都的西面，当时地属宛平县。这里群山环抱，中间一湾流水，风景优美，还产煤炭，衣食容易自给，倒是个写作的好地方。熊梦祥初到这里，最晚也在至正十五六年间，此后，至正十七年，他到大都海子桥看过大象，饯别郑浚常，十八年又在斋堂，二十年他见大都人凿冰捞取海藻充饥，二十二年见到刘怦断碑，二十三年他去山西云岗抄录碑文，至正二十四年才回到大都。从行程看，他本人在斋堂不是定居，是时来时往。联系到《析津志》的成书，从孙儿抄稿，又穿插了各处采访、调查，这样随时补充、修修改改，至少成书也该有十来个春秋之久了。

熊梦祥后期的心血，全部倾注在这部志书《析津志》上，他为北京的历史研究做出了贡献，斋堂村就是见证。元末距今并不远，才仅仅六百多年，按道理讲，总该留下点遗迹吧！

1963年，笔者去过斋堂调查历史文物，当然也包括熊氏遗迹，两三天的时间，跑遍了山坡上下，祠庙民居，遗憾之至，有关熊氏的遗迹遗物，文字刻石，一无所获，居民之中就更不知熊氏其人了。东、西斋堂依旧，而今物故人非，只有两株老柏，却傲然挺立在村边，也许只有它，算是当年熊氏埋头案牍的唯一知情者了。

《析津志》的再补与熊梦祥南归

熊梦祥到斋堂著书，约在至正十七年或略早，从山西回到大都，时在至正二十四年，至正二十八年元亡。《析津志》成书于元末，看来已无疑问。不过志文中出现了明代纪年，使问题变得复杂了。抄本《析津志》学校志，首条记：

府学在崇教坊，即国子监，元至大元年建。中曰明伦堂，东西二厅曰崇术、曰立教，两廊列为八斋，斋前树立元延祐元年至至正二十三年登科进士题名记。北有崇文阁。今改为府学。洪武三年颁行格式，刊立碑石，永为遵守……

在全部志文中，明代纪年——洪武三年，仅此一见，而且又在学校志序文之前，值得注意。志书通例，序志文之前再列条文的少见，它是否成书之后补入的呢？就是说，熊梦祥是否活到了明初呢？这就涉及他的年龄与晚年行踪。铸学斋主人徐维则也正是根据这一条引起怀疑的，看来值得讨论。

关于熊的年龄，顾瑛编《元诗选》，著熊梦祥小传时曾有一句“与予为忘年交”是个线索。《玉山草堂集》附有顾氏小传，[①]记顾生于“至大武宗庚戌”即至大三年，1310年，卒于明代“洪武己酉”即洪武二年，公元1369年，享年六十岁，熊氏的生卒年月虽不详，其为“忘年交”，如果暂以熊长于顾十岁计算，到洪武三年，即1370年，才七十一岁，虽已成书，再补一条也完全可能。再则，他于至正二十三年曾去山西去岗抄碑文，以这一年龄推算，当时也才六十四岁，花甲之年，爬山入寺也还完全可以胜任。年龄既然相符，补入的痕迹明显，徐氏的怀疑，也就可以冰释了。

关于熊氏晚年行踪。明人胡俨，江西南昌人，与熊同乡，他在家乡见

① 顾瑛《玉山草堂集》卷上，在《元人集十种》内，毛氏汲古阁本，北京图书馆藏。

到过熊梦祥,《胡祭酒集》卷七,“题熊自得画”载：

“余幼时尝识自得与熊太古先生于乡饮太宾之列、二先生物故久矣，而余亦年几五十。想其风采，为之慨然。”

明洪武初年定制，民间岁有乡饮酒礼，使人民有岁时燕会，习礼读律。有司与学官率士大夫之老者行于学校，以年龄最长者为正宾，余按年龄排座次,即所谓乡饮酒礼。《明史》卷一四七,胡俨传载:胡俨正统八年(1443年)卒,享年八十三岁,以此上推,他生于至正二十一年。胡俨题画不知在哪一年,所谓“幼时”也不知到底多少岁，但是，如果以胡俨时年十五岁计算，乡饮见熊是洪武八年，志载熊氏享年九十余，这时的熊梦祥才七十六岁，元亡明继,他已经南归乡里,参与乡饮大宾之列了。至于熊太古其人,他也是丰城人,乾隆《丰城县志》卷十,人物条有传,他当过翰林院编修,国子助教,著有《元京畿官制》等书，他是洪武二年告老回乡的，参与乡饮之列，于时也合。

倒是这位胡俨，也许与《析津志》不无关联。他是明初大儒，当过多年的国子监祭酒，也主持过《永乐大典》的编纂工作，与熊氏有乡曲之谊，很可能是他的推荐，才将《析津志》辑入《永乐大典》，以至后来列入《文渊阁书目》的，如果这一推想不误，《析津志》的流传，又要感谢胡俨其人。遗憾的是,《析津志》虽已成稿，并无刻板，从诸家著录、从志文看都是如此，至于原稿何时散失，年代久远，就无从查考了。①

北京是文化古都，历史名城。远在战国时代，就是燕国的首府所在，辽金以来，又建为都城，古迹文物遍布于地上地下，风物民情也有所继承与发展，现存的志书虽然记载不少，但就成书年代讲，还以《析津志》为最早，它对探索都城早期的情况，自然具有特殊意义。

作者熊梦祥，一位江西人，以垂暮之年，不辞劳苦，涉水登山，十数午如一日，为记述北京地区的历史做出了贡献，他应作为北京地区的历史人物载入史册，受到尊敬。据闻，北京图书馆的同志们正在整理《析津志》，可望不久问世，这不仅可以促进北京史的研究工作，对于著者熊梦祥，也

---

① 《析津志》中常见小字注：“松云”、“松云道人”、“松云闻见录”，又有“臣梦祥”等词语，与志书体例不合，显系稿本。

该是一个纪念。

附录：熊梦祥诗二十一首

元人顾瑛《草堂雅集》卷六列熊诗十二首

1. 题管夫人竹

夫人写竹何纵横，错刀离离光怪生。

安得月明招白凤，玉阑西畔听秋声。

（又见《玉山名胜集》）

2. 题二色芙蓉便面

曾障西风十二阑，亭亭醒醉碧波寒。

月边青乌无消息，流落人间作面看。

（又见《玉山名胜集》，按：便面即扇子。）

3. 题赵子昂兰石

氿晴湍兮潺湲，采芒馨兮婵媛。

望九嶷兮眇眇，思公子兮未敢言。

4. 题赵翰林桃花马图

风翻细雨入天间，貌得权奇电影寒。

凤阁春深人已远，空余精彩匹曹韩。

5. 题李息斋竹

蓟丘道人写潇湘，烟寒兔湿石齿苍。

素娥剪翠云叶乱，三十六陂春水香。

（又见顾嗣立《元诗选》）

6. 题边伯京画盘松图

居震宫，受秦封。乘元气，超穹窿。

又何独美夫梁栋之质，莫测夫神奇变化之功，夫然后知其为龙松。

7. 题柏子庭枯木

铁珊瑚树飞鬼蝶，王子敝舄不许蹑。
乞与海神神不收，涌树雪晴光晔晔。
何人泼墨淡复浓，使我一见成心猎。
便令追纵未曾前，无空笛中宫征叶。
（又见顾嗣立《元诗选》）
8. 题张叔厚描琵琶士女
剪烛填词明皓齿，是非恩爱从兹始。
莫将贬窜立人伦，世上伊谁鲁男子。
9. 题画山矾
傍路依山到处生，只缘樵木惯相轻。
若教尘俗如桃李，未必梅花肯作兄。
（又见顾嗣立《元诗选》）
10. 题王元章梅
紫禁春酥雪未消，年年香冷只飘酡飙。
许身入画酬清赏，不嫁东风过小桥。
（又见顾嗣立《元诗选》）
11. 客怀奉柬玉山
我昔离家七月强，只今十月陨风霜。
可惭浊酒黄花兴，应悔青灯白发长。
翠袖天寒修竹暗，绮窗日暖唾茸香。
夜长枕上扬州梦，江南江北是故乡。
（又见顾嗣立《元诗选》）
按：以上诗句分别作于至正十年与十二年
顾瑛《玉山名胜集》收熊诗除与《草堂雅集》重出外，又得二首。

春晖楼分韵得仰字

至正壬辰七月二十六日，予自淮梦来，于时道途梗阻，虽近郡不相往来，独予以八月达吴，凡相知者莫不惊讶予之迁而捷也。越数日，即谒玉山主人于草堂中，而匡庐仙在焉。相与议论时务，凡可惊可愕可爱可虑者不少。余乃曰，于斯时也，弛张系乎理，不系乎时;升隆在乎人，不在乎位，其所谓得失安危，又何足滞碍于里耶。玉山主人方执玉麈长笑，意气自如。时适中秋之夕，天宇清霁，月色满地，楼台花木，隐映高下，是犹天中之画，画中之天。乃张筵设席，女乐杂沓，纵酒尽欢。同饮者匡庐（于）立彦成，袁华子英，张守中大本，玉山复擎古玩，侪于胡琴、丝竹声与歌声相为表里，犁然有古雅之意，予亦以玉箫和之。乃以攀桂仰天高为韵，分以赋诗，诗成者五人，有兴趣者复摹写，一时之景，无不备矣。复画为图，书所赋诗于上，亦足可记当时之胜。呜呼！于是时以诗酒为乐，傲睨物表者几希，能不以汲汲载载于世故者又几希。观是图，读是书者，宁无感乎？余则豫章熊梦祥也。

行行别楚州，秋芜半苍莽。关河扬旌旗，令人心怏怏。礼乐百年间，于焉日凄怆。历此艰危中，别郡政劳攘。何由得清夷，复见桑麻长。故人居桃源，买舟得独往。坐我广厦间，薄言慰遐想。维此秋方中，桂月延清赏。连甍接层台，夜月亦清爽。主义情更真，顿觉脱尘鞅。吴歙侑金尊，讴歌共抵掌。欢会亦可期，乐事非勉强。醉后下高楼，凉月犹在仰。

按:据诗序，此诗作于至正壬辰，即至正十二年。顾嗣立收入《元诗选》，唯无序。

湖光山色楼

移舟界溪上，忽见海虞山。
山接空青外，湖当凄淡间。
松声听欲近，飘影坐看还。
何处西风起，渔歌下别湾。
（又见顾嗣立《元诗选》）

明朱存理《铁纲珊瑚》画品卷一收熊诗一首。

蕺山题扇图诗卷

蕺山老妪本无知，恰值将军乘兴时。
竹扇一时光怪动，莫教低价与元规。

按：此诗为题画诗，朱氏作画品收入。一时题咏者尚有杨维桢、于立、卢震则，娄东里、张渥等人。又见顾嗣立《元诗选》。

清人顾嗣立《元诗选》三、庚集，收熊诗十四首，除与上录重出外，又得三首。

答女台歌并引

在京南城放生池东，高三丈，蒿草芃芃，乡老俱称金萧后笞女于上。

荒草堆，燕人号为笞女台。金源肖后饬宫女，表正壸范出圣裁。此事庸或有史笔，独不该繁华若流水，去者不复回。后人见遗迹，孰不兴远怀。闲花野草今犹昔，当时美女安在哉。

按：此歌记金故城故事，为熊氏至大都后所作。歌引收入《析津志》，唯无歌词。

丁都护并序

枢密三知院苔里麻监，总戎曹州，进兵陷阵，诸将卒士弃其主将而溃，于是被害甚惨，后以十月末旬获其骨，而招魂于顺承门外。

丁都护，郎上马。将星煌煌，干戈威扬。貔貅百万羽林郎，旌旗所指孰敢当。

丁都护，郎上马。穹庐满野，笑言哑哑。良家女儿擎玉斝，夜来叶落消长夜。

丁都护，郎进兵。旗电鼓霆，泽剑流星。指麾卫军歌楚声，主将倾危血刃腥。

丁都护，魂来归。少儿娇妻涕泗涟，去时鞍马何人骑，肘后玉印今归谁？

呜呼！猗戏！国之梁栋，哲人萎萎。

按：此诗当为熊氏至大都后作。

和西湖竹枝词

船头新月恰如眉，折得双头莲子归。

荷花菱叶不同种，蝴蝶蜻蜓各自飞。

《永乐大典》卷三五二八，郑氏义门引《国朝郑氏麟溪集》录熊诗一首并序。

赠别郑浚常并序

浚常，当太师道济公在朝时，得旨，除宣文阁授经郎。阁居内府，凡圣子神孙，戚畹旧勋，硕宰子弟，俱奉旨入阁受道。阁中有土圭测景，自卯及申，始解学。越五年，除天官，值道济公总领天兵讨淮泗，时六卿从行，浚常预列。相君谢事，浚常恬居三年，裕如也。至正丁酉八月，上御滦京水精殿，大臣奏除江西省郎中。同日台臣复奏，除浙西宪西佥事，凡朝中尊显与夫三学名流，皆浚常之知旧也。于其南还，能诗者咸赋焉。予因继作。诗云：

曾是宣文秘阁郎，图书奎壁烂生光。

官宪日射觚棱影，御榻风清篆鼎香。

文焕天官融化笔，法明乌府振纲常。

庆门世积由忠孝，好策奇勋答圣皇。

大典本《顺天府志》卷一〇，土产条引《析津志》有海东青歌并有序文：

海东青

海东青，产辽东海外，隔数海而至，常以八月十五日渡海，而来者甚众。古人云：“疾如鹞子过新罗”是也。努而干田地，是其渡海之第一程也。至则人收之，已不能飞动也。盖其来，饥渴困乏，羽翮不胜其任也。自此然后始及东国。有制，犯远流者，至此地而能获海青者，即动公文，传驿而归，其罪赎矣。尝諏昔宝赤云，海青之外，一翅七日，或七八日，始得至努儿干，其气力不资，或饥而眼乱者多溺死。凡能逮此地者，无不健奋。故其于羽猎之时，独能破驾鹅之长阵，绝雁鹜之孤骞，奔众鸟之木鱼，流九霄之毛血，云间献奏，臂上功勋，此则海青之功也。论其贵重，常以玉山为之立，欲其爪冷，庶几无病。冬月，则以金绣拟香墩与之立，夜则少令其睡。其替毛，观其粪条，揣其肥瘠，进食而加减之。二替者，则又其说也。按食之际，加药食次第焉。其首笼帽，多奇巧金绣，以小红缨、马尾为束紧之制，爪脚上有金环束之，以软红皮系之，缚以红条，皆革也。若欲纵放，则解而纵之。横飞而直上，可薄云霄。昔宝赤者，国言养鹰之蒙古名，亦一怯薛请受而出身之捷径也。夫事鹰鹞之谨细养护，过于子之养父母也。于是松云予为之歌曰：

饥饱有则，调摄有时。有添心补心泻心之法，有布轴毛轴药轴之施。飞则击鼓敲鱼，以助其力；收则俯摹解渴，以慰其饥。一出二出为止，一替二替三替为奇。海青则立乎玉山，鸦鹘则立乎绣皮。撇条验其肥瘠，补翅助其奋飞。

海东青亦有数种，玉爪玉嘴为稀。黄鹰仍有几般，黄眼黑眼为异。养喂之效，备见于斯。

按:此歌为熊氏至大都后作。序文又见《日下旧闻考》卷一五一,物产条。惟无歌文。文字略异，不便臆改。又，歌后仍有“松云是说可采，乃亦想其庶几援翅者，以其翅别取翅接而补之”数语，疑非歌文，不录。

抄本《析津志》第二册“河闸”条又载熊梦祥高梁河诗及序：

（高梁河）原出昌平县山涧，东南流至高梁店，经宛平境，由和义门北水门入抄纸坊，泓渟逶迤，自东坝流出。高梁入海子内，下万宁闸，与通惠河合流，出大兴县潞河。诗曰：

天上名山护北邦，水经曾见驻（注）高梁。一觞清浅出昌邑，几折萦回朝帝乡。和义门边通辇路，广寒宫外接天潢。小舟最爱南熏里，杨柳芙蕖纳晚凉。

原载《首都博物馆丛刊》

1982年第2期

故宫的启示

小的时候，走进紫禁城，只觉得走不完的路，登不尽的台阶，到处是房子，占地面积好大呀，这就是故宫。年龄大一点，再去看看，印象略有不同了：路原来是笔直的！从午门到大殿，到后宫，一脉相通。台阶、石栏杆还满是雕刻，龙、凤、山、云等纹饰。殿堂不仅高大，而且左右对称，成组成套的，由门廊联结起来，构成庞大的建筑群体，谨严、整齐、和谐而有秩序。到底是皇家气派！

三五次之后，印象又变了：白石台基，红色的墙，黄黄的琉璃瓦，一垛垛一排排华丽的斗拱，背后有蓝天、白云，这分明是一轴大画呀！建筑大师们把这个庞大的建筑群体与大自然的天、地融为一体了。

面对这伟大的作品，作为承受这份遗产的后世子孙，总不能只是赞赏吧，我应该从中寻觅点什么？这宏伟宫殿的作者——那些古代的建筑匠师们，首先是应该受到尊敬的。他们又是谁？怀着崇敬的心情，我翻阅了史料。遗憾之至，《明史》并没有为他们立传，太不公平，连姓名都找不到。幸好，官方文书、私家笔记还是透出了点滴消息。

单说明朝中叶，世宗嘉靖年间，有个徐杲，是值得注意的人物。每次大工完毕，皇帝照例要赏赐，每次赏赐名单中间，总有他的名字。如果把资料排比归纳，不难看出，这位扬州木匠，应该是重大宫廷建筑工程的实际主持人。同时受赏的那一大批礼、工、兵部大员和太监等等，只不过是虚列其名的监工而已。仔细核对，经他手完成的作品不少，天坛、三大殿、太庙等等，重大工程不下十数处之多。最后，他荣任了工部尚书，成为管理全国建筑工程的最高长官，连他的几个儿子也得到恩荫。古代并没有专职的设计师，实际上正是这位木匠，把设计、施工、组织、管理，全都承担了。

他究竟有多大本领，并无明文记载，然片言只字，可以寻到一点线索。嘉靖三十六年四月，奉天、谨身、华盖三大殿火灾，延及文武二楼、左右顺门、午门及廊庑等，殿堂门廊烧毁不少。要恢复，很困难，材料来源当然是其中一项，主要的还是没有图样可循。当时，那么多工程大员，毫无办法。结果，如此巨大的工程，千百间的殿堂廊门，全是靠他的口授、指划恢复重建的。据说有一处殿堂的梁柱坏了，经他指点，没有听到斧斤砍凿的叮当之声，很快修好了。他还能抽梁换柱。又一次，魏国公家里的梁柱倾斜，如果满拆重建，花费不是个小数目。他看了看，只用了千百个小沙袋，堆在两侧，便同主人饮起酒来。酒毕，堂屋被沙袋挤压扶正过来了。他笑着说："偌大的宫殿都能作，这点小毛病算得了什么！"看来，他深谙力学原理，早有成竹在胸。这位木匠出身的匠师，不仅颇具巧思，能为工程作出贡献，而且善于利用砖石旧料，节省费用。凡所营建，又常雇用京师贫民，调度得宜，赏罚分明，民工愿为效力，工程进展迅速，因而也得到皇帝信任。可惜，他晚景不佳。世宗去世后，或由于不给太监行贿，以致太监们告他主修卢沟桥时贪污，最后被抄家发遣。工程中他有没有舞弊行为，一时很难说清楚，而出于嫉妒，太监们告发别人，总免不了捏造点罪名，倒许是实情。这在历史上是司空见惯的，不足为奇。

故宫全景

同时代有个郭文英，陕西韩城人，本是个放羊牧童，到北京应役做工，学会了木匠手艺。他心灵手巧，懂点技术，又善于组织工匠，当了作头，也参与了太庙工程。以他的才干，对工程作出了贡献，升任了工部右侍郎，成了管理工程的高级官吏。一级放羊娃出身的木工，出任高级官吏，在封建时代，自然会引起大臣们的不满。于是有人上疏朝廷，说他是木匠，不能当官。嘉靖皇帝发话了，"名器不可不重，工役亦须得人，再论者治罪"，这样一来大臣们才没有什么可说的了，一场风波才算平息下来。虽然他的具体事迹并不清楚，但是封建社会等级森严，由工匠迁升到高级工程官吏，并不是件容易事。他的贡献，想来一定是相当可观的。

工部郎中贺盛瑞，是工程管理人员，对宫廷施工，苦心经划，认真核对工料，一项工费的节约就是白银数万两。这且不算，他还富于创造精神。三殿的中道石阶，尺寸特别大，重量惊人。过去，由产地京郊房山县大石窝运到现场，须用八府民兵两万人，由府县官吏监督托运。要专造旱船，每里挖一口井，待到冬天取水泼地结冰，一步一步地推拉滑运。运一次石料要费时二十八天，耗用白银十一万两。后来建两宫，贺盛瑞创造了十六轮大车，不用民夫，改用骡马一千八百匹拽运，二十二天运到，只用银七千两，大大节省了费用，减少了扰民。他制造了四轮车共百余辆，专门拽运木石，减少了役伕，也节省了费用。

有明一代，大兴土木，出类拔萃的工匠不少，不只徐、郭等几人。明代初期还有木工蔡信、"活鲁班"蒯祥父子、油漆工杨暄等，再加后来的冯巧、梁九等人，都为宫殿的修造出过大力。当然杰出的能工巧匠，远不止这些。

历史是一条长河，无论什么都得经一经河水的涤荡。皇帝被水冲跑了，而紫禁城这幅伟大的画卷，越经冲洗，色彩却越加鲜艳，也就越发显现出它的光辉。徐、郭等人，虽然只不过是画面上的几颗彩点，而整个画卷正是无数彩点构成的。归根结底，他们并不只是为皇家宫廷添绘了几笔色彩，实质上他们是为民族文化增了光。

我总在想，我再次走进宏伟瑰丽的紫禁城的时候，印象也许还要变。

矗立在面前的，或许不再是一幅画。是什么？应该是中国文化传统、民族精神的体现！因为只有它，才经得起历史风雨的吹打、剥蚀。只有它，才是历史长河所永远冲刷不掉的；因为它本来就与历史同源。

从历史开端起，这种传统，这种精神，就在逐步积累，一代一代往下传，逐渐丰富，又一代一代传下去，这宏伟的建筑群不就是具体范例吗？

我觉得，故宫给了我不小的启示：我们已经融汇在这个文化传统、民族精神之中了，应该去探索，去发掘，为了它一代一代地传下去，使它更加光彩夺目，要为它做些什么？而且尽可能多地做些什么？

原载《紫禁城》双月刊

1984 年第 5 期总第 27 期

明代的越南太监宋文毅与阮安

太监，一般来说，也许由于他们在宫廷中的特殊位置与作用之故，名声总不太好，被称为“宦竖”“阉奴”“寺人”等等，常带贬义；个别地说，有没有例外呢？当然有，至少这里就是一例。

明代的北京，作为京都，对城池、宫殿、衙署、寺观等，都曾进行过大规模的营建，延续的时间很长，前前后后参与修建的军工民匠成千上万。但是千千万万的参与者中，留下姓名又事迹可考的却为数太少。出人意料，凤毛麟角中竟记录着两个太监的名字，他们都来自越南，一个叫宋文毅，一个是阮安。他们主持或参与营建的寺观、宫殿、城垣、角楼、河桥、闸坝等项工程建筑，历史典籍记录得清清楚楚，而且，不少遗构、遗迹至今保存完整并作为历史文化遗产被加以保护着。营建之初，不论他们是出于信仰、慑于威力或其他原因主动行事，或作为宫廷的代理人受命而行，这来自异国他乡的宫中太监，对历史上的北京作出的贡献总是实实在在的。今人今时，有目共睹；历史文献、碑刻、遗存遗迹，亦可作证。

其人其事，功不可泯，值得讨论。

法源寺与宋文毅

法源寺位于北京宣武区，始建于唐代，为著名历史古刹。唐代北京称幽州，贞观十九年（645 年）唐太宗东征高丽，回军幽州，为追荐阵亡将士，下令建寺，未果，高宗又诏建，至武后万岁通天元年（696 年）建成，赐名悯忠寺。由唐迄于辽金,屡有颓坏,又屡有修葺。明正统二年(1437 年)再建，改名崇福寺，至清代雍正十一年（1733 年）再次修建，改名法源寺至今。

正统年间的修建，规模甚大，今大雄殿前有“重建崇福寺碑记”与“勅谕勅赐崇福寺碑”二通,记录了当时的修建情况。前碑为正统七年(1442 年)立，会稽陈贽撰文，东吴朱孔易书并篆额，内侍宋文毅立石；后一碑正统十年（1445 年）立，泰和肖镃撰并书，广平程南云篆额，司礼监宋文毅立石[①]。前碑记修建情况：

中建如来宝殿，前天王殿，后观音阁及法堂、方丈、山门、伽蓝、祖师堂，东西二庑，钟鼓二楼，香积之厨，栖禅之所，次第缮完，以间计者一百四十。

前碑记工程是正统二年(1437 年)夏四月动工,三年(1438 年)二月完工;后碑记动工时间同，唯完工于三年五月。而筹划、主持者正是竖立碑石的宫中太监宋文毅。前碑记：

国朝宣德十年秋，中贵宋公文毅奉上命施佛经于诸寺，过其处，僧相瑢为道其始末，且言欲重建，公费浩繁，力莫能逮，公因慨然发心，乃告于同列阮民福、黎文遥、杜可隆等，共同协赞，鸠工市材。

修建工程如果从宣德十年（1435 年）开始筹划算起,距正统三年（1438 年）完工，计三年之久。值得注意的是，从开始经划到毕工，太监宋文毅不仅亲与其事，又动员了他的同列——当然还是太监，共同协赞，以迄于成。如此热心的太监，又乐此不疲者，实属少见，而他竟是一位越南人。前碑记:

公（文毅）因念曰:文毅等生长交南，获处中夏，叨职禁近，历事四朝。

① 二碑现存法源寺大殿前，拓片见北京图书馆藏拓第821、898、899号。

交南，即交阯。本名安南，永乐五年（1407 年）六月改称交阯，即今日的越南。他来自越南是明确的；历事四朝，从正统上推，历宣德、洪熙，上及永乐，可知他在永乐朝便进入宫中了。后一碑又记：

公（文毅）交南演州人也。世为宦族，永乐中，以选入内廷，遂蒙眷遇，历事四圣，宠渥日统。

这里说得更为确切，他是越南演州人；永乐中进入宫廷，也说得更为明确。一次完成寺庙建筑一百四十余间，这不是个小数字。与历史文献对照，可以发现，今日法源寺的格局，当是此次修建完成的。

岁月匆匆，五百年过去了，一位异国他乡人，关山万里到中国来，不论最初出于什么目的，他付出心力修建的崇福寺，至今宛然存在，保存完整，并且公布为北京市重点文物保护单位，他留下来的，不只是姓名，还有功绩。

阮安的事迹

崇福寺的修建，经划主事者为越南太监宋文毅，实际上，明代越南太监主持营建，这不是仅有的一例。文献记载，城墙、宫殿、府部公宇等项修建工程中，仍有越南太监主事者，其人即阮安。明人叶盛《水东日记》卷一一记：

“太监阮安，一名阿留，交阯人。为人清苦介洁，善谋划，尤长于工作之事。其修营北京城池、九门、两宫、三殿、五府六部诸司公宇及治塞杨村驿诸河，皆大著劳绩。工曹诸司，一受成说而已。”①

从记载看，这位越南太监所主持营建的，不是一般工程，而是北京的城垣、宫殿、衙署等一系列大工程，论数量、规模，远非崇福寺可比，技术要求复杂，质量要求也要高得多，而能“大著劳绩”，实属不易，难能可贵。不过，这里仅记事绩，并未注明时代。他又是什么时候完成的这番大业呢?

---

① 叶盛《水东日记》卷一一，第11页。

仍须在北京城垣、宫殿、衙署的建造历史上进行追寻、探索。史载，明代北京规模较大的营建计两次，一次是在永乐时，一次则在正统年间。

洪武元年（1368年），朱元璋建都南京，四子朱棣起兵“靖难”后称帝，建元永乐，建南北两京。北京大规模营建宫殿衙署、缮治城池始自永乐四年（1406年）之后。以三殿为例，制仿南京，建奉天、华盖、谨身三殿，于永乐十五年（1417年）正式营建，十八年（1420年）工成，十九年（1421年）正月临朝受贺，诏告中外，正式建都北京。这是一次大的营建活动。但是，甚为不幸的是，永乐十九年（1421年）正月启用，至四月，一场大火，三殿化为瓦砾了。

三殿灾后，砖瓦、木材一时不易凑集。火尽灰冷，历洪熙、宣德未再营建，至正统时，再次整治城垣、濠池、桥闸，并建门楼、角楼，再建奉天、华盖、谨身三殿与乾清、坤宁二宫。这又是一次大规模营建，较之永乐，犹有过之。永乐时的营建，阮安是否参加，目前尚不清楚，正统时的营建，他是主持者之一，文献有征。《明实录·英宗实录》卷二三记：

正统元年十月辛卯命太监阮安、都督同知沈清、少保工部尚书吴中，率军民数万人修建京师九门城楼。[①]

永乐时代的北京城墙，因袭了元代城墙旧基，只有北墙略向南移，南墙略向南展筑，但月楼、城铺等制尚不完备，这次大加营建，使诸制完备了。从正统二年（1437年）正月兴工，至四年（1439年）四月完成，军民工匠数万人，历时二年。修建完成的项目，文献有完整的记载。《明实录·英宗实录》卷五四记：

正统四年四月丙午修建京师门墙、城壕、桥闸完。正阳门正楼一，月城中、左、右楼各一。崇文、宣武、朝阳、阜成、东直、西直、安定、德胜八门各正楼一，月城楼一。各门外立牌楼，城四隅立角楼。又深其濠，两岸悉甃以砖石。九门旧有木桥，今悉撤之，易以石。两桥之间各有水闸，濠水自城西北隅环城而东，历九桥九闸，从城东南隅流出大通桥而去。[②]

---

① 《明实录·英宗实录》卷二三，第10页。

② 《明实录·英宗实录》卷五四，第8页。

不仅仅是这些，阮安还主持了城墙的修缮。《明实录·英宗实录》卷一三〇记：

正统十年六月戊辰京师城垣，其外旧固以砖石，内惟土筑，遇雨辄颓毁，至是，命太监阮安、成国公朱勇、修武伯沈荣、尚书王卺、侍郎王佑督工修甓。[①]

阮安主持完成的城垣、门楼、桥闸等项目甚多，有的建筑实物，如城墙角楼——北京内城东南城墙角楼，至今仍在火车站东侧矗立无恙，已被公布为全国重点文物保护单位。城垣、城门、月楼、濠池、桥闸等于20世纪50年代拆除，建为环城路与环城地下铁路。但要注意，在西便门仍有一个城楼竖立着，不过，那已不是真实的历史原物，而是80年代为标志城垣故基建成的新古董，与阮安毫不相干。

阮安整治河道，《明实录·英宗实录》卷一一九、一七五都有记载，仅举后者：

正统十四年二月甲寅敕太监阮安、陈鼎行视通州抵南京漕运河道。[②]

有明一代，京师米粮来自江南，通州运河是主要运输通道，水运有阻，事关京师军民生命，阮安“长于工作之事”，派他参与整治，也是必然的选择。所谓“治塞杨村驿诸河”，也可能指的是这一次。

阮安主持、参与的宫殿营建，除《水东日记》记载外，《明实录·英宗实录》记录得更为详尽。卷六五记：

正统五年三月戊甲建奉天、华盖、谨身三殿，乾清、坤宁二宫，是日兴工。[③]

宫殿建筑，主要用材是楠杉大木，大材多来自云、贵、湖广等地，深山老林，采伐运输，十分艰巨，因之，宫殿焚毁，一时不易再建。此次兴工用材，都系多年来的积累储备。兴工用七万人，这是《英宗实录》的记载，另据陈继儒《见闻录》载，用工实为十万几千人，佐工者百万。仅就人力一项已足见工程之巨矣。两宫三殿完工于正统六年（1441年）九月，用了一年半时间。营建之初，有关营建执事人员《英宗实录》不载，但建成之后，

---

① 《明实录·英宗实录》卷一三〇，第8页。

② 《明实录·英宗实录》卷一七五，第2页。

③ 《明实录·英宗实录》卷六五，第2页。

同年十月，在赏赐营建有功人员中，列有太监阮安的名字，从而可知，这一项皇家的重大工程他又参加了。

应该说明，宫殿建筑非同一般。在统治者心目中，皇帝的居处应是京都的中心，它的存在与否，直接影响着京都的地位，从明代北京的历史发展上也可以看到这一点。例如：朱元璋称帝后，于洪武三年（1370年）四月册封诸子，四子朱棣封燕王，驻守北平，朱棣称帝，接受李至刚建立京师的建议，于永乐元年（1403年）正月改北平为北京，但他本人常驻南京。四年（1406年）闰七月，接受丘福等建议建北京宫殿，以备巡幸。次年遂正式兴工。皇帝巡幸的临时驻所称“行在”，北平虽改为北京，皇帝不常驻跸，只设行部，永乐六年（1408年）各衙署印信遂冠以“行在”二字，北京为行在，京师仍为南京。永乐十八年（1420年），北京宫殿落成，次年正月，正式诰告北京为京师，诸衙才去掉“行在”字样。但是，正月建京师，四月宫殿又焚毁，宫殿没有了，朱高炽称帝，洪熙元年（1425年）三月，北京又命为“行在”，复都南京。阮安参与营建的宫殿于正统六年（1441年）九月建成，当年十一月，再次诰告北京诸衙去掉“行在”字样，南京诸衙印信之前增“南京”二字，北京才算又恢复为京师。

宫殿的存在与否，直接影响到京师的名称。阮安参与宫殿营建，不仅反映出他得到皇室的信任程度，自然也说明他在工程建筑中的地位，在一定程度上也说明了他的才干。现在可以得出结论：阮安，他与修建崇福寺的宋文毅，不仅是越南同乡，也是同一时代人。他们活动的主要年代是正统年间。不过，两人相比，从阮安所主持参与的工程等级再与“善谋划，尤长于工作之事”等记录联系起来推测，他不仅是参与主持监督、筹划管理诸项，还可能是个懂得技术的太监。这些也许与宋文毅不同。

言及三殿，还可补充说明一点：永乐十九年（1421年）三殿建成，当年启用，当年又焚毁，至正统六年（1441年）再次建成，时间已经相隔二十年了。此次建成的三大殿，至嘉靖三十六年（1557年）再次焚毁，又再次修建，这是历史后话了。这京都中心的三殿，又何其不幸乃尔！

宋、阮之来北京

寺庙之修建有越南太监，营建城垣有越南太监，明代宫廷之中究竟有多少太监来自越南？他们何时来的？又通过什么途径而来呢？这些问题也只能讨论、推测，一时还不易作出明确结论。

法源寺现存明代修建崇福禅寺石碑二通，均记当时修建事，内容虽有小异，唯记载宋文毅倡建、诸多太监协赞事是一致的。前一碑记协赞太监姓名有阮民福、黎文遥、杜可隆三人。后碑记：“所谓同志者，曰张文铎、曰黎文遥、曰吴得、曰陈安领、曰阮民福、曰杜可隆。皆尝助之资。”两碑同记协赞事，后碑在阮、黎、杜之处又多出张、吴、陈三人，这说明协赞太监至少六人；前碑又记：“文毅等生长交南”，宋是越南人是明确的，“等”字指谁？不言而明，阮、黎、杜、张、吴、陈都是越南人。这只是碑文所记，前碑之后，又列出助银太监百余人，如果以所列阮、黎、牡、张、吴、陈为越南大姓作特征据以推测，列名此大姓者甚多，要说他们不见得是全部而大部来自越南，也许距事实不远。宫中越南人又何其多也。他们来到宫廷的时间，碑文有记载。“永乐中选入内廷，遂蒙眷遇”，永乐时入宫，记录明确。但年龄不详。

男子净身进入宫中服务，是谓太监，但阉割手术多在少年时代进行，这是通例；中年被阉入宫者少见，当时的情况如此。细审后碑碑阳录皇帝谕旨时间为正统十年（1445 年）；碑阴刻铭下年代字迹有剥蚀，原文为“□□□□庚午五月五日司礼监宋文毅立石”，庚午为景泰元年（1450 年），假定宋文毅少年净身在永乐五年（1407 年）前后，立碑之时，他年龄约在五十岁左右了。宋文毅如此，这一批越南太监也当大致如此。

阮安的入宫时间，不见于记载，但可以推测。他参与的是皇家大工程，非同一般，显然非少年太监所能担承，从《英宗实录》看，他参与的最后一次工程活动时在正统十四年（1449 年），假定他当时年龄与宋文毅相若，在五十岁左右，其净身入宫也当在永乐五年（1407 年）左右。

把入宫年龄设定于永乐五年，不是凭空设想，而是文献给予的启示，也是历史显示的一条线索。

安南，明代初年，即为属国，常有贡使往还。永乐五年六月改称交阯。永乐四年时，两国交恶，明朝派总兵官张辅率军征讨；也是永乐四年，太宗朱棣接受营建北京营殿的建议，永乐五年，大规模营建开始。建都急需多方面人才，营建也需多方面的准备，京都初建，北地荒凉，恰逢此时，大军正远在交南。如果看一看下面的史料，无疑会把两个事件联系起来。《明实录·太宗实录》载：

一、永乐五年二月癸巳　敕征安南总兵官张辅：克安南之日，其境内才德贤知之一及有一善可陈一艺可用者，广为询问，以礼遣送北京。[①]

二、永乐五年九月癸酉　征交阯总兵官张辅，遣送交阯诸色工匠七千七百人到京。上命：南土远来不耐寒，命工部悉给棉衣。[②]

三、永乐五年十月丁亥 征交阯总兵官张辅奏：访举交阯郡县怀才抱德、明经能文、博学有才、聪明正直、孝悌力田、贤良方正、练达史事、明习兵法及材武诸色之人，凡九千人，陆续遣送赴京。上以各月气寒，南荒之人不耐，以棉衣、鞋袜，即途中赐之。[③]

四、永乐十一年五月乙巳　交阯工匠百三十余人，以妻子至京，命所司给钞米、衣服、居室，病者与医药。[④]

从以上四条史料中，针对当时宋文毅、阮安等人的年龄，哪一条更适合他们来京的情况呢？第一条是征调越南人材，可以除外；第三条是要求要一技之长者，第二四条都是征调的工匠。彼等以少年之身至京，与上述四条均不合。如以年龄言，极有可能是作为工匠子嗣儿辈到京，要么就是作为俘虏到京以后净身入宫的。

如果以上推测属实，而当时又有没有什么环境、机遇，从而促使他们——特别是阮安，接近营建事务呢？或者为他们提供一点条件？历史典籍，也

① 《明实录·太宗实录》卷六四，第2页。

② 《明实录·太宗实录》卷七一，第6页。

③ 《明实录·太宗实录》卷七二，第1页。

④ 《明实录·太宗实录》卷一四〇，第4页。

提供了一点线索。《明实录·英宗实录》卷一〇三记：

正统八年四月乙未工部右侍郎黎澄，年七十，应致仕，上疏乞留用。上怜其交阯远人，从之。[①]

工部是管理营建的最高机构，越南来的黎澄是工部的负责人之一，与阮安等同籍，一在宫中，一在部内，在工程管理上，材料、技术上，互有关照，也说不定。至少是互有联系，相互玉成吧。这又是推测。

但是，它却为我们提供了另一线索。从史料看，这位黎澄，一定是永乐初年以工程技术或营建管理人员到京，他曾参与永乐时的宫殿、衙署等营建，当无疑问。他正统八年（1443年）七十岁，永乐五年（1407年）或十一年时约三十多岁，而当时正处于幼童的阮安等，则没有可能参与永乐时的大工营建了。反之，如果阮安等当时是以三十多岁之工程或管理人员至京，年龄已长，则不可能净身成为太监了。

余记一则

文字草就，意犹未尽，又想到黎澄。这位越南人，正统八年，不愿退休，请求留任，得到了批准，可惜，又过了三年，他去世了。《明实录·英宗实录》卷一四三记：

正统十一年七月丙子工部尚书黎澄卒。遣官致祭，命有司营葬。[②]

尚书是部长官。明制尚左，左侍郎为次官，右侍郎再次，三年之中，黎澄从右侍郎一跃而为尚书，生前越级升迁，死后有司营葬，获得殊荣，不可能只因他是远道而来的越南人，主要当是他的功绩所致。他究竟又有哪些贡献呢？有没有什么遗存、遗物留下来？一无所知。“命有司营葬”，按理说，墓地应在北京，墓地在哪里？又一无所知。

---

① 《明实录·英宗实录》卷一〇三，第4页。

② 《明实录·英宗实录》卷一四三，第4页。

宋文毅、阮安等，万里而来，为北京营建作出了贡献。他们少年净身，不可能有子嗣，但可能留下墓地。墓地又在哪里呢？多少年来，在文物调查中，考古发掘中，曾留意及此，想寻觅一点有关他们的墓碑、刻石之类资料或其他实物，但无所获。文献记载，阮安在工程毕工后有《纪成诗》，尝有留意，亦无所得。呜呼惜哉！

原载《首都博物馆丛刊》1983年第8期

北京历史上的卫星城

大城市周围，适当地布建一些小城镇，犹如群星拱月一样，这些小城镇，常被叫作卫星城或卫星镇。大小城镇，相互依存又互为补充，以便协调发展，这当是大城市发展的前景之一，国外的城市建设，已经出现这样的趋势。

北京是我国的首都，也是我国著名的历史古城。新中国成立后的城市建设，有了很大的发展。但是，古老的城市布局，又往往不能适应新的建设形势，特别是在“四化”建设高潮中，问题就更为突出了。据闻，为了解决这一问题，城市规划部门已经有了建设卫星城的初步规划。它既能保存文化古都的历史面貌、文物古迹，又将开拓新的市区，更利于今后建设事业的大步前进。从首都建设的长远利益着眼，无疑这是一项具有战略意义的重大措施，是令人高兴的。

关于北京历史上的卫星城，这里仅就文献的零星记载，做一些初步探索；作为北京地区历史的研究工作，这是一个新的课题，有待于今后不断地补充、修正；在当前，古为今用，贯彻中央对首都建设方针的四项指示，对首都卫星城的规划设计，也许有可资借鉴的地方。

金代中都的卫星城

北京古称蓟，是战国时燕国的首府，城址位置，目前还不清楚。能够确定位置的是晋代的蓟城，它位于今北京城的西南侧，已为今天的考古发掘与出土文物所证实。[①]

唐代时北京叫幽州，兼称蓟城，城址相因，并无变动。辽代于会同元年（938 年）改建陪都，称南京，又沿用了唐幽州旧城，并营建宫室于城内西南部。金代建国，仍使用辽旧城，于贞元元年（1153 年）定为中都，城墙有所扩展，比之辽城面积扩大了，也于城内营建了宫阙。卫星城的出现，正是在金代建都之前开始的。《大金国志》载：

初，忠献王粘罕，有志于都燕，因辽人宫阙，于内城外筑四城，每各三里，先后各一门，楼橹城堑，悉如边城，立仓厫、甲仗、库所，各穿复道，与内城通。[②]

我国历史上的城市建筑，常常采用重城的形式，外面的城叫郭城，大城，外城或外罗城。里面的城，叫小城，内城，或子城，帝都又常常有皇城，宫城等等。忠献王粘罕建立的这四座三里小城，当时叫作“子城”。但是，不论它叫子城、小城、内城或其他名称，以布局形式论，又绝不同于传统的子城形式。这四座城，分布于辽代内城宫阙之外，独立而城，互不连属，完全符合于近代卫星城这一布局形式，因此，应该叫它卫星城，或者，至少应该说是卫星城的雏形。

四子城建筑之确切年代，史无明文记载，但它早于金代之建中都，是

---

① 1965年7月，北京西郊八宝山革命公墓出土晋《王浚妻华芳墓志》，志称：“假葬于燕国蓟城西二十里”。见《文物》1965年第12期。

按：《晋书·地理志》，幽州统郡国七，县三十四，燕国为其一，蓟为燕国首县。志载葬于蓟城西二十里，从葬地东望二十里，即为蓟城。又1974年于北京城西南侧白云观西侧作考古发掘，得土城西北角残址，据华芳志，此残址当为晋蓟城遗址。

② 《大金国志》卷二二，宋宇文懋昭著，国学基本丛书本。

按：此段记载又见于宋张师颜《南迁录》，丛书集成本。二书文字略同，唯《大金国志》作“于内外城筑四城”，《南迁录》作“于内城外筑四城”，从《南迁录》。

可以肯定的。《大金国志》又载：

及海陵炀王定都，既营宫室，欲撤其城（四子城），翟天祺曰：忠献王是开国社稷元勋，措置必有说，乃止。[①]

金主海陵王完颜亮建立中都，时在贞元元年（1153 年），这时四子城已经建好，完颜亮要拆除它，由于翟氏的建议，没有拆除而被保留下来了，这就可以说，筑城之下限年代不超过贞元元年，即 1153 年。

四子城建筑之初，门墙楼橹具备，仓厫甲仗库所齐全，显然是为了战、守，其建筑意图是为军事目的服务的。金代末年，确实也经历了一场战斗，而且，在攻战中，也的确发挥了不小的作用。

大安三年（1211 年）十二月，蒙古骑兵进攻中都，金人充分利用四子城，作了相应的战守准备，疏散人口，囤积物资，准备迎战。同书记载：

命富室迁入东子城，百官家属迁入南子城，宗室保西城，戚里保北城，各分守兵二万。

分京畿诸将毁在城桥梁，瓦石悉运入四城，往来以舟渡，运不及者投之水，拆近城民屋为薪，纳之城中，凡城市有储蓄，纵其搬入子城内，不许闭。[②]

战斗先后共两次，一次是在大安三年，一次是在崇庆元年（1212 年），蒙古兵进攻，金人防守，都是以子城为阵地进行。战斗相当激烈，登楼架屋，纵火烧杀，刀枪火炮，在内城与子城之间，演成了巷战。四子城最初之建筑设计，从布局到设备，都是为战斗作准备的，这次它真的遇到了战争，也经受了战争的考验，赢得了胜利，达到了设计的目的。

如果仔细分析这次战争，金代老弱的军队，敢于和强悍的蒙古铁骑抗衡，而且最终取得了胜利，固然与蒙古铁骑常常不以占领城市为目的有关，另外，金人充分利用了四个子城，做了必要的准备，占据了有利的战斗位置，也应是主要原因之一。

可见，北京历史上的卫星城，在一定时期发挥过一定的作用。

---

① 《大金国志》卷二二，并见《南迁录》。

② 《大金国志》卷二二，并见《南迁录》。

明代卫星城建设规划的产生

金代末年，中都城遭到了严重破坏，残破不堪。元代至元四年（1267年），在中都城东北又另建新城为京都，称作大都，城周六十多里，略作南北长方形。明洪武元年（1368年），徐达攻下大都，以都城北部空旷难以守护，将北城墙南移五里，形成今天北京北城墙的德胜门、安定门一线。大都南城墙原在今东、西长安街一线上，到永乐十七年（1419年）又往南移二里左右，形成今天贯穿宣武、正阳、崇文三门的城墙。东、西两面的城墙，基本上没有变动，只是两墙南端向南延伸，与南墙连接，形成今天北京内城的规模。南面的外城，则是建于嘉靖年间。

还在正统十四年（1449年）时，我国北部崛起的瓦剌围攻北京城，由于于谦等人领导军民奋战，使北京得以保全，嘉靖二十九年（1550年），俺答又一次兵临城下，使京都再次处于危机之中。鉴于两次危机，于是兵部尚书聂豹等人提出了增筑外城的建议，并且还做了实地勘察。原计划是在北京外面增筑外城七十余里，与城外的一些旧城遗址连起来将原北京城围住，后来，因工程浩大，财力不继，只筑了南城一面，约十三里左右，便于嘉靖四十三年（1564年）收工了，这是今天北京南面外城的来历。

嘉靖年间再筑外城，只完成南城一面，即便全部完成，严格来说，也绝不是卫星城，充其量只不过是半个重城而已。到万历年间，以北京的两次危机为历史背景，完整的卫星城的建设规划应运而生了。

明代卫星城的具体规划

万历二十年（1592年）七月，大学士张位，一位江西人，上书神宗皇帝朱翊钧，正式提出：

臣以为：近京周围十里，宜卜水土要害，特建辅城四，以卫京师。每城置兵万人，内设营房，外设教场，照常操练，声犄角。[①]

张位建议建立四座辅城，地点在北京周围十里左右，水土要害之处，虽然叫作辅城，就其建城位置而言，这又是卫星城无疑。而且“置兵万人，以卫京师”，同样也是出于军事上的考虑。不论它是否受到金代卫星城的启发与影响，从分布形式看，它又将是金初卫星城的再现，只是时代不同，名称叫法各异，金代叫“子城”，此时叫“辅城”，如此而已。

对于辅城的设置，张位还建议作多方面的考虑，并提出了具体措施：

城内多贮刍粮，再设宪司文臣二员，监操督饷，兼储边材，量拨近地，给军耕耘，四隅联络墩堡，以资守望，周围开沟植树，以扼戎马，此国家强本之图也。[②]

张位对卫星城的规划设计，不仅仅限于建筑城池、营房、墩堡、囤积物资、开辟教场等，而且从实战出发，又提出了与卫星城相适应的一系列完整的耕战计划，植树开沟，耕田种粮，要作长期打算，使卫星城的设置更加完备，使卫星城的作用，也将有进一步的加强，从而使其实用效果，也就进一步发展、提高了。

由于明代中叶以后，军队素质下降，官将腐败，指挥系统紊乱之故，围绕着卫星城的规划，对指挥系统、兵丁来源，张位还提出了具体意见：

遵照五军旧制，以三大营官军为中军，其四城应拨官军各万，或取京卫京营各屯余丁，选精壮以充数，择五府官知兵者统之，听戎政大臣节制，将领一视大营。[③]

张位将辅城的建筑规划画成了图样，上达朝廷，得到了万历皇帝朱翊钧的赞赏。并且也初步决定，于京郊六里屯、八里屯施工建造，但是，同历史上任何先进事物的最初出现一样，也遭到了一些人的非难、反对。加之“国储匮乏”，终于停止下来。不久，张位去职，这个计划，再没人去理会、

① 《明实录·神宗实录》卷二五〇。

② 《明实录·神宗实录》卷二五〇。

③ 《明实录·神宗实录》卷二五〇。

过问，一个完整的卫星城的设计规划，就这样成为北京历史上的一页文献而告终了。

但是，在北京地区历史上，以北京城为中心，以两次遭到外族围城为背景，因地制宜，适应需要，作长期打算，提出这样一个完整的卫星城规划，在当时的历史条件下，应该说是一个了不起的杰作，是难能可贵的。

小结

北京历史上，不仅有过卫星城的实践，也有过卫星城详尽的设计规划。从 12 世纪中叶卫星城开始出现起，到 16 世纪末叶再度提出规划止，随着时代的进展，就其内容来讲，也在不断发展，不断丰富，其实践意义，也将不断随之而发展、提高。但是，有关的遗址、遗物，特别是有关金代卫星城的遗址，作为首都地区的考古工作者，我们曾经给予密切注意，但迄今仍没有发现任何有关的线索与实物，因而，对其定位问题，也就不易解决，这就不能不使人感到遗憾了。

此外，还应提到，明代万历以前，也曾有人（丘濬）提出过建设四座“辅城”的意见，它是以京东永平（今河北卢龙），京西易州（今河北易县）、真定（今河北正定），京南临清（今山东临清）为四辅城的，以距离北京较远，不属于今天卫星城的概念，这里就不再讨论了。①

原载于《首都博物馆丛刊》1982年第1期

① 见沈德符《万历野获编》卷二四，四辅城条。

记《明实录北京史料》

《明实录北京史料》是《明实录》中北京地区明代各类历史资料的摘编总汇。全书约二百万字，分四册精装，即将由北京古籍出版社出版。它对北京地区有关明代的历史资料将提供很多不易看到的新材料，对北京史的研究是个促进；在当前修志高潮中，对纂修北京地区各类方志，也将提供很多方便。作为本书主编，兹将有关情况略记于下。

一

我国古代史籍浩瀚，品类繁多，《实录》是其一类。记载皇帝在位期间大事的官修编年史被称为《实录》，初见于梁代周兴嗣撰《梁皇帝实录》三卷，记梁武帝事，惜其书不传。唐初，温大雅撰《大唐创业起居注》后，房玄龄、许敬宗等撰编年体《实录》。嗣后每帝嗣位，撰先帝《实录》成为定例，后世因之，唯书存世者甚少。唐仅存《顺帝实录》、宋存《太宗实录》，多属残卷，独明清两代《实录》尚存留世间。

同历代《实录》一样，《明实录》也是有明一代朝政大事的官方总录，历明代二百余年先后由重臣纂修而成。包罗内容极为丰富，举凡明代的政治、经济、军事等举措、营建设施、文化活动、社会生活、民族关系、中外交往、自然灾异和帝王巡狩、婚葬、祭祀等都有记录，诏令奏议、人物事迹也偶有记叙，全书二千九百二十五卷，总计一千六百余万言。如此一部宏大的官方史事记录，虽然史臣偶有曲笔或间有改篡，但当代人记当代事，无疑能从多方面反映明代史实，因而它史料价值极高，一向为中外学术界所重视。然而它卷帙浩繁，三千卷的大书检阅又确属不易，所以不少研究单位或学人又曾按专题或地域分类摘编，辑录成册，以利使用。近年先后有单位从中摘录了云南、贵州、西藏等地史料成书问世。台湾也从中摘录闽海史料，香港摘录东南亚史料，日本也摘录满蒙史料，冲绳史料，相继成书。我们继其后，再从中摘录有关北京部分，定名《明实录北京史料》。原书为抄本，繁体字，无标点，按朝代、年、月、日记事，今摘录有关事项仍按朝代、年、月、日排列，仍用繁体字，加标点，并作分类索引。摘录底本用梁鸿志影印江苏国学图书馆藏本，注出卷数、页数，并与台湾中央研究院藏影印本对照注明其卷、页和顺序页码，并将其校勘记引入。

二

摘录工作涉及北京的建都时间与地域范围等问题。

北京在明代为京师，府名顺天，领五州二十二县，除大兴、宛平二县附郭外，州计通州、霸州、涿州、昌平州、蓟州等，县计漷县、三河、武清、宝坻、东安、香河、文安、永清、大城、保定、房山、良乡、固安、密云、怀柔、顺义、玉田、丰润、遵化、平谷等；北京又是今日首都，建北京市，市区包括城郊十八区县，区计东城、西城、崇文、宣武、朝阳、海淀、丰台、石景山、门头沟等，县计昌平、怀柔、密云、房山、平谷、延庆、顺义、通县、大兴等。古今两都，都叫北京，区划不尽相同，今天北京市的城区大抵是明代大兴、宛平两县属界，而郊县与顺天府州县相较，有些由州改县或县降为村镇，名称相同，辖区有变化，大体上看，今天的市郊县虽然多了个延庆县，但区域比之明代顺天府要小。考虑到古为今用，史料摘录地域范围遂以今市区为主，兼及明代顺天府区。即今属市区县范围者必录，区县之外，原属明代顺天府范围者酌录。如此，则今天京郊周围的天津市和河北省不少属县亦包括在摘录范围之内了。

明代北京周围地区设有不少军事卫所，虽然名称、驻地多有变更，但与北京关系密切，也在酌录范围，再加上帝王巡狩、战事防守、攻击、关隘修筑、民族往还等，为了历史事件的完整性，有时酌录范围就更大些，远远超出今日北京市与明代顺天府之地域范围。

朱元璋建立明朝，以南京为京师，将元代的大都府改为北平府，朱棣夺得帝位，于永乐元年（1403 年）改为北京，称顺天府，后又营筑宫殿，至永乐十八年（1420 年）诏令建为京师，北京为京师直至明亡。书名“北京史料”，北京的名称虽然始自永乐，但改称之前有关北平府的历史资料在摘录之列，自在情理之中。明代的北京，对外交往频繁，使节往还不断，域外交往的史料当然要收录，但明初的南京，建国伊始，域外交往也不少，如何处理呢？考虑到史料的连续性、完整性，将明初南京的域外交往史料也一并摘录了，从时间、地域讲这是一个例外。

三

北京在明代是京师，京都所在宫殿、庙坛、园囿甚多，又为政令所自出，衙署林立，冠盖如云，这些都显示着京都的特点，与此相联系，摘录工作也就出现问题。例如，中枢机构、人员、设施、活动与地区如何区分？是否全部纳入北京史料？如果分开又如何取舍？这些问题在不断实践中确定了一个原则：政令属全国者不录，涉北京者酌录有关部分，凡属中枢的建筑、设施之类录出，与此相关的事项酌录，酌录中又宁可多些、宽些、远些。例如:宫殿、庙坛、陵墓、衙署等，其营建、修缮、设施用材、人员等均摘录，有关祭祀之礼仪等则酌情录入或略去，又如：明代重九边，对边墙及隘口之修筑、守护等既多又详，如果仅隶属于北京范围地段，不仅不能见全貌，且大大降低史料之实用价值，因此，在酌情中就尽量扩大酌录地域，随墙延伸得稍远些。类似的情况也如此，如正统时期的“土木之变”发生在怀来县的土木堡，其地不属顺天府，今天也不在北京市属界内，如果不予摘录，稍后的瓦剌大军围逼北京、于谦的保卫京师之战等这类北京的重大历史事件就极不完整，而有乖于摘编之原意，为此，摘录之范围就必须扩大些。类似的情况也还不少，历史的情况千差万别，斟酌情况也不易作出统一规定，但酌情也有限度，类似的人物事迹即如此：凡人物籍隶北京者录入，其事迹在京者亦录事迹；又有事迹在京而不是京籍者，则录其事迹。

《明实录》中有时记气象，这是其他文献不易见到的，十分可贵，而在明代中叶尤多。如记某年某月某日“京师大雨”，在永乐之后的京师，当然是指北京，但有时不记京师，只记某年某月某日大雨而无“京师”字样，这又是否是北京呢？我认为，永乐之后所记某年某月某日的风雨阴晴等出现于实录，只要没有特意指明某地者，皆指北京而言，这是因为记录人在北京，所记应是北京情况，因之也摘录入编。

四

摘录工作涉及版本问题。

本编所用底本，用日本侵华期间南京伪政权梁鸿志影印江苏国学图书馆藏抄本（简称梁本），实因摘录工作开始较早，当时大陆仅有此本流传。20世纪60年代后期，台湾中央研究院历史语言研究所影印国立北平图书馆藏红格抄本（简称台本）传入大陆，又经影印，流传甚广，台本又用畸零散叶并多种版本对勘，有校勘记，校记也至为精详，遂把校记也引入本编，这大大增强了史料使用的方便，也使本编别具特色。台本校勘所据版本计有：广方言馆本、抱经楼本、北京大学本、内阁大库旧藏抄本、礼王府本、万历起居注、嘉业堂本、中央图书馆藏内府写本、国立北平图书馆藏安乐堂本、天一阁本、高阳李氏看云忆弟居钞本及各朝宝训等，台本校勘引据版本虽多，惟不用梁本，这就出现一个问题：台本校勘是以北平图书馆红格本为底本，今把校勘记引入摘录之梁本，校勘记之原文有的适用，有的则不能适用，不适用者引文时就须改变原文语气，再加按语说明，本来都是台本校记，有的用原句，有的不用原文，虽然都用方括号表明，阅读或摘编毕竟都添了一层麻烦；台本校勘不用梁本，今摘录用梁本，又有字句与台本互异而无校勘记者，凡此，我们也予以注出，为别于台本校记，就用圆括号表明，这算是我们此次摘编工作中特有的项目之一了。

五

与其他同类《明实录》摘编的成书相较，本编成书较晚，但肇始甚早，首倡于明史专家吴晗先生，中间经历了一段曲折过程。

1956年春，我在京郊昌平县十三陵发掘定陵，吴晗是副市长，又是明陵发掘的发起人之一，常到现场检查工作。他见我在查阅《明实录》，就提出来要我在检录明陵史料的同时，把有关北京的历史资料也予以摘录。但因工作量大，又迫于现场忙碌，未及动手。同年秋，他在北京大学开设“明清史讲座”，特地通知我和同我一起工作的刘精义听课，课堂上他讲述了早年从朝鲜文献《李朝实录》中摘录有关中国史料的情况，近来《李朝实录中的中国史料》出版，计十二本，又谈到前辈学者孟森教授利用《明实录》与《李朝实录》完成《明元清系通纪》，用于研究清室祖先建州女真之历史事实等成果，并给予高度评价，这使我们对《明实录》之史料价值有了进一步认识，在他几次的催促下，我与刘精义开始摘录。但进展极慢。1958年定陵发掘结束，我下放农村，三年后再回原单位——北京市文物调查研究组。文物组受吴晗领导，他又是历史学家，关心北京文物工作，经常到单位看看，每次见面都问我《明实录》摘录情况，我只好回答仍在摘录，其实，这类工作不是我的业务方向，又不能列入业务计划，在上班时间不能摘抄，早已丢下不干了。也许他觉察出我在应付他，有一次他告诉我，到一定阶段文稿要送他过目。这一下我慌了手脚，很长时间是连夜地摘录，其实文稿送给他时，他连看也不看一眼，却一个劲找话题同我聊天。问我晚上几点钟睡觉，睡晚了饿不饿等等。我很奇怪，好像他了解我临时开夜车的秘密，连忙解释：工作不能列入计划，只能牺牲业余时间在晚间、节日、假日来做。这些话他像是理解，又像不理解，只是在书房中来回踱步。突然停步对我说：你学考古干考古当然可以，现实的北京没有甲骨商周，你怎么办？遍地辽金元，明朝是都城，遗物更多，你身在此地，为什么就不能考？这些好像是针对几年来我的业务思想而发，而且击中了要害。他又说，打个比方，我每夜十二点睡觉，你要在业务上赶上我，恐怕也要十二点再睡，要想超过我，怕是要夜里两点或四点再睡了！这些话我先前听到过，今天单独对我讲却是第一次。话说得不多，像上级对下属、师长对学生或家长对子侄。也许是觉得话太严肃了，临别时又拍拍我的肩膀笑着说：青年人爱做梦，该醒醒了吧！又像是同辈开玩笑。话是真情至理，烙印心腹，铭刻很深。久久地思索之后，不再把摘录视为额外负担，仍旧是晚间作业，从不间断，文稿盈数尺，不断送到北长街他寓所书房中。不幸啊！“文革”来了，吴晗被抄家，扫地出门，文稿全部散失。吴晗死于冤狱，人逝去了，我也下放农村，一去好几年，那些话却铭刻得更深，好像也更为严肃，我感到欠了领导或师长一笔人情重债。1980 年我再到定陵编写定陵发掘报告，白日整理器物，夜间器物入库，《明实录》的摘录工作又重新开始，并邀了一起工作的中国社会科学院考古研究所的王岩参加。所用底本仍是二十多年前那套梁鸿志影印本，时间又仍是晚间工作，也算巧合。定陵远处京郊，地僻夜静，进展顺利，只是全部手抄，又是繁体字，工作量甚大，一时仍不能毕工。

1984 年为吴晗诞辰七十五周年、逝世十五周年，他生前曾任北京市历史学会第一、二届会长，学会开会纪念，出版他的学术论著选集，清华大学建“晗亭”纪念，由邓小平题字。我时任学会理事，受学会委托在首都博物馆举办“吴晗纪念展览”。预展时，他的胞妹吴浦月来了，我指着展品逐项解说，她仔细观看，默默不语，在讲述到他参观定陵发掘现场的照片时，随口道出了他生前曾要我摘录《明实录》文稿散失我又一时不能完成而感到内疚时，万万没有想到，当着很多人的面，她突然扑到我身上，抱着我的头号啕大哭，并要我克服一切困难完成遗愿。我毫无心理准备，一时不知所措。我还没来得及再作安排，也还想问问她的意见时，又没想到，没过多久，吴浦月又去世了。再没人来催促我，我也不能再向谁问问意见，人情债又大大加重了。首都博物馆的工作岗位，使我无法完成嘱托，我写报告辞去馆长职务，申请退休，又邀请了北京市文物研究所的刘卫东协助，至 1989 年终于完成全部文稿与索引。

文稿完成后，向北京市哲学社会科学规划办公室作了申报，请求列入规划，资助出版。办公室邀请了历史组专家进行评议，专家们一致同意列入规划，但又提出意见认为：近年台湾影印本《明实录》传入大陆，台本有校勘记，应予补入；又应将台本卷、页和顺序页码一并补入，以便对照。接受诸评委意见，对照台本补齐卷、页与校记，由北京史研究会长、北京市社会科学院研究员曹子西先生写了序言，并联系北京古籍出版社出版。由20世纪50年代开始的这一工作，断断续续前后历三十多年终于完成。吴晗先生暨其胞妹地下有知亦可瞑目了。

在与出版社的接触中，我曾告诉社中同仁，市场上已经有《明实录类纂·北京卷》出售，内容性质相同，这对我们《明实录北京史料》的出版、销售会否产生影响。他们表示：市场上有同类书出现，我们早已注意到，但我们相信：市场竞争，主要在质量，此类工作，由熟悉北京历史与长期从事北京史地调查研究工作者来做，与非专业者相比，肯定质量会好些或减少错误；再说，古籍摘录用繁体字，有校勘记，又有分类索引，用这些同兄弟出版社竞争，显然我们占有优势。至于销售，广大读者自然会作出选择，也会作出评价。

我倒觉得：从古籍中摘编资料，不能说是严格意义上的研究工作，要对内容的理解、选择、编排做到准确无误，也的确是不易做到的。本来，减少错误是我们的愿望，出版社作这样的评价，只可视为对我们的鞭策，愿望不见得是事实，这些，就要请广大读者不吝赐教了。

原载于《北京文博》，1995 年第 1 期

两吉女中与《北京市志稿》

晚报载文《琼瑶与北平两吉中学》，作者述及台湾女作家琼瑶与两吉女中的关系，并深以查不到该校情况为憾。据我所知，《北京市志稿》文教志有记载两处，有文有表。检录如下：该校创于民国十一年，前身系国立北京女子高等师范附设高等补习班。初改名京师私立女子两级中学，设初高级班，教育部每月津贴500元。民国十九年改名私立两吉女子中学校。校址在后门东黄城根20号，电话1587……民国二十六七年时，初中设一二三年级，高中设二三年级，共女生五班，学生120人。职员男3女2，教员男13女8。民国二十年时经费27920元，至民国二十六年为5000元，次年2500元……民国二十八年暑期停办。

记录两吉女中的《北京市志稿》，是北京沦陷期间日伪市政府组织编写的一部大型北京地方志。今由燕山出版社分13册出书，已出数册，尚未出齐。据序言介绍，编纂始自民国二十七年（1938年）秋，一年完成。凡例虽规定上起三代，下迄当世，实际重点在于光绪之后至民国年间，实因此期搜集资料比较容易之故。尽管其编辑初衷不无粉饰升平之意，客观上它却反映了这一历史阶段北京各方面的情况。《志稿》大量引用当时政府档案、公文、公报、各种章程、统计表、一览表等，并注明出处，这就相对地增加了它的科学性。

关于《志稿》的流传，因工作关系，有过一点接触，愿略作介绍。1953年前后，中央文史馆夏仁虎先生将《志稿》捐献北京市。吴晗副市长批示文物调查研究组接收，由研究员侯堮办理清点，时我年轻协助搬运。侯先生询及书稿来历时，夏先生只说是日伪时期旧存，不作多答。书稿便长期在文物组存放。1979 年，首都博物馆、文物研究所同时建制，两单位分书，稿归研究所入藏。此前，我曾两度翻阅，书无序跋，仅见“前事志”，史事简略，抄写草率，且多旧志所摘，误以为是夏仁虎（即枝巢子，曾撰有《旧京琐记》等）请人摘录者，未予重视，唯仍以不能了解其成书背景为苦。不意 1985 年前后，在北京史研究会一次年会上，偶然听到中央民族学院苏晋仁教授的发言，谈到《志稿》的编纂过程。原来苏先生即编纂人之一，当时年方 29 岁，而今已是古稀之龄了。夏仁虎也曾参与编纂，献稿时不愿多作介绍，显然是时刚解放，心存顾虑之故，保存、捐献，功不可泯。疑团冰释了，也顿然意识到它是继光绪《顺天府志》后至民国时期、“卢沟桥事变”前后反映北京全面情况的一部大作，其重要性不在古史的考证而在于尔后史事的实录。文物研究所所长于杰同志，当时在座，亦有同感，并认为随着时光的流逝，将越发显示其重要性。事后，于杰又邀请苏先生详谈，再度检视原稿，并立即组织所内陈汉玉、刘精义、于光度、孔祥利、刘卫东诸同志整理、点校，申请列入北京市哲学社会科学“七五”规划项目，资助出版，又请苏晋仁先生作序，由北京燕山出版社出书，使这一尘封多年的鸿篇巨制，终得面世。值得一提的是，主持审订、通读《志稿》的于杰同志并未能目睹全稿出齐便溘然长逝了。不过，这一书稿如能在今后社会主义文化建设中发挥作用，我想，老友地下有知，也当会含笑瞑目的。

都水监衙署考信札[①]

监者，潭侧，北西皆水。厅事三楹，曰善利堂。东西屋以栖吏。堂右少退，曰双清亭，则幕官所集之地。堂后为大沼，渐潭水以入，植芙渠荷芰。春夏之际，天日清朗，无文书可治，罢食启窗牖，委蛇骋望，则水光千顷，西山如空青。环潭民居、佛屋、龙祠，金碧黝垩，横直如绘画。而宫垣之内，广寒、仪天、瀛洲诸殿，皆岿然得瞻仰，是又它府、寺所无。至顺三年三月，宋本记。

这一篇文字十分重要，对都水监记录得十分详尽具体，十分难得，应该把宋本文集再翻一翻，有没有其他线索，可资参考。

1. 宋本文字简释

都水监衙署在水潭边，北面、西面远处都有水。大厅三间，厅名“善利堂”，东西厢房为办事人员用房。从大厅西面往后去有“双清亭”，是幕僚们文化活动场所。大厅的后面是大片水域，为潭水流入者，种植各种水生花卉植物。

① 《都水监衙署考信札》为韩永先生受北京歌华集团设计团队委托，向赵先生咨询三海地区都水监的情况，所提供的信札资料一则。中国古代以农为本，水利管理为国之要务。元代定都北京后，其都水监衙署的制度、形制，对于北京这座元明清皇都而言，有深远的影响。都水监衙署下辖的京杭人运河，是元明清北京城生存和发展的生命线，没有大运河漕运，就没有北京作为封建皇都的历史地位。赵其昌先生对都水监衙署的建制一直十分关注，本信札即是他对于都水监衙署的初步研究意见。今一并纳入文集，供后学者按该相关线索继续进行研究。

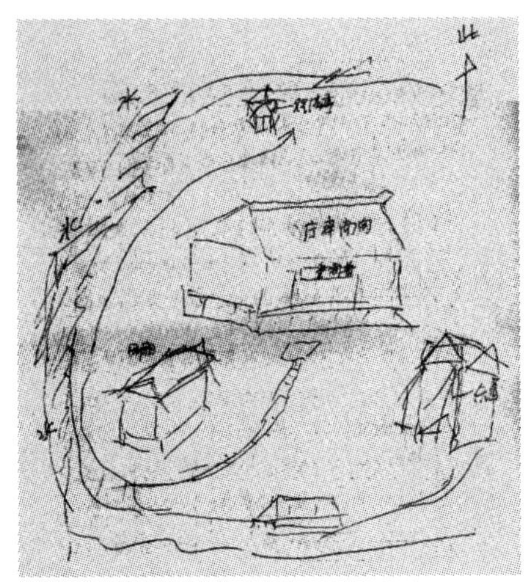

春夏时，天朗气清，推窗四望水光无边，可以看到西山。水潭四周，民居寺院排列如画。连宫垣的广寒、仪天殿等都能看到。

至顺三年，为1332年。

（1）此文的题目是什么？希望能看一看原文。监者，是否拾都水监？潭大约即积水潭？今日积水潭指什刹海后的水域。元代潭大，从此到今日德胜门北面双秀公园一带。

（2）厅事——即正厅、大厅，古时领导在大厅听汇报，叫听事，后来形成厅事，即大厅。

（3）堂右——元代右即西面。

（4）大沼——即大片水域。

（5）广寒、仪天、瀛洲诸殿——指今北海白塔山诸殿。

从文字可知，从厅事出来，往南走，往西往后往北去，有双清亭。双清亭在后面，大约是娱乐活动之地。后面是大片的水域。（约在今北师大一带。今日已看不到，即德胜门一带，但仍显示地势低洼。）

2. 注意：这文字说的元朝时情况：其位置绝不是今日郭守敬馆（汇通祠）。我觉得具体地点在今（汇通祠、德胜门）东面略北处。涉及一历史情况：

德胜门东稍北一带，是在元都城内，往北是一片大水域，永乐时打下大都，在今德胜门一线建一东西城墙，即今德胜门城墙，把大水域隔在城墙北面，有水为防线，防止元朝反扑。文献又记，“渐潭水以入”是指西面高梁河来的水流入城内处。这是大片水域入城的关键处。今德胜门东略北处，正是其地。新中国成立后德胜门东一线城墙下出土有衙署民居等，正在此地（首博元代龙纹壶正是此处出土）。可知这一带四周有民居、佛寺等，即文中“环潭民居、佛屋、龙祠，金碧黝垩，横直如画”，并可远望西山，也可看到今北海白塔，也与文献相合。

解放初期，德胜门东，城墙下出土官衙民居遗址，压在墙下，说明这一带地势略高，才有可能为都水监建衙。

3. 汇通祠（今郭馆）不应是元都水监址。汇通祠，建于明永乐时，为城墙改建后建，初称法华寺，又镇水观音庵，清乾隆时改为汇通祠。

4.《元史》记都水监（卷九十）二员（从三品），少监一员，监丞二员，经历、知事各一员，令史十人。奏差十人，壕吏十六人。从人员看正式官吏十几人，都水监十数间房大体够用。

图中文字：

今汇通祠

红线元大都城墙

明初南移，已废。

大约元代都水监址

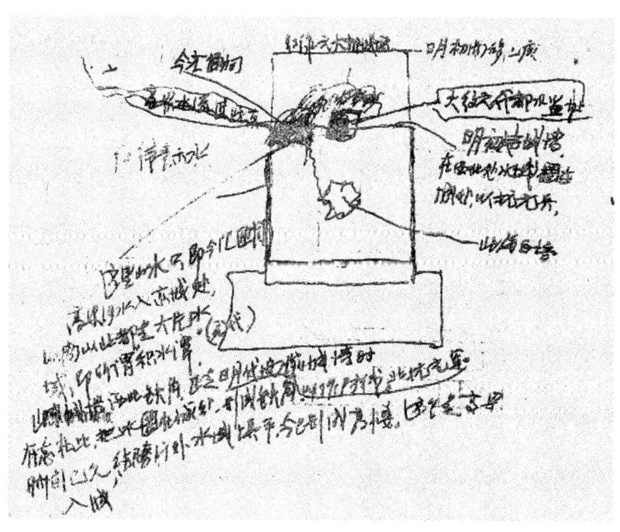

明初建城墙，在西北处水域围在城外，以抗元兵。

北海白塔

高梁水流进北京

红线表示水

这里的水口，即今汇通祠。高梁河水入京城处，以南以北都是大片水域，即所谓“积水潭”（元代），北京城墙西北缺角，正是明代南缩城墙时有意在此，把水圈在城外，以作防线，北抗元军，形成缺角。时间已久，德胜门外水域填平，今已形成高楼。这个是高梁入城。

读辽《王师儒墓志》札记

——兼话耶律俨《实录》

辽代《王师儒墓志》[①]，1957年出土于北京市西郊复兴门外公主坟北侧建筑工地（军直工程公司二零五工段），同时出土有其妻《丰国夫人韩氏墓志》，惟韩志仅见志盖，志底已失。志石是在工地完工后征集而来，墓葬有关情况不详，随葬器物也早已失散。志石现藏首都博物馆。

《王师儒墓志》不仅详细记录本人生平事迹，也记录了他修撰《辽史》的史实。史志互参，补正于《辽史》者不少，同时也引出一些新问题。

王师儒事迹记略

王师儒字通夫，是辽代著名文士，辽宋南北对峙中曾充任国信使聘宋，又数次充馆伴接待宋使，并修撰《辽史》。其事迹略见于《辽史》道宗纪，萧兀纳传一见，又散见于《宋史》苏辙传及宋人《文昌杂录》，李焘《续资治通鉴长编》与《辽诗话》等。关于修撰《辽史》，清人赵翼《廿二史札记》有关《辽史》条记：

历朝亦有监修国史之官，如刘慎行、邢抱朴、室昉、刘晟、马保忠、

① 见附录。《王师儒墓志》全文，陈述先生辑入《全辽文》卷十，中华书局1982年版，第291页。笔者据首都博物馆藏原石拓本核校，个别文字略有不同，今从原石拓本。

耶律隆运、耶律玦、萧韩家奴、耶律阿思、王师儒等，皆以此系衔，见各本传[①]。实际上此说不确。刘慎行、刘晟、马保忠、王师儒《辽史》皆无传。刘慎行附见于刘六符传（卷八十六），刘晟、马保忠为圣宗时人，王师儒道宗时人,其事略见于各本纪。其余数人皆自有传。诸多谈及《辽史》修撰者，多不涉王师儒之名，志石的出现，使他对《辽史》的贡献突现出来。现对其事绩略作梳理。

（一）生卒年月

志石不记王师儒生年，卒年志石文字有残损，只记“□□□□十一月十日感疾薨于广平甸公府，时年六十二岁。”只有年龄，生卒年不定，事迹系年不易排定，但据志石可以推断。

志石记 :“上以公四时左右诲正之十有八年，一日未曾远离。”又有“九年冬，道宗孝文皇帝以今上始出阁，封为梁王，命为伴读”。志文作于天庆四年(1114 年),这“今上”自然是指嗣皇帝耶律延禧,“九年”是大康九年(1083 年)。即耶律延禧初封梁王时，王师儒命为伴读，至卒时已十有八年。自大康九年下推十八年即乾统元年（1101 年）是王师儒之卒年，与上文“其年二月改元”之句亦相合。志石中“十一月十日”上面缺损原文当是“乾统元年”，据此亦可补齐。如此计来，享年六十二岁的王师儒，自乾统元年上推 62 年即生年。也就是说王师儒生于重熙九年，即 1040 年。卒于道宗寿昌七年，也即天祚帝乾统元年（1101 年），生卒年都落实了。与其平生经历，职衔均相符，生卒年无误。

（二）职衔

志石记，王师儒“向未十数年，清资要职，连至九迁”。今以志石为主结合文献，将行年职事列表系年，如下表所示 :

年代	年龄	职事	参照文献
重熙九年（1040 年）	1		

① 清赵翼著，王树民校证：《廿二史札记校证》，下册，卷二七七《辽史》条，中华书局1984年版，第583页。

续表

年代	年龄	职事	参照文献
咸雍元年（1065年）	26	举进士，特授将仕郎，守秘书省校书郎，擢充枢密院令史。	
咸雍六年（1070年）	31	加太子洗马，迁儒林郎，直史馆。	
咸雍八年（1072年）	33	授秘书丞，应奉阁下文字。	
咸雍十年（1074年）	35	加尚书比部员外郎，充史馆修撰。	
大康三年（1077年）	38	加朝散大夫尚书□□郎中。	
大康四年（1078年）	39	迁将作少监，知尚书吏部铨，改授堂后官。仍充史馆修撰。	
大康六年（1080年）	41	接伴宋贺正旦使钱勰。	见《续资治通鉴长编》元丰三年（大康六年）八月，史与志合。
大康九年（1083年）	44	以太常少卿乾文阁待制，伴读梁王。	《辽史》道宗纪四封梁王在大康六年，九年进为燕国王。傅异在十年。
大康十年（1084年）	45	命知制诰王师儒傅导燕国王延禧。	
大安元年（1085年）	46	出为南宋祭奠副使。	《续资治通鉴长编》元丰八年八月。《辽史丛考》列于七月，用衔史馆修撰。
大安二年（1086年）	47	召知制诰王师儒等讲《五经》大义。	《辽史》道宗纪四。
大安三年（1087年）	48	加谏议大夫。	
大安四年（1088年）	49	迁给事中，权翰林侍读学士。	
大安五年（1589年）	50	正授前职，仍加大中大夫。	
大安六年（1090年）	51	翰林学士，签诸行宫都部署。未周岁兼枢密直学士。	
大安八年（1092年）	53	加尚书刑部侍郎，知枢密副使，是冬正授枢密副使，阶升崇禄大夫，爵封开国公。	十一月戊子，以枢密副使王是敦兼知枢密院事《辽史》道宗纪五。此王是敦为王师儒之误。

续表

年代	年龄	职事	参照文献
大安十年（1094年）	55	改授参知政事签枢密院事，仍加散骑常侍。特赐佐理功臣。	十二月甲戌，以枢密副使王师儒参知政事兼同知枢密院事。《辽史》道宗纪五。史志略异，从志。
寿昌元年（1095年）	56	冬十月癸未，以参知事王师儒为枢密副使。	《辽史》卷二六，道宗纪六。
寿昌六年（1100年）	61	夏，削平章事，罢枢密中书省职。冬，诏赴广平甸行在，改授宣政殿大学士，判史馆事。	冬十月壬寅，以枢密副使王师儒监修国史。《辽史》卷二六，道宗纪六。
寿昌七年二月改元乾统（1101年）	62	正月道宗卒，充攒涂都提点。夏六月，改授诸行宫都部署，加尚书左仆射兼判太常。十一月十日感疾，薨于广平甸。	死后封赠不计。

（三）上疏赈灾

志石记：公任枢密副使时，适知燕民歉乏，力奏赈之。燕赖之济活者数百万。王师儒曾上疏赈灾、救活不少人。

我国古代北方地区有燕国、蓟城，故泛称燕，蓟。所谓“燕民”是指包括辽代南京地区，即今北京市在内的广大地区民众。所记当是他任枢密副使时，即大安八年（1092年）前后与更早些时间事，灾情及有关措施，文献有零星记载。《辽史》道宗纪：

大安三年正月甲戌　出钱粟赈南京灾民，仍复其租赋。[①]

大安三年二月甲辰　以民多流散，除安泊逃户征偿法。[②]

① 《辽史》卷二十五（本纪二十五）道宗五，中华书局1974年版，第295页。

② 《辽史》卷二十五（本纪二十五）道宗五，中华书局1974年版，第295页。

大安四年正月甲戌　以上京，南京饥，许良人自鬻。[①]

大安四年八月庚辰　有司奏，宛平、永清蝗为飞鸟所食。[②]

大安八年十一月丁酉　以通州潦水害稼，遣使赈之。[③]

《辽史》刘伸传记大安初年情况：

适燕蓟民饥；伸与致政赵徽、韩造（王师儒岳父）日济以糜粥，所话不勝算。[④]

《昌平外志》有《义塚幢记》刻石。辽寿昌五年（1099年）上石，马仲规撰文，文记：

先于大安甲戌十年（1094年）岁，天灾流行，淫雨作阴，野有饿殍，交相枕藉，时有义士收其义骸，仅三千具，于县之东南郊，同瘗于一穴。[⑤]

辽代南京析津府所辖，大体上地域与今北京市相当。上述："出钱粟赈南京贫民"，"南京饥"都指今北京市及附近地区。如宛平，即今北京市宣武区西部；永清，在京南，与今丰台区接壤，属河北省；通州，即今京东通州，当时称潞县，通州系古称；昌平在京北，原为县，今改区，这些都包括在南京地区之内。这里已经大体看出受灾地域之广阔，实际上，当时受灾地域要比南京地区大得多。如《辽史》道宗纪四、五记录，大安二、三年前后，发粟赈灾地区还包括了辽上京、中京、锦州、庆州及苏、吉、复、渌、铁诸州等地，即广大的今内蒙古和东北地区。

1971年4月3日，河北省宣化市城西北二里许处，发现了辽代《张世卿墓志》，志为天庆六年（1116年）上石，石记：

大安中，民谷不登，饿死者众，诏行郡国，开发仓廪，以赈恤之。公进粟二千五百斛，以助国用。皇上喜其忠赤，特授右班殿直，累覃至银青

---

① 《辽史》卷二十五《本纪二十五》道宗五，中华书局1974年版，第296页。

② 《辽史》卷二十五《本纪二十五》道宗五，中华书局1974年版，第297页。

③ 《辽史》卷二十五（本纪二十五》道宗五，中华书局1974年版，第301页。

④ 《辽史》卷九十八刘伸传，中华书局1974年版，第1416页。

⑤ 清麻兆庆著，姜纬堂校理：《昌平外志》卷四金石记，北京燕山出版社1991年版，第70页。又见陈述先生辑校本《全辽文》卷九，中华书局1982年版。

崇禄大夫，检校国子祭酒，兼监察御史，云骑尉。[①]

张世卿出粟二千五百斛买了有衔无职的官。有加官“检校”二字，可知非实职。亦可知灾区远及今宣化市。这里倒印证了“入粟补官法”的施行，史与志石相符。

所谓“燕民赖之济活者数百万”，初闻之下，觉得这数目大得惊人，如果对照《义塚幢记》所示,仅昌平一地就一次埋了“义骸三千具”多处总计，也许相去百万之数不远。从另一方面可以看出受灾地域之广，灾民之众。

此次灾情有特点：灾区地域广阔，亦灾情的时间长，达数年之久。种类也多，有“旱灾”“水灾”“蝗灾”，还有“天灾流行”。我国历史记录上常有“天灾”的记录，对它的理解除“水、旱、蝗”之外，又常把“病疫”包括在内，如果从延续时间长又波及地域广这一特点看，再加上有“流行”的用语，当时是否水、旱、蝗之外又伴有疫病的流行？志石的启发，作为一个历史问题，也值得深入探讨。

还应提出，王师儒的上疏赈灾之举，最后落实，并不顺利。灾情严重，他虽力奏赈之,但是,朝廷的“主计者过悋官粟,以是未允其奏,余无肯言者”。这里从“力奏赈之”到“未允其奏”，又“余无肯言者”，到“再三为请”，最终到“上悟之，深所嘉纳”，王师儒的举动，石刻文字提供的这些细节所包含的历史过程,所补于《辽史》者就够多了,他的行为品格也充分彰显出来，而最终暴露出那些上层掌权者、主计者对人民生命的漠视。

（四）误书“宝”字贬官

志石记有“清资要职,连至九迁”。王师儒正当官运亨通之时,朝廷也“方图柄用”,不想却遇到误书“宝”字的事件,宰相遭贬，也涉及他，志石又记:

六年（寿昌六年，1100年）夏，会南宋谢登位人使至，无何，宥（疑通右）曹书史误以“宝”字加之,由是累及公与门下相郑颛，中书韩相资让。同日削平章事，仍罢枢密中书省职。

① 王树民：《曙庵文史杂著》上编《宣化辽墓闻见记》，中华书局1997年版，第146页。又见陈述先生辑校本《全辽文》卷十一，中华书局1982年版，第326页。

这一次误写国书事，史籍有载。《辽史》卷二十六，道宗纪六记：

寿隆(昌)六年六月庚子　遣使贺宋主。以有司案牍书宋帝“嗣位”为“登宝位”，诏夺宰相郑颛以下官，出郑知兴中府事。韩资让为崇义军节度使。①

《辽史》卷七十四，韩资让传记：

(韩延徽)孙资让，寿隆(昌)初拜中书侍郎，平章事，会宋徽宗即位，遣使来报，有司按籍有“登宝位”文，坐是出为崇义军节度使。②

从《辽史》看，这一事件是因宋徽宗嗣位国书误书为“登宝位”引起的。检之文献，徽宗时，确有宋元符三年，辽寿昌六年(1100年)三月遣使告即位于辽的记载，史籍与《墓志》所记相合。

王师儒因“宝”字事贬职，“同日削平章事，仍罢省中书枢密职”，志石记录清楚，但《辽史》不专载，却另有记录，不记贬官削职，而是另有任用，反而升迁了。《辽史》卷二十六，道宗纪六记：

寿隆(昌)六年冬十月壬寅。以枢密副使王师儒监修《国史》。③

如果从时间与事实的经过排列，可以看出，此次王师儒能以枢密副使监修国史，事虽列于道宗朝，并非是道宗所为，推测应是下一代皇帝耶律延禧的旨意。在“宝”字事件累及王师儒而遭贬后据志石记：

上寻知公(王师儒)非罪，密诏令冬赴广平甸之行在，及其至也，改授宣政殿大学士，判史馆事，上柱国，食邑五百户。依前伴读燕国王。

《墓志》作于天庆四年(1114年)，这里“上”显然指天祚帝耶律延禧，“密诏”也应是他发出的。广平甸即广平淀，为辽主冬纳钵地，故称行在，地在西喇木伦河与土河交界的永州附近。④刚到行在，即刻封官，勋爵有加。志石所记判史馆事与《辽史》所记的监修国史，二者是一事，时在寿隆(昌)六年(1100年)十月，此时的道宗皇帝耶律洪基已在病危之中，即将归天，所有对王氏的密诏，平反，升迁诸项，显然是他伴读的燕国王延禧所为。时

① 《辽史》卷二十六《本纪二十六》道宗六，中华书局1974年版，第313页。

② 《辽史》卷七十四，《列传四》韩延徽传，中华书局1974年版，第1233页。

③ (辽史》卷二十六《本纪二十六》道宗六，中华书局1984年版，第313页。

④ 傅乐焕《辽史丛考》中《耳代四时捺钵考二》有广平淀考，中华书局1984年版，第63页。

在寿隆（昌）时，因也必然列于道宗纪中了。

道宗崩于寿隆（昌）七年（1101 年）正月，王师儒又充任“攒涂都提点”。

按：掩枢未葬为攒。又积木为棺，四面涂之，故名攒涂。

《辽史》不记此官。这大致像今日的治丧主管之类。当为临时差遣性质，事毕而罢。志石记“所至事无不办”，看来他办事很有成效。道宗正月崩，孙天祚帝嗣位，二月改元乾统，至六月，王师儒“改授诸行宫都部署，加尚书仆射，兼判太常。”这是他最后的官职。当年十一月十日感疾后，死于广平甸，享年六十二岁。

辽代官制仿唐宋，纵观王师儒一生中官职很多，虽遭削贬，盖棺论定，与墓石题衔相较，生前职衔仍有保留，如佐理功臣，诸行宫都部署，行尚书左仆射等；死后又有恩赠，如武定军节度使，同中书门下平章事兼侍中，勋爵仍也有加，如上柱国太原郡开国公，食邑二千户食实封二百户等，生死，恩荣可谓极矣。

（五）接伴与聘使

辽、宋交聘中，宋使多为文士，契丹是马上民族，少了些文化，正使多为契丹人，副使多是汉人文士，自然，双方的接伴也多是文人。文人相见，信口经史，显示饱学，历来如此，于是王师儒留下了不少信息实录。志石记：

初，公（王师儒）接伴，宋使钱勰者，南国之闻人也。在骚涂相与论六经、子、史及□□□□山海异物、医卜之书，公无不知者。闻其讲贯，一皆输伏。到阙，馆宴次，故相国窦公景庸时任枢密直学士，方在馆□□□□勰大许公以博洽，且言于本朝两制间求之，亦不多得。

这上下古今的一通谈论，不仅显示了王师儒的博学，引起了老相国窦氏的赞许，自然也获得了南国使者钱勰的重视。这窦景庸也算是北国文人，《辽史》（卷九七）有传，曾任南院枢密副使，监修国史，知枢密院事，赐同德功臣，封陈国公。宋制，以翰林学士掌内制，知制诰掌外制，因称“两制”。在这样的场合，盛赞他是两制间不可多得的人才，这无疑是对王师儒学识渊博的最高评价与肯定。不想，事也凑巧，此事被道宗皇帝知晓，给王的仕途又带来新的机遇。志石又记：

时属上微行，亲耳之。自是恩礼眷待，绝异等伦。旋授知制诰。以公善辞令，可与宾客言，俾复充南宋贺生辰国信接伴。甫及大安岁，出为南宋祭奠副使。

辽道宗看中他的博学、言辞谈吐，对他给予了特殊的眷顾，并令发挥其所长。给予新的接伴聘使任务。计二项。

1. 复充南宋贺生辰国信接伴。

2. 出为南宋祭奠副使。

辽、宋时期，聘使交往十分频繁，这些交往，大部记录在《续资治通鉴长编》内，近人傅乐焕先生又予整理，成《宋辽聘使表稿》一文，收于《辽史丛考》一书，极便检索，现据《表稿》结合志石记录可以看出，王师儒做接伴（有时也称馆伴）两次，聘使（副使）一次。共三次，或至少三次。

第一次　充南宋正旦国信接伴

时在辽道宗大康六年，宋神宗元丰三年，即 1080 年八月间，宋方正使为太子中允集贤校理兼同修起居注舒亶，副使为西京左藏库副使王景仁，但是这一次舒亶因故未能成行，遂由钱勰代之，钱当时职衔是提举三司账司司门员外郎，也就是上面讲到的大谈特谈六经、子、史、山海异物等事的那位钱勰。王师儒时年 41 岁。[①]

第二次　出为南宋祭奠副使

辽大安元年，即宋元丰八年（1085 年），宋神宗崩，告哀于辽。七月，辽遣奉国军节度使耶律琚为正使南下致祭，王师儒为副使，用衔为起居郎、知制诰、充史馆修撰。[②]起居郎志石无记，知制诰为新授，史馆修撰是原有的。志石虽不记出使年月，《表稿》所列应无误。王时年 46 岁。

第三次　复充南宋贺生辰国信接伴

志石不记宋贺生辰使接伴年月，按行文次序王师儒再做接伴应在辽大安元年（宋元丰八年，1085 年）使宋之前，至大康六年（宋元丰三年，

① 傅乐焕：《辽史丛考》中《宋辽聘使表稿》，中华书局1984年版，第217——第219页。

② 傅乐焕：《辽史丛考》中《宋辽聘使表稿》，中华书局1984年版，第217——第219页。

1080 年）接伴钱勰之后这四年中。据《表稿》所记，宋方有三次贺辽生辰国信北上，惟不记接伴。大康八年（宋元丰五年，1082 年）八月，正使知瀛洲承议朗宝文阁待制韩忠彦，副使曹评;大康九年（宋元丰六年，1083 年）八月，正使奉议郎试起居郎蔡京，副使狄泳;大康十年（宋元丰七年，1084 年）八月，正使鸿胪卿睦睦，副使曹诱。次年改元大安，他即以副使使宋。据志石文义，他再作接伴应是此三年之内的事，但实际并不如此，文献另有记。

《日下旧闻考》边障条，引《塞北小钞》记：古北口僧寺刻宋苏文定公辙“古北口道中”诗，诗云：

乱山环合疑无路，小径萦回长傍溪。

仿佛梦中寻蜀道，兴州东谷凤州西。

《宋史》：

元祐间，尝代轼为翰林学士，寻权史部尚书使辽，馆客侍读学士王师儒，能诵洵、轼之文及辙《茯苓赋》，此盖奉使时所题也。[①]

古北口在北京东北百余里处，今属密云县，唐代叫虎北口，是一处山水隘口，形势险要，是宋、辽聘使南北住还的必由之路。东山坡有一座杨业庙，是辽代建筑。所谓古北口“僧寺”，其实就是该地的这座杨业庙，又称杨令公祠。杨业即杨继业，原是北汉的大将，降宋后与契丹作战，十分英勇，人称杨无敌。一次作战时因受主将潘美之牵制失利，被擒，绝食而亡，时人赞其忠勇，立祠纪念。所谓庙中刻有苏辙诗句实出于传说。口北面东有凤州，西有兴州，实有其地，诗倒是写实之作。苏辙使辽《表稿》有记：

宋哲宗元祐四年（辽道宗大安五年，1089 年），八月癸丑，刑部侍郎赵君锡，翰林学士苏辙为贺辽国生辰使，阁门通事舍人高遵固、朱伯材副之。[②]

而此次接伴苏辙的正是王师儒，这在《表稿》中虽不记，而《诗记》记录清楚。

苏辙是宋朝的著名文士，《宋史》（卷三三九）有传，与乃父洵、兄轼

① 于敏中等：《日下旧闻考》卷一五三，边障条引《塞北小钞》，北京古籍出版社1981年版，第2456页。又见《宋史》卷三三七，苏辙传。《栾城集》卷十六，陈宏天等点校本，苏辙集第一册中华书局1990年版。

② 傅乐焕：《辽史丛考》中《宋辽聘使表稿》，中华书局1984年版，第220页。

以文学名于世,号称“三苏”。王师儒“少以种学绩文业其家”,又“善辞令”、“六经、子、史、山海异物无不知者”，这次遇到了同道与对手，正是显露才华的好机会，于是大谈苏洵、苏轼文章之外，还口诵苏辙的《茯苓赋》，以显示北国文化，从这里倒可想见其得意之神采丰姿了。

辽宋时期聘使交往频繁。此前，宋朝的沈括曾于宋熙宁八年（辽大康元年,1075 年）使辽,著有《梦溪笔谈》《使契丹图抄》等书,《梦溪笔谈》(卷十五）曾记：契丹书禁甚严，传入中国者、法皆死，可知辽国严禁书籍外传，聘使的频繁交往，使民族间文化沟通，自是获益不少。从另一个角度看，在长时期闭塞的社会中，王师儒能有多种阅历、获得多方面知识的同时，也显示出其刻苦求索的精神。

（六）姻亲等

辽代政治上层有韩、刘、马、赵四大宗族，子侄亲戚交往联姻，形成政治上的关系网，在文化上也影响深远，王师儒也当是成员之一。韩姓有二支，一为幽州安次韩氏，一为蓟州玉田韩氏。安次韩延徽，出身世家，唐末刘仁恭割据时代，曾做过幽都府文学，幽州观察度支使，后事辽太祖。《辽史》(卷七十四）本传记:“太祖初元，庶事草创，凡营都邑，建宫殿、正君臣，定名分，法度井井，延徽力也。”他很得太祖信任，也为佐命功臣之一。曾为守政事令,崇文馆大学士,太宗朝封鲁国公,世宗朝迁南府宰相,累代世宦。志石记，王师儒夫人是故同中书门下平章事判三司吏兼赠中书令韩造之女。这位韩造，韩延徽之重孙，即王师儒的岳丈。也就是上面讲到燕蓟大饥时与刘伸、赵徽拾粥济民救活不少民众的那位韩造。韩也曾充国信于清宁五年（宋嘉祐四年,（1059 年）以泰州观察留后衙使宋贺正旦。[傅乐焕：(辽史丛考）中《宋辽聘使表稿》, 中华书局 1984 年版，第 209 页。] 韩造《辽史》无传，有事绩。道宗纪：“大康元年六月戊戌，知三司使事韩操，以钱谷增羡，授三司使”[①] 此韩操即韩造。三司使是总营户部、度盐铁的高官。

① 《辽史》卷二十三《本纪二十三》道宗三，中华书局1974年版，第276页。

其显赫可知。[①]1964年，北京出土有《韩资道墓志》，韩资道是韩造的长子，志载曾作礼宾副使，供军副使，又督二役造戎器等事务。[②]从王的姻亲中已可窥见他在朝中关系网络。志石又记王有二女，长女适宣徽判官崇禄少卿贾辉，曾任诸行宫都部署司主事起居舍人。次女祐时立爱，时《金史》(卷七十八)有传，记琢州新城人，曾为御史中垂，燕京副留守，入金，曾为侍中，知枢密院事，天会中，加开府仪同三司郑国公，王的姻亲显赫也及于后世。

居葬乡里，坊市、世籍等

(一) 乡里、坊市

《王师儒墓志》1957年出土于北京复兴门外公主坟，志石记：辽代乾统元年（1101年）葬于析津府宛平县房仙乡池水里之西北原，据志记可知葬地东南即池水里。里就是村，即辽代的池水村。地属析津府宛平县房仙乡属界。可惜年深日久，此辽村现已不存，只留下历史记录。但为房仙乡划界增添了佐证。《韩资道墓志》1964年出土于北京市复兴门外八宝山公墓，志石记：辽咸雍五年（1069年）葬于宛平县房仙乡鲁郭里，鲁郭也是村名，今天仍是村庄，仍名鲁谷（或称鲁谷国），是个辽村无疑，地属宛平县房仙乡。1981年八宝山公墓东院曾出土辽《韩佚墓志》，志记韩佚统和十三年（995年）薨于平州，十五年（丁酉、997年）葬幽都县房仙乡鲁郭，从而可知，这鲁郭与前一鲁郭当是同一村同一地，都属房仙乡，只是县名有别。

唐代这里属幽州，郭下治两县，东部是蓟县，西部是幽都，鲁郭里与池水里地在幽州西部偏北处，属幽都县。至辽，幽州为析津府，幽都县于开泰六年（1017年）改为宛平县，所以王师儒与韩资道葬地属宛平，同葬

① 三司使按，三司使不经见，兹据史籍略作摘引释义。《新五代史》（卷二六）后唐张延朗传略记："唐制：户部度支以本司郎中、侍郎判其事，而分盐铁转运使。其后用兵，以国计为重，遂以宰相领其职，乾符以后，天下丧乱，国用分空，始置租庸使。用兵无常，随时调献，兵罢则止。后以大臣一人判户部、度支、盐铁，号曰判三司，诏延朗充三司使，班在宣徽使下。三司置使自此始。"可知三司使实为户部，度支、盐铁三权独揽。《新五代史》中华书局本，第一册，第282页。

② 陈述辑校本《全辽文》卷八，中华书局1982年版，第190页。

一地，韩佚葬在改县之前，志石记葬地属幽都。

葬地鲁郭与池水所属的房仙乡，实际上也是唐代的名称。北京西郊永定河畔的石景山钢铁厂内曾出土唐代南阳郡《张氏夫人墓志》，志载："张氏于唐大中三年（849 年）葬本县（幽都）房仙乡庞村东南上约三里之原。"又 1981 年，石景山区发现唐《温令绶墓志》，记温氏咸通十五年（按，咸通仅十四年，为 873 年，十五年当是 874 年）葬房仙乡。[①] 这表明：今北京复兴门外，从公主坟、八宝山公墓往西直至石景山钢铁厂附近的数十里广大地区在唐代就属幽都县房仙乡，至辽代，乡名又延续下来。而且还有一个庞村，今存古名也延续下来了。

《王师儒墓志》记:夫人韩氏天庆四年(1114 年)终于燕京齐礼坊之私第，《韩资道墓志》记,咸雍五年(1069 年)终于燕京北罗坊。坊是城中居民住地，燕京即辽南京，我国隋唐时期都城长安划分为坊，以为民居，唐时幽州城内也划分为坊，辽用幽州旧城建南京，坊也延续下来。唐幽州城内共多少坊不详,《乘轺录》记：辽南京城 26 坊。[②] 现在已知的除齐礼，北罗之外仍有棠荫、甘泉、辽西、蓟北、隗台、宣化、显忠、来远、军都、玉田、蓟宁、永平、通肆、通寰、燕都、平朔、卢龙、肃慎，罽宾，遵化等，有些还是唐时旧坊名称。坊名文献多不载,大部分为近年墓志石刻提供。城外的村、乡，是封建社会结构的基层单位，城内的坊也是城市构成的基层细胞，犹如后世之街道邻里，成为研究城市发展变化最重要的资料之一。

（二）世籍、南抃、避讳

《王师儒墓志》记:其世籍范阳人也。范阳，可作两种理解。《辽史》(卷三十八）地理志四：南京析津府统州六，县十一，有范阳县，即今琢县，属河北省,在北京南数十里。又《新唐书》(卷三十七）地理一,有幽州范阳郡，天宝元年（742 年）更名，治所在幽州，即今北京，唐设有都督府，大都督府等。历史上世籍常以郡望显赫为荣，且葬地又在当时的南京，即今北京，

① 二志均藏首都博物馆。

② 宋路振撰《乘轺录》，在指海第九集。

故籍以后者可能性略大。

王氏志石署名南抃撰文。志石又记："以抃尝在公史席之末，故有是托"之句，可知南抃与王师儒曾同入史馆。又另有衔署：朝议大夫，守少府少监，前知秘书少监，上骑都尉、赐紫金鱼袋南抃。

乾统七年（1107年）南曾撰"感化寺碑"，末称"渔阳南抃"。《盘山志》记，南抃冀州人。冀州在河北省南部，时不属辽，"冀"当是"蓟"之误。渔阳时属蓟州（今河北蓟县），与之正合。[①]

志石记："王师儒父讳祁，重和七年二十一岁，举进士状元第。"辽代无"重和"年号，"重和"当是"重熙"。天祚帝名延禧，避嫌名讳，追改为"重和"。

又志文中"明"字均缺月中二笔，穆宗名璟，后更名明。又景宗，讳贤，小字明房。故避明字。辽人避讳惟谨可知。

又，道宗有"寿隆"年号，石刻文字等都用寿昌，圣宗讳隆绪，《辽史》用寿隆纪元，不避其祖名讳，不详其故。

王师儒的《国史》与耶律俨《实录》

志石记，王师儒曾撰《国史》，实际上即辽之《实录》，为其后《辽史》成书之本。《辽史》成书，也经历了一段长时间的曲折过程。

（一）《辽史》之成书

契丹建辽，曾设立史官，并撰起居注、日历、实录等，冯家异先生撰《辽史源流考》总结辽代《实录》为四项。

1. 圣宗统和九年室防等撰《实录》二十卷。

2. 兴宗重熙十四年萧韩家奴等集《遥辇以来事迹》二十卷。

3. 道宗大安元年，史臣进太祖以下《七帝实录》。

① 厉鹗撰《辽史拾遗》卷二十一南抃条丛书集成本403页商务印书馆。又见《全辽文》索引，第401页。

4. 天祚乾统三年，耶律俨修《皇朝实录》七十卷。[①]

上面所列，当是辽代最完整的史书，但未刊行。金代据此又二修，一是在熙宗完颜宜时代，由耶律固、萧永祺先后执笔，皇统八年（1148 年）完成，二次在章宗（完颜璟）时代，由党怀英、陈大任等广搜碑志文集，于泰和七年（1207 年）完成。两次成稿，因“义例”未定皆未刊行。至元代中统二年（1261 年），至元元年（1264 年）再议修辽、金二史，南宋亡后又议修宋、辽、金三史，也因“义例”而未果。所谓“义例”，实即“帝统”问题，主要有两种意见，一是有人主张以“宋史”名义包括三个朝代事，即以宋为“本纪”，辽、金列为“载记”；二是有人主张列辽、金为“北史”，北宋为“宋史”，南宋为“南史”。至顺帝时丞相脱脱主断：“三国各与正统，各系其年号”，争议遂息。于至正三年（1343 年）三月开局，三史同时修撰，脱脱为监修兼都总裁，经费用“贡士庄”钱粮，即南宗亡后巨室被没入官司田产所收税银。三史中《辽史》于至正四年（1344 年）三月先成，由脱脱奉表进上，修撰署脱脱之名，即今通行本。以上是今本《辽史》成书概要。

此次《辽史》成书后，原稿早佚，诸多事项，无从查证。后人论述，认为主要是根据辽耶律俨《皇朝实录》七十卷为基础修撰而成。《王师儒墓志》的出土，出现一些新资料，也带来一些新问题，所谓耶律俨《实录》七十卷，就是一例，它涉及各朝《实录》内容之形成时间等，值得讨论。

（二）王师儒纂修“国史”——《实录》

凡研究《辽史》成书者，追本溯源，都涉及所谓耶律俨《皇朝实录》七十卷，简称，耶律俨《实录》，此名虽是后人所订，但名称与内容、成文时间多有不符。《王师儒墓志》记：

（王师儒）及任宣政殿大学士判史馆事，编修所申，国史已绝笔。宰相耶律俨奏，国史非经大手笔刊定不能信后，拟公再加笔削，上从之。

《辽史》道宗纪四又记：大安元年（1085 年）十月辛亥，史臣进太祖以

① 冯家昇著《辽史源流考》，上编丙，实录条，103页。该文收入《冯家昇论著集粹》中华书局1987年版。

下《七帝实录》。[1]

如果志石所记与文献结合，予以细析，可以明确下列三点。

1. 国史已完成。国史即《实录》,亦即《七帝实录》——时在大安三年(1087 年)。

2. 请王师儒笔削即可定稿。——时在寿昌六年（ 1100 年 ）。即王任宣政殿大学士判史馆事后。

3. 此事是宰相耶律俨上疏，已经皇上（ 道宗 ）批准的。

耶律俨称王师儒为大手笔，“国史非经大手笔刊定不能信后”。虽然不无隘美之意，对于长时间从事史馆修撰工作的王师儒来说，无疑是对他心血的肯定。实质上这也应是他的职责所在。宰相耶律俨如此说,皇上也认同，从王师儒一生的经历看也确是如此。

王师儒出身世家，26 岁举进士，31 岁迁儒林郎直史馆，35 岁充史馆修撰至 39 岁，大安元年（ 1085 年 ）出为南宋祭奠副使时 46 岁，用衔仍有充使馆修撰。“宝”字事件后应召赴广平甸，伴读燕国王耶律延禧，改授宣政殿大学士判史馆事,时在寿昌六年（ 1100 年),当年 61 岁,至次年 62 岁亡故。一生所历，几近终生与国史结缘，要他定稿自在情理中。

《辽史》(卷四十七) 百官志记：国史院职事列四项：监修国史，史馆学士，史馆修撰，修国史。王师儒于寿昌六年冬十月，以枢副使监修国史，是史馆最高职事，定稿笔削，也属职责之分。但是，寿昌七年春正月道宗崩，十一月王师儒本人也逝去，后事不可知了。

至此可以说:王师儒从才学、经历官职看,篡修国史即《实录》(道宗前) 是肯定的，但姓名不彰，久久不为人知，这里墓志显示了确实的记录。

所谓耶律俨《实录》，还可另作讨论。

（三）所谓耶律俨《实录》

耶律俨,《辽史》卷八十九本传记:本姓李氏，析津人（ 今北京)。好学，有诗名，登咸雍进士，寿隆（ 昌 ）中，授枢密直岁士，迁知枢密院事，赐

---

[1] 《辽史》卷二十四《本纪二十四》道宗四。中华书局1974年版，第290页。

经邦佐运功臣，封越国公，修《皇朝实录》七十卷，死于天庆三年十二月，①比王师儒晚逝十二年。同书天祚帝纪又载：乾统三年（1103 年）十一月乙巳，召监修国史耶律俨纂太祖诸帝《实录》。②

细审所记，俨传中并无入馆撰国史的文字，倒有纂修《皇朝实录》七十卷的记录。所谓《皇朝实录》七十卷，是指以前的《七帝实录》还是道宗朝又有新修呢？特别是乾统三年，《辽史》天祚本纪又有耶律俨纂《太祖实录》的文字，就更令人费解。这一点冯先生的《辽史源流考》也曾提出疑问。

《实录》本是每一帝王死后，由重臣就所留起居注、日历纂修而成，历代成规都是纂修上一朝者，当朝或存有起居注或日历，而无实录。《辽史》卷二十四、道宗纪四记：大安元年，史官进太祖以下七宗《实录》，因而所进《七帝实录》，应是太祖、太宗、世宗、穆宗、景宗、圣宗、兴宗七朝，不包括道宗。《七帝实录》已经完成，耶律俨如有纂修，只能是道宗朝，而乾统三年要修的却是太祖诸帝，令人不解。如真纂道宗朝，又是为什么称《皇朝实录》？语焉不详，诸多错乱。《辽史》晚出，仓促成书，后人屡称据耶律俨《实录》以成，因疑记录有误。原因也许有多种。

（四）思考

《辽史》成书前，《实录》上奏具名、归属等，有些细节，值得注意：

1. 王师儒笔削国史时在寿隆（昌）六年（1100 年），次年正月道宗卒，至十一月，王师儒逝去。《实录》去留不详了。

2. 耶律俨逝世晚于王师儒 12 年。《实录》为耶律俨上奏，至正时据之成书，后人不谙详情，因称耶律俨《实录》也有可能。

3. 律俨又修纂又收藏又上奏。或有意署名。

所谓思考，都是猜测，并不重要。王师儒几近一生致力国史，即《实录》，称《王师儒实录》实至名归，当之无愧。《王师儒墓志》的出土，澄清了事实。提供了证据。

---

① 《辽史》卷九十八《列传第二十八》耶律俨传，中华书局1974年版，第1415页。

② 《辽史》卷二十七《本纪二十七》天祚帝一，中华书局1974年版，第320页。

余论——思考再四

1. 在辽代，王师儒、耶律俨同登咸雍进士，同为文人，又同属高官，很多职衔相同，后人成书《辽史》，是否因诸多相同而使名实“错位”？现总合二人相同、相近处列表示意。

耶律俨

王师儒

析津人（今北京）

世籍范阳（今北京或河北琢县）

咸雍

登进士第

咸雍元年

举进士

人安四年（1088 年）

召枢密学士耶律俨进《尚书》《洪范》

大安二年（1086 年）

召知制诰王师儒讲《五经》正义

寿昌初

授枢密直学士

大安六年（1090 年）

拜翰林学兼枢密直学士

寿昌四年（1098 年）

枢密直学士耶律俨使宋

大安元年（1085 年）

知制诰，充史馆修撰，出为南宋祭奠副使

乾统三年（1103 年）

召监修国史耶律俨纂太祖诸帝《实录》

寿昌六年（1100 年）

以枢密制王师儒监修国史

帝晚年

迁知枢密院事，赐经邦佐运功臣修《皇朝实录》七十卷

大安十年（1094 年）

改授参知枢密院事，特授佐理功臣

天庆三年（1113 年）

知枢密院事耶律俨薨

乾统元年（1101 年）

加尚书左仆射兼判太常，感疾，薨于广平甸，享年 62 岁

2. 耶律俨身居高位，与天祚皇帝很亲近，天祚用人常用掷骰子来定官，俨是屡屡胜采。本传又记，妻邢氏有美色，常出入禁中，俨教之慎勿失上意。又说他经籍一览成诵，又善伺人主意。看来是个文化人，但以妻子与皇帝作交易，道德人品有缺失，不正当方式真不少。

3.《实录》名实不符萦回于脑际久之，忽忆《庚申外史》记录了一则故事：至正中，欧阳玄、揭傒斯新修宋、辽、金三史就绪，去禀知丞相脱脱，脱脱摇头说，这是你们秀才的事，与我无关。有人说，前代史书，史官秉笔，这是一代盛事，还得你总裁出面署名庆祝啊。脱脱大喜，便搞了个进史仪典，钟鼓齐鸣，皇帝也接见，很见光荣。这只是个故事。文人重名，自古皆然。高官文人如耶律俨是文人更是高官，《实录》署名一事有没有这个想法或用其他方式运作。

4. 耶律俨本姓李，耶律是赐姓。《契丹国志》（卷十九）有李俨传，说他“少而狡桀，才济其奸。资滑性巧，善谀佞人”。这是宋人对他的评论，都不是好评语。

职衔相若，重名心理，人品性格，道德缺失，不知是否影响到《实录》修撰名实？一时难定。

附录：《王师儒墓志铭》志文

《王师儒墓志铭》南抃撰文，书家不详。青石质，长 75 厘米，宽 78 厘米，

厚0.6厘米。略有残损。繁体字正书，竖排40行，满行37字，遇尊称空格。今用简体横排并作标点列下。

故□□佐理功臣诸行宫都部署特进行尚书左仆射赠武定军节度使同中书门下平章事兼侍中上柱国太原郡开国公食邑二千户实封二百户王公墓志铭并序

朝议大夫守少府少监前知秘书少监上骑都尉赐紫金鱼袋南抃撰

王氏王者之后，在太原者本出于周。春秋时，王子成父有功，因赐为氏。后自秦汉涉魏晋、隋唐以来，族多名人，公世其范阳人也。曾王父讳惟忠，天成军节度掌书记。王父讳诂，养高不仕。父讳祁，重和七年，二十一岁，举进士状元第，□□□中少监枢密副都承旨。公讳师儒，字通大。生而其性孝谨，少以种学绩文业其家。及冠，病时辈拘于童子彫□□健其笔为之辞，故其誉蔼郁，自乡党达于辇毂间，大为作者所推，皆期公以上第。年二十有六，举进士，屈于丙科，特授将仕郎，守秘书省校书郎。执政者惜公徒劳于州县，擢充枢密院令史。六年夏，加太子洗马。朝廷虽委以掾，犹谓未尽其才。是岁冬，遽迁儒林郎，直史馆。仍易勋衔服章，同列荣之。间一岁，授秘书丞应奉阁下文字。十年冬，加尚书比部员外郎，充史馆修撰。故吏材儒术为□□□□□后侍从行阙，未始，其后大康三年秋，加朝散大夫尚书□□郎中，赐紫金鱼袋。次岁夏，迁将作少监，知尚书吏部铨，未几，改授堂后官，仍充史官修撰。是历试公以职业。盖将以□□□□□□授秘书少监，充南宋正旦国信接伴。九年冬，道宗孝文皇帝以今上始出阁，封梁王，而于卿士门□□□□□□□□以太常少卿乾文阁待制，命为伴读。初，公接伴，宋使钱勰者，南国之闻人也，在驿涂，相与论六经、子、史及□□□□山海异物、医卜之书，公无不知者，闻其讲贯，一皆输伏。到阙，馆宴次，故相国窦公景庸，时任枢密直学士，方在馆□□□□勰大许公以博洽。且言于本朝两制间求之，亦不多得。时属上微行，亲耳之。自是恩礼眷待，绝异等伦，璇授知制诰。以公善辞令，可与宾客言，俾复充南宋贺生辰国信接伴。甫及大安岁，出为南宋祭奠副使。三年，加谏议大夫。明年，迁给事中，权翰林侍读学士。又明年，正授前职，仍加大中大夫。又明年，即拜翰林学士，签诸行宫都部属，未周岁，兼枢密直学士。八年，加尚书刑部侍郎，知枢密副使。是冬，正授枢密副使，阶升崇禄大夫，爵封开国公。十年，改授参知政事签枢密院事，仍加散骑常侍，特赐佐理功臣。寿昌初，超拜同中书门下平章事，再加枢密副使，签中书省事。向未十数年，清资要职，连至九迁。是上意方图柄用，六年夏，会南宋谢登位人使至。无何，宥曹书吏，误以宝字加之，由是累及公与门下郑相颛，中书韩相资让，同日削平章事，仍罢枢密中书省职。上寻知公非罪，密诏令冬赴广平甸之行在。及其至也，改授宣政殿大学士判史馆事，上柱国，食邑五百户，依前伴读燕国王。七年春正月，道宗公车晚出，今上以公充攒涂都提点，所至事无不办。其年二月，改年乾统。夏六月，改授诸行宫都部署，加尚书左仆射兼判太常，□□□□十一月十日感疾，薨于广平甸之公府，时年六十二。上以公四时左右诲正之十有八年，一日未曾违离，深悼□□□□赠太子太师。遣公之长壻诸行宫都部署司主事起居舍人贾辉充勑祭发引使，赙赠赐物若干，特异等辈。□年四月五日，归全于析津府宛平县房仙乡池水里之西北原。后以恩赠定武军节度使同中书门下平章事，又赠侍中。功臣户封，并进其数。公任枢密副使时，适知燕民歉乏，力奏赈之。而主计者过恪官粟，以状上闻，谓粟价腾踊，不可贱出，以是未允其奏，余无肯言者。公再三为请，上悟之，深所嘉纳，燕民赖之济活者数百万。及任宣政殿大学士史馆事，编修所申，国史已绝笔，宰相耶律俨奏，国史非大手笔刊定不能信后，拟公再加笔削。上从之。每豫遊间，逢宴会入阁夜饮，召亲信者侍坐，则公必与焉。上方洽，命公进酒及索歌以佐之，公止赋诗代唱，御览无不称善。夫真道、纯德、懿文、朴学，士人之于四者而长于一焉犹难，公独兼而有之，信可字为通夫矣。故宜发身人仕，遇知见器，上为天子辅，次为王者师，不四十年，历儒官，进政府，然而不能正鸿钧之任，副苍生之□□□惜哉。夫人故同中书门下平章事判三司使事兼赠中书令韩造之女，以公累封口丰国大人。天庆四年二月二十八日，终于燕京齐礼坊之第。其功容言德，有志石在，此不复书。有子四人。二男，长日元孙，始冠而卒，次曰德孙，承恩荫授率府副率阁门祗候，应进士举。二女，一日春宫，适宣徽判官崇禄少卿贾辉。二日芝香，适枢密都承旨时立爱，蚤卒。德孙至性纯孝，事歿如存。自公之亡，克继先志。以毋夫人徂逝，未卒哭。卜得四月二十有五日，将祔于公墓，以书走仆，持公行状来，且言先侍中旧志阕追崇之事，是因启圹思得新文易之。幸矜此怀，无以牢让。以抃尝在公史席之末，故有是论。既属勤请，可不志而铭诸。铭曰：

王氏之先　发源于周　庆浃来裔　有公有侯
汗澜不绝　积累之由　维公之生　益大其流
孝文始君　锐意儒术　宫邸既王　赖师承弼
俊又盈庭　纷纷比比　维公之来　应召而出
布之台阁　郁有古风　委以枢近　意凝治功
宜正三事　纪纲百工　惜乎其位　不与德充
上方念旧　又将器使　时哉命夫　而口口此
口赠常伯　哀荣终始　其谁志公　公实有子

原载《首都博物馆论丛》第 27 辑

《横跨欧亚大回归》序言

——土尔扈特东归记

考古前辈们说：在大漠中行进，没有树木，没有草，也没有水，天地苍茫一片，哪里是路呢？迷惘之中，偶尔捡拾到一段雕花木棒或半片革囊，顿时会高兴得跳跃起来，把它高高举起，大声惊呼："哎呀！找到了！眼前不就是路吗？历史的遗迹就是见证。"作为考古晚辈，我们已经没有机缘去追踪18世纪土尔扈特人回归祖国时遗留的遗迹、遗物，但是，眼前的书稿——这部历史题材的长篇纪实文学中，却清楚地窥见了他们在部族领袖渥巴锡汗率领下十七万人回归祖国所走过的曲折道路，窥见了他们的悲苦与欢乐。土尔扈特蒙古十七万人为反对沙俄鲸吞、毅然横跨欧亚腹地、举族万里东归的伟大场面呈现在眼前，无疑比捡拾几块历史碎片更为激动人心，也更具历史意义。

土尔扈特是我国厄鲁特蒙古族的一个部落。厄鲁特蒙古又称西蒙古，是明代瓦剌的后裔，分为准噶尔、和硕特、杜尔伯特和土尔扈特四大部落，游牧于天山以北、阿尔泰山以南、巴尔喀什湖东南的广大地区。明代末叶，准噶尔部势力逐渐强大，企图兼并其他部落，土尔扈特部受到侵扰，又加上北方沙皇俄国扩张主义的威胁，于是在崇祯三年（1630年）前后，由土尔扈特领袖和鄂尔勒克率其所部，并联合和硕特与杜尔伯特的一部分，约五万帐牧民，越过哈萨克草原，历时三载，来到了伏尔加河下游。这里是帝俄势力尚未达到的"瓯脱"地，水草丰美，宜于放牧，于是和鄂尔勒克在这里建立牙帐，他们在这荒无人烟的广袤草原上驻牧下来。

远离故土，身居异邦，他们不仅与蒙古各部保持着联系，礼佛熬茶不辍，对祖国也仍旧表贡不绝，与清朝政府在政治上、经济上保持着联系。他们时刻在怀念祖国。

崇祯十三年（1640年），和鄂尔勒克和他的儿子从伏尔加河下游不远万里赶到塔尔巴哈台参加厄鲁特蒙古和喀尔喀蒙古各部的会议。顺治三年（1646年）和鄂尔勒克的长子书库尔岱青曾亲去西藏熬茶，谒见达赖喇嘛并随青海和硕特蒙古的固始汗向清廷进贡。顺治十二年（1655年）书库尔岱青之弟又特遣使者锡喇布鄂木布向清廷奉表入贡，次年又遣使者沙克锡布特等人贡驼马二百余匹，并携马千匹请求在归化城（今呼和浩特）进行贸易。康熙三十七年（1698年），土尔扈特汗阿玉奇之侄阿拉布珠尔一行五百人到西藏礼佛，归途中受阻于准噶尔部，未能返回伏尔加河，康熙封其为贝子，并赐地于嘉峪关外放牧。康熙三十八年（1699年），阿玉奇又遣厄里克格逊进京入贡，归途中经准噶尔部，遭到杀害，因而断绝了经由哈萨克、准噶尔、嘉峪关通向北京的道路，表贡也暂时中断。十年之后，即康熙四十八年（1709年）以大喇嘛萨穆坦为首的使节一行八人进京表贡，就不得不绕道西伯利亚而行。冲破沙俄的百般刁难，万里迢迢，历时三年，于康熙五十一年（1712年）春才到达北京。祖国也时刻在关心他们。康熙皇帝立即于同年五月派出二十余人的使团前往土尔扈特，这就是闻名中外的“图理琛使团”。该团历时二年才到达伏尔加河下游土尔扈特驻地玛努托海。山川阻隔，道路崎岖，不仅没有隔断政治上、经济上的往来，民族感情的交融反而更为密切了。

另外，伏尔加河下游的大片草原，对土尔扈特部来说，也并不是一片和平净土。沙俄帝国向他们不断施加压力，政治上加强控制，经济上加紧掠夺。土尔扈特人天性剽悍，骑马打枪，挽弓射箭，样样精通，彼得一世攻打瑞典，叶卡特琳娜女皇攻打土耳其，都向他们强制征兵，去充当炮灰；土尔扈特人有自己的宗教，自己的信仰，沙皇却强迫他们信奉东正教，企图用宗教征服他们。还派出政府代表到驻地监视他们。对于来往于祖国礼佛、奉贡等的阻挠刁难，就更属屡见不鲜了。这时，土尔扈特人已经深深懂得，这块本来荒芜的土地，经过他们的经营，好像是天堂，而现在，天堂又像是地狱。一个半世纪几代人的亲身经历告诉他们，再也不能等待了，道路是走出来的，怎么走来，还要怎么走回去。梁园虽好终非久居之地，归去来兮，他们毅然决然地踏上东归的征途，千辛万苦，他们终于在乾隆三十六年（1771年）返回祖先出生的土地，寻到了失落多年的根。

祖国欢迎他们归来。他们的领袖人物渥巴锡等人到承德避暑山庄朝觐，受到乾隆皇帝接见。优礼相待，慰勉有加，全族也得到优抚，安置在嘉峪关外放牧。并立碑纪事，以昭永久。乾隆三十九年（1774年）渥巴锡卒，乾隆皇帝又“著令其子策琳纳木札勒承袭”。落叶终于归根。

土尔扈特举族东归，使帝俄政府大为恼怒，行文清政府，要求引渡土尔扈特部族，甚至以武力相威胁、恫吓，清朝政府据理予以严词驳斥。

东归的上层人物中有舍楞其人，他曾杀害过清朝的边疆官吏，但他力主东归，成为东归中的核心人物之一。他的归来，在清朝政府官员中引起了争议，议论纷纷，皆曰可杀，但乾隆皇帝表现了非凡的气度，不计前嫌，照样给予礼遇，为团结兄弟民族树立了榜样。

历史的脚步，有时是直线前进，有时又迂回而行。土尔扈特蒙古回归祖国，原因是多方面的，但它是历史发展的必然结果。西方某些史学家、文学家、政治家由于受到民族的、阶级的或文化、宗教的局限或影响，在著作中对这一事件常常作出并非实事求是的解释，而且多种多样。有的说，它是上层人物为争权夺利而设计的阴谋：策伯克多尔济鼓动渥巴锡东归，是想借帝俄之手除掉他，自己取而代之；或者在归途中通过阴谋手段夺取汗位；要么是舍楞挑唆渥巴锡乘虚哄抢伊犁。这些显然并非事实，而是毫无根据的臆测。有的则把它看作是人类追求和平、自由、平等和“共同人性”的孤立事件，与两国关系、两个民族以及当时的政治、经济、军事无关，这显然也不是历史的本来面目。有的则认为它仅是单纯的宗教原因，或者仅仅是一个历史的传奇故事，因而也就不顾史实仅凭一些道听途说而作出随心所欲的描绘。更有甚者，对土尔扈特回归途中的主要人物大肆歪曲，甚而丑化他们的宗教、风俗习惯，这已不单是偏见，而近乎别有用心了。

另外，在国内，反映有关土尔扈特回归祖国这一伟大历史事件的直接史料甚少，有限的史料，由于满、蒙、汉等语言文字的障碍，又增加了阅读的困难，专家、学者的研究工作颇有成果，但多散见于论文，成书甚少，致使这一事件埋没无闻，或略有所闻而不见其全貌。正是在这一情况下，从多侧面、全方位真实地再现这一伟大历史事件的一部历史长篇纪实文学《横跨欧亚大回归》问世，是适逢其时的及时雨。文学的语言可深入人心，全景式的反映能见其全貌，对于普及民族历史知识，增进民族团结，定会大有裨益。

考古求真，历史贵实，历史纪实文学，首先是着重于历史的真实。而历史事件又是复杂的，如果不能把事件周围交织着的各种关系作有机的联系、缜密的思辨，则不容易恢复其本来面目，也很难反映真实的历史全貌。文学当然允许夸张，也贵在铺陈，但不能作无根据的臆测。否则，它将变成无本之木。一株无根的枯草，自然是黯然失色，苍白无力的。

也许正是出于这一考虑，作者有意地在“史”上投入了心力，把历史的背景拉长了，把历史的场景展宽了：写出了蒙古族的历史发展，介绍了从佛教到喇嘛教的历史演变和在蒙古民族中的传播，写出了它在维系蒙古各部团结与清政府的联系中的作用以及清政府的民族政策；也介绍了西藏地区与蒙古各部和内地及中央政府的联系，揭示了汉、蒙、藏民族悠久的历史渊源和西藏自古以来就是中国领土这一事实。同时，还展示了中俄早期关系史上由来已久的领土之争与边界冲突等等。文史本来同源，翔实的史料，又从各个历史侧面条分缕析，作综合的考察研究，并用清新的笔触描绘刻画，自然使文学之美更具深沉的历史感，而历史的光彩也借助文学而体现升华。土尔扈特回归祖国这一事件本身就蕴含着深厚的民族团结与爱国主义的内涵，这是一个英雄主义的主题，它不单是由信念、胆识、睿智、毅力凝聚的音符，而且是用鲜血与生命谱写的英雄乐章。但愿这支发生在欧亚腹地的史诗，若干年后的今天，又将借助文学的形式在欧亚腹地再度流传。

历史和文学都像一面镜子，它反映历史上消失的现象，也反映事物发展的本质，并照亮现在和未来。当前世界不少地方都在为着民族问题、民族纠纷沸沸扬扬，困惑着那里的政治家、军事家与政府首脑。从理论上用共同的地域、共同的语言、共同的经济生活表现于文化上的共同心理状态等等去解释、说明历史上民族的形成、发展、融和、分裂等历史现象也许并不困难，而使多种民族友好相处成为一个团结友爱的大家庭，实际上就不那么容易了。不少知名学者不是正为研究它而竭尽心力，为妥善地解决它而出谋划策吗？这里正好有一个例证。

我想，如果他们能站在伏尔加河下游的草原上，回顾一下土尔扈特部族当年生活的环境、作出的贡献、所受的苦难；或者把眼光转向东方，看一看二百多年前的清朝政府，康、乾皇帝对待他们的态度、措施；或者再到承德避暑山庄去读一读现存的《土尔扈特全部归顺记碑》和《优恤土尔扈特部众记碑》；要么就站在欧亚大陆交界处，追踪一下土尔扈特人当年所走的道路以及他们在归途中的历史遗物，包括他们同伴的尸骨与牛羊的残骸等等；或者再看一看现在新疆境内、天山南北土尔扈特人所过的和平生活与在民族大家庭中的地位等等，认真地思考一番，它是历史，也是现实，难道不能提示些什么吗？如果真的能够从中得到一点启示的话，那么本书的问世也将功德无量，善莫大焉。

我想再提一点题外的话。

历史上有很多相似的故事。20 世纪 40 年代，当时的清华大学教授、明史专家吴晗，由国统区的北平到了解放区的石家庄，他拜见了毛泽东，并把所著《朱元璋传》稿本送上，请求指正。一天晚上，毛泽东约见了吴晗，对《朱元璋传》书稿谈了很多观点，特别指出彭和尚（彭莹玉）一条。文稿中记载了元朝末年同徐寿辉、邹普胜一道起义的彭和尚，吴采用了传统的说法，说徐寿辉起义成功之后，彭和尚突然不见了。毛泽东当时指出：像彭和尚这样一个坚强又有毅力的人物，不应该有逃避行为，不是他自己犯了错误，就是史料失实，应该再深入稽查才好。1949 年北平解放，吴晗回到北京，又深入地翻阅了《明太祖实录》和元末明初的多种史籍，终于查出，这位彭和尚是被元军在杭州擒杀，从而找到了下落，补正了原稿。

无独有偶。土尔扈特回归时的高层决策人物中，有一个大喇嘛洛桑丹增（或译罗卜藏丹增），为扎尔固八成员之一，他参与了回归祖国的全部机密。1770 年秋末，在伏尔加河西岸维特梁卡召开的秘密会议上，决议次年举族东归祖国，参加会议的共六人，即渥巴锡、策伯克多尔济、舍楞、巴木巴尔、洛桑丹增和宰桑达什敦杜克，他是六成员之一。东归途中他仍然出谋划策，功勋卓著，但回到祖国后，下落不明了。史家多有疑虑，西方的文史学家也作了多种猜测。有的说实无其人，有的则杜撰为死于疆场。本书作者行文至此，迟虑再三，不敢着笔;求教于首都博物馆佛教研究专家黄春和先生，黄又请教于民族学院藏学研究所王璐教授，王又与马大正教授联系，终于得到答案。马教授在中国第一历史档案馆所藏清代专档、满文土尔扈特档中发现了线索，出示了他的近作专题论文《土尔扈特蒙古大喇嘛罗卜藏丹增史事述补》一文。原来土尔扈特回国之初，洛桑丹增并未引起清廷重视，只是将其“酌情考虑，就近安置”。当乾隆皇帝了解到他的身份和在回归中的功绩后，一改初衷，特准予入觐，于是洛桑丹增便于乾隆三十六年（1771年）九月跟随渥巴锡同到承德避暑山庄，颇受礼遇。在封赏时，按四等台吉例，赏银百两，以示嘉奖。但清朝出于控制土尔扈特蒙古的目的，将他排除在政治领袖之外，令其“不必赴宴”，仅在寺内诵经。在渥巴锡一行入觐活动结束时，洛桑丹增得到准许，随活佛章嘉呼图克图到达京师，遁入佛门，不问世俗凡事了。也真是巧合，两个历史事件，一个和尚，一个喇嘛，都曾参与政治，功成之后都下落不明，又都找到了下落，何其相似乃尔！不过，洛桑丹增虽在北京，后事不详。爱好北京史、宗教史的同仁如果照此追踪下去，说不定还会出现更多线索。

这里除了对马教授严谨求实的治学精神敬佩之外，可以再补充一句：马教授在新疆还发现了洛桑丹增所主持过的土尔扈特蒙古最古老的喇嘛庙——昂嘉庙遗址，至今仍在天山北麓巩乃斯河谷；从有关昂嘉喇嘛世系的记载得知，洛桑丹增原是第七世昂嘉喇嘛。同时，这也体现了本书作者对史实负责的求是态度，对读者负责的认真精神。

本文系为朱传雄、杨仕著，历史纪实文学《横跨欧亚大回归》所写序言。

解放军文艺出版社，1992 年 10 月

燕山窦禹钧

旧日的启蒙学读物《三字经》中，有句“窦燕山，有义方，教五子，名俱扬”，短短的十几个字，概括了古代北京人窦禹钧的全部故事。故事发生在封建社会，内容也充分显示着封建社会的文化特征，大讲礼义，鼓励仕进。但是，如果从窦氏的办学、教子看，多多少少也还有些值得一提的地方。

窦禹钧是五代后周人，官至谏议大夫。有说幽州人，又说范阳人，实际都是今天的北京。北京古代属燕国，又有燕山，文人常以地称名，所以又叫他窦燕山。他有五个儿子，长子仪，次子俨，三子侃，四子偁，五子僖。由于窦氏的影响、家教，五个儿子都做了官。窦仪当了礼部尚书，俨当了侍郎，三四五子都得到官职，义风家法，为一时标表。一家子显亲扬名，当时传为美谈，当时名人冯道赠诗称赞说：“燕山窦十郎，教子有义方，灵椿一株老，月桂五枝芳。”后来元代建大都城，全城划为五十坊，有两个坊便取名为“灵椿”与“丹桂”，若干年后，对窦氏的事迹又进行了表彰。

据传，窦氏最初家道富有，但禹钧为人却很不公道，常常昧心行事，重入轻出，明瞒暗欺，借势压人，以至三十岁还没有儿子。在古代人心目中，三十无子，可是件极不光彩的事。一天夜里做梦，父亲对他说：“你心术不正啊！不仅不能得子，以后还要短寿哩！只要改过从善，多积阴德，也许能挽回天意。”一觉醒来，使他改变了主意，再不做从前的昧心事。元旦到延寿寺烧香，捡到了一袋银子，他等了一天，终于把银子交还了失主。贫苦人家，男女不能婚配的，他资助钱财，使男婚女嫁，人死无力葬埋的，他也资助埋葬。特别是他在宅南建了四十间房舍，设立义馆，办起义学来，聚书千卷，延请名师授学，招致无力读书的儿童读书。这样一来，果然生了五个儿子，对儿子们“教之以义方”，使他们都达到志愿，当了官，扬了名，他自己也得以高寿而终，活了八十二岁。

《左传》有“臣闻爱子，教之以义方”之句。封建社会中，办学、读书、教子合乎义，即仕进显亲扬名，这也是文人追求的目标。窦氏这样做了，被誉为有“义方之训”，得到称赞，这合乎历史的实际情况，所以被写入了诗词、课本，广为传颂。要说一梦醒来而改恶从善，又显然是附会的成分更大些。故事究竟是故事，我们也只能以故事对待吧！

事迹难免有出入，窦禹钧却实有其人。说他是幽州人、范阳人、燕山人，这都是泛指而已。故里究竟在哪儿，今天还有没有什么遗迹、遗物可证可寻呢？

北京古来叫过幽州，也常常泛指北方地区。唐代称幽州，治所就在北京；又叫过范阳，但范阳有二，一是郡，郡治在北京，一是县，即今天的涿州。窦氏故里，文献无直接记载，明人蒋一葵著《长安客话》说，他的墓在涿州。《涿州志》记，墓在涿州西团柳村，村北有条康河，岸北有荒冢，人称十郎冢，不过墓前石碣记，它是明朝太监窦吉祥的墓。又记吉祥是窦仪的九世孙，孙葬祖茔。团柳是个大村，也是个古村子，历史很久，至晚唐代便形成村落，云居寺石经题记有记录。窦氏祖茔在这里，他可能是涿州人。古来涿州属幽州，又属范阳郡，也是范阳县，说幽州籍，范阳籍，无论指郡指县与文献都相符。

《良乡县志》记载，他的墓在良乡县西北十五里的豆家庄。“窦”、“豆”同音，豆家庄即窦家庄，墓在这里，喻义他又是良乡人。名人墓葬、故里，各地相互争夺，这类事常有，良乡距涿县不远，说故里在良乡，也不奇怪。

辑录《永乐大典》本《顺天府志》记载，窦禹钧的墓在宛平县城西二十里玉河乡鲁郭村。明代的北京郭下治二县，东部属大兴，西部属宛平，宛平县署故址就在今北京西城区平安里略东处，地名东官房。所谓宛平城西，即北京城西。五代时刘仁恭曾设置玉河县，辽代仍有玉河县，至金废，县治故址即今京西门头沟区城子村，今名城子镇。明代京西划乡，用了玉河旧名，鲁郭遂入玉河乡。鲁郭也实有其地，又叫鲁谷，也是个古村子，地点在京西八宝山，新中国成立后附近出土过好几方辽、金时代墓志，志文中都提到这个村名。从涿州而良乡，窦墓又到了宛平，他又该是宛平人了。

顾炎武的《昌平山水记》中又出现了窦氏故里。记明代陵园“东山口内二里景陵果园之旁，有古槐一株，其大数十围，中空，可容十人坐，传为燕山窦氏庄”。1956年，我在昌平的明十三陵发掘定陵，当时的北京市副市长吴晗同志主管这项工作，他是发掘委员会委员之一，经常到现场看看，指导工作。闲谈之中谈到了窦禹钧。吴是历史学家，对窦的事迹当然清楚。他嘱咐我到昌平调查一下。调查结果与窦氏无关，相连的龙母庄村附近，地面倒有些遗物，上溯可至两三千年前的新石器时代晚期，这里形成村落可能要早，但无一户窦姓，却另外又发现一块石碑，我把石碑拓片给他看。文曰：

山色何峥嵘，浓绿摩苍舞。
霏微堕宿云，精神畅新雨。
入碧俨披堂，寻阴谬移舞。
灵椿孰与老？良木肯同腐。
花不为人黄，风但清环堵。
蔚蔚蟠龙碑，圣迹相千古。

石碑是纪念古槐的，题名崇祯辛巳仲夏。辛巳是崇祯十四年，即1641年。老古槐传说是窦禹钧手植，窦槐于崇祯十四年倾斜，陵园的太监集资将古槐扶正，并建围墙保护，题词镌石。灵椿句指的窦氏，顾氏可能看到这块碑，所以《昌平山水记》又说故里在这里，但槐树早已不存了。

吴晗手捧拓片，不断地吟诵思索。我问他看法，他莞尔而笑，久久不语。叮问再三，终于说了个意见，他说：“我也查了查书，找不到什么直接线索。就现有的材料看，要属他出生山沟的可能性略大些。当官成了名，应酬的事务多起来，山沟自然不便。涿州地处要冲，可能在那里建宅落户更方便些。文人、官吏要面子，不好再说山沟生人，就笼统地说是幽州、范阳人氏了。不过还得看看，那里是否子孙繁衍，姓窦的多不多。有空时你还可以去涿州看看，才敢说定吧！”

谈话结束了，故里问题没有结论。三十多年过去了，吴晗与世长辞了，我也再没机会去涿州调查过。窦禹钧只是众多地方人物之一，故里仍可继续探索，也不是急需解决的问题。但是，吴晗的一席话，他注重调查研究全面分析问题的方法，给人的启示却是久久难忘的。在他的鼓励之下，总算为探索窦氏故里，又增添了一件资料。遗憾的是，1958 年十三陵修建水库时，不知什么原因，这块刻石却被搬了家，至今还躺在陵园大宫门东侧一个养蜂场的院子里，无人过问。它究竟是与地方人物有关的历史文物，如果文物部门能找个合适的地方再度立起来，配以说明，岂不是一件好事吗？

原载《燕都》1990 年第 6 期

吴晗同志与北京市的文物博物馆工作

吴晗同志离开我们十五年了。作为历史学家，在他生前担任北京市领导工作期间，对北京市的文物博物馆工作特别关心。回顾三十多年前他对这一工作的开拓指导，更增加了对他的崇敬。我有幸参加了这方面的实际工作，有些工作还是在他的直接指导下进行的。仅就亲身经历，略举一二事例，以志纪念。

我于1953年北京大学考古专业毕业后，被分配到北京市文化教育委员会所属文物调查研究组工作。吴晗同志当时是副市长兼任文化教育委员会主任，直接领导文物调查研究组的工作。解放初期，北京市区的基本建设工作大规模开展，到处兴工动土，开沟挖漕，出土文物时有发现，也常有破坏。文物调查研究组人手少，很难适应这一局面，工作目标不明确，十分忙乱。

吴晗同志提出，基本建设工作为我们的文物考古工作打开了地下宝库，应该积极地配合基本建设工作，宣传党的文物保护政策，对出土文物进行重点的发掘、整理、收藏，为建立首都的地志性博物馆准备藏品，并为将来系统地开展北京史的研究工作积累实物资料。这样的工作方针，使我们开阔了眼界，改变了工作方法。于是在每一处出土文物现场、发掘工地举办展览，讲解出土文物的历史价值、意义，宣传党的文物保护政策。出土文物现场变成了文物保护的宣传阵地。使参与基本建设工作的同志们对保护文物的意义有所了解，避免了出土文物的损失。同时，还趁基建工人冬季集训的机会，携带出土实物到集训现场宣传，收效很大。

接着，又于1954年春季，在北海公园的天王殿举办了北京市出土文物展览。不仅进一步宣传了党的文物保护政策，而且通过出土文物，使观众对北京地区的古代文化也有了初步了解。这个北京历史上的第一次出土文物的公开展览，也是在吴晗同志的亲自指导下开幕的。文物保护的宣传，考古工作与基本建设工作的紧密配合，为以后博物馆的藏品来源，打下了基础。

当时，在北京市的物资部门——财政局实物库（在西城大觉胡同）所保存的大批物资中，有不少传世文物。古代的铜、瓷、陶、玉器以及古籍、书画，品类庞杂，数量也不少。正是在吴晗同志关心下，由文物调查研究组经过鉴定、挑选，将有历史价值的文物、书籍，统统接收保管入藏了。藏品的不断增加、充实，为首都地志性博物馆的筹建创造了条件。1953年4月，吴晗同志又与文化部文物局局长郑振铎同志联名召开了座谈会，邀请在京的专家、学者，以及热心博物馆事业的社会知名人士，座谈北京的地志性博物馆的筹建事宜。首都北京历史上第一个地志性博物馆的正式筹建工作，终于开始了。经过二十多年的时间，首都博物馆的筹备工作，由于多种原因，三起两落，最后于1979年在北京的孔庙开幕。尽管在反映北京的全部历史面貌方面，还存在着不少缺环、缺点和问题，北京地区历史的研究工作也还没充分开展，但是，在当前作为宣传阵地之一，文物与博物馆工作如果能为首都的精神文明建设做出一点贡献的话，溯本求源，吴晗同志在最初的奠基工作上，具有开拓意义，也是付出过不少心血的。这一点值得我们永志纪念。

1955年，吴晗同志邀请郭沫若、沈雁冰、范文澜、邓拓、张苏诸同志上书政务院，请求发掘明代十三陵中永乐皇帝的陵墓——长陵，得到批准。为做好准备工作，决定先行发掘万历皇帝的定陵，并准备建立博物馆。发掘工作于1956年开始，历时两年完成，于1959年正式建立定陵博物馆。今天，作为北京市的专题性博物馆，每天接待着数以万计的中外观众，为人们的文化生活增添了新的内容。抚今追昔，从定陵发掘到博物馆的筹建，都渗透着吴晗同志的心血。特别令人怀念的是，定陵发掘与博物馆筹建期间，

不论[illegible]

[illegible]负责人，由于多方面的原因，我却始终没有着手[illegible]

[illegible]仓贮[illegible]专业性仓贮博物馆。

另外，有一件事是值得一谈的。远在定陵发掘期间，他到现场去，看到我正在翻阅《明实录》，于是他对我谈起他早年在朝鲜史料《李朝实录》中摘录有关中国史料的[illegible]谈到高兴时，他就手指足画，在工棚中走动几步，有时又哈哈大笑。最后，却板起面孔严肃地说，你要将《明实录》中有关北京的史料用最短的时间摘录出来，对北京史的研究[illegible]

[illegible]缅甸入侵，明瑞以云贵总督兼兵部尚书经略军务，率兵出征，身先士[illegible]

[illegible]工作，在党的领导[illegible]

[illegible]功绩建立的。20世纪50年代尚保存完整，根据当时的调查记录：南向大门三间，正中碑亭一座，正屋五间，东西庑各三间，上覆黑琉璃瓦，和文献记载相符，只是将原大门改作[illegible]“吉林先哲祠”。现为广桥小学占用，上述建筑已全毁。

额勒登保《清史稿》有传：姓瓜尔佳氏，满洲正黄旗人，世为吉林采珠户，乾隆年间参加征缅甸、收复台湾、反击廓尔喀入侵战役。也参与镇压回民、苗民诸役，论功绩两次图形紫光阁。嘉庆二年又奉命围剿白莲教农民军。卒年58岁，谥忠毅，敕建褒祠，并命吉林将军修其祖墓、立碑。

入民国后，吉林人民以额勒登保祖籍吉林，将祠改为“吉林先哲祠”，共祠吉林先宦名人。

旌勇祠之东，有保安寺，又名半藏寺，为元代古刹。原有僧义佛驻寺，聪慧异于常人，学习佛经，不仅理解快，而且过目便能背诵。寺本无名，由于寺僧聪慧如半部藏经，被称为半藏寺。又传说，寺以藏有半部藏经而得名。实际都是俗称而已。元代末年，其徒智存请求寺名，丞相布哈奏请，赐名为义利寺。至明朝嘉靖中重修，改名为保安寺。现在殿宇圮败，主要殿堂尚保存，殿前仍树有碑三通。保安寺为西城区文物保护单位。

祖大寿祠与三中

平安大道西端路南第三中学校址，前为祖大寿故宅，后为家祠。这是一处保存完整的院落，今为北京市文物保护单位。街也因祖氏祠而名祖家街。

院落三进，坐北期南，大门临街，三间，两侧有倒座房。一进为过厅，其后听事（客厅）五间，后有垂花门，东西厢房俱备，正寝五间，东西厢房各三间。院落不大，但布局严谨，特别是从大门直达后院，这种清初的住宅形式保存下来，十分难得。

祖大寿为明末将领，辽东宁远（今兴城）人，明天启六年（1626年），后金努尔哈赤率军六万攻宁远，被祖大寿发西洋大炮击退，努尔哈赤受伤

从南新仓说起

南新仓位于平安大道东端，为明清时代京都贮藏粮米的官仓之一。虽然大体上保持了明清形制，[illegible]日规模，现为百货公司仓库。

萧军与文物

南新仓创建于明永乐七年（1409 年），距今已 580 年。明代北京设军卫，卫仓储军粮，纳入官仓管理。南新仓时辖卫仓 8 个。清初南新仓有 30 廒，经康熙、雍正、乾隆三朝陆续增为 76 廒，现在仅剩十余廒。仓是总称，廒是贮粮房间，明初规定三间一廒，后改一廒五间，廒门挂匾额，标明某卫某字号廒。清代规定廒顶开气楼，底部用砖铺砌，上铺木板，并于墙下开气孔[illegible]

[illegible]在浙江海港装船经直沽（今天津）达通州，再沿[illegible]

[illegible]

那位作家吗？一时不便多问，由衷地说了句“请多指导。”他哈哈地笑了，“别客气，你是专业，我是爬格子的，谈什么指导。”我立刻意识到，是他。怎么他又干这一行了？

刚毕业的学生，初到工作岗位，对年长者当然要有个尊称，按照学校的习惯，对萧军一如容、侯，照称先生，不想却引来他的不快：“小伙子，论出身，该叫我将军，东北讲武堂的。爬格子嘛，不干了，姓名不改，叫我萧军比什么不强。”言语中带点申斥的口吻。恭敬不如从命，虽然他长我二三十岁，只好遵嘱直呼姓名，甚至连同志二字也不加，倒也干脆。相处日长，才了解到，这是他内在的性格，干文物、考古倒需要这种性格。

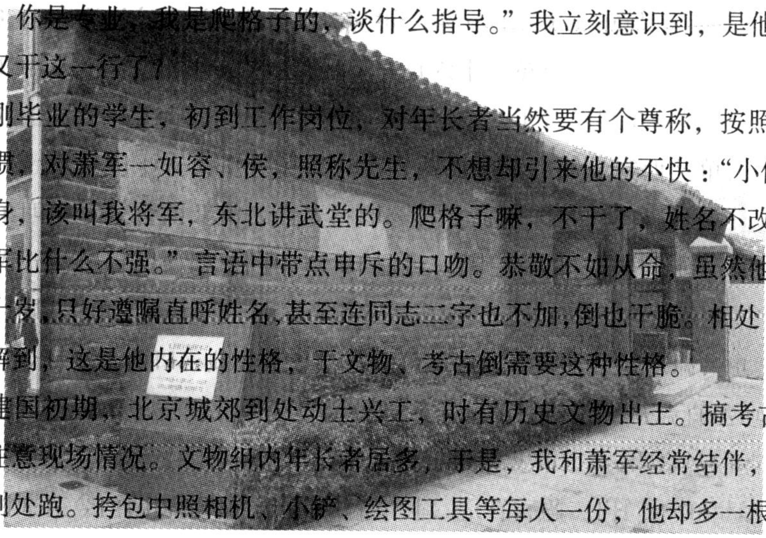

建国初期，北京城郊到处动土兴工，时有历史文物出土。搞考古的，特别注意现场情况。文物组内年长者居多，于是，我和萧军经常结伴，背着挎包到处跑。挎包中照相机、小铲、绘图工具等每人一份，他却多一根自备的小丁字镐随行。西郊动物园南侧，发现了明朝太监墓，石条结构，规模可观。

南新仓

粮仓大都靠近城东部，以其地临东护城河，船只运输，装卸方便。元代的粮仓，明清时代又继续扩充改建使用。据统计，明代北京、通州共有官仓20个，到清末京通官仓17个，廒计1178座。解放前后大部为学校、部队、工厂、医院等单位占用。

南新仓所在为元代北太仓旧址，明代在旧址上建新仓，南新仓在北，旧太仓在南。清代又扩建为富新仓、兴平仓。仓区地面平阔，建有围墙。南新仓地近围墙东门，俗称东门仓，兴平仓近北门，称北门仓。1953年自东四十条向东辟马路，穿过兴平仓，拆除了一部分，以后公司建房陆续拆除，现在仅剩南新仓部分廒座，成为全国仅有、北京现存为数不多的历史仓廒实物。

民以食为天。我国历代对粮仓的设置非常重视，农村有义仓，为农民贮粮备荒；州县设有常平仓，丰年时官府"采入"，荒年平价"粜出"，调剂粮价。设在京都的官仓，除皇室消耗、官员俸米、军士食用外，遇有荒年，京仓也"平粜"，偶尔也放赈或设粥场救济贫民。

元明清三代对粮仓建筑的形式、尺寸、造用料都有规定，检查维修也有制度，对贮粮方法也是逐步改进的。元代廒座地面铺席，极易腐烂，明代改为下砖砌，上铺木板；清代在木板下留出通风空隙，墙下开窦穴通气，顶部开气楼通风，并用竹篾编成隔孔，钉于窗上以防鸟雀。廒下防止了潮湿，廒上改进了通风条件，提高了保管水平。

仓内都有附属建筑。如龙门、官厅、大堂、科房等都是各级人员办公用房，又有警钟楼、更房，为报警巡更人员所用。还建有仓神庙、土地祠、关帝庙等为祭祀之用。各仓都有水井多处，"乾隆时南新仓一次就增建六井"。

历史上各代入仓粮食数量不同。文献记载，明代每年约在四百万至四百五十万石；清代道光以前入仓漕粮四百余万石，其中到光绪末年约一百六十余万石。[illegible]品种[illegible]道光年间南新仓实贮粮米[illegible]万零[illegible]石，[illegible]黑[illegible]五[illegible]千[illegible]百[illegible]六石。其他仓也有[illegible]米、[illegible]皮米为人食，黑豆饲马。不知稜米是什么，[illegible]北方农村[illegible]稜[illegible]北方多水旱，[illegible]有些种晚秋作物可以种植，晚种晚收，产量不大，也许它就是"稜米"。

原有泥塑像。前殿为关羽，后殿为观世佛。实际关羽是佛的护法神，庙名关帝庙，反而将佛祖列为从属地位了。北京的风俗，面对街口常建庙以为镇物，祛除不祥。不建庙时也常作镇物示意，如刻字"泰山石敢当"便是。

贤良祠在地安门西，为西城区文物保护单位。清雍正八年（1730年）为祭祀有功的亲王大臣而建，有御制碑并有御书"崇忠念旧"匾额。大门南向，面临平安大道，大门内有御制碑亭，正殿三间，东西庑各五间，后殿五间。因是祭祀之所，规格较高，大门及正殿均覆琉璃瓦。原有围墙，东西各有门，并有治牲所、宰牲房，今已不存。主要建筑完整，现为妇女干部学校占用。在平安大道中，此处最窄，前八字墙低矮，显然为后建，对面为新建仿古建筑，宽大雄伟，尚未完工，已显示与周围环境非常不谐。

雍正时入祠的有王公、尚书、总督、巡抚共78人，乾隆时又增21人。其中声名显赫王一级者有：怡贤亲王允祥，是雍正皇帝之弟；和硕超勇襄亲王策凌为蒙古人，成吉思汗直系子孙，康熙帝之婿，为签订中俄《恰克图条约》首席大臣。公一级中有图海，满洲正黄旗人，康熙时镇压农民军郝摇旗、李来亨又击败吴三桂。后增入者兆惠曾参与平准噶尔，攻打天山南路回部。乾隆皇后之弟傅恒，曾攻克伊犁，进攻缅甸等，有功入祠。又有刘统勋，为刘墉（即刘罗锅）之父，曾因治理黄河、运河，加快了工程进度，有功入祠。

贤良祠东侧与祠并列的为白马关帝庙。北京关帝庙很多，但这个时代较早，传说为隋代旧基，实建于明代洪武年间，成化十三年（1477年）重修。原有正门、正殿，东西庑各三间，后殿五间；另有御碑亭及斋室等群房数十间，一时香火很盛。新中国成立后保存尚完整，后为市政清洁队占用，拆除殆尽，盖成商业建筑，西压贤良祠，有碍景观。此次大道展宽略有妨碍。今已后移数尺，但仍压碑亭。关帝庙以白马为名，也有传说：公元四世纪时，前燕鲜卑族慕容儁曾在蓟城（幽州）建都，有良马死后做铜像镶在蓟城内东门，名铜马门，讹传为白马前导建都。蓟城与铜马门在今宣武区与这里无涉，显然为附会。庙碑又记明英宗曾梦乘白马来祭，因而名庙。实际上多是太监借修建庙宇聚敛钱财而编造的。

关帝庙之东面对平安大道，有一个药王庙，原来规模也不小，新中国成立后为印刷厂占用。今正殿和配殿，尚有琉璃瓦顶。为明天启年魏忠贤建，原有丰碑。魏忠贤名声太恶，死后即被推倒捣毁，现在连碑座也不存了。

[illegible]

平安大道什刹海迤西南侧，北海公园内，有一组集古今园林大成的建筑——镜清斋。它建于乾隆年[illegible]

[illegible]

《太平寰宇记》载：幽都[illegible]

地下出土资料得知的，并可复原其大体范围[illegible]镜清斋。乾隆皇帝不时来此游历，[illegible]

[illegible]定门外邓村，冰窖口葬地是迁葬的结果[illegible]

北海镜清斋

葬于幽都县礼贤乡高梁河北平原”。据此，[illegible]

[illegible]在西苑建了小火车道，由中南海直达镜清斋[illegible]

[illegible]其他资料看，紫竹院以北的广大地区仍属礼贤乡。

[illegible]

葬于幽州幽都县礼贤乡黄城"，葬地在高梁古河之东，已是礼贤乡之东界了。

礼贤乡北界无出土资料可据，但从史籍看，清河一向属昌平县，如果从清河至亚运村南北十余里间划界，不但亚运村，连奥林匹克中心、游泳馆、体育馆、田径场、曲棍球场等，都处于礼贤乡之中心地带。

北京在唐代称幽州，州城故址在今宣武区，又为古蓟所在，[illegible]称蓟城。《新唐书》《旧唐书》记，蓟城郭下为两县分治。东部为蓟县，辖城东部地区，西部为幽都县，辖城西部地区，礼贤乡远在蓟城东北部，属幽都县，似与文献不合。实际上这当与县乡属地变化有关。[illegible]州城内还有过一个辽西县，建中二年（781年）[illegible]为幽都县，所以，志石中记幽都县礼贤乡者都在建中改县之后。此前，估计蓟城东北部的礼贤乡应属蓟县。唐代的幽州由两县分治，开创了先例。由辽至金县名虽有改变，但东西分治不变。元代大都北迁建城，仍由大兴、宛平两县分治东西，这个制度一直延续到明、清。

礼贤乡的名称，颇有来历。战国时代，幽州地属燕国，燕昭王为振兴国家，设立了黄金台，招贤礼士。贤士乐毅、邹衍、郭隗等入燕，一时人才济济，国运昌盛，遂并强齐。昭王的金台之设，传为美谈。所以幽州不仅有金台、燕台之称，又以接纳了贤士郭隗，有时还间称隗台。礼贤纳士，史有美誉，深入人心，以之名乡，自然顺理成章了。

以"礼贤"名乡，幽州人引以为荣。乡名何以未能存留至今呢？想来与城址变迁有关。唐代之后，辽金建都，虽然在琼华岛（今北海）经营别墅园林，只涉及礼贤乡南界，北界无涉。元代就不同了，大都建城，把礼贤乡大部圈入城内，皇家衙署府第的营建，村落、农舍却非迁不可了。北京东南五十里有个礼贤镇，名称与往昔相同，村落还不小。黄金台的遗民想来对礼贤的名称是有感情的，难道他们又捧着旧名到那里安家立业了？

唐代的"礼贤"，只是撮尔乡名，但它表现了先民对国家振兴的愿望。后来乾隆皇帝仰慕前贤，还在朝阳门外用土堆了个假招贤台，虚应了"金台夕照"之景。台已不存，倒留下一条金台路之名。

亚运盛会在即，届时群贤毕至，看到的只是汇宾、五洲、汇园、康乐、汇珍等酒楼大厦，北京作为东道主，如果命名一个"礼贤村"、"礼贤馆"，

身亡。祖大寿和袁崇焕协同作战屡立战功。皇太极再攻宁远、锦州，正在此时崇祯皇帝中了皇太极的反间计，将袁崇焕下狱，祖大寿以身家性命求赎赦免，不准。崇祯三年（1630年）袁崇焕被杀。祖大寿在关外锦州坚守十数年，至崇祯十五年（1642年）洪承畴被俘，孤立无援，杀降夷后出城降清。皇太极授为总兵，顺治元年（1644年）随清军到北京，并未得到重用，于顺治十三年（1656年）病死。

祖大寿在北京期间，这里一直是他的居处。《天咫偶闻》记：祖大寿故居在祖家街，今改为正黄旗官学。其屋全是旧制，听事、正寝、两厢、别院，一一俱在。屋中装饰皆存。由此可知，时至清末，房屋与内装饰仍保存住宅形制。改宅为祠当是死后的事。其子侄均为显官，子泽润爵一等子，泽溥官至福建总督，从子泽洪一等子兼授弘文院学士，泽远官湖广总督，均另有府第。此宅立为家祠是必然的。

祠先为正黄旗官立小学，宣统二年（1910年）改为八旗右翼中学堂。民国六年京师学务局将其改组为京师公立第三中学校。据《北京市志稿》文教志所书，第三中学成立立案年月为民国元年（1911年）9月。七十多年来，虽以祠改学校，主要建筑改动不大。著名作家老舍先生曾在此读书，校中单辟有陈列室，展示先生生平，此为全市中学所独有。值得一提的是，

[illegible]墓，外椁全用木枋叠成，内外木炭填实，尚存古制。出土志石二方，可补史志。墓志现存于文物部门。

原载于《北京晚报·百家言》

1990年6月28日至29日连载

泽公府、贤良祠、关帝庙、药王庙

《燕都丛考》记：“东不压桥东，泽公府在焉。”由东不压桥向东不远，大街之北，有一处宅院即泽公府。所谓泽公府，是清末度支尚书（财政大臣）载泽的府第。载泽是嘉庆皇帝第五子绵愉的孙辈，袭封镇国公，光绪三十年（1904年）曾奉朝命率徐世昌等出国考察宪政，回国后请实行君主立宪政治。度支尚书是朝廷重臣，掌管全国土地、户口、钱粮;宣统继位后，又兼理筹办海军事务大臣、督办盐务大臣，曾多次劝谏摄政王载沣不用袁世凯。宣统二年（1910年）又任纂拟宪法大臣。辛亥革命后，他又极力反对宣统退位。民国后他过着隐居生活，于1928年逝去。

这一府第尚存正堂，北侧尚存古典式筒瓦建筑，已非原建。大院一分为二，西院今为无线电技术研究所，东院为证券所。

泽公府之东有一座关帝庙，面对皇城根。自山门而进有南北两层殿宇，

贤良祠

北京城墙缺角试解

北京西北城墙缺角，引起人们的注意。有人认为是谜，征引古籍，作"抑盈扬谦"说，又有"天倾西北"说；联系到东南城墙也缺角，过去还有过"地陷东南"说。其实，两墙都是明代所筑，如果真是谜，用明代史实解谜，结论可能更确切。

西北缺角城墙，是明代初年筑造的，历史背景与元明战争密切相关。《明太祖实录》载：1368年朱元璋在南京称帝，当年七月（阴历，下同）派徐达北攻大都。闰七月丙寅，占领了通州，元帝北走；八月庚午，攻占齐化门（今朝阳门），进入大都。八月丁丑便派华云龙在元大都城内筑造了这道缺角城墙。从攻克元都到筑造新墙，中间仅隔六天时间。时隔一天，即八月己卯，又督工修理元都西北旧城墙；九月戊戌朔，新墙初具规模，城门命名安定、德胜（这是安定门、德胜门的来历）。从修旧城到新门命名，中间也仅隔十八天。接二连三地修旧建新为什么如此紧张？道理很简单：打下了元都，要保住它。元帝北走了，四周元军并未肃清，要时刻防御反扑。所以，[illegible]攻占北面诸关，并在周围设立六个卫所，防卫体系完成后，留兵守护，到十一月，徐达又进军山西。

修旧城，建新墙，显然是为了防御元军。但是，新筑城墙为什么缺角呢？如果调查一下现场可以发现：这里本是元都城外一带蜿蜒曲折的水域，筑墙所在，正处水域之南相连最窄处。城墙本来就为防御而设，水岸弯曲，随形筑墙，把大片水域置于墙外，不就大大加强了它的防御功能吗？更何况元军主要力量又在西北面呢！

一般情况下，建筑城墙要先清除地基，夯土填实，但这道城墙却不是这样。新中国成立后，考古工作者清理城墙基址时发现：完整的元代房屋、院落、碑石、生活器物统统压在墙下，夯土也是松软的。这又说明什么呢？战事十万火急，胜负事大，临时措施，一切服从战争。来不及夯实基础。

铁狮、石狮琐记

张自忠路原名铁狮子胡同，[illegible] 以铁狮子为名，铁狮又在哪里？清末震钧著《天咫偶闻》[illegible] 曾作过调查，二铁狮已不在狭巷，[illegible]

狮移于鸦儿胡同广化寺内保存。时过境迁，"十年动乱"，人事变动，去向不明，唯望不致遭到销毁厄运。

麒麟碑胡同口的石狮，是北京现存元代石狮中最大的一对，虽略有伤残，仍不减原有雄姿，显示了浑厚的特征。20世纪80年代初，石狮移至西城白塔寺展陈保管。

麒麟碑胡同原有石雕麒麟碑，横卧若屏，下为须弥座，碑身[illegible]瑞兽，头面若狮而生双角，鬃髯飘飘，鳞身利爪，应属[illegible]类，而以"麒麟碑"名世，实为不可多得的明代早期遗物。有人说它是嘉靖时咸宁侯仇鸾故宅之物。不确，仇鸾故第不在这里，在石大人胡同（今外交部街），姑存一说而已。今完整无损立于鼓楼大厅内，当是20世纪40年代与铁狮同移至鼓楼的。

铁狮子胡同路北有几处大宅，后通府学胡同，大诗家吴梅村有《田家铁狮歌》，写得婉约情深，有田家、铁狮，又有大宅，便衍生出不少臆测：

明城墙东南角楼

塑像。今已毁。殿北为大慈真如宝殿，原

北海镜清斋长廊

北海天王殿

体量高大笨拙，与周围环境十分不和谐，

而且处于平安大道边沿，这给大道工程提

原载于《北京晚报·百家言》

出来一个难题。要留它吧，它不是文物，是假古董，更不是大西天经厂殿原址的复建，且又向北移了不少；不拆吧，大道此处最窄，人行道受阻。看来，如何保持古都风貌，尤其是市区内控制新建仿古建筑，不仅是工程建筑问题，更是首都规划与文物部门应该探索的重要课题。

先蚕坛

地安门迤西，今“北海幼儿园”所在，是清代的先蚕坛。坛门原在南面，现在的幼儿园门是新中国成立后开辟的。

首都的窗口

——地志性博物馆营博

先蚕坛前门

我国以农立国，历代皇帝为了表示对农桑的重视，都要亲自耕田，做出示范，今存的先农坛就是明清皇帝亲耕所在；皇后要采桑养蚕，在先蚕坛进行。实际上这都是皇帝皇后做出的姿态，只具象征意义而已。

明清时期养蚕地点屡有变更。明代嘉靖年间先在安定门外建养蚕坛，因皇后出城不便，又改筑于西苑仁[illegible]

[illegible]成部分。如何发挥它的文化功能，

当是[illegible]的书市，现在建成文化街，保持特点，很受欢迎。

[illegible]成贤街，有北京最古老的国立大学——国子监，孔子庙中古柏参天，[illegible]古建筑始建于七百多年前，至今完整，实际上这又是一条古老的[illegible]整齐，还点缀着牌楼，很有特点。最近文物主管部门把[illegible]列为文物保护单位公布，看来是颇具深意的。如果与文物保护工作结合起来，考虑在街北的二环路侧，兴建地志性的博物馆，组织具有首都[illegible]成贤街，再设置一些具有北京特色的工艺、美术[illegible]联为一体，成为首都的一个具有独特风貌的文化区。论地点[illegible]，遥遥相对，论性质，各有特点，这样岂不更好？有一点是张之洞自己也始料不及的：他忠于清王朝，在教育方面为筹办各类学堂，呕心沥血，从他筹办的学堂中走出来的学生，有的却成了清王朝的掘墓人。辛亥革命领导者之一的黄兴，毕业于武昌两湖书院，另一个领导者孙武毕业于湖北陆军学堂；更有甚者，中国共产党领导人之一的董必武毕业于湖北文普通学院（另有武普通学院也为张氏所办），文化革命主将鲁迅也曾就读于江西陆师学堂附设的矿物学堂，当代地质学家李四光毕业于武昌东路学堂，他们或他们同代人的贡献以及对后世的深远影响就更为他非所始料了。

今天北京图书馆的前身京师图书馆的创办人也是张之洞。1893 年他在武昌他创办的自强学堂，分设方言、美学、格致、商务等课，是全国第一所独立专科学堂，比今百年华诞的北京大学的前身京师大学堂还早五年建成。

也许，他还是属得上的腐朽透顶的清末王朝最清廉的高级官吏。他平生不置私产，白米斜街的寓所，是河北省公产，不是深宅大院，地既湫隘，房亦矮陋。他死后曾作为家祠，供奉牌位，今已为民居。

张之洞另有祠堂在西单背阴胡同，为抱冰堂众弟子所设立。原有碑刻已运北京石刻艺术博物馆保存，这算是他留给北京为数不多的实物纪念。

地安门外步军统领衙门

从平安大道东不压桥沿河道向北略西可通向清代的提督府。

提督府正名应为[illegible]按：旧制，府是居处，提督是官名，提督办理公事所再称府不宜。其长官称提督九门步军巡捕五营统领，简称步军统领，俗称九门提督。下置翼尉、协尉、步军校等官。任务是统帅八旗步军五营将士，掌管九门锁钥，监守白塔上的信炮，并警戒京城、缉捕盗贼、稽查奸宄等项，算是京师的最高治安机关。管理京邑治安的官吏，秦汉时即已设置，初称中尉，汉又名执金吾。金吾是鸟名，以铜铸之[illegible]出巡，金吾前导，自是威武非凡，汉光武[illegible][illegible]考察。

[illegible]礼部会同馆互换。清末尚有廨舍一百四十余间。前为大门中启门，大门内有过厅、正堂、二堂等，门前有照壁并石狮一对。1912年，最后一任九门提督为江朝宗。此人以后曾任北洋政府代理国务总理，日本占领时期曾任北京治安维持会长、北京市长等伪职。

新中国成立后，衙署旧址曾为武警部队占用，今为中央实验话剧院用，原有廨舍已拆除殆尽，建为宿舍楼房。旧署址原有石狮两对，刻工甚佳，建楼之前原拟移地保管，院方为增强文化气氛，愿原地存留。文化单位自然了解文物之可贵，不会毁坏，加意保护，但愿石狮无恙。

某宅即崇祯皇帝爱妃田氏母家云云。田妃之父即田弘遇。一提到田弘遇，必然联想到陈圆圆、冒辟疆、董小宛、吴三桂等，国事家事，一大串是是非非，这个田宅成为多情文人文章、剧作的素材，越传越广了。作为文资谈助，传则传矣，“日下旧闻”如作新考，态度总要谨严一点为好。据清初人笔记，田家故宅应在西安门，[illegible]当与铁狮子胡同无涉了。

平安大道觅古

皇家动物园及其他

[illegible]道和甚多的近代名人故居。作为全国历史文化名城之首的北京，[illegible]要高得多，从至正十七年（1357年）养了三年就送到昌平芹城（即今秦城）去豢养了（明代另有象房在宣武门西城墙北）。也有老虎，文献上说由于虎性凶猛，喂食时用肉拌上水银喂它，以“抑其威势”。[illegible]时间长久，不仅老虎的威势大减，肯定还会死去。皇家动物园饲养动物的无知，为我们留下了一点记录。

平安大道——地下有宝

[illegible]又添造豹房二百余间，并把喜爱的小儿都集中这里，教坊乐工人等[illegible]于唐代开成三年（838年），距今已一千多年了。出

土的墓志记孙道葬于黄城，由此可知，这个黄城是唐代的村落名称。墓志是墓主人生平事迹的真实记录，且不说墓主人的家族渊源、官职事迹以及陪葬文物的历史价值，仅黄城这一村名的出现就弥足珍贵。北京地区唐代村落情况，有关文献向来缺乏记录，因之一有发现，特别是有确实出土地点、明白确切记录的地下发现，就是全新的、宝贵的、难得的，它能填补历史研究的空白。一般说来，居民聚落之中不会做墓地，如果此村落的具体位置是在墓葬之北，它与北面的平安大道或相距不远。此次大道的挖土动工中，说不定还会带来什么好消息。

1969年，西直门南侧拆除城墙时，城墙基石中发现了唐代侯元知墓志。墓志记唐中和三年（883年）入葬，距今也已千余年。墓志无出土地点，只记葬于刘村。墓志是作为城墙基础用石砌入的，墙基不是它的原出土地，因而刘村仅具村名，方位不详。但有一点可以肯定：它必在附近，不会距城基太远。文献记载，今天位于西四的名刹广济寺就建于金代刘村，被称为西刘村寺。如果两个刘村联系起来考虑，其村址也可能在西直门与西四之间；而两地之间，西北东南一线的中间部位，又正是平安大道东西横穿之地。也许，此次施工挖土中又会带来一点信息。1954年，西直门内马相胡同在有轨电车路线施工中，于距地表3米处发现了唐代砖墓，工程紧急，限于条件未作清理，它被永埋地下了。但它告诉我们这一带又是唐代墓葬区。现在平安大道又在该区南侧通过，地下施工中可能再有墓葬发现，给我们带来更新的材料。

1956年，西城区旃坛寺西街（即今爱民街），有唐代周元长墓志出土。墓志记，周元长唐开成三年（838年）入葬，葬于蓟城东北七里龙道古原。蓟城是唐代幽州城的另一称谓，地点在今宣武区，七里指州城与葬地的距离，龙道即村名。从爱民街望宣武区，其方向正是东北至西南，同为约七里（唐里与今里相近），方向距离大体相符。按习惯村东不能作墓，此龙道村又在哪里呢？

1976年，今北海中学教学楼前出土了唐代大中十三年（859年）从利再初与夫人蔡氏合葬墓，墓志记载葬于龙道村西南一百五十步。根据这一记录，如果从葬地往东北方向步量一百五十步当是龙道村无疑，结果发现，竟终点正是今北海游泳馆西侧、郭沫若故居北侧处。墓志的记录，步量的结果，说明唐代的龙道村在此无疑。这里的地理位置优势十分明显。它地处唐代幽州城的东北郊外，为古代高梁河所经区域。根据近年来对高梁河的考察研究表明，古高梁河宽在数百米左右，今天的北海、什刹海一线，包括动物园、紫竹院等在内的一片片大小不等的池塘水泊，都曾是高梁河流经的遗泽。高梁河南、什刹海西这一片广阔的冲积扇上，水草丰美，适于农耕；为便于生活，古人又喜傍水而居，在这一得天独厚的地面上，居民聚落由小而大，龙道村形成就势所必然了。说来也巧，就在郭沫若故居西侧，正有个地名叫龙头井，虽然不见得它就是唐代村名的遗存，但都有个“龙”字，也许真与“龙道”有关。应特别指出，唐代的周元长墓志把龙道村称为龙道古原，有一个“古”字，说明此村早在唐代以前就已形成。就目前北京地区所见古村资料，还没有发现比唐代更早的，“龙道”成村早于唐代，叫它北京古老第一村也许当之无愧。

地理条件优越，龙道村形成较早，想来它是个大村。那么这么一个大村落又是如何消失的？合理的解释，应该说它与元代建都有关。忽必烈建大都城。把今北海、什刹海划入宫禁，宫禁之旁，不容有村落，这一古村也只有迁移一途了。成书于明代万历年间的《宛署杂记》记载，城北偏东处有一个龙道村。古代城外村落并不密集，村庄同名的可能性不大，看来这个古村的确北迁了。其实，大都之建，村落迁移这不是个别的例子。今东城区一带唐代原有一个礼贤乡，唐代的乡与村虽然名称、建制上略有区别，实际上“乡”也仍是一个大村，以礼贤为名是取战国时燕昭王筑黄金台礼贤下士之义。今天，北京东南约八十里处有一个礼贤镇（今属大兴县），显然它也是大都建城时迁走的。同样，现在平安大道的扩建，不是也有拆迁之举吗？不同的是，元代建都时是整村迁移，今日是展宽道路，只是部分宅户居民的迁移。

平安大道之建要挖沟动土，动土又常常会出现古代的遗物、遗存、遗迹。应该说：先民的居住遗址、墓葬以及陪葬文物等等，就其内涵实质而言，是民族文化、文明的体现，也是人类文明的组成部分，而这些物化的文明，并不是随处可得的，只有在古老的国家、古老的民族中才会出现，因之，我们应该加倍珍爱它。

话说皇城墙

现在施工的平安大道中段、地安门的东西两侧，正是明清时期的皇城北墙墙基，皇城熔铸着历史文化，大道的拓展、延伸，又把逝去的历史篇章掀开了。

北京是古都，城市布局独具特色：宫殿居城市中心，宫殿之外有宫城，宫城之外有皇城,皇城之外才是大城。北京于永乐元年（1403 年）立为京都，五年建宫殿，至十八年（1420 年）完成，次年正式明令迁都于此。皇城始建于永乐十五年（1417 年），它的兴建是与宫殿同步进行的，皇城的北面设北安门，清代顺治九年（1652 年）改名地安门，俗称后门，新中国成立后拆除；东西两面各有东安门、西安门；正南是承天门，顺治八年（1651 年）重建后改名天安门；天安门略南东西两侧又有相向的长安左门、长安右门；正南有大明门，清代改名为大清门，民国元年（1911 年）改名中华门，新中国成立后拆除，地点在今毛主席纪念堂处。历史上皇城内只设衙署，不住居民，皇城之外设铺 72 座，有军兵夜间执铜铃环城巡逻，铺为巡兵歇脚的处所。明代的皇城西墙往南并未取直，是因为当地为著名的双塔庆寿寺，为避开大寺，所以皇城墙往东移建，从总体看以至皇城西南缺角，今天的府右街便是当时墙基。至于东面东安门一线，也略有东展，清代未做大的改变，只是多有修葺，形成墙高一丈八尺，下广六尺，上宽五尺二寸，墙体涂红垩，上覆黄琉璃瓦。据《清一统志》记，皇城周围十八里左右，全长三千三百零四丈。《清会典》记是三千六百五十六丈五尺。明代的京城，是用的元代大都旧址，文献记载：洪武元年（1368 年）大将军徐达攻克元大都之后，曾命指挥张焕丈量过元代的皇城，城周是一千二百一十六丈。与清朝统计数字相比，相差太多，看来明清皇城不是使用元代皇城旧基筑成的，显然比元代皇城范围扩大了。又高又长的皇城城墙，除了今天只能在南池子南口、南长街南口及中南海南墙还留几段墙体之外，已难见踪迹了，仅留下几处皇城根的地名。

它是何时何人拆除的？大量的皇城砖又流向何处呢？有一点可以肯定，明清时代，有皇帝在，皇城是保护皇帝的，他不会自毁皇城，也没人敢于拆毁，那么拆毁的时间必在清帝逊位之后。

最近，北京市档案馆公布了一批有关档案（梅佳、张天宇先生选编，刊于《北京档案史料》1997年6期），真相大白了。原来民国初年以来，北京为修建大明濠，砌筑明暗沟渠就不断拆用皇城墙。所谓大明濠即今日西城赵登禹路、佟麟阁路段，由明沟用城砖垒砌棚顶，明沟改为暗沟。拆毁的方式多种多样，有市政公所（当时的京师政府）自行拆用，有作价公司投标转卖，也有官僚私用，商人包拆包用等等。由于大多是从中渔利，激起民愤，反映到当时的国务院。1927年8月，国务院成立了“查办京师拆卖城垣办事处”专门负责查办此事。从来往公文中除反映当时官商不法勾结情况外，还如实记录了今天平安大道中段地安门东西两侧皇城城墙拆毁与遗留之真相，摘录数点如下：

1. 由西北南（角）迤东至西压桥未拆城垣三千零七英尺半。

2. 由西压桥至地安门西墙已拆一千七百二十九英尺半。

3. 由地安门东墙至东北角宽街已拆二千七百二十七英尺。

4. 由东安门北墙至宽街已拆六千五百六十三英尺。

5. 由西安门北墙，至西北角已拆三千六百六十二英尺又五英寸。

以上仅是与平安大道有关部分。所谓西北角，即皇城西北角，地点在今天第四中学校舍西北角；西压桥即今日北海公园后门前的石桥。地安门原来为五楹三启门，即五间中有三门洞，新中国成立后拆除了。地安门西墙指门洞西面的皇城墙，正是今日平安大道所经之地。东北角指皇城东北角，地点在今日宽街西口，此处正是皇城拐角，由此往南是皇城东墙，也就是上述第四条所说由东安门北墙至宽街一段，东北角往西的皇城墙直达地安门，正是平安大道所经过。所记西安门往北接皇城西北角一线，即皇城西墙北段。西安门原在今西四牌楼丁字街西口往东处，原有五楹三启门，20世纪50年代火灾后拆除。以上是20年代皇城北部拆除及存留情况，所拆的砖大部用于大明濠及明沟、暗沟，也有部分用于修建房屋、影壁、学校及官僚私用。

文件的公布又引出一段故事：前几年东城府学胡同、宽街一带和西城区的西四附近，在挖沟修理下水道暗沟时，曾发现下水道全部用明代城砖垒砌。有人以为是明代所砌，发表文章，盛赞明代京城地下排水设施之先进，这显然是个误解。档案馆有关史料之公布，不仅为皇城史志之研究填补了一段空白，也纠正了对一些遗迹的错误判断，这自然要感谢档案馆和选编史料的诸先生。

漫话城砖

近日《北京晚报》报道：平安大道施工中发现了明代城砖，有关部门正发动市民、学生搜集，以备修补城垣并作为建立城垣博物馆之用。传媒表扬了这一行动，但对砖的来历、形制、尺寸、字迹等项未作进一步报道。由于工作关系，我们多年来对城砖有所接触，愿作粗略介绍。

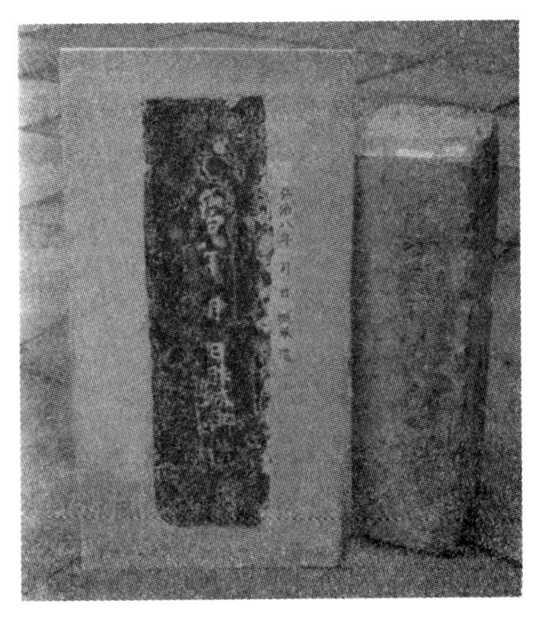

明弘治八年城砖及拓片

报上文章所载确是城砖，是明代皇城的遗存。叫城砖，是因为它多用于城垣，但也用于宫殿、庙堂、陵墓及百官衙署、仓厂等建筑，其特点是砖的尺寸大，又厚又重，统称“城砖”。清朝修补城垣、建宫殿等也用城砖，但比明代城砖的尺寸略小。

明朝定都北京，城墙沿用元大都旧址。元大都城墙为土筑，常为雨水冲刷，时有塌毁。

为防雨水，常将芦苇筑于表层，状如渔翁披蓑衣，被称为“蓑衣披城”。城墙大量用砖包砌是明代的事。明代大规模兴建北京有两个高潮：一在明初的永乐时期，一在正统时期。永乐时期，北京定为京都，兴建宫殿，大量用砖，当然以宫殿为主，一时顾不上包砌城垣。永乐十八年（1420年）宫殿建成，次年迁都，但不久宫殿毁于大火，至正统时再建宫殿，就兼及城墙、城楼及城外桥梁等项。工程量大，用砖也逐年增多，皇家长期大量用砖，到嘉靖时期，城砖的制作形成了固定的规格，大体上砖长49厘米、宽24厘米、厚13厘米左右，重在四十八斤上下。清代用砖，制作因袭明制，砖的尺寸略小，砖体稍薄。

朱元璋建明朝，定都南京，宫殿、衙署以及城垣也用大型城砖，都是附近州县烧造交纳的，上面印有交纳的州县名称。所谓“印”不是砖烧成之后再用戳记，是先在砖模侧面刻成凹形反字，到成坯入窑烧成，文字就凸出显示在砖侧了。至今在南京城楼上，还可看到城砖上清晰的字迹。朱棣在北京初建宫殿、衙署，修葺城垣、桥梁，同南京一样，所用城砖也是附近州县烧造交纳，这一现象在明代的典籍中缺乏专门记录，但有实物作证：1969年前后大规模拆除北京城，城砖就有印文标明州县者，如大名、安阳等地，州县多在今天山东、河南等省，这是因为当时布政使管辖这些地区之故，而直接又系统的证明是明十三陵。明陵是逐年建成的，其用砖也近似明代砖史陈列馆，既系统又明确，在初期的陵园内虽然不见永乐、宣德字样，但标明成化、弘治、正德年号者大量存在，并且记录着造砖的州县名称，也多是今日的山东、河南等省所属。

现在北京存留最多的实物是标明临清的城砖，规格整齐，字迹清楚，而且质量很高。在临清设厂烧砖，不仅是因为那里土质好，主要是考虑到运输方便。

明代临清为州，又是治所所在，属山东，濒临大运河。当时，京都军民食用米粮大部来自江浙，除部分粮食由海道运输之外，主要靠船只由运河运输。在粮船北上经过临清时，随船无偿带砖成为船户的一项任务。粮食卸船贮于张家湾、通州或直入京城，城砖也就随之而来了。临清砖厂建于明代初年，初期产量不大，且不作印记。大量生产自嘉靖年间始，每年在100万至120万块左右，规格一致，都有印记，如嘉靖某年某月，临清窑户某匠作制造。延至以后的隆庆、万历时也都有印记。这种做法，显然与窑户匠作之责任制有关，一旦发现质量问题，便于检查，印记又有印大字“寿工”者，这当是用于陵工的，对质量要求就更为严格了。临清砖厂属工部，规模很大，分上下厂，工部派有官吏专职管理。烧造过程规定：冬天取土，经过冷冻，解冻后，春天晾晒，风化，使颗粒变小变细，然后长时间浆泡、捣动，再成型入窑，烧柴定量，出窑定时；出窑检查要“敲之有声，断之无空”。至于船户运输，上船下船都有严格规定。

京师至临清，遥遥两千里，工程用砖紧急时，常有供不应求之虞。万历二年（1574年），宛平人王勇提出建议，上奏：京郊武清县土质不亚于临清，距京师仅一百二十里，应在武清设厂烧砖。工部考虑后决定：武清每年烧30万块，其余仍归临清厂。至今没见到印有武清字迹者，临清烧制城砖一直继续到清朝中后期。

城砖之外，用于宫殿、庙堂铺地，又有一种大型方砖，尺寸很大，质量极高，砖旁也印有文字，记录制作年月、匠作姓名等，它产自苏州，烧作有定制：取苏州东北的干黄土，经晒、椎、舂、磨、筛等工序，再经三道水澄浆，三道箩，再晾晒，在模中脚踩成泥，再入模成坯，坯又每日翻腾、阴干，入窑先用糠草熏一月，片柴烧一月，棵柴烧一月，最后松枝烧40天，历120天再窨水出窑。这样细微的做法，成砖才三五选一，所以说价等黄金，故称“金砖”。用砖时浸以桐油，用之铺地常年不坏，这样的砖流传至今称之珍贵文物当不为过吧！

宛平琐记

平安大道西端北侧，地安门与平安里之间，有一处地名东官房，明清时代这里是管理北京地方事务的宛平县衙署所在。

宛平之名，来自辽代，取“宛然以平”之义。金中都旧址在今宣武区界内，原由两县分治。东面大兴,西面是宛平。元建大都,都城北移,仍设两县分治,随都城北移。明清两代，名称不改，大兴管东部，今东城公安分局所在是其衙署旧址，1959年前后那里曾出土大兴县署题名碑，该地今日仍有大兴县胡同之称。宛平县管西部，辖区远及今日门头沟区斋堂一带。如果从东官房处遗址观察，明显地看出那里地势较高，今日的居民房屋显然是在衙署废墟上建成的。卢沟桥畔又有宛平县城，这个方里小城，是明代崇祯十年（1637年）建立，原名拱北城。清代改名拱极城，是为军事上拱卫北京而建。辛亥革命后，北京施行市区分治，1928年宛平县才迁到这里，1937年卢沟桥事变，又因二十九军在此痛击日寇而闻名中外。

如果仔细考察，元代建大都，属县大兴、宛平虽然随城北移，但并没有在大都城内建县署。从文献推敲，当时的大兴县署应在大都城外南部略偏东处，约今崇文区内。宛平县署也在大都城外西南之地，约当今西城区与宣武区临界之地，只是天长日久其遗址已经很难查找。

东官房处的宛平县署,与东城的大兴县相同。都建于明代洪武三年(1370年)。如果历史地看，它与当时的军事形势不无关系。洪武元年（1368年），大将军徐达攻下元大都，元军虽然撤出大都，仍在伺机反扑。迫于防务，徐达将元大都北城墙往南缩回五里，重新筑城，形成今日的德胜门、安定门一线。他还要追元军残部，进军山西。为加强管理新克的大都城，他把原在城外的大兴、宛平管理机构迁入城内。从政治形势分析，宛平、大兴迁入城内,对加强政务管理与后来的北京建都也不无关系。洪武三年(1370年)四月，朱元璋在南京立诸皇子为王，四子朱棣封为燕王，同年七月又下诏在元内殿建燕王府，命朱棣坐镇北方。燕王朱棣称帝，于永乐十九年（1421年）正式在此建都，宛平县迁于城内，近二十年的民政措施成为正式建都的政治基础之一。

明代中期的宛平县署有节爱堂、见日堂；东为幕厅，西为库。堂前有吏、户、礼、兵、刑、工等科房，是管理各种具体事务的公房;官廨在后面。在前为露台，甬道，又有戒台亭，仪门前为大门，东为土地祠，西为监狱。宛平为京城倚郭县，事务繁重，人员多，但建筑并不讲究，虽有厅堂之名，也仅是三间房舍。所谓见日堂只是虚名，并无实堂，很多房屋是旧民居改建，因陋就简，到清代才形成大堂、二堂、仪门、大门等六层院落。大门南向，正对皇城城墙，即今日的平安大道。

衙署之西，有一处古墨斋，是万历六年（1578 年）宛平知县李荫所建。李荫因得知良乡县修学舍在瓦砾中发现唐代著名书法家北海太守李邕所书“云麾将军”残石六础，就将其运至京师，并把它砌在墙上，以便观赏。偶得古墨，因而名斋，以为公余休憩之所。云麾将军本名李秀，幽州人（幽州即今日北京），唐玄宗时以功拜云麾将军，为官颇有气节，碑记生平事迹，刻于天宝三年（744 年）。残碑原在良乡，不知何时被人截断。断为六础而未用，为李荫所得。六础凑起来还能看到 186 字。但不久有四础又为顺天府尹李惟俭贪污带到开封，此后下落不明。清康熙年间，把其余二础运到东城区文丞相祠，现仍存在东城区府学胡同文天祥祠。

有一部《宛署杂记》是记录明代宛平事迹的书。作者沈榜，于万历十八年（1590 年）就任宛平县知事。他留心时事，搜求掌故，并利用署中的档案资料，用了三四年的时间编成此书。全书分为 20 卷，虽然叫“杂记”，其实从分类到内容完全是一部宛平志书，书名虽标明宛平，因为它地处京师。偶也涉及大兴，更多的涉及皇室，如记宛平所负担皇室庙坛、陵园、行幸、宫禁等的需索物品名称和款项数额，巨细不遗，又如内府喂猫用肉七百二十斤，上昭陵一次用女轿夫 1600 名，这些都是其他文献所不载的。对地亩、人丁、力役、徭赋、宫庄、马政等的要钱派差诸名目方式等，更为详细，哪个人当什么差，哪个人交多少税，有名有姓，记录得清清楚楚，因而它是一部研究明代北京特别是北京经济、市民生活等诸多方面甚为罕见的参考书。令人遗憾的是原本在我国并无传本，今北京古籍出版社有印本，是根据早年流入日本尊经阁文库的胶卷本印行的。到康熙年间又有《宛平志》（另有《大兴志》）也记宛平诸事，虽有侧重，就远不及《宛署杂记》详尽了。最近由北京燕山出版社印行面世了《北京市志稿》，该书于日伪统治北平时期纂成，系稿本，有缺卷。编纂者吴廷燮、夏仁虎诸公已先后过世，仅苏晋仁先生健在。这是一部记录较为全面的北京地方史志。应该特别提出的是，新中国建立之后，北京市副市长张友渔完成了一部力作——《十年京兆》，在 20 世纪 80 年代于北京市政协《文史资料选编》中连续刊载。张友渔主政北京十数年之久，各方面的建设从方针政策到实践他都曾亲历，以高度的概括、求实的态度完成这一部大作，最具权威性。目前，对于北京市所属单位编写志书来讲，这无疑是一部重要的参考文献。

太平仓佚事

平安大道因平安里而得名，平安里原为明代太平仓旧址。民国初年，建群居住房名平安里。现在两个地名共存。其实太平仓比平安里历史更悠久，而且经历还很曲折。

明朝中叶，这里是一座庙宇——永昌寺。永昌寺本来在西市（今西四附近），因为寺中的喇嘛说了些与时局有碍的话被赶走，寺就荒废下来。成化年间，太监梁芳请求另选址重建，工部选定已失爵位的故广平侯袁瑄的宅第，袁妻乘机贿赂梁芳，愿意献出宅第，但请他向皇上请求赏还侯爵。皇上真的答应了，贿赂成功。于是又兼并了附近民居。至成化二十二年（1486年），永昌寺建成。以后寺被拆毁，改建为粮仓，太平仓名称自此始，算来也将近五百年了。仓虽建成，但未贮粮，正值皇亲永寿伯朱德请求改建府第，正德皇帝要把新建的太平仓赐给朱德。户部上奏说贮粮事关国计民生，为建仓毁军民数百家，费银数万两，仓改宫府并不合用。皇上不听，真的把仓给了他。不久，皇上自己又看中了这块地方。他曾自称为镇国公，正德八年（1513年）又把它改为镇国府，粮仓廒座改建厅堂，工程大肆铺开。工部又奏：宫府有定制，改仓为府有乖旧典，而且此地属乾方（西北），乾为天门，由寺改仓，仓改府，屡改屡废，住起来不利。皇上怒道：既是天门，你们怎不早说？等这位昏庸的正德皇帝死去，继位的嘉靖皇帝把镇国府又改为太平仓。到清代，这里又成为太宗皇太极第五子承泽亲王硕塞府第，硕塞有战功，顺治八年（1651年）晋和硕承泽亲王。后来其子博果铎袭封改号曰庄，因而又成庄亲王府。1900年八国联军入北京，庄亲王府被破坏，几成废墟。

明代的太平仓仓址宽大，北及麻状元胡同，屡拆屡改，仍有部分仓廒存下来。清代初年，这个太平仓迁到了朝阳门外护城河西岸，仓西为城墙，东临护城河。初时规模很小，仅 15 廒，康熙、雍正和乾隆时扩充为 86 廒，到光绪年间仅存 38 廒。

从明朝到清朝，寺改仓，仓改府，来回拆改。民国初年，江苏督军李纯在此处建宅，建家祠。再后又建洋式小楼及群居住宅，在墙壁上用明代方砖刻了“平安里”三个大字。今三块字砖为西城区文物保管所刘季人先生收入所内保管。最后仓与府都不存在了。北京建有轨电车路，四路环行车道要南绕太平仓。解放前夕街道扩展，环行电车路又改在平安里通过。今天的平安大道，这一段是从前电车道所经，也正是昔时太平仓、明清王府的前沿，刨沟掘地仍也可能出现昔时仓府地基。

官园与端王府

平安大道西部，今中国儿童少年活动中心所在地，元大都时期迤南曾建天师府，至今留下了狮子府地名。明代这一带又建朝天宫，为道士修炼的地方，道士们在宫北辟地种植蔬菜，故又称官菜园。据《明实录·熹宗实录》记载，朝天宫三座大殿于天启六年（1626 年）五月被烧毁，此后便荒芜下来。解放前后，由于这里地势宽阔平坦，附近的工学院、北京女师曾作操场之用。

官园曾有两座清代王府并列，西面的是康熙第三子诚亲王允祉府。雍正年间，因罪革爵，府归康熙第二十一子慎郡王允禧。乾隆年间，又改为质亲王府。东面的一座是康熙第十七子果亲王允礼府，这一王府于嘉庆年间又改赐嘉庆第四子绵忻，为瑞亲王府。瑞王子奕志无子，以道光之孙载漪为嗣子，于光绪二十年（1894 年）册为瑞亲王。传说：宣读册文时受命把“瑞”字读为“端”，西太后未加纠正，于是正式称端王。又说是册命之笔误，册文中误把“瑞”字写为“端”字，将错就错，遂以端王传。

也许是由于端王行事为人所不满，名字又另有一说。《清稗类钞》等书载清代宗室的名字都是由宗人府命名，凡在国丧百日内，夫妻不能同房，子嗣之生，追算年月如果坐胎是在丧期之中，命名照例加个犬字，暗示其父母有兽欲，而载漪之“漪”字就是如此；此说虽见诸文献，未必可信。

端王载漪之子即西太后所立的大阿哥溥儁。光绪二十四年（1898 年）戊戌变法失败，西太后专权，把光绪帝囚禁于中南海瀛台，并拟废黜，在一片反对声中而未果，因立端王子溥儁为皇子（大阿哥），嗣同治，为他日继承帝位。义和团进京后，载漪大力推崇。并竭力怂恿西太后利用团民开衅于外人。八国联军入侵北京，端王随两宫逃走，王府为侵略军烧毁。

后来，在王府遗构基础上成立了两座学校。前为北京市立师范学校，本校为男生，分校为女生，后添设特别师范科男生及幼稚师范科女生各一班，多年来培育了大批人才，著名作家老舍先生就是从这里走出来的，更有大批男女教师活跃在北京教育战线上，为北京的教育事业做出了不小的贡献。北面为工学院，新中国成立后一度改为北京大学工学院；20 世纪 50 年代初，全国院系调整又并入工科大学；60 年代，这里建立了一座大型建筑，屋宇堂皇，院落宽敞，周围又建有高大的围墙，用途不详，后来西部改作中国少年儿童活动中心。

两个公主府

平安大道东部路北张自忠路 7 号，曾是清代乾隆皇帝第三女和敬公主下嫁后的赐第，驸马曾袭爵亲王，所以这里的建筑格局是王府建制。东城区文物单位曾做过调查：原外垣之内有仪门、正殿、后寝、后楼和东西配殿等附属建筑。清代王府建制有等级规定：宗室封爵等级不同，规制也有差别，主要表现在中轴线上建筑有几重仪门、殿、堂、寝、楼的规模；建筑物上的装饰，如梁架彩绘、门钉数目、屋脊吻兽、压脊小兽数目等。由于府主爵位的逐世降袭，原建规模保存下来，但殿脊的吻兽有变动，如螭吻改作望兽等。民国时期这里曾是张宗昌府，改动较大，后寝有扩充，后楼、府门也有改变，在院子中央添加亭廊，但基本上保存了晚清风格。今为某机关使用。和敬公主生于雍正九年（1731年），系孝贤纯皇后所生，乾隆十二年（1747年）下嫁蒙古科尔沁亲王色布腾巴勒珠尔。色布腾巴勒珠尔的祖父达汗亲王尚顺治从女端敏公主，属于勋戚，因之于乾隆十七年（1752年）袭爵，后又封和硕亲王，曾从征金川。清代封爵又有世袭递减制度，至光绪年间世袭后人那苏图已降至辅国公，子达赉于光绪二十七年（1901年）袭爵，为最后传人。今公主府为北京市文物保护单位。

平安大道宽街向南，展宽至荣寿公主府后垣，此地清初为诚亲王府，今为北京市中医医院。诚亲王为康熙第二十四子允祕，雍正十一年（1733年）封诚亲王，此后于元绪年间裔孙溥霱已降袭至镇国公，府迁至西城绒线胡同（今四川饭店），此地改为荣寿公主赐第。荣寿公主系恭亲王奕䜣之女。自幼养育宫中，因而得封公主，其和同治、光绪二帝同一辈分，故此府又称大公主府。经调查并与《乾隆京城全图》核对，这座府第的布局基本上保存了原来的形式，只是后罩房被拆除了。由于府第建筑材料保存完好，20世纪80年代中医院建楼时，迁建于京东北密云县西侧河滩，作为博物馆展陈历史文物，建筑布局保存下来，也再现了旧日王府风采。

密云地处首都远郊，文化设施相对滞后，建立一座王府式的文化活动中心，吸引中外宾客，一览地方历史文明，自然是一件大好事。无疑，规划部门对周边环境自然也要加以规划的。然而王府建成了，偶到博物馆参观，发现一座辉煌的新建王府大门之前，矗立起一座高大的居民楼，把这座远道迁来的公主府遮挡得严严实实。博物馆是文化活动场所，也常接待中外来宾，进行文化交流，居民住地，杂物横陈，观瞻不雅，自然容易造成交通事故。据说，它还是在公主府迁建完成之后新建的，这就更让人难以理解了。

翊教寺与普安寺

平安大道自平安里往西，将拆除前车胡同、后车胡同、育教胡同，路南一侧也将全部拆除，北侧有个翊教寺值得一谈。

育教胡同是翊教寺胡同的改称，因翊教寺而得名。翊教寺初建于元代或更早，确切年代不详。明代成化八年（1472年）重修，嘉靖三十一年（1552年）司礼监太监焦忠又修，至万历五年（1577年）寺僧心宗募化再修，是京西潭柘寺下院。历次增建修缮，形成由山门至后殿共计五层院落，规模宏广；至民国初年，已渐破败。民国十五年（1926年），这里曾开办过一所私立翊教女子中学：先设初中班，次年，得到广东吴淑媛女士捐款万元资助。又增设高中班，学生曾达四百余人。解放初期，寺宇曾为妇联生产组使用。今廊宇已全部拆除，成为医疗设备厂。

翊教寺东跨院曾有良弼祠。良弼是清代觉罗氏大学士伊里布的孙子，曾留学日本士官学校，宣统三年（1911年）任清军咨府军咨使，武昌起义主张以武力对付革命军；又组织宗社党，反对议和，反对清帝退位，主张另组战时内阁。1912年1月26日被革命党人彭家珍炸伤于住宅门前，不治身亡。由于良弼死命保清，于是清室在此设祠奉祀，以示感激。奇怪的是良弼一生仇视革命党人，而祠堂木匾“良公祠”竟是革命党人吴敬恒题写。吴敬恒字稚晖，是老同盟会员，一直抨击清廷，追随孙中山致力革命活动，后因国内不能立足而逃亡法国，民国元年（1912年）回国，任教育部长。如此一位人物，却为一直作为敌对派的良弼题写匾额，有悖常理，当时便有人提出疑义，议论纷纷。

在翊教寺之西，平安大道路北，又有名刹普安寺。该寺建于明代初年，嘉靖四十三年（1564年）司礼监太监黄锦重修，为潭柘寺下院，由大学士徐阶撰碑，保存完好。大规模的修葺是在万历年间。万历皇帝朱翊钧的母亲李太后，原籍通州漷县（今为漷村镇）人，她一生好佛，宫中吹捧她为九莲菩萨，她也以菩萨自命，一生中在京城内外修建了不少庙，此庙便是动用内帑修建的。现在殿宇保存基本完整，两厢群房尚能看出原有规制，现住居民数十户。此次平安大道展宽，只在山门外经过，平安大道建成后略加整治，还能显现原有规模。

教场今记

今天的平安大道南侧，北海公园西岸及迤北地区，明代称为西苑。西苑北侧曾是明代的内教场，为操练军士之所，清代改称教军场。民国初年，皇墙拆除，此地为法国天主教会购得；原拟建一所道明大学，未成，建了两所教会中学。东边为盛新男中，西边的是佑贞女中。建国之后，合并为北海中学。教场虽已不存，中学北面仍保存着教场胡同地名。佑贞女中先在西什库东夹道仁慈堂内招生，初名私立佑贞女子师范，民国十六年（1927年）用白银六万两买了旃坛寺东北这一块空地（原地名琉璃门）五十六亩，建造校舍，于民国十八年（1929年）迁入新址开课，改名北平市私立佑贞女子中学。私立盛新中学,原在西什库东侧刘兰塑胡同,光绪二十八年（1902年）先设立小学,民国十二年（1923年）始设中学班;民国十九年（1930年）迁入新址，与佑贞女中毗邻。

原教场旧地，清代曾建有箭亭并竖碑一座。碑刻乾隆十七年（1752年）三月二十日“上谕”一道，内容主要是教导八旗子弟勿忘国俗，熟练骑射，操演技勇，以保大清国万世永传。20世纪60年代我们做文物调查时曾嘱原地保存，不知今日是否仍在原处。乾隆皇帝对于存国俗、习骑射十分重视，曾令各教场都要立碑，镌刻此“谕”。随着时光的流逝，各个教场的刻碑均已无存，惟故宫和中南海的刻碑完整地保存下来。故宫的一座位于文渊阁后箭亭内，中南海存碑却又经历了一番周折。

中南海的乾隆“上谕碑”，立于紫光阁内，为卧碑形式，横竖正中，南向。据说，周总理、陈毅副总理在会见外宾或有集会活动时，多次讲到：这是清代皇帝教育八旗子弟的，要他们习军练武，不忘骑射，以保持皇祚永固。并戏称此碑为“下马必亡碑”。碑获新名，因而传开了。“十年动乱”初期，我们在天王殿后发现它歪斜地倒放在殿旁门内，仔细观察，它是紫光阁中原物，怎么在这里出现？而且是用大型吊车从墙外隔墙吊入的。正犹豫时，中南海来电话说：“领导指示，你们是文物单位，‘下马必亡碑’送你们那里收藏保护。”未及问对方姓名，电话挂断了。天王殿是北海北岸的一座庙宇，主殿又名大慈真如宝殿，20 世纪 50 年代起北京市文物调查研究单位一直在此处办公。“文革”结束，80 年代，几经联系，又将石碑运回中南海，但未归原位，安置在紫光阁与武成殿之间院中，面东而立。安放之际，我们又几次打听，巨型石碑在面临破坏之际，是谁指示迁移的？始终不得而知。估计很可能是周恩来总理或陈毅副总理。

东不压桥、西压桥与什刹海

近据报载，地安门迤东的平安大道工程发现了元代的东不压桥遗址。从露出的一段砖墙看，砖下刻石虽是元明旧物，但砖石结合当是后世改作。论地点，它不是东不压桥，而是东不压桥南面的水窦（即水关）泊岸遗迹。东不压桥应在此处西北十数米处。此处东面泊岸长 10 米左右，下面用大石垒砌，上部用明代城砖，两端略向外撇，略作八字形。西侧做法与东岸一致。河道岸在 8 米左右，深在 8 米左右尚未见底（自泊岸算起）。两岸各有螭形浮雕，形象生动，已拆出交古建博物馆保存。两侧砌石之处又有元代砌砖痕迹，河道淤泥中有水泥管一只，河道上部又有水泥横梁数条横铺。从这泊岸的临界及叠压垒砌关系，可以看出，泊岸雁翅之北才是东不压桥。此桥建于元代（有元砖可证），明初曾修砌（有明砖可证）。清代又修。此后河道淤塞，约解放初期作排污水用（有水泥管排污），改为暗沟，上面的数根水泥横梁当是 20 世纪 60 年代修整路面时所作。结合历史考察，从河道之深、宽度来看，元代船只经此河可入什刹海。

元代地安门附近有三处石桥。正北有万宁桥，俗称后门桥，今为北京市文物保护单位。桥侧原有闸，用于调剂水量，称澄清闸。桥拱较高，桥基、栏杆尚存明代重修后的风格。东不压桥当与万宁桥同时建成，当时称丙寅桥，桥侧也有闸，称丙寅闸，东不压桥应是后来的俗称。西面有西压桥，文献作步粮桥或布粮桥，因为有“布”的音，附近居民也有叫它西不压桥的。

北京有句口头语：“西压东不压。”西压桥在北海后门略东处。明永乐十五年（1417 年）建皇城，城墙在桥上通过，因有西压桥之说。桥下流水自什刹海经响闸入北海，但主流东南流，经先蚕坛（今北海幼儿园）东侧，过西板桥入紫禁城护城河。1962 年北京市文物工作队做过调查，西压桥为单孔石桥，全长 67 米，宽 24.8 米，券宽 4.4 米。北京老居民还记得桥拱很高，骑车或步行都要上下坡。1972 年拓宽马路将桥面铲平，铺了柏油。券脸有石螭兽，形象生动，已交北京石刻艺术博物馆展陈。

东不压桥下流水自什刹海过万宁桥，东南流过此桥，沿北河沿、南河沿南穿御河桥入南护城河，与通惠河通。元代郭守敬曾指导修通惠河，以使江南粮米沿大运河北上，再转入大都，供应军民；什刹海元时又称积水潭，为济水源不足，又引昌平白浮泉之水，筑堰西行入西湖景（今昆明湖），再自西水门入城，东南流入积水潭，河水通过万宁桥下入玉河南流。明代建皇城于桥南不压此桥，所以称东不压桥。《乾隆京城全图》显示桥在皇城墙北侧，为石拱桥。20 世纪 50 年代此桥尚存，石栏尚在，已为平桥，后又铺为马路。北河沿、南河沿水道埋管道，修成马路，御河桥、东交民巷北侧河道成为街心公园，河道埋于地下了。有人著文说宣德七年（1432 年）东安门东移，河道入于皇城之内，船只不能直抵什刹海。实际上永乐时建皇城，这一条水道就已经淤浅，不能通航。万宁桥西侧雁翅上原有石螭兽，形象十分生动，20 世纪 50 年代市政某部将桥西填平建房，石兽也同时深埋了。

封建时代，地安门为皇城北门，出入人员很多；同时，此地又是东西城交通的咽喉要道，因而车马拥挤，常常车轴交错，相互交叉，不得动转。所以上朝迟到，说句“后门叉车”便不计过错可得到原谅。交通堵塞古已有之矣。

三桥水系都通什刹海，元明清三代都城都是依赖这一池水发展起来的，它赋予古都以生命，也给予了我们文明。如何珍爱这一泓池水，保持它的清澈，水面不减，成为每一位热爱这座历史文化名城的人的责任。

从南新仓说起

南新仓位于平安大道东端，为明清时代京都贮藏粮米的官仓之一。虽然大体上保持了明清形制，但廒数大减，已非昔日规模，现为百货公司仓库。

南新仓创建于明永乐七年（1409年），距今已580年。明代北京设军卫，卫仓储军粮，纳入官仓管理。南新仓时辖卫仓8个。清初南新仓有30廒，经康熙、雍正、乾隆三朝陆续增为76廒，现在仅剩十余廒。仓是总称，廒是贮粮房间，明初规定三间一廒，后改一廒五间，廒门挂匾额，标明某卫某字号廒。清代规定廒顶开气楼，底部用砖铺砌，上铺木板，并于墙下开气孔通风。现在南新仓匾额已不存在，大部有气楼，墙下不见气孔，保存了明代旧制。廒墙用砖复杂，有明朝的，有清朝的，留下了清代重修的痕迹。

北京大规模建仓贮粮始于元代。元建大都，军民用粮仰给江南，一由京杭大运河漕船北运，另由海运，在浙江海港装船经直沽（今天津）达通州，再沿通惠河抵京城。20世纪50年代，雍和宫西侧出土了元代“京畿都漕运使王德常去思碑”。碑记：至正十五年（1355年）京师有54仓，储粮达百万石。

南新仓

粮仓大部靠近城东部，以其地临东护城河，船只运输，装卸方便。元代的粮仓，明清时代又继续扩充改建使用。据统计：明代北京、通州共计官仓20个，到清末京通官仓17个，廒计1178座。解放前后大部为学校、部队、医院等单位占用。

南新仓所在为元代北太仓旧址。明代在旧址分建二仓，南新仓在北，旧太仓在南；清代又扩建为富新仓、兴平仓。仓区地面平阔，建有围墙。南新仓地近围墙东门，俗称东门仓；兴平仓近北门，称北门仓。1953年自东四十条向东辟马路，穿过兴平仓，拆除了一部分，以后公司建房陆续拆除，现在仅剩南新仓部分廒座，成为全国仅有、北京现存为数不多的历史仓廒实物。

民以食为天。我国历代对粮仓的设置非常重视，农村有“义仓”，为农民贮粮备荒；州县设“常平仓”，丰年时官府“籴入”，荒年平价“粜出”，调剂粮价。设在京都的官仓，除皇室消耗、官员俸米、军卫食用外，遇有荒年，京仓也“平粜”，偶尔也放赈或设粥场救济贫民。

元明清三代对粮仓建筑的形式、尺寸、用料都有规定，检查维修也有制度，对贮粮方法也是逐步改进的。元代廒座地面铺席，极易腐烂，明代改为下砖砌，上铺木板；清代在木板下留一尺空隙，墙下开窦穴通气，上部开气楼通风，并用竹篾编成隔孔，钉于窗上以防鸟雀。廒下防止了潮湿，廒上改进了通风条件，提高了保管水平。

仓内都有附属建筑。如龙门、官厅、大堂、科房等都是各级人员办公用房。又有警钟楼、更房，为报警巡更人员所用。还建有仓神庙、土地祠、关帝庙等为祭祠之用。各仓都有水井多处，乾隆时，南新仓一次就增建八井。

历史上各代入仓粮食数量不同，文献记载，明代每年约在四百万至四百八十万石左右，清代道光以前入仓漕粮四百三十万石，到光绪元年约一百六十余万石；品种大同小异。道光年间南新仓实贮粳米十三万零二十一石，粟米二万四千一百零二石，黑豆二万九百零五石，稜米五万一千八百七十六石，其他仓又有麦。米麦之类为人食，黑豆饲马。但不知稜米是什么。北方农村把荞麦称为“稜子”，明清时北方多水旱，水旱之后只有此种晚秋作物可以种植，晚种晚收，产量不大，也许它就是“稜米”。

各代对仓粮的收支管理都十分严格，特别对盗窃行为十分严厉。清代对盗粮少量的分别情况处刑三年五年及流放不等，重的百石以上者处死，折钱“得财数至百两者绞”。明代规定：官、军、民或斗级通同作案的，首犯处斩，追回粮米，全家充军。通州有个学官，仓麦已尽，他扫了扫仓底，得麦五斗，本应归公，他私用了，以盗粮论处，判了死刑，全家充军。从此可以看出历史上对粮食之重视非同一般。

历史上北京的粮仓，不仅关系到昔日军民的生存命运，是城市生活重要的组成部分，也是城市兴衰的历史见证。从选址初建到贮存管理以及各种设施制度，又无不浸透着深厚的文化内涵。1984 年 5 月北京市政府公布第三批文物保护单位，南新仓列在其中。北京市文物局列入规划，拟在原仓建立专业性仓贮博物馆。

旌勇祠、褒忠祠、保安寺

旌勇祠在平安里东旌勇里。是清代祭祀忠勇将领的所在，今为某单位宿舍。祠坐北朝南，大门面南平安大道。乾隆三十三年（1768 年）建，今为西城区文物保护单位。大门三间，门内中有碑亭一座，两侧原有房五间，东为官房，西为库房，今已拆除改建，正房三间保存完整。因为是祭祀场所，大门与正房均覆黑琉璃瓦。旌勇祠主要为祀诚嘉毅勇公明瑞，配祀有都统扎拉丰阿、护军统领观音保、总兵李全和王玉廷。乾隆三十四年（1769 年），又以总兵德福入祀。碑亭于“文革”中被破坏，存有乾隆御制碑，主要记明瑞事迹。明瑞为满洲镶黄旗人，乾隆时随军征伊犁有功。乾隆三十二年（1767 年）缅甸入侵，明瑞以云贵总督兼兵部尚书经略军务，率兵出征，身先士卒，荣获大胜。晋封为一等诚嘉毅勇公，并世袭罔替。次年，大军深入，后援不继，粮尽无援，全军溃败。明瑞自缢死。乾隆皇帝得悉，甚为震惊，给谥果烈，赐祭葬，建旌勇祠表奖忠贤，并亲临祭祀，以示哀悼。

褒忠祠位于旌勇祠之西，是嘉庆十一年（1806 年）为褒扬领侍卫内大臣、三等公额勒登保的生前功绩建立的。20世纪50年代尚保存完整，根据当时的调查记录:南向大门三间，正中碑亭一座，正屋五间，东西庑各三间，上覆黑琉璃瓦，和文献记载相符，只是将原大门改作券洞大门，上题石额“吉林先哲祠”。现为厂桥小学占用，上述建筑已全毁。

额勒登保《清史稿》有传:姓瓜尔佳氏，满洲正黄旗人，世为吉林采珠户，乾隆年间参加征缅甸、收复台湾、反击廓尔喀入侵战役。也参与镇压回民、苗民诸役，论功绩两次图形紫光阁。嘉庆二年又奉命围剿白莲教农民军。卒年58岁，谥忠毅，敕建褒祠，并命吉林将军修其祖墓、立碑。

入民国后，吉林人民以额勒登保祖籍吉林，将祠改为“吉林先哲祠”，共祠吉林先宦名人。

旌勇祠之东，有保安寺，又名半藏寺，为元代古刹。原有僧义佛驻寺，聪慧异于常人，学习佛经，不仅理解快，而且过目便能背诵。寺本无名，由于寺僧聪慧如半部藏经，被称为半藏寺。又传说，寺以藏有半部藏经而得名。实际都是俗称而已。元代末年，其徒智存请求寺名，丞相布哈奏请，赐名为义利寺。至明朝嘉靖中重修，改名为保安寺。现在殿宇圮败，主要殿堂尚保存，殿前仍树有碑三通。保安寺为西城区文物保护单位。

祖大寿祠与三中

平安大道西端路南第三中学校址，前为祖大寿故宅，后为家祠。这是一处保存完整的院落，今为北京市文物保护单位。街也因祖氏祠而名祖家街。

院落三进，坐北期南，大门临街，三间，两侧有倒座房。一进为过厅，其后听事（客厅）五间，后有垂花门，东西厢房俱备，正寝五间，东西厢房各三间。院落不大，但布局严谨，特别是从大门直达后院，这种清初的住宅形式保存下来，十分难得。

祖大寿为明末将领，辽东宁远（今兴城）人，明天启六年（1626年），后金努尔哈赤率军六万攻宁远，被祖大寿发西洋大炮击退，努尔哈赤受伤

祖大寿祠

身亡。祖大寿和袁崇焕协同作战屡立战功。皇太极再攻宁远、锦州，正在此时崇祯皇帝中了皇太极的反间计，将袁崇焕下狱，祖大寿以身家性命求赎赦免，不准。崇祯三年（1630 年）袁崇焕被杀。祖大寿在关外锦州坚守十数年，至崇祯十五年（1642 年）洪承畴被俘，孤立无援，杀降夷后出城降清。皇太极授为总兵，顺治元年（1644 年）随清军到北京，并未得到重用，于顺治十三年（1656 年）病死。

祖大寿在北京期间，这里一直是他的居处。《天咫偶闻》记：祖大寿故居在祖家街，今改为正黄旗官学。其屋全是旧制，听事、正寝、两厢、别院，一一俱在。屋中装饰皆存。由此可知，时至清末，房屋与内装饰仍保存住宅形制。改宅为祠当是死后的事。其子侄均为显宦，子泽润爵一等子，泽溥官至福建总督，从子泽洪一等子兼授弘文院学士，泽远官湖广总督，均另有府第。此宅立为家祠是必然的。

祠先为正黄旗官立小学，宣统二年（1910 年）改为八旗右翼中学堂。民国六年京师学务局将其改组为京师公立第三中学校。据《北京市志稿》文教志所书，第三中学成立立案年月为民国元年（1911 年）9 月。七十多年来，虽以祠改学校，主要建筑改动不大。著名作家老舍先生曾在此读书，校中单辟有陈列室，展示先生生平，此为全市中学所独有。值得一提的是，右安门外祖家庄曾发现祖泽溥墓，外椁全用木枋叠成，内外木炭填实，尚存古制。出土志石二方，可补史志。墓志现存于文物部门。

泽公府、贤良祠、关帝庙、药王庙

《燕都丛考》记："东不压桥东，泽公府在焉。"由东不压桥向东不远，大街之北，有一处宅院即泽公府。所谓泽公府，是清末度支尚书（财政大臣）载泽的府第。载泽是嘉庆皇帝第五子绵愉的孙辈，袭封镇国公，光绪三十年（1904 年）曾奉朝命率徐世昌等出国考察宪政，回国后请实行君主立宪政治。度支尚书是朝廷重臣，掌管全国土地、户口、钱粮;宣统继位后，又兼理筹办海军事务大臣、督办盐务大臣，曾多次劝谏摄政王载沣不用袁世凯。宣统二年（1910 年）又任纂拟宪法大臣。辛亥革命后，他又极力反对宣统退位。民国后他过着隐居生活，于 1928 年逝去。

这一府第尚存正堂，北侧尚存古典式筒瓦建筑，已非原建。大院一分为二，西院今为无线电技术研究所，东院为证券所。

泽公府之东有一座关帝庙，面对皇城根。自山门而进有南北两层殿宇，

贤良祠

原有泥塑像，前殿为关羽，后殿为三世佛。实际关羽是佛的护法神，庙名关帝庙，反而将佛祖列为从属地位了。北京的风俗，面对街口常建庙以为镇物，祛除不祥，不建庙时也常作镇物示意，如刻字“泰山石敢当”便是。

贤良祠在地安门西，为西城区文物保护单位。清雍正八年（1730 年）为祭祀有功的王公大臣而建，有御制碑并有御书“祭忠念旧”匾额。大门南向，面临平安大道。大门内有御制碑亭二，正殿三间，东西庑各三间，后殿五间。因是祭祀之所，规格较高，大门及正殿均覆琉璃瓦。原有围墙，东西各有门，并有治牲所、安牲房，今已不存。主要建筑完整，现为妇女干部学校占用。在平安大道中，此处最窄，门前八字墙低矮，显然为后建，对面为新建仿古建筑，庞大臃肿，尚未完工，已显示与周围环境非常不谐。

雍正时入祠的有王公、尚书、总督、巡抚共 78 人，乾隆时又增 21 人。其中声名显赫王一级者有：怡贤亲王允祥，是雍正皇帝之弟；和硕超勇襄亲王策凌为蒙古人，成吉思汗直系子孙，康熙帝之婿，为签订中俄《恰克图条约》首席大臣。公一级中有图海，满洲正黄旗人，康熙时镇压农民军郝摇旗、李来亨又击败吴三桂。后增入者兆惠曾参与平准噶尔，攻打天山南路回部。乾隆皇后之弟傅恒，曾攻克伊犁，进攻缅甸等，有功入祠。又有刘统勋，为刘墉（即刘罗锅）之父，曾因治理黄河、运河，加快了工程进度，有功入祠。

贤良祠东侧与祠并列的为白马关帝庙。北京关帝庙很多，但这个时代较早，传说为隋代旧基，实建于明代洪武年间，成化十三年（1477 年）重修。原有正门、正殿，东西庑各三间，后殿五间；另有御碑亭及斋室等群房数十间，一时香火很盛。新中国成立后保存尚完整，后为市政清洁队占用，拆除殆尽，盖成商业建筑，西压贤良祠，有碍景观。此次大道展宽略有妨碍。今已后移数尺，但仍压碑亭。关帝庙以白马为名，也有传说：公元四世纪时，前燕鲜卑族慕容儁曾在蓟城（幽州）建都，有良马死后做铜像镶在蓟城内东门，名铜马门，讹传为白马前导建都。蓟城与铜马门在今宣武区与这里无涉，显然为附会。庙碑又记明英宗曾梦乘白马来祭，因而名庙。实际上多是太监借修建庙宇聚敛钱财而编造的。

关帝庙之东面对平安大道，有一个药王庙，原来规模也不小，新中国成立后为印刷厂占用。今正殿和配殿，尚有琉璃瓦顶。为明天启年魏忠贤建，原有丰碑。魏忠贤名声太恶，死后即被推倒捣毁，现在连碑座也不存了。

镜清斋、大西天及其他

北海镜清斋

平安大道什刹海迤西南侧，北海公园内，有一组集古今园林大成的建筑——镜清斋。它建于乾隆年间，叠石堆秀，碧水澄鲜，幽雅清静。抱素书屋、韵琴斋、画峰室等建在婉转山池之间，布局紧凑，小巧玲珑，被誉为“园中园”，其正堂五间即镜清斋。乾隆皇帝不时来此游历，并留诗多首。光绪年间，西太后也对此园情有独钟，又添建了叠翠楼，并作梯道以便登高瞭望，现在平安大道上仍可仰见镜清斋后楼。慈禧并在西苑建了小火车道，由中南海直达镜清斋前门。宣统时又修缮一新，以备接待德国太子来华，未果。入民国后常作为政府招待宾客之所，徐世昌任总统，也常集名流于此聚会，饮酒吟诗。镜清斋今称静心斋，传说为西太后所改，新中国成立后曾为中央文史馆使用。今又辟后门面临平安大道。

叠翠楼之西有高大的二层琉璃宝殿，俗称琉璃阁。阁下四周为大面积砖砌地基，为乾隆皇帝建塔的塔座。塔初建成后被焚，又建琉璃阁代塔。阁全部为砖石结构，无梁，又称无梁殿。琉璃阁檐角、斗拱、脊兽全部为各色琉璃瓦件构成，极为华丽，墙间全部布满琉璃佛像，数以万计。民国间为军旅占用，琉璃佛作为打靶目标，佛头多有损伤。实际上这里是大西天的后院，前院在北海公园北岸。西临海岸有琉璃牌坊，坊北山门标曰“西天梵境”，入门为天王殿，原有四大天王塑像，今已毁。殿北为大慈真如宝殿，原为明代建筑，乾隆年间焚毁后重建，全部结构为金丝楠木，终年香气四溢，十分珍贵。内原奉铜三世佛，“文革”中移于他处。殿后通琉璃阁，今为北京市文物研究所使用。阁北门为新中国成立后所开，面临平安大道。

北海镜清斋长廊

天王殿之西有九龙壁，壁北原为大圆镜智宝殿，殿后有宝网云亭，亭北左右群房贮西藏经板，民国后全部毁于火，成为废墟。1943年，院内曾建有唐玄奘灵骨塔，建后不久又拆除，玄奘灵骨移往西郊玉泉山塔内瘗藏（后来情况不得而知）。

北海天王殿

琉璃阁西侧是个空地，原为体育场。目前，体育场原址正兴建一座仿古建筑，体量高大笨拙，与周围环境十分不和谐，而且处于平安大道边沿，这给大道工程提出来一个难题。要留它吧，它不是文物，是假古董，更不是大圆镜智宝殿原址的复建，且又向北移了不少；不拆吧，大道此处最窄，人行道受阻。看来，如何保持古都风貌，尤其是市区内控制新建仿古建筑，不仅是工程建筑问题，更是首都规划与文物部门应该探索的重要课题。

先蚕坛

地安门迤西，今“北海幼儿园”所在，是清代的先蚕坛。坛门原在南面，现在的幼儿园门是新中国成立后开辟的。

先蚕坛前门

我国以农立国，历代皇帝为了表示对农桑的重视，都要亲自耕田，做出示范，今存的先农坛就是明清皇帝亲耕所在；皇后要采桑养蚕，在先蚕坛进行。实际上这都是皇帝皇后做出的姿态，只具象征意义而已。

明清时期养蚕地点屡有变更。明代嘉靖年间先在安定门外建养蚕坛，因皇后出城不便，又改筑于西苑仁寿宫侧，筑有斋宫、具服殿、蚕室等。清代乾隆七年（1742 年）正式建先蚕坛。主要建筑依古制有先蚕坛、观桑台、亲蚕殿等，建筑尺寸也依古制。坛方四丈，高四尺，四出阶、各十级。坛东观桑台高一尺四寸，宽一丈四尺，出三阶，台前种植桑树。亲蚕殿为五间面南，东西有配殿各三间，殿后为浴蚕池，池北为后殿，殿均为绿琉璃瓦顶。古制，蚕坛应近水，由西压桥引什刹海水，经坛东南流，称浴蚕河。河上架木桥，附近再筑先蚕神殿及蚕所等，蚕所才是实际养蚕所在，其他殿坛多为仪礼所用。坛、台、殿外有围墙，正门三间在南面偏西。今日在北海公园内只能见到蚕坛围墙，坛、殿等有的部分保存原制。皇后亲蚕礼仪《大清会典事例》规定得很复杂。每年春季蚕生之时，由皇后率领妃嫔、福晋、夫人、命妇等到蚕坛举行采桑饲蚕仪式。坛周遍布彩旗，奏乐，唱采桑歌，由典礼女官奏请皇后出蚕馆行礼，采桑饲蚕。皇后用金钩黄筐，妃用银钩赭黄筐，福晋、夫人等用铁钩红筐，按次序轮流采桑。实际上这仅是仪式，从采桑到饲蚕都由“蚕母”（即蚕妇）代行，皇后等只是在台上观采、观饲而已。到蚕长大结茧时选择大的献给皇后、皇帝、皇太后，以示农桑丰收在望。皇后再率妃嫔等缫丝、染色以供庙堂祭祀之用。皇后的亲坛采桑饲蚕，从表面看，它只是封建仪式，实质上，作为京师历史遗迹的先蚕坛已积淀了深厚的文化内涵，作为文物建筑遗存，它已成为历史文化名城的组成部分。如何发挥它的文化功能，当是留给我们研究的课题之一。

嘉兴寺谈往

嘉兴寺在旌勇祠迤西路北，面临平安大道，今为北海宾馆占用。解放前后，这里一直作为停放灵柩举行殡葬仪式的殡仪馆使用，嘉兴寺成了殡仪馆的代名词。

嘉兴寺建于明代弘治十六年（1503年），距今五百年。原为三座院落东西并列，最西一座为主寺，前殿三间，西对皇城，既是天王殿，又是山门。正殿三间供如来佛，后殿三间供三世佛。中间院落是主寺的东院，前殿、后殿，供关帝、观音等像。此院本为主寺的附属院落，面临皇城无门，自民国初年皇城拆除后便临街辟门，方便出入，前殿作为殡仪馆使用了。再东的院落，无殿宇建筑，属于大型传统四合院，初为寺院的僧房、庖厨、仓贮之地，新中国成立后一度为炮兵、派出所、殡仪馆和民居分别占用。

此处作为殡仪馆曾有不少社会名人、显宦在此停灵或举行吊唁活动。如：末代皇帝宣统之生父摄政王载沣，民国成立后曾迁居天津，后又回北平常住，至1951年逝世于铁狮子胡同南利溥营，也于此停灵受吊。利溥营原名喇叭营，宣统帝名溥仪，载沣在此定居后改名利溥营，或寓有深意。

中共中央领导人之一任弼时同志，1950年病故于景山东街寓所，一度在此停灵吊唁。京剧艺术大师梅兰芳，于1961年病逝，也曾在此举行吊唁仪式。

由于当时北京尚无具有一定规模之殡仪场所，这里成为当时主要殡仪处所，接待各阶层殡仪。值得一提的是作为殡仪馆的前身这个嘉兴寺的东小院。嘉兴寺虽为寺院，但佛事活动很早就停止了。清末，由于《北京条约》的签订，外事活动频繁，恭亲王奕䜣主政时，曾作为僧房的东院，由于院落整齐，幽雅清静，与恭亲王府距离又近，便成通商议事之所。至恭亲王被解除军机大臣后，清政府于东堂子胡同成立了“总理各国通商事务衙门”，此处的外事活动才被撤销。它为我国早年的外交活动留下了一点遗迹印痕。

铁狮、石狮琐记

张自忠路原名铁狮子胡同，抗日战争胜利后为纪念抗日殉国名将张自忠将军而命名。关于铁狮子，明代嘉靖年间成书的《京师五城坊巷胡同集》仁寿坊下已有铁狮子胡同的记载。以铁狮子为名，铁狮又在哪里？清末震钧著《天咫偶闻》言："双狮在一狭巷中，已破碎。巷口另有二石卧狮，制作极工，半埋土中。"所言"狭巷"，即铁狮子胡同西口路北的南北小巷，正名是麒麟碑胡同。20世纪50年代初，笔者曾作过调查，二铁狮已不在狭巷，而迁移至鼓楼正门之前，尚成整体，胸前铸有铭文，为大元某年字样。20世纪90年代初，北京史专家朱家溍先生夫人也曾回忆：早年巷口确有石狮，石狮后有二铁狮，前后并列。可知民国年间铁狮尚存，与文献记录相符。

元代的衙署与豪门显宦之家门首，有列铁铸、石雕狮子风尚，明清又继承元风。今天的北京，已知的元代石狮为数不多，而铁狮又仅此一双，有年代，有地点，极为珍贵。20世纪60年代初，由北京文物工作队将此对铁狮移于鸦儿胡同广化寺内保存。时过境迁，"十年动乱"，人事变动，去向不明，唯望不致遭到销毁噩运。

麒麟碑胡同口的石狮，是北京现存元代石狮中最大的一对，虽略有伤残，仍不减原有雄姿，显示了浑厚的特征。20世纪80年代初，石狮移至西城白塔寺展陈保管。

麒麟碑胡同原有石雕麒麟碑，横卧若屏，下为须弥座，碑身浮雕瑞兽，头面若狮而生双角，鬃鬣飘飘，鳞身利爪，应属狁类，而以"麒麟碑"名世，实为不可多得的明代早期遗物。有人说它是嘉靖时咸宁侯仇鸾故宅之物。不确，仇鸾故第不在这里，在石大人胡同（今外交部街），姑存一说而已。今完整无损立于鼓楼大厅内，当是20世纪40年代与铁狮同移至鼓楼的。

铁狮子胡同路北有几处大宅，后通府学胡同，大诗家吴梅村有《田家铁狮歌》，写得婉约情深，有田家、铁狮，又有大宅，便衍生出不少臆测：

某宅即崇祯皇帝爱妃田氏母家云云。田妃之父即田弘遇。一提到田弘遇，必然联想到陈圆圆、冒辟疆、董小宛、吴三桂等，国事家事，一大串是是非非，这个田宅成为多情文人文章、剧作的素材，越传越广了。作为文资谈助，传则传矣，“日下旧闻”如作新考，态度总要谨严一点为好。据清初人笔记，田家故宅应在西安门，以地点言，距这里太远，当与铁狮子胡同无涉了。

皇家动物园及其他

平安大道西端南侧，北海中学的西南面，北海公园万佛楼西墙外曾有琉璃门，门西侧即明代的虎城遗址，解放前后尚存地名虎城胡同，如今这里已是楼房成群。

虎城是明代建的，豢养老虎，西北隅又有豹房，豢养豹子。另有百兽房，豢养各类野兽很多。实际上这是明代皇室的动物园，也是北京最早的动物园，其历史还可以上溯到元代。文献记载:元代这里养有狮子，铁链系在脖子上，用木桩拴住。有大象，象房建筑比一般房屋要高得多，从至正十七年(1357年)养了三年就送到昌平芹城（即今秦城）去豢养了（明代另有象房在宣武门西城墙北）。也有老虎，文献上说由于虎性凶猛，喂食时用肉拌上水银喂它，以“抑其威势”。水银不仅有毒性，而且会使肠胃破损，时间长久，不仅老虎的威势大减，肯定还会死去。皇家动物园饲养动物的无知，为我们留下了一点记录。

提起明代的“豹房”，人们就会想起正德皇帝荒淫的故事。《明实录》记：正德二年（1507年）八月，皇帝朱厚照建造豹房、公廨、前后厅房、左右厢房、歇房。朝夕处此，不复入大内。正德皇帝南巡至老臣杨一清家，见到一名家童杨芝，生得白皙，赐名羊脂玉，带回北京来，在豹房厮混再不上朝了。正德七年，又添造豹房二百余间，并把喜爱的小儿都集中这里，教坊乐工人等也在此值班，恭候传唤。从此豹房再也不是豢养动物所在，而今成为嘲弄正德皇帝的专用语。

由于豹房后建，故又称“新宅”。新宅区内还有一个腾禧殿，顶为黑琉璃瓦，又称黑老婆殿。还是这个正德皇帝，出巡山西时，见到晋王府乐工刘良的女儿姿容婉丽，大为爱悦，带回北京，就住在黑老婆殿。京剧有一出“游龙戏凤”也许就是从这件事演绎而来。

虎城迤南又有清馥殿，也在新宅区内。殿为嘉靖十一年（1532 年）将原有殿宇改建而成。清康熙五年（1666 年）在旧基上又建弘仁寺，将旃檀佛迎至此地奉祀，所以又称旃檀寺。弘仁寺不仅殿宇多，规模宏伟，尤以大殿正中佛像而著称。佛像为檀香木，高在五尺左右，垂直而立，衣纹雕琢流畅自如，若“曹衣出水”。万历皇帝的母亲李太后一生好佛，在其表敷以金箔,更增加它的华美。康熙皇帝总结了前人有关旃檀佛的记述,作成《御制旃檀佛历代传祀记》，据云：像在西土一千二百八十余年，后由龟兹（今新疆库车）传入凉州（甘肃）、长安、江南、淮南、汴京，北至燕京后，曾在圣安寺、万安寺（白塔寺）、庆寿寺（即西长安街双塔庆寿寺，新中国成立后拆除）、鹫峰寺（今西单附近，已毁），最后于康熙四年，建弘仁寺以居之，自造像至康熙四年凡二千七百一十余年。在中土辗转也有一千余年。最后寺于庚子年（1900 年）被八国联军纵火焚毁，佛像从此下落不明。今平安大道西端嘉兴寺南面一片楼房是其遗址。

白米斜街与张之洞

地安门迤北、傍临什刹海的白米斜街东端路北，一座旧式小院里，曾居住过一位在近代史上颇具影响的人物——张之洞。他是同治、光绪、宣统的三朝元老，晚清许多重大事件他都参与决策，尤以办学著称，其影响与作用达及后世。

张之洞字香涛，河北省南皮县人，同治二年（1863 年）进士，从科举进入仕途，做过文学侍臣、山西巡抚、湖广总督、两江总督、大学士、军机大臣兼营学部，并督办粤汉铁路。为官四十余年，力主改革，办实业、整武备、设学堂。自光绪三十二年（1906 年）进京，居无定所，至三十四年（1908 年）才移居白米斜街。次年卒，赠太保，谥文襄。他死后第三年，辛亥革命爆发，清王朝被推翻。对这位三朝重臣后人多有评说，众说纷纭，且有争议。誉之者列举事实：他首建我国近代重工业，倡建京广铁路，建汉阳兵工厂，他学习西方科技，发展中国工农商业；他废科举确立新式学制；他在两广总督任内督军大败法国入侵，取得镇南关、谅山大捷，这是从 1840 年到清廷灭亡七十余年中，历次列强入侵中国，中国唯一的一次获胜。非之者则说：他是效忠清王朝的忠实走卒，是屠杀反清人民的刽子手云云。论者自可评说，有一点是张之洞自己也始料不及的：他忠于清王朝，在教育方面为筹办各类学堂，呕心沥血，从他筹办的学堂中走出来的学生，有的却成了清王朝的掘墓人。辛亥革命领导者之一的黄兴，毕业于武昌两湖书院，另一个领导者孙武毕业于湖北陆军学堂；更有甚者，中国共产党领导人之一的董必武毕业于湖北文普通学院（另有武普通学院也为张氏所办），文化革命主将鲁迅也曾就读于江西陆师学堂附设的矿物学堂，当代地质学家李四光毕业于武昌东路学堂，他们或他们同代人的贡献以及对后世的深远影响就更为他非所始料了。

今天北京图书馆的前身京师图书馆的创办人也是张之洞。1893 年他在武昌他创办的自强学堂，分设方言、美学、格致、商务等课，是全国第一所独立专科学堂，比今百年华诞的北京大学的前身京师大学堂还早五年建成。

也许，他还是属得上的腐朽透顶的清末王朝最清廉的高级官吏。他平生不置私产，白米斜街的寓所，是河北省公产，不是深宅大院，地既湫隘，房亦矮陋。他死后曾作为家祠，供奉牌位，今已为民居。

张之洞另有祠堂在西单背阴胡同，为抱冰堂众弟子所设立。原有碑刻已运北京石刻艺术博物馆保存，这算是他留给北京为数不多的实物纪念。

地安门外步军统领衙门

从平安大道东不压桥沿河道向北略西可通向清代的提督府。

提督府正名应为步军统领署，或步军统领衙门。按：旧制，府是居处，提督是官名，提督办理公事所再称府不宜。其长官称提督九门步军巡捕五营统领，简称步军统领，俗称九门提督。下置翼尉、协尉、步军校等官。任务是统帅八旗步军五营将士，掌管九门锁钥，监守白塔上的信炮，并警戒京城、缉捕盗贼、稽查奸宄等项，算是京师的最高治安机关。管理京邑治安的官吏，秦汉时即已设置，初称中尉，汉又名执金吾。金吾是鸟名，以铜铸之若棒，鸟立棒首，主辟除不祥。天子外出，官吏执金吾先导，以防止非常事件，因称此官为执金吾。车骑出巡，金吾前导，自是威武非凡，汉光武帝刘秀在京师见此情景，异常向往，曾发出"仕宦当作执金吾"之长叹。在清代步军统领也是显贵高官，例由皇帝亲信大臣兼任。统领出行，卫从甚严，声势煊赫，为王公大臣所不及，人见侧目。正因绥靖京师，权势甚大，其衙门也保留了明代锦衣卫的积弊，其衙役、兵弁往往以侦查缉捕名义，滥用职权，肆虐人民，为害甚巨。

清步军统领始设于康熙十三年（1674年），初未专设衙署，雍正十二年（1734年）在西单牌楼京畿道胡同设立衙门，乾隆二十一年（1756年）兼管步军统领事傅恒，以京畿道衙署地偏西南，乃奏请与地安门外帽儿胡同礼部会同馆互换。清末尚有廨舍一百四十余间。前为大门中启门，大门内有过厅、正堂、二堂等，门前有照壁并石狮一对。1912年，最后一任九门提督为江朝宗。此人以后曾任北洋政府代理国务总理，日本占领时期曾任北京治安维持会长、北京市长等伪职。

新中国成立后，衙署旧址曾为武警部队占用，今为中央实验话剧院用，原有廨舍已拆除殆尽，建为宿舍楼房。旧署址原有石狮两对，刻工甚佳，建楼之前原拟移地保管，院方为增强文化气氛，愿原地存留。文化单位自然了解文物之可贵，不会毁坏，加意保护，但愿石狮无恙。

僧王祠、宝公府

平安大道迤东、宽街路北有显忠祠，即清代僧格林沁祠，前人多称僧王祠。僧格林沁为蒙古科尔沁旗人，道光五年（1825 年）袭封科尔沁扎萨克多罗郡王，因镇压太平天国北伐军于咸丰五年（1855 年）晋封亲王，世袭罔替。清代封爵有世袭递减的规定，世袭罔替不减爵位，在当时是一种殊荣。后因阻击英法侵略军进逼京师，在京东八里桥溃败，侵略军入京师，烧圆明园，归罪僧格林沁，被夺王爵，仍命为钦差大臣。山东捻军起事，又因往剿捻军而复王位。同治四年（1865 年）追击捻军，中伏被围，全军溃散，因而毙命。灵柩运回，同治皇帝与两宫太后亲往祭奠，赐谥曰“忠”。光绪帝亲政后敕建专祠于宽街北侧（其府在祠后炒豆胡同）。现在祠堂布局尚完整，前为大门三间，进门为六角碑亭，亭后为二门，最后是享殿三间。因属亲王专祠，屋顶用绿琉璃瓦，与大臣专祠用黑琉璃瓦不同。大脊为螭吻，原门前树照壁。今为东城区文物保护单位，但大门已被改作商店，祠内同治皇帝的御制碑已迁运北京石刻艺术博物馆保存。民国八年（1919 年）于此设立怀幼小学，建国后改名为进步小学，今为宽街小学。

僧王祠东侧，原有一处大宅院，为清代一等果毅继勇公丰升额的赐第。丰升额家族显赫，世代簪缨，其祖上额亦都既是后金开国元勋，子遏必隆更是功高一等，顺治年间，以击败农民军李锦晋一等公授议政大臣。他属戚畹，是康熙孝昭仁皇后之父，以后数袭，至乾隆三十四年（1769 年）裔孙丰升额袭一等果毅公，授参赞大臣，参与进攻大小金川之战，以军功加号继勇，为一等果毅继勇公，官至理藩院尚书，卒谥诚武。同治三年（1864 年）宝全袭公，故称宝公府。最后一公为铁麟，光绪二十七年（1901 年）袭，可知其府第至晚清时尚存。今宽街尚存的二宅，当初应是一第。东宅尚存古建形制，大门两侧各有顺山房，均为筒瓦顶，宅内各房也保留了筒瓦顶。西宅已全部改建，应是原府第的主宅。据闻，建国后人大常委会程潜副委员长曾在此居住过，邓小平同志也一度居此。

兵仗局、太医院

地安门稍东，平安大道路北，原有兵将局胡同，原名兵仗局胡同，因明朝之兵仗局在此设厂而得名。年深日久，口耳相传讹为兵将局，还有叫它冰浆局的。

明代兵仗局属内府二十四衙门之一，设掌印太监一名为总管，掌管制造兵器、盔甲、弓箭等，另有火药司（局），制作火药，也归此处管理，明代末年在东北对后金的宁远战斗中所用火器就有这里制作的。也制作其他小器物，如御前用的铁锁、锤钳、针剪之类，宫中作法事用的钟鼓、铙钹等响器之作也隶属于此，因之也被称为“小御用监”。

明代内府衙门均设于皇城内，地安门是皇城北门，兵仗局设于今北长街西侧兴隆寺一带，此乃兵仗局之厂，在地安门之外，实际应是“兵仗局外厂”，也即制作诸器的作坊之一。明亡，厂亦随之撤销，但兵仗局作为地名保存下来。原厂地面宽阔，原建筑早已不存，清光绪二十八年（1902 年）建为顺天高等学堂，民国三年（1914 年）改组为京兆公立第一中学，十四至十七年改称公立高级中学，十七年八月改名河北省立第十七中学，至二十二年更名河北省立北平高级中学，简称河北高中，新中国成立后曾一度改为河北省立师范专科学校，这里一直隶属河北省，今仍为中等学校。不再属河北省，改属北京市。但部分地面为古建公司占用，有所改建。今因平安大道展宽，公司新建的传统形式大门，向北移建了。

旧兵仗局往东数十步，即清朝末年的太医院所在。太医院是专为皇室诊病的机构，掌管医院的长官称院使，下设御医和医士。院址原在明、清礼部衙门后身，即今天安门广场中国历史博物馆占地内。义和团运动中，八国联军入侵，清政府投降，光绪二十七年（1901 年）签订了《辛丑条约》，条约划定了使馆区范围，即东交民巷使馆区。一些衙门如兵部、工部、翰林院、太医院等皆在使馆区内，须全部迁出，太医院即迁至此处。民国年间，

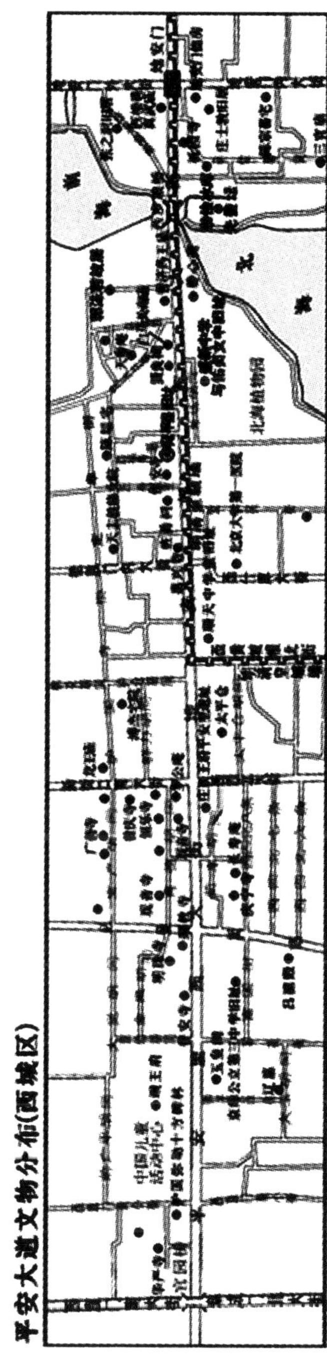

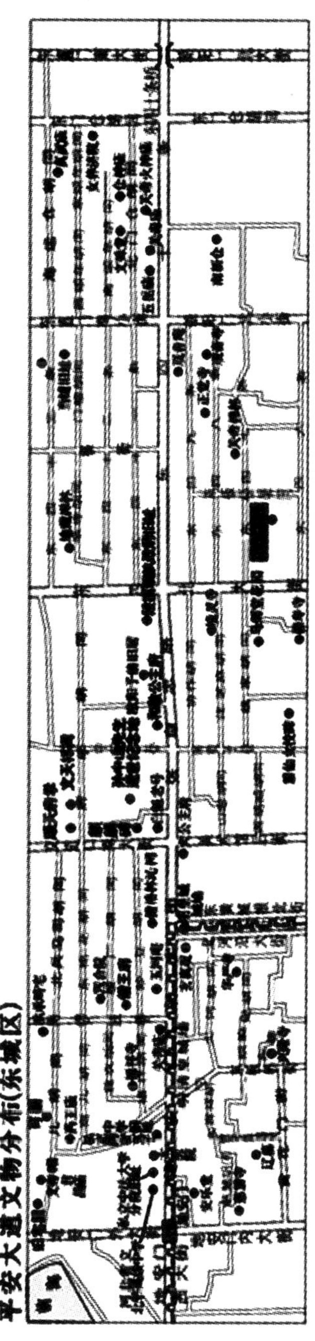

平安大道文物分布

这里开办了一所私立两吉女中，今为民居，主要堂室有的还保留着筒瓦大脊，基本保持原状。

东西长安街与平安大道

东西长安街因明清皇城的东西长安门而得名，取长治久安之意。大街在天安门前通过，是首都乃至全国最知名的大街。平安大道因平安里而得名，通过地安门，连贯东西二城并向远郊伸展。建成之后，一街一道，南北两相辉映，将为首都增光不少。如从历史考察，它们的改建颇有相似之处。

北京城是元明清的都城，中心部位为宫苑、皇城所在，为宫殿的中心区域又有河流南北流贯，因而中部，东西交通总是不能贯通尤甚。在封建时代这种缺陷显现不出来，随着社会的变迁、都市的发展、人口的增加、内外交往的频繁，矛盾便日益突出了。远在 20 世纪 30 年代市政当局为解决它就有所动作，当时的市政工程负责人华南圭先生就曾主持过打通皇城西安门（于 1952 年焚毁）东西两侧的工程（即今西四牌楼南的丁字街东口至府右街北口迤西的一段。原来这里很窄狭，今为平坦的大街）。可以说这是近代北京市区内主要道路扩建的前奏。新中国成立后这条城中部横贯东西的街又有扩充、改造。如拆除故宫神武门北侧北上门及两侧群房，拆除大高玄殿前、北海前门前牌楼；曾计划拆除团城南侧部分，经周总理批示予以保留，而将北海大桥加宽，两端金鳌玉蝀牌楼拆除，形成今日规模。近日东四牌楼东面大街又展宽、扩建。

把时间倒转数十年，北京曾被城墙环绕着。20 世纪 40 年代（约 1943 年），日伪政权为贯通东西交通，曾把今西长安街复兴门处城墙拆了一个豁口，在今东长安街建国门处也拆了一个豁口，东面的命名“启明门”，西面的定名“长庚门”,叫“门”实际并无“门”,仅是扒开一个豁口。名称盖取《诗经》“东有启明、西有长庚”之义。启明本是星名，晨现于东；长庚也是星名，夕现于西。近代知识告诉我们，二星实际上是一个，即金星，地球的转动使它晨昏在不同方位出现,古人对此现象理解不确切而已。抗日战争胜利后,北平市政当局将启明门改为建国门,长庚门改名复兴门,新中国成立后城墙拆除,而门的名称保留下来,沿用至今。50年代东西长安街展宽延长,西端将旧刑部街、邱祖胡同、卧佛寺街并入大街,东面将观音寺胡同并入大街,形成今日闻名中外的东、西长安街——十里长街。

平安大道西端的平安里,原为太平仓遗址,解放前进行改造,街衢加宽,铺有轨电车路通行电车。现在又向西延展,把前后车胡同、翊教寺胡同都并入大道,直达官园,西接西二环路。这一改造过程与长安街基本相似。

东西长安街经过天安门广场、人民大会堂等,凡举行游行示威、群众集会、迎送外宾等各种大型活动,几乎都与它有关,可以说,它的政治特点明显,政治性强,是政治大街。而平安大道呢?则另是一种情况:它两侧分布着文物建筑、古代园林、历史遗迹遗存、名人府第故居、寺观庙宇、祠堂等等,这显然具有浓郁的文化内涵、丰厚的历史积淀。它的文化特点明显,是一条文化大道,是构成历史文化名城的重要内容之一。正是由于这一特点,平安大道如何利用这一特点,发挥这一优势,建成什么性质的大道,发展方向是什么?这就不仅是交通问题了。这些自然是规划建设部门考虑的问题,也实在是首都市民关心的课题。

原载于1998年5月7日—6月10日《北京晚报》
每日一文由赵其昌、刘之光共同署名
北京市政协《北京文史资料》1999第59辑转载
《首都博物馆丛刊》2001年第15期转载

定陵考古

定陵发掘始末

编者按：明十三陵中的定陵，是新中国成立后有计划发掘的第一座帝王陵墓。定陵地下宫殿到底是怎样打开的，一直引起人们的兴趣。最近，我们请教了原来主持发掘工作的考古队负责人赵其昌同志，承就当时情况作了简要介绍。现整理如下，以飨读者。

问：定陵地下宫殿（见封面图），一直吸引着国内外广大游人。请你谈谈当时的发掘情况，可以吗?

答：那已是近三十年前的事情了。1955 年，著名历史学家、北京市副市长吴晗，邀请了郭沫若、沈雁冰、邓拓、范文澜、张苏同志，联名上书国务院，请求发掘长陵。批准之后，组织了长陵发掘委员会，指导发掘事宜；下设工作队，进行具体工作。当然，发掘工作最理想的方式是循着当年帝后入葬的路线掘进，这不仅能够详细地记录沿途的各种痕迹，以备分析、研究，而且能顺利地进入地下寝宫。但是文献资料中涉及十三陵的地下情况，如寝宫布局、形式等等，都不那么清楚。委员会考虑到：长陵规模较大，估计发掘问题较多，而我们又缺乏经验，因此认为应先另选他陵试掘，积累经验后再发掘长陵。经过调查，发现定陵一点线索，觉着发掘定陵较为适宜。定陵是万历皇帝朱翊钧的陵墓。经上级同意，1956 年 5 月，定陵的试掘工作正式开始。

问:考古工作是极为细致复杂的，常常从一点点线索，推导出很多问题，还能补充文献记载的不足。你们发现定陵什么线索呢?

答:调查期间发现，定陵明楼后面宝城（帝王陵墓“地宫”上面的城楼）外侧的墙皮，有几块城砖塌陷，形成一个小缺口，从小缺口往里看，缺口深处像是一点券门痕迹（所谓“券门”，就是门洞上面用砖砌成圆形的券）。其他陵墓,明楼之下多建券门,帝后入葬可以进券门,入宝城。定陵略有不同，明楼下不设券门，但是宫墙外却多了一座外罗墙。塌陷的缺口正处在外罗墙之内，宝城之外。如果缺口深处真是券门，那里很可能是帝后入葬时的通道。于是，在宝城内与缺口相对应的地方，我们开了第一探沟。开沟的同时，又在宝城内侧石条上发现了“隧道门”（隧同隧）三个浅刻字。探沟发掘的结果，发现了两道砖砌大墙。两墙距离很宽，中间填满黄土;略有弯曲，通向明楼后面。砖墙与字迹对照，可以确定，它就是帝后入葬时的砖隧道。

问：定陵陈列室内展出了刻字碑，人们说它是进入地下宫殿的“钥匙”，当时你们怎么理解它?

答：发掘工作是艰巨、复杂的。宝城上面种满松柏，为了减少出土量，尽量保存树木，我们于同年7月在明楼后开了第二探沟，发现了砖隧道的尽头。9月2日，在第二探沟里意外地发现了一块小石碑，碑上刻着“此石至金刚墙前皮十六丈，深三丈五尺”。人们高兴得跳起来了。不少人说它是进入地宫的“钥匙”或“指路碑”。不过，也有人说它不是指路的，而是故意制造的假象，是“迷路碑”。指路还是迷路，工作队必须作出判断。查阅文献，定陵是万历皇帝生前预建的，建成之后就埋好，入葬时再掘开。试想，帝后的死期不敢预料,一旦死去,限期掘开,一时摸不清门路,不能及时完成，那要杀头啊！从石碑的位置和制作的粗糙情况推断，它不会是陵园制度中必要的设施，而应是领工的为了将来工作的方便预留的标志。那块小碑石所刻内容应该是可信的。陈列室有两块小石碑，另一块原在宝城隧道门内埋藏，刻文是“宝城券门内石碣一座，城土衬，往里一丈就是隧道棕绳，绳长三十四丈二尺，是金刚墙前皮”。这块小石碑是拆通隧道后才发现的。事后，结合两碑所记证明，当时的判断是正确的。不过，发掘工作不光是靠了石碑刻文的指引，沿着隧道前进就足够了。后来，沿着隧道的走向，对准宝城的地下中心方位，又开了第三道探沟。在第三探沟内，发现了石隧道，到达了靠近地宫的金刚墙。为什么取名金刚？大概是象征它威严、结实、有力吧。

问：金刚墙里面才是地下宫殿。打开地宫石门，也不容易吧？

答：金刚墙是砖砌大墙，拆开墙上砌砖，又进入了隧道券，地宫石门就在面前。石门是整块白石雕成，异常洁白精美，上门轴安在粗壮的铜梁管扇内，双门紧闭，里面用“自来石”顶住。“自来石”是明朝人的称呼，其实就是一块条石。关门时，条石放在石门内侧。门扇半关闭时，条石斜放，半顶住门。门慢慢地关，条石随之倾斜。等到石门全闭，条石就在门内顶紧石门，石门也就推不开了。了解到关门的奥秘，打开石门并不困难。文献记载，崇祯埋葬时，打开田妃墓葬时曾用拐钉。拐钉是打开石门的一种“钥匙”。我们也作了一把拐钉钥匙——在铁条上开一个缺口，从门缝中伸进去，卡住“自来石”上端，轻轻地推，把倾斜的“自来石”推得直立，使它不再顶门，石门便能推开了。不过，石门不是轻易就推开，而是在采取了保护措施之后才进行的。珍贵的文物，是不能让它有半点损伤的。石门徐徐推开时，声响沉重，铿铿然，锵锵然，嗡嗡然。在悦耳的金石声中，地下宫殿打开了。曾在国内外上映的影片《地下宫殿》，就是当年在现场拍摄的，它如实地记录了当时的情况。

问：看来，定陵的发掘工作并没有走弯路。出土文物很多，能介绍几件吗？

答：定陵的发掘工作是1958年7月完成的，可以说比较顺利。从调查到发掘，始终是在我的老师、考古研究所夏鼐所长的指导下进行的。他还亲自参加器物清理。有前辈的指导，同行们的协助，总算完成了发掘任务。定陵地下建筑有前、中、后殿，加上左右配殿，共五室，石门七道，全部石结构。出土器物品类繁多，近三千件，王岩同志经手整理，请他给你们介绍几件吧。

夏鼐老师与定陵发掘

1953 年，我毕业于北京大学历史系考古专业，夏鼐先生是我的授课老师。在恩师逝世两周年的日子里，作为他的学生，定陵发掘工作队的负责人，回忆起三十年前在他的指导下发掘明代定陵，件件往事，如在眼前。从开始调查、发掘，器物清理，直至发掘报告的编写等全部过程，无一不渗透着夏师的汗水心血。他那极端负责又细致的工作作风，严谨的治学态度，给我留下了深刻的印象，铭记在心，终生受用。

1955 年，北京市副市长吴晗会同郭沫若同志等六人，上书国务院，请求发掘北京市昌平县境内明代十三陵之一的长陵。得到批准后，组成长陵发掘委员会，下设工作队，由考古所与北京市文物组人员组成。队长王仲殊（考古所），因故未能到职，改由赵其昌担任（北京市文物组）。副队长为白万玉（考古所）。夏师是长陵发掘委员会委员之一，担负着指导发掘的重任。长陵是明成祖朱棣的陵墓，规模最大，发掘工作将是艰巨复杂的。夏师提出，应先选择其他陵墓进行试掘，然后再进行长陵的发掘。1956 年春，工作队对各陵调查后发现，埋葬万历皇帝的定陵有些线索可寻：宝城旁边有几块城砖塌落下来，形成一个小缺口，里边的城砖有再次砌过的痕迹。夏师得知这一情况后，立即到现场复查。宝城缺口距地面很高，野外没有梯子，爬上去很困难。他要上去看看，我们觉得太危险，劝他不要上去，他却说：“野外调查不比室内，没有那么好的条件，上吧！”他竟蹬着我们的肩膀爬上去了。经仔细察看，也认为这一线索很重要，可能是当时帝后入葬时的通道。不久，我们又在宝城内侧发现了“隧道门”、“左道”、“右道”、“大中”、“宝城中”、“金墙前皮”等字迹，因此，确定以定陵为试点。从此，开始了新中国成立后第一座帝王陵墓的发掘。

定陵发掘期间，夏师除随时听取我们的汇报外，不时亲临现场进行具体指导。特别是 1957 年 9 月地下玄宫打开以后，差不多每个星期都要前往。1958 年 5 月清理万历帝后棺内文物期间，由于里面的随葬器物品类繁多，数量大，空气很潮湿，腐朽严重。如不抓紧清理，面临着发霉变质的危险，所里派刘观民、黄展岳等同志前来支援。这时，夏师正患着严重的胃病，他也带病住进临时工棚。他不仅在现场指导工作，而且亲自操作。现场的工作条件极差，仅有一台小型发电机供电照明。黑乎乎的地宫内，工作十分紧张，持续时间很长，常常要加班四小时、六小时，更没有星期日，日夜兼程。夏师就是这样拖着病体，和工作队的青年人一起，不分昼夜，忘我劳作，历时两个星期。当清理到随葬品中皇帝的冕、皮弁（即皇帝举行大典时戴的帽子）等时，由于实物腐朽叠压严重，形制难辨，清理难度很大，特请夏师担此重任。糟糕的是腐朽的冠冕四周布满了其他器物，不易接近。于是，在棺口上面搭起了木架，架上再铺木板，人要趴在木板上，头向下操作。夏师趴在木板上，整整用了四天四夜的时间，把冕和皮弁的形式、结构、尺寸、色泽，以及串珠的系结式样、数量等，一一清楚地记录下来，还绘制了草图，为以后的复制工作提供重要的依据。平时，夏师对工作极为细致认真，不怕吃苦。课堂上他这么讲的，平时他这么要求，如今在工作中他又是这么做的，为我们做出了榜样。况且，他正在病中，这是带病而做哟！

器物的清理，要求有详尽的记录，稍有疏忽，便会给后来的研究工作带来困难。当时每天的记录文字甚多，不下万言，均送夏师过目。每当深夜我们结束工作后，他还不能休息，常审阅记录材料通宵达旦。他审阅读记录材料十分认真，时常在记录本上圈圈点点，提出疑问，不能尽意时就夹上几张写满密密麻麻文字的纸条。夏师曾经不止一次地告诫我："原始记录是基础，对今后的研究工作十分重要，必须详尽、准确，否则无法弥补。"实际上，这谆谆教诲、踏踏实实、认认真真、一丝不苟就是科学，就是科学精神，也正是他严谨治学态度的写照。

按照考古工作的常规，发掘工作结束之后，便要迅速编写发掘报告，把发掘的全过程，包括随葬器物等有关资料与初步研究，公诸于世。但是，由于政治运动等众所周知的多种原因，定陵发掘报告的编写工作长期未能着手，年复一年地被搁置下来。夏师一直在关心此事，每次见面总要问起。发掘工作的有始无终，使我深感内疚，又无能为力，因而也无言以对。当年身处逆境的我，又能说什么呢？"文革"后期，偶与夏师相遇，他又问起定陵，谈起发掘报告。我正情绪低沉，告诉他：劫后余生，已与定陵无缘，今后再不干这一行了。当他得知我正在接受审查、改造，整天挖防空洞，竟意想不到地大笑起来，说："好哇！你是挖墓出身，还没离开挖土这一行，将来要归队，报告还是要写的！"对我"重操旧业"充满信心，给予很大的鼓舞。几年后，在夏师的关怀下，定陵发掘报告的编写工作终于上马了。夏师派王岩同志协助进行编写工作，并派修复、照相、绘图等方面的诸多同志前往支援。

我虽然一直参与定陵的发掘工作，但编制并不属于定陵，实际上也是支援性质。我是1959年离开定陵，调回本单位（北京市文物组）下放的，再回定陵编写发掘报告已是1979年，时间已相隔整整二十年。这是极不平凡的二十年，极大变化的二十年，对于我个人、定陵及其出土文物都是如此。我所属工作单位的变动且不说，定陵建立博物馆并长期开放，其间又曾开通地宫"左道"（无发掘记录），加以隶属关系多次变更（曾属文化局、园林局、公用局、昌平县等）。人事的变迁，时光的流逝，保管的失当，这一变再变的诸多因素，必然使文物遭到损害，而以丝织品为甚，有些几近面目全非。丝织品的品类繁多，又很复杂，如织锦匹料、被褥、袍服、冠冕、鞋靴，以及零星织物，等等，原本腐朽严重，要翻动已很困难，要整理修复以便长时间保存就更困难。当年，曾约请北京市化工局祝福祥工程师参与研究，试验施加涂料，以期延长其寿命，遗憾的是效果不佳。编写报告前，我和王岩同志将这一情况向夏师汇报后，他显然意识到这个问题的复杂性，涉及问题很多，如所内工作、人员调配、经费等，而且时间将大大拖长。面对这些，夏师对发掘报告从提纲到内容提出指导性意见后，又不停地唠叨："考古所的工作，我可以不管、少管，定陵的事，我要管到底。"

夏师对定陵器物的整理、保存，尤其是那些丝织品，一直给予特别关注。他曾对我和王岩一再叮嘱：整理要尽量细致，匹料腰封上的名称、纹饰、色泽、产地、尺寸、工匠姓名等，一定要记录清楚，要做到以后的研究、复制，不再触动原物，这等于延长它的寿命，弥补损失。这是博物馆应该做的，更是博物馆的基础工作。定陵建馆，过去没做，现在要补上。

夏师提出的定陵丝织品整理原则、细则，使我们对其有了进一步的认识，明确了具体的做法。为了把整理工作做得更加细致，特别邀请苏州丝织品研究专家吴平女士和南京云锦研究所汪印然所长参与，分析结构，确定颜色，绘制图样，其中绘图是大量的工作。他们进行了复制的实践，除复制织锦匹料外，还复制了万历皇帝祭天礼地时服用“衮服”、万历皇后服用“百子衣”两件“织成”。“衮服”有十二章，即日、月、星辰、山、龙、华虫等十二种纹饰，有的纹饰用捻金细线，有的则加入孔雀羽毛，以使纹样更加鲜艳，色彩斑斓，永不褪色。“百子衣”是用各种颜色丝线绣出百个儿童玩耍图形，生动活泼，各具姿态。通过复制，对明代织造工艺的发展情况，有了更加充分的认识。由此可见，编写发掘报告，首先要认真整理出土文物，这本身就是研究工作的重要内涵。

1985 年 5 月底，根据研究工作的严格要求，在诸多同志的密切协作下，经过四年多的日夜不停辛勤劳动，定陵发掘报告的初稿终于完成。谁能想到，夏师竟在 6 月 19 日突然逝世了。定陵的发掘，器物的整理，报告的编写，从始至终都是在他的指导下进行的。在那断断续续，前前后后，坎坎坷坷，三十多年的时间里，每一个环节都渗透着夏师的心血，然而，时间又是如此漫长而又短促，几十万文字，上百张照片和图表，他还没有来得及过目，就离开我们而去了，每念及此，悲从中来，不能自已。

他走了，他离开我们已经两年。他走了，走得如此仓促。他走了，他把辛勤开拓一生的中国考古事业留了下来。他献身祖国考古事业的精神，激励着我们前进。

附记：本文原为纪念夏师逝世两周年时所作，刊于《文物天地》1987 年第 3 期。2010 年为夏师诞辰百周年、逝世二十五周年，怀念之情顿增，耄耋之年，难以成文，特检旧稿，略作增删。高山仰止，音容宛在，心香一瓣，敬献吾师。

原载于中国社会科学院考古研究所编：
《夏鼐先生纪念文集——纪念夏鼐先生诞辰
一百周年》，科学出版社，2009 年 12 月。

地宫之门谁打开

定陵地下宫殿的神奇异特，有目共睹，不去说了。它的发掘，在全国帝王陵墓中是最早的一个，说来也非常有趣。

文献上记载，帝王墓室叫“地中宫殿”，又叫“玄宫”。具体到定陵，埋葬的是明代第十三代皇帝朱翊钧和他的两个皇后。这位万历皇帝，十岁登基，二十一岁亲自选定茔地。整个陵墓的营建，用了六年时间，动员了数以万计的工匠，花费了白银八百多万两，相当于那时全国两年的农田赋税收入。然而，对于墓室的形制、结构，事关机密，却没有透露出半点消息。发掘前从现场观察，也找不到什么标记。只是在坟茔围墙宝城的东南侧，发现有几层砌砖塌陷下来，仔细一看，原来是一处券门。抓住这个蛛丝马迹，1956 年 5 月，发掘工作正式从这里开始。

先是从宝城内侧开发一道探沟，工程进行了将近两个月，发现这是一条三米多宽的巷道，两旁用砖砌墙，从墙根以至顶盖，是后来用土填埋起来的。情况表明，很可能这就是通往墓室的通道。按照它的走向，跳过一段，在前面又开了第二道探沟。在这处新的地段里，发现了一个小石碑，轻轻刷掉上面的黏土，一行刻字显露出来：“此石至金刚墙前皮十六丈深三丈五尺”，这个意外的发现，使人们高兴得跳起来，拍照、记录、拓印、标图，立刻忙个不停。有人把它比作指路碑，有了它就有了打开地宫的钥匙。但是，稍为冷静下来，兴高采烈变成了默默不语。金刚墙是什么？不知道。文献上没有见过这个字眼。为什么要立下这块石碑？难道是为后人发掘墓室指明方向，世上哪有如此“贤明豁达”的圣君！于是，有人说小石碑分明是迷路碑，虚晃一招，要把人们引向绝境，万万不可上当。

从多方面分析判断，小石碑的谜终于解开了。定陵是帝后生前营建的，建成后的三十八年，才迎来自己的主人。明代帝后丧葬习惯是先死的先葬，后死的后葬。陵墓建成，人还没死，或者死者分批入内，中间隔了许多时间，墓室墓道自然不便长期裸露在外面。因为无论从风水迷信、保密、威严、观瞻，哪个角度来着眼，都是不允许的。办法只有一个，不用时拿土封埋，使用时再重新掘开。封建时代，营建帝陵是工部的事，葬制葬礼由礼部执掌，具体到开掘墓道等，则是工匠的差事。重新掘开墓道，倘若延误日期，那是要杀头问罪的。工匠们为了施工方便，不得不留下标志，以备不时之需。这应该就是小石碑的由来和用意了。

不过，这里还有一个问题。定陵中的一男二女，是一同入葬的。万历四十八年四月，朱翊钧的原配孝端皇后死了，正在办理丧事的时候，七月间朱翊钧也死了。儿子朱常洛继位，当皇帝还没有“满月”，又死了。接着是孙子朱由校继位，朱常洛的生母，朱由校的生祖母，不是孝端皇后，而是五年前死去的贵妃。贵妃尊位不够，不能入帝陵，埋在十三陵东井的平岗地。“母由子贵”，朱由校念前人的养育之恩、一道圣旨，追封这位贵妃为孝靖皇太后。名位提高了，也就从东井迁出来，随同万历他们一起进了定陵。这段曲折故事，似乎说明定陵不存在先葬后葬的问题，为什么还会有小石碑呢？回答却很简单：工匠们不知底细，就自己做主这么办了，因为皇上的事情变化无常，难以预料，备而无患总比措手不及要强得多。事实上，地宫里东西两个配殿，都建有棺床，显然是预备停放棺木的，后来没有动用，现在一时也说不明白是什么缘故。

在有了更多的把握以后，发掘工作大步继续向前。沿着墓道的走向，对准宝城的地下中心方位，又开了第三道探沟。在这里，果然又出现了新的砖巷墓道，而且越挖越深。挖到前面，砖墙的底层一下全改用细磨过的整齐石条。这个变化，说明到了新的境地。再往前挖，一面高墙挡住了去路。这墙很不寻常，多层石条垫底，墙身高大，顶端铺着黄色琉璃瓦，俨然是皇家禁区。从小石碑到这里进行实地测量，用今天的尺和明代工部营造尺折算，它的距离与小石碑标记的尺寸基本相符，证明这就是金刚墙了。取名金刚，大概是象征着它的威严、结实、有力吧！再看那金刚墙面，有一个不显眼的呈山字形的痕迹，上窄下宽，依着砖缝形成锯齿状。山字形墙里的砖没有用灰泥铺砌，而且向里微微有些倾斜。小心翼翼地搬开浮摆着的墙砖，紧紧贴着的又有一道墙，上面还有一个稍小一些的券门。券门里也填满了没有合浆的砖。仔细端详，原来不是两面墙，是一面墙，整个有三米来厚，内侧起券，承受压力；外侧用砖摆平，造成无门的假象。拆开砖是门，摆上砖就是墙，真是想得周密，做得精巧。

看这墙的气魄架势，形状结构，联想起一些明代大型墓葬的实地所见，可以断定它就是墓室前的建筑。墙上浮摆的砖，显然是为了便于挪动，方便进出；墙砖向里倾斜，说明内里是空的，外面土压实了，自然出现这种现象，这多少也泄漏了一点天机。是不是这样呢？拉来照明用的发电车，做好一切准备，迅速把券门打开。透过不长的一段发券隧道，一座洁白的、装饰精致的、古朴中略带神秘的石门出现了。从开始挖第一道探沟到现在，春去秋来，一年多的时间过去了，千方百计要找的门终于找到了。按说，大门在望，打开就是了，不行，事情远不是这样简单。

自从决定发掘地宫的那时起，种种说法便纷纷传来。有的说皇帝的陵墓，布满暗箭，箭头是用毒汁浸泡过的，碰着就要丧命。又说墓门之后，上有千斤石，下有滑动踏板，稍有不慎，要不粉身碎骨，要不失足深渊。还有人郑重其事地写信来说，“你们见过猎户在山上设下的捉鸟笼子吗？上面有一块滑板，小鸟落上，板子立即翻转，把小鸟扣在笼里。猎户怕小鸟饿死，常常在笼里放些食物，墓室中的踏板，恐怕就没有这样的好待遇了。”还有更加奇怪的，说墓室中有小河，河上有小船，掉在河里只好往船上爬，“上船容易下船难”，诸如此类。有的一听就知道荒诞可笑，墓室中最忌讳有水，所以往往特意建起高出平地的棺床，哪有成心把河修在里面的道理。其他的说法，虽然没有实际见过，旧小说中却有过近似的描写。人们出于好心的关照，不能不以防万一。至于尸体什物腐烂形成的有毒气体，便是很有可能，麻痹不得。

当时，发掘工作的领导机关，一再强调确保安全。郭沫若同志、邓拓同志、吴晗同志，还有一些专家领导，也都几次亲临现场，再三叮嘱，要注意人身安全和文物保护。发掘队本身，也立下规矩，任何人不得随意抚摸石门。气氛顿时变得十分紧张。经过反复研究，“机关”之说，不足信，更不可怕。其一，陵墓建成在先，死者入葬在后，如果有“机关”，岂不是先害自己；其二，墓地最后封闭时再设置“机关”，这种可能也有，只是时隔三百多年，那时的“机关”，现在也未必灵通了；其三，凭着今天的科学技术水平，来对付当年的“机关”,总是有办法的。关于有害气体,当然要采取措施。当时,准备下防毒面具和消毒药品，甚至还设想，打开石门之后，先放进去一只鸡，证明安全无事，人再向里面进发。

要想开门，先要研究门是怎么关的。过去听说，明清墓葬中，有用石球滑动落入石槽，紧紧把门顶住的。想来也有一定的根据。但是，从地宫石门的缝隙中观察，没有看到有球，只看到有一根顶门的石条。这种做法，在别的明代墓室中也多次见到。这样，问题就简单了。用小指粗的钢条，弯成一定的形状，伸进去撑着石条，慢慢撑起，下一个动作就该是开门了。

也是奇怪，偌大的两扇石门，后来知道重量大约在四吨上下，分量是很可观的，谁知用手轻轻一推，便徐徐打开了。粗大的门轴，摩擦着铜管扇，发出金石之声，锵锵然，铿铿然，嗡嗡然，激起了石室共鸣，回音悦耳，奇妙动听。随着石门的打开，积存了几百年的浓浓潮气迎面扑来，外界的新鲜气流冲了进去。没有什么机关,连预备下的防毒面具也都没有使上。接下去的，是打开另外六道，结束了地宫神秘的历史。

地宫内部最初给人的印象，很是残朽狼藉。棺椁有的塌陷变形。死者毛发虽在，只是一堆白骨。织锦龙袍寿衣也已烂得千疮百孔。地上杂乱地铺着木板,没有收捡,还是当时人们慌忙退走出来的样子。现在定陵博物馆内,小石碑、顶门的自来石、山字形墙面、券门、金刚墙的一段，都一并保留，供游人观赏。

这次发掘，当年工匠们留下的标记，的确帮了不少的忙。当然，如果没有小石碑这样的线索，运用考古的其他多种手段，也会打开地宫的大门。不过，那就是另一种情况了。

原载于张崇发编《中华名胜古迹趣闻录》，内蒙古人民出版社，1984 年。

风雪定陵

今天在这里和大家见面，我很高兴。又像是回到了若干年前的定陵发掘时一样。因为要讲这个问题，就要回忆当年的情况。

是不是可以这样，我先讲一部分，然后请大家提问题。现在就可以想一想，对哪些问题有想法，有看法，或有不明白的地方，可以提出来。一条条地解释一下。采取这样一个办法。

叫讲座，实际上我觉得叫座谈好。我也说，大家也说，就是说，把考古工作和大多数同志联系起来了。

先从工作讲起，现在媒体方面报道考古的挺多。有时是报纸上，有时是电视上，特别是电视上比较多。但是，我觉得好像是对待考古工作不很严肃。把考古工作变得像一种猎奇的样子,有这么一种趋势。鉴于这种情况，我觉得先把什么叫考古，怎样考古，如何考古等问题，简单地介绍一下。

以北京老山为例，老山的发掘，已经过去很多年了。原来的报道，不论是电视上、小报上，还有杂志上，总是说：下一个悬念是什么，下面又是什么，又发现了什么，要发现什么，等等。有一种炒作的情况，这就有误导之嫌。实际上，考古工作是一个严肃的科学工作。

考古是什么呢？特别是田野考古，常是在野外作业，有墓葬、城市、居住遗址，还包括其他的一些遗址遗存。这是通过考古的手段，通过对各种现象和出土文物进行研究，恢复原来的面貌，是什么样的就是什么样的，不好猜测。如果要是主观地猜测，那你就容易走向误区。你先有个主观的想法了，这会影响你的工作。特别是刚露出一点的时候，我们也很难说它是什么，这是考古工作最重要的一点。还有，不仅仅是出土的东西，还特别要注意它与周围的联系。如果是一顶帽子，是什么人戴的，它放在什么位置。如果挖出来一个纽扣，可能是件衣服的纽扣，这个挖出来以后，下一个在哪？关键不只在这一个纽扣，而是在它周围所联系着的环境，在于全体。把它周围的情况全部清楚完整地暴露出来，然后再进行研究，这一点是与古董商有区别的。在商店里是注意收藏的单个文物，值多少钱。考古工作不是这样。

什么叫文物？文物是历史的产物，是历史文化的物化。历史文化后边的那个社会背景是什么？一件文物，如衣服，它的时代是什么？是什么人穿的？什么季节穿的？等等。把这些联系起来，就形成一种文化。我们就是探索这种文化，研究这种文化。潘家园卖的，只是一件东西，这件东西是汉代的，你得给我3万、5万。如果放在考古这个天平上来讲的话，那就是说，这个文物，它产生的社会背景是什么？它联系着什么人、什么事？它反映了哪些问题？如果把这些搞清楚了，这个问题就算完成了。

今天就这样简单地讲讲考古。

那么说到定陵，也是用这个原则来开展发掘工作的。作为一个皇帝的陵墓，把它整体地发掘出来，探索陵墓的历史背景，这就不仅仅是一件东西、几件东西的问题了，而是整座陵墓，以至于越出定陵的范围。也就是说，这座陵墓要打开，它包含的内容，不仅仅限于这座陵墓的本身，它所反映的内容包括了整个明代的政治、经济、文化、交通、中外交流、民族关系等，它算是整个明代万历年间文化的缩影吧，应该这么来看待发掘定陵。这是总的概念。

发掘定陵，是1956年开始的，实际上1955年就开始做了准备。1955年，当时管文化、教育的副市长吴晗提议要发掘长陵。在十三陵里边，长陵是主陵，建陵最早，规模较大，它是朱元璋的四子朱棣（年号永乐）的陵墓。吴晗副市长牵头发起，同时发起的人还有郭沫若（当时的科学院院长）、沈雁冰（当时的文化部部长）、张苏（当时的人大副秘书长），还有原来历史所四所所长，就是近代史所所长范文澜先生，还有邓拓同志（当时是人民日报社长兼总编）。这几位同志上书国务院（当时叫政务院），请求发掘长陵。国务院当时是陈毅副总理管文教，他批了以后，周总理批准。批示下来，开始发掘前首先要调查一下。1955年冬天开始调查，当时已经是12月30日，我和一个工友到了长陵，当时那里刚下过大雪，大雪覆盖着，那时十三陵还不属于北京市，属河北省的昌平县。到了那儿，住也很困难，那时还没有电，就在一个小饭馆对付着住下，调查了两天。工友带着探铲，探地层用的。登上宝顶上去看看，打探铲也有困难，上边有一块塌下去的，也没有什么别的线索。回来汇报以后，说等稍暖再去调查。这期间，当然就要在文献方面熟悉一下情况。一般的，明代距今较近，不作考古发掘。当时，一讲就是汉代、唐代，在北京这个地方，辽、金、元代，也就足了。所以，当时算是接的新课题，首先应当熟悉明代的历史，明代越往后，文献越多，从哪下手呢？浩如烟海的文献，从哪儿去找？我是1953年毕业的，当时算刚毕业出来，没有接触过明代的文献，更不熟悉明代的陵墓，不知从哪儿着手，也没人可问。有关十三陵的文献，都是草草地讲哪个皇帝怎么样，哪个皇后怎么样，或者就是哪年建的陵，只有这些记载。地下宫殿里边怎么样，一无所知。要把野外情况与文献结合起来，发掘才比较有把握。我们只能利用冬天不能出去的时间查文献。1956年春天又到十三陵去了，这回住在了那儿，待的时间比较长。对各陵墓都做了详细的调查，包括多方面做记录，规格、制度等。要讲起陵墓史来，它也挺复杂，一朝一代都有变化，到了这里它又有变化。远的不讲，从北京建都开始，无论它是陪都也好，行都也好，辽代、金代是少数民族政权，元代也是少数民族政权，到了明代又是汉族了。明陵虽然对历代陵墓形式有所延续，但也有创新。从布局上讲，十三陵基本是一个形式。后边有一座山，山前再建陵墓。有一条神路，通向陵墓。十三陵用的是一条总神路。看来，朱棣最早建长陵的时候，就已经有一个规划，是一个陵各有一条路，但都要通到总神路来，直通主陵——长陵。这说明十三陵是按规划，逐步建成的。

其他陵墓的后边也都是座山，这与堪舆家讲风水有关系的。讲风水是中国传统文化的一部分，讲起风水来牵扯的问题很多。考古发掘还要了解一点关于风水的说法。

从我个人讲，看一点有关堪舆的书以后，有一点体会。什么叫风水？所谓风水，简单地讲，就是景物、风景、地势、环境。这里面还包括树木、气候、雨量、土壤、日照等，都归在风水之内。要把这些东西运用好，运用到这个坟墓里头来，这也是一种对自然利用的总结。把这诸多方面的关系为我们所用，就是“风水”。

有一段时间总讲这是迷信，其实这不见得是迷信。我们今天要建厂子，建在沙滩上？河水冲不冲得走？我们住宅要是建在山坡的阴面，见不得阳光，好吗？你是在阳坡建？还是在阴坡上建？风太大时，怎么办？是不是要找个背风的地方？是不是还要种点树？要饮食还牵扯到要种菜，什么养羊、家畜之类的，要适合生活。最适合生活的环境，就把它叫作风水。这是我们祖先多少年来，对生活、文化等多方面的总结，然后再落实。它把不合理的地方摈弃了，然后传统地一代一代地传承下来，这就是风水，一点都不迷信，是我们祖先经验的总结。是不是这样？今天，一个城市，都是高楼林立，通风也不好，日照也不好，环境也很难摆布了。一个城市要是布局不合理，要给生活带来诸多不便。当然，人多了生活就复杂多了，道理是一样的。

我这讲的远了，再把话拉回来。

已讲了考古的原则，再讲对这个陵墓怎样发掘。一个原则是，从前埋葬从什么地方进去的，今天也还要沿着旧路进去。所以说，找到这个旧路就是个关键。有人出主意说，那还不好说，我们有的是人。挖呀，掀开它。再者，孙殿英是怎么干的？炸它，等等。

人家如何进去的，为什么从这儿进？中间还有很多痕迹。前面不是讲了吗，不仅仅是要那出土的东西，还要那痕迹，来研究，人是抬着进去，还是用车运进去？多少人？用什么工具等？研究工作要在这上面找资料。你炸了以后，什么也没有了，那就不是考古了。

恰恰在这时，就在定陵（它坐西朝东）的宝城边上（南边有一个城圈叫宝城），有几块砖塌下来了，里边又有砖起的个券，就是一块砖一块砖砌的那个券。在新中国成立以后，西郊也发现了不少王子、嫔妃的墓葬，差不多明朝的墓葬里面都作了券，半圆的券，在里边起券，外边表面上还平平的一个砖一个砖地挨着垒好，看不出里面的情况。这是一个线索，还在这个券的里面填的砖，有二次动过的痕迹，极其细微的痕迹，这就引起了注意。又牵扯到另一个问题。

万历皇帝有两个皇后，这在文献上记得清清楚楚。定陵是预建的，建好后把地宫道路埋好，人死后再挖开，再埋。这就提出问题了，券里边二次动过的极细微的痕迹，是不是就是这个痕迹？与文献对证分析，正是这种情况。为什么这么说呢？很清楚的，就是万历死了，随后孝端皇后又死了，后来把先死先葬在别处的孝靖皇后也拉来了。这里就是预先营陵，预先做好，留下进入地宫的碴口。万历一死，就挖开，等埋葬用过以后再埋上。但就像动过手术一样，怎么长，也长不成与原来的一样。所以说发掘时要细致观察。再察看它周围的情况，动过没有，肯定了是它原来的路。简单地讲，从推理上说，大概就没什么问题了。于是，做了个探沟，挖个探沟就是为了看土层中的结构情况。在挖沟的同时，发现围墙上有不大的刻字，那上头有个“隧（原为（土＋遂））道门”，这就更没问题了。我们这时已经大体上知道，下面我们走的这条路正是隧道门，正是进地宫的门。但是，怎么走，还不太清楚。这讲起来就复杂了点。定陵与其他陵不一样的一点，就是它是预先建的，是仿造他爷爷嘉靖的永陵。嘉靖朝应该说是明朝比较兴盛的时期，国力也比较充裕，再加上嘉靖做皇帝时间也比较长（45 年），但他又不是明代的传统正宗，是从湖北安陆州来的，是旁支，宗法社会非常注重这个。所以，什么东西在他这儿，都要弄新鲜一点，以掩饰他不是明朝的正统。历史上有记载，他的陵墓在建完以后，请他来看，他登上山一看，就说：我这陵就“止于斯乎？”就是说，就这样了吗？言下之意，是不满意。实际上是完工了，但工部说，还没有完，外围还有一道大罗城没有建。说了以后，就不能不建这罗城了，于是，在外边又围了这么一道大墙。永陵上边用的石头是花斑石，据考证，石头是从河南濬县运来的，是远道而来。定陵预先建立，也仿照永陵用花斑石，也从那儿运来，也要在外面建一个外罗城。但现在倒塌殆尽，只剩痕迹。

发现的这个线索是在宝城边上，外边正对着旷野荒郊，当时我想：这儿进去也不合适呀。就好像是个四合院，旁边开一扇门，也没有这么走的呀。后来突然悟到了，还有一个外罗城呢。发现隧道门痕迹的宝城，是在外城之内，内城之外，并不是把隧道门开在旷野荒郊。我突然间就明白了，那时外边还有一道大墙呢，只是年代久远，它被破坏了，看不到了，但痕迹还在。但还有一个疑问，外边有座大墙，在这地方开门，应该是正冲着宝顶山上才对，这个地方开门，并不正，歪在一边是怎么回事？怎么想也想不通。稍微往前挖了一段，拐了一道弯才明白，最后它是拐到明楼后边来了。它的布局是，后边是宝城，殿堂、明楼等在前头，这么一个中轴线排下来的。所以，它怎么着也得拐到明楼后宝顶的前边来，不会不拐。工作队知道，如果要顺着这个走，最后肯定能到达地宫。但是，这里当时树木很多，于是跳开这儿，在前面适当的位置开了第二探沟，这时就挖出来一个小石碑，上刻“此石至金刚墙前皮十六丈深三丈五尺”。挖到这个小石碑以后，大家都高兴，进入地宫一点问题也没有了。但是工人们的争论又来了：这是不是迷惑人的？把皇帝埋了以后，不可能放下这么个石头小碑，还能记出方向、尺寸、深度，是指路碑，还是迷路碑？等等。其实，这个问题不用讲，工作队心里清楚。刚才讲了，做工程是工部的事，这陵是预先建的，这么大的工程，主持预建工程的人，得留下一个记号。皇帝一死，说三个月后埋，你限期挖不开，那还得了？因此他必须留下自己的记号。就连墙上刻的那个“隧道门”三个字才一拃长，不注意是看不出来的，当然，这也是他留下的记号。还不止这些，像“大中”、“宝城中”、“金刚墙前皮”、“隧道门”字迹等，还有很多。我们把这些刻字缩小在图上一看，连下面的布局也几乎都能推测得差不多了。这显然是工程人员为自己工作方便留下来的。所以，这是可靠的。不久，我们就挖到了那个金刚墙。这时就更没有问题了。

把这个地下宫殿挖出来后，还有很多研究工作要做，要把资料排开、复原，再进行研究。实际上这个“隧道门”不仅仅走棺材，在走棺材之前，它也走土。这填土也是从隧道门往上填土，堆成山，把宝城堆起来。从前面的设施一步步推测，它的做法就是这样的。就可以说，地宫之外的这部分发掘基本告一段落，完全可以清楚了。

过了金刚墙，往里去就是地宫了。前面是找路，后边就得清理器物了。清理器物，问题当然更多。大家一见面，问我最多的问题就是：怎么开的门呀？尸体坏了没有哇？你怕不怕呀？有没有毒气之类呀？等等。有些问题，是大家普遍关心的，可以理解。如门是怎么开的，你看了以后也会开。它是两扇门，有块长条石头叫“自来石”，石门后边里面有个顶门石顶着，一关它自己就斜过来了。预先我们已经访问、调查、研究过。在发掘之前看过许多西郊的妃子、王孙的陵墓等，都是这样。清朝皇族的墓葬形式基本与明朝的差不多。有人会提出，说清朝有个别的不是这样的。他的说法也对。有的自来石后边的东西是个石球。墓门开了以后，有一点斜坡，那边有个大石头球。一关门，那石球就跟着走，因为有个斜坡，球就往下骨碌，骨碌着滚下来，下面有个沟，球就掉到沟里了，露出半截，那门就推不开了。

开门并不困难，关键在于清理随葬品，之前我们也作了些准备。郭老非常关心这件事，说你们清理时可要注意安全。当时，也有很简单的防毒面具。一进入地宫，不是像想象的那样，棺材在那里好好地摆放着，那棺材腐朽了，都塌里去了，器物都显不出来了，辨别不出颜色。这个搭那个，那个搭这个，看不清形状，稍微一不小心，就一摊泥一样，会遭到破坏。那时条件也有限，地宫光线极暗，还没有拉进电灯去。只有一台小发电机，灯光如豆。1956 年，经吴晗副市长和河北省交涉，十三陵才划归北京市。但还是没有电，没有路，来去都很困难。一到夏天，河水大就过不去了。最大的困难还是出土文物要发霉，要变质，这可不得了。人从外边进去，带进菌去，细菌在里边一繁殖，就开始发霉，那些器物一发霉，怎么办呢？用酒精加福尔马林喷打、消毒，不让细菌繁殖，可人受不了。一进里边，气体扑面而来，出不来气，直打喷嚏流泪。再放放气，然后进去。在这种情况下，只能昼夜兼程，加班加点地工作了。长时间的甲醛苯类超标，肺部受到损害，我自己也留下了纪念。清理工作实际上是在这种情况下完成的。

最难办的是丝织品。中国的丝织品在世界上最著名，我们很早很早就有丝织品了。而且花纹、种类繁多，什么锦、罗、绫等，分类很细致。在定陵，随葬有很多丝织品。这些丝织品都贴在了一起，再加班，再忙活，也得要时间把它揭开。揭开后，成一片片的，还得把它连接起来，看它是什么。它要是个袄，也得把它一件一件地连起来。多长，多宽，要个尺寸。这时就需要增加时间和人力了。那时印度刚有有机玻璃，买来一点，试一试，也不行。后来请来祝工程师，先做试验，试试结果也不理想。后来加上苯，好一点，粘上后掀开，苯挥发了以后，它有点发干，也有点变颜色。这是我们遇到的最难处理的丝织品。其他就不那么愁了。

清理时候也牵扯到别的问题，例如孝端皇后死了以后，万历死了，又把先死了的孝靖皇后，就是下一代皇帝光宗的母亲（原是妃子，后来升成皇后），也从其他地方迁来了。这里头有三副棺椁，分别是万历皇帝和孝端皇后的，还有一个是妃子升成的皇后的。这里有一个是迁来的，迁来的清楚，她的随葬品明器之类是锡的。她死得早，又迁来一回，棺材板又塌了，压得什么也看不清了。我们在清理的时候，按次序，先清理容易的。清理孝端的，再清理万历的。考古工作要恢复墓葬原来的面貌，清理起来就比较困难，也不可能快。那棺床上放着些箱子，箱子都塌了，坍在一块，横七竖八的。上头原有抬杠，那杠子年代久了，也腐朽了，压在上头。清理工作很困难。先整个照了照片，再画图。一层一层地画，一点一点地量。比如说箱子上的饰件，合页、锁、提溜的环等，它们是什么样的，多长、多宽，什么质量，原来是什么花纹，里边是什么东西，都要画出来，标注清楚。

清理棺材里边就更须细致了。棺材里的东西原是满满的。大家看《风雪定陵》中讲的，丝织品一卷一卷地铺上，然后是织锦被褥之类的，人再躺在里头，上边再盖上左一层右一层的，还有"经被"（被上写经文，是一种风俗）。整整地一大棺材，一塌，压成了半棺材。棺材很高，上都上不去，要搭架子，人上去往下看着画图、照相。只能一点一点地进行。进行中间，福尔马林作怪，气味很大，还有毒性，没别的办法。特别是涉及丧葬制度，就得特别小心。皇帝埋葬，有制度。比如大家知道的那个金帽子"翼善冠"，那倒好说，有个盒子，一块拿出来，放在外边画图，还有"平天冠"，上面一个长方形的板，下边的那个垂着的珠子叫"旒"，12旒。珠子的颜色不一样。什么尺寸，怎样摆布，哪个珠子挨着哪个，什么颜色，都要详细地记录下来，以备复原。不只是要那珠子，而且要研究丧葬制度。这些珠子不是一个个摆在那儿的，是摊在那儿的，稍微不小心，就不知哪个是哪个了。如果原始记录记错了，以后所有要引用帝后服饰制度时，就会错。这可不是个人的事情了。所以说,这是个严肃的问题。牵扯到历代有关制度的问题。"平天冠"（即冕）是大典上才用的。夏鼐所长是我的老师，我说，你来吧，这个太复杂。他那时身体也不好，在养病，我把他给请来了，做具体指导。他三天趴在那儿，复原一个"平天冠"。清理工作进行得还算顺利。但限于当时的条件，也留下了很多遗憾，若干年以后，由于"文化大革命"中的保管问题，原始资料有的不见了。

工程完了以后，应该有一个报告，详详细细地把包括发掘过程、出土器物等初步研究结果公布于世。考古就是把地下文物发掘出来，作为最基本的资料，做一个初步研究，然后全国、全世界的历史学界以及其他学界，引用这些资料进行详细的研究。这个考古报告非要不可，当时的记录，经"文化大革命”，有些东西不全了，有的保存也不好，有些是有时间性的。

发掘基本上是这么个过程。你们看了《风雪定陵》之后会了解到，留下了很多遗憾。这个就不讲了，已经过去多年了。

问：考古时有没有采用机械出土？

答：这个问题是这样，出土一般不用机器，全是手工。墓葬一般埋时都不很深，出土不成问题。把土弄出之后，运到别处就行了。要接触到殉葬的东西，如衣服和骨架等，这要小心。像建筑遗址等，就更不能用机械了，因为不知下面是什么布局，必须一点一点地挖。比如这个地方挖出一道墙，顺着墙走，走到那个地方有个拐弯，就要跟着拐。定陵这地方就有一点不一样，最初进隧道门时一直没有用机械。从隧道门拐过来，到了明楼后，第二道探沟就开始用了机械了，主要是机械往外运土。因为这里全都是夯土，出土量太大，机械运土不影响地宫里边的结构。如果用人担土外运，时间会耽搁太久。机械只是用来运土，不是挖。挖，还得用人工，用小铲和铁锹把土装在筐里，再运到卷扬机上，用矿车往外运。一般考古不用机械，考古是个很细致的工作，如果下面的埋藏露一点点头，那就更细致了。全部露出以后，还得向外扩展，看它周围的情况，机械达不到这个目的。

问：定陵采用金井玉葬，就是说棺材放在玉片上来防腐。还有金井，现在有很多人去定陵，从金井上往下扔钱，为什么？

答：棺下挖一个坑，就说是金井。“金井玉葬”，通俗的说法是中国的一种风俗，源于对玉石的认识。金，过去以黄金为贵。这“金”，不只是指金子。玉，我们祖先认为它是养人的。玉是纯洁的，能对人的身体有好处，也就能使尸体不腐烂。早的不讲，李时珍在《本草纲目》上有许多讲法，如古代有人“餐玉”，把玉石磨成粉末吃了，说是吃它有好处。这只是一种愿望，没那么回事。但是，人要是经常与玉石接触，特别是睡在上边，对人的血液循环可能有好处。这么一来，就形成了一种说法，叫作“金井玉葬”。在棺床上留下一个方孔，不是棺材要放在那上边吗，就能接地气。接上地气，是希望它不坏，这只是一种愿望，实际上是做不到的。

至于现代人往里扔钱，那近乎无知，如果这样做，这对中国文化实际上是一种亵渎。

问：为什么河南安阳发掘的殷代的棺材，大家也见到，下面是个腰坑？

答：殷代棺材下面有个坑，再埋上动物之类，是古代葬俗。这个棺材下面的“金井”、“腰坑”，那土是不动的，是原来的土。我理解，那是最早时工程上的水准点。这么大的一个工程，以什么地方为基点？应该就是这个叫作“金井”的地方，以这个地方为基点来找平，前边、后边低多少，高多少，以这个为准，没有别的寓意。后来，对清代陵墓研究时，好像是有了正式意义。

问：当时挖掘定陵，目的是什么？是不是一种抢救性的保护？

答：不是。

问：挖掘定陵对现在的发掘，如陕西陵墓的发掘有没有借鉴？

答：定陵发掘的最初意义是，通过发掘，对明代的陵墓有一个了解，是研究历史的需要。第二，因为建陵比较晚，估计地下建设、设施会比较完整，将来可建立一个博物馆，一个地下博物馆，为首都开辟一个文化活动场所。这就是吴晗副市长，又是历史学家，提出报告时的最初设想。至于以后，它影响到了某某地方的发掘，这儿那儿的要发掘，是不是都是出于此种目的，还是出于某种其他目的，赚钱啦，或者造声势啦，是不是有这个需要，不敢说是或不是。据我所知，如果要做这些，如果不做好充分的准备，为期还太早。发掘一个等于破坏一个。技术跟不上，造成千古的遗憾。

问：定陵发掘有没有出过书？

答：出过。

问：我们是不是有机会看到？在哪儿能看到？

答：可以看到。定陵发掘报告有，大本的，文物出版社印的，可能200元吧？考古书店现在大概还有。出了一共有2000套，不是很多。已经好几年了。

问：定陵地面上的建筑与地下布局是不是一致？定陵地宫大门背后是怎么插上的？

答：你去看看，那不是门闩，那是条自来石，到那里仔细看看，你就会知道了。《风雪定陵》中还有一些画。

问：明代皇帝丧葬的风俗是什么？

答：明代皇帝丧葬，以定陵为例吧，不是像大家所想象的那样，好东西装了好多好多。皇帝埋葬是有制度的，礼部就是管这个的。可以增加一点他平时喜爱的东西，但基本上不能越礼。中国过去对这个非常重视，特别是皇帝，由礼部专管，宫廷中有个“冥作局”，就管这个，应该埋什么早准备好了。前年在十三陵还召开了研讨会，有人提出《永乐大典》被埋在什么陵的事，不大可能。礼部从陵址到里边的布局、祭祀等都管，不能随便。祭祀时，什么人去、什么时间去等，都有定制，清朝也是这样的。像天坛的祭祀，用牛羊多少、什么样的礼器都有定制的。当然，历史上也有例外，因为皇帝也会有点特别喜欢的，传说智永写的字也放在唐太宗陵里边了，实际上是很难说的。定陵里也有越制的东西，万历生前身体不好，就把他的药罐子、吃药的碗之类的也搁进去了。这个，礼部也就容了。但基本的东西是一定要有的，如谥册。古代要讲“谥”，搞“谥册”。什么叫“谥”？皇帝死了后要封，要有“庙号”，现在电影里大家经常看到的，叫什么“宗”的。万历叫“神宗”。“神宗”是他死了以后，下一代对他的一种尊称，他活着时不叫“神宗”。“神宗显皇帝”中的那个“显”是“谥号”，“神宗”是庙号。年龄大一点的人都知道，过去人有“名”，有“字”。平时朋友称呼字，不称呼名。那“名”是上辈人叫的。过去是有比较严格的区别的。所以有的电影就有个历史顾问，看看有没有不合历史的。有时唐朝人穿的是清朝的、宋朝的衣服了，这就太不了解历史了。

问：十三陵建别墅，是不是有风水问题？古代帝王讲“风水”，“风水”一词对你来讲它是什么？是不是科学，有没有道理，还是有封建迷信？政府对这个有没有研究机构？

答：有没有研究机构，我不知道。我个人觉得有不少地方涉及了这个问题，天津大学建筑系好像出了一本关于风水的书，现在书店里关于讲这个问题的书有不少，大家可以去看看。至于风水问题，据我们所知，已经远传到世界各国的建筑界了，有关风水问题，只是个人的一点看法，不一定正确，不能以我说的为准。

问：按照明朝的礼制，明朝是一夫一妻制，朱元璋和马皇后在一起，朱棣与徐皇后在一起，阴间和阳间应该大致是一样的。陵墓建筑应该有一个主殿，定陵有主殿和配殿，为什么万历皇帝和他的两个皇后都放在主殿的棺床上？而东西配殿没有，可东西配殿为什么却又都开了隧道券？

答：明代皇帝的皇后问题，是随着历史变化的，最初时，明朝也比较严格。朱元璋和马皇后是从小受苦受难过来的，别人可作为嫔妃，但不可侵占皇后的位置。到了后来，有的皇帝不是皇太后所生，要把他的生母尊为皇太后，这就有点乱了。就跟最初太监不能干政，到后来，太监不仅干政，他还主政了呢，一个样。明朝亡国就亡在这上头，有一部分原因。我们现在研究明史，要常常看《明实录》，朱元璋时规定的制度都很严格。后来形势变了，不尽适合他的制度了，就有变化了。至于说定陵里的左配殿、右配殿都有棺床，有“金井”，应该是皇后的位置，往后的殿应该是皇帝的位置，应该这样。但它是预先建的，很难讲到时候要埋几个人，就不得不多准备，两个都有“井”。后殿没有那么多井，有一个。可是情况发生了变化，皇帝死了，不久皇后也死了，那一块埋吧。文献讲庆陵建的时候有个大臣上奏章，说铸铜管扇把宫中所有的铜都用了，还嫌不够，要用多少铜呢？他写了上奏。结果，太监奏了他一本，把他活活打死了。管扇是什么呢？就是石头门上边的铜梁。大家可以去看看，就是铜的。要不然一个几千斤的大门怎么能经得住。那个“金刚墙”，文献中是有记载的，但想象不出来。到了那儿一看，噢，“金刚墙”就是在前头的一座大墙。可怎么进去呢？其实，在这个门的地方没用泥，不用灰，砖是浮摆上的，一抽就出来，里边是刚才我们说的那个券，外边的隧道门就是这样做的。举一反三，可以说，明代的陵墓大概都是一个规律。

问：定陵在建筑上怎样体现天人合一的思想呢？

答：我不太清楚。建筑定制，明朝就是这样下来的，后边一定有一个叫什么的山，它可以改名字，讲究山的走势，不是随便的一座山，还要顺应地貌。看来它这个风水的概念还不是死的，不是一定要南北，一定是东西。要看当时的地貌情况，顺着山形、水势来设计和布局整个陵墓。这个讲究风水，像什么前有照，后有靠，青龙白虎，天人合一等等。是不是有一点人与自然取得尽量和谐之意？

问：原来说挖掘长陵，为什么后来又放弃了？

答：长陵的规模较大，还缺少经验，调查时就感到有困难。后来发现定陵的线索明显，才改挖定陵。

问：皇帝的两个皇后，来定陵时走的路与皇帝一致吗？是同时进去的吗？

答：是一致的。

问：定陵中“神宗显皇帝”几个字是黑色的，是“四人帮”破坏后写的，还是明朝留下的？是什么讲究？

答：定陵的字是明代留下的，没什么讲究。但埋朱棣的长陵的“××皇帝之陵”有个变化。朱棣死后最初时谥为“太宗”，一般来说开国的叫“祖”，第二代以后叫“宗”，他叫“太宗”。“正德无儿访嘉靖”，过去皇位是一代一代传给长子，传到正德没有儿子，就找来了堂兄弟朱厚熜，即后来的嘉靖皇帝。从安陆州来。他不是正统，主持一个国家，自己觉得身份好像差了一点。于是他就把这个太宗，就是朱棣，改封为“成祖”，叫他占个“祖”，传到我这，位置就不一样了。研究历史上的礼仪时，嘉靖时有个大仪礼之争的问题，值得注意。大臣张聪给他出的主意就是为了这个。结果，那个成了“祖”，等于说是重新进行了改革。又从这里重新排下来，等于说他又开创了一代。历史上这种事情挺多。改称“祖”之后，石碑未改刻，在陵碑没有改变之前，先做了一个大木头套把它套上，后来再把它刻成碑，这是长陵明楼上的碑。再一个是走进大红门的那个“神功圣德碑”在总神路前头，没有变化过。清朝，乾隆帝写了十三陵三十韵等刻在上面。一个碑也涉及好多政治上的事。万历时期正是明朝国运衰微的时候，全国还在支撑着，实际上国力已经不成了。满族在关外兴起，要打进关来，万历听信大臣们的建议，说女真人建立的金，现在叫后金，他们的陵墓在房山县大房山，强盛与他们的陵墓有关，他们的地气好，有王气，应该把它扒了，就泄了他们的王气，就打不过来了。万历真的听了大臣的话，把京西房山他们的陵墓扒了。现在来看，他昏庸到了什么程度！陵墓扒了之后，又在上边建了一个关帝庙压胜，压也没有压住，后来清兵还是打进来了。打进之前，农民领袖李自成先进来了。农民军队没有训练，到了十三陵连拆带烧，毁坏得厉害。清朝入关后极具政治眼光，特别是乾隆，他想缓和一下民族矛盾，说我们打下明朝，并不是得自于明朝之手，而是得自于李自成。转了个弯子，虽然你们把我们的陵墓给扒了，而我给你们修陵。所谓修陵，实际就是拆大改小，就原来的基础给缩小了。明明是五间，缩成三间。现在去看看，底下的石头座真是五间。他还下旨意修缮陵墓。到时候还祭祀，还有看护陵的“神宫监”。其实，他这样一来，就收买了人心。留下了证据和痕迹，确实是这么回事。但是他的目的却是政治上的。

问：有些书上说发掘陵墓的一些人寿命都不是很长，还有些专家学者的死因奇特，情况属实吗？

答：也不能说属实，至少我还活着。要说受病，我首当其冲。这件事情要两说着。刚打开地宫时，郭老就一个劲地嘱咐，要注意不良气体。也引起工作队的注意，做了些准备和设备，这设备也非常简陋，无济于事。郭老是学医的，他又是发掘委员会的委员，特别对我说，尸体时间长了有一种尸毒，染上尸毒可不得了，你可要注意。我说，行，注意。无非是戴上手套，我们都很年轻，像考古所都是十七八岁的人。大家就用酒精洗洗手，对这些也没有什么警惕，实际上应该注意点。但是，究竟有多大毒害性，也不清楚。至于说这个也死了，那个也死了，那是夸张的说法。文学作品就是文学作品，不是科学，两种概念。所以说，有些诗、文，可以把它作为反映历史的材料，可利用、参考，但不一定是史实。研究历史，验证历史，一点都不能夸张。倒是在地窖时间长，福尔马林吸的多，甲醛中毒，年老时显现出来了。

问：你们的工作主要包括哪些？如何了解当时的风俗、文化？作为参观者应该从哪个角度去参观？

答：参观博物馆，超出了今天讲的定陵的范围。可以这样讲，博物馆陈列的文物，它是历史文化的物化。这么一个物放在那里，它所反映和代表的应该是它所在的时代、地区、文化范围等背景。如果单一的一个物，那就是古董。鲁迅的小说中讽刺得非常好，一个死人的眼罩、屁塞什么的玉石，就是挖苦那些个玩古董的。叫玩儿古董，不是考古，那是做买卖。那些收藏家，比较有身份、有深度的文化人、学者等，甚至将一生中辛辛苦苦收集的文物无偿地捐献国家，实在可敬。收藏家收藏这些，是用它来印证历史，他收藏的是历史。古董店和摆摊的拿那个卖钱，他收藏的是钱。这是不同的两个事物。在座的可能有收藏家，文物是国家的文化结晶。无论它大也好，小也好。它所代表的事情复杂也好，不复杂也好。总之，是我们人类历史遗留下来的，它反映了我们国家过去的历史文化。应该珍惜它。

问：有人说万历有病，从考古上是不是诊断出他有什么病来了？他的死因是什么？

答：这个就不好说了，他生前喝酒，后来也不上朝，在后宫里又很淫乱。要专门研究这些，也不见得有结果，他仅仅是明朝上层统治阶层的一个人物，还谈不上代表，后来没进行研究。

问：一种说法是挖长陵为探寻《永乐大典》，属不属实？据说吴晗讲了长陵中可能有《永乐大典》。

答：吴晗没说过这个，我明确地说，不可能。《永乐大典》与发掘长陵毫不相干。永乐是死在往北打回来的半路上。有人从朝鲜典籍《李朝实录》中研究他的嫔妃殉葬，虽然是永乐时编的这个《永乐大典》，但只是这个举动而已,我看他不是这么重视文化遗产的人。定陵更不会有。这是历史常识，吴晗不会讲这个，原来也没有这个想法。

问："竖井"，是不是嫔妃的墓葬？

答：墓葬有个阶道下去，一般是个斜坡，叫墓道，挖一个长方形的坑，过去习惯上叫"井"。现在十三陵有东西二井，所谓"井"，就是殉葬的妃子的墓，不叫竖井。定陵旁边就有一个东井，文献记载是长陵的殉妃。

问：发掘后出土的器物，有没有最有价值的？有没有殉葬的活人或动物？

答：没有，人和动物都没有。这不是殷商时期，那时有人殉、畜殉之类。至于说用人殉葬，这始终是个历史问题，明代英宗以前还是有殉葬，是个什么情况，有个别的文章涉及过。朝鲜有一部书叫《李朝实录》，吴晗从中辑过有关中国的材料，他的早期作品，也提到过。提到朝鲜来中国后宫里的嫔妃，有人殉葬，讲到当时很悲惨。殉葬究竟在地宫里边，还是在外边，现在一直也说不清楚。文献上倒是提过，如果是殉葬，在罗城之内，宝城之外，也不是很专门讲的。看来殉葬是在地宫之外。像永乐时，十六嫔妃殉葬，它是在陵墓外边，在周围，在陵墓里边的可能性不大。关于器物，可多了，一共有 3000 多件。当然包括金、银、铁、玉石等。我觉得丝织品比较重要。丝织品在中国明代是一个高潮。而在明代的陵墓中出土的丝织品，它是成疋成卷的。不仅这样，每卷上还有“腰封”，上边写着名称，有多少尺寸，什么时间产的，还有产地、质地等，这实在太难得了。把时代、产地都定下来了，考古上最重视年代了。时代不知道，背景就不知道，就大大减低价值了。砖也有砖的价值，如果是汉武帝时代的砖，就可以作为一个标准，用它来比较别的。只知道是汉代的，什么年代不知道，当然也不能说毫无价值，但减低了它的价值。而明代的丝织品呢，它来自湖州、苏州、南京等地。历史上，湖州的丝是最好的，还有南京和苏州出的丝织品，都有专门生产机构，很难得。可以说直到现在，苏州的丝织品在全国来讲，都是首屈一指的。

原载于《中国典籍与文化》第二辑讲座丛书第二编
国家图书馆善本特藏部、《中国典籍与文化》编辑部　编
北京图书馆出版社，2007 年 10 月

从定陵出土实物看明代织锦

1984 年 10 月，南京云锦研究所在南京召开云锦学术讨论会，所长汪印然先生以笔者曾主持定陵的发掘工作，遂约定以定陵出土织锦为题发言。唯因故未能应邀与会。深感抱歉。特将发言提纲略作整理，刊出求教。

一

明代织锦，一向以织工细致、花色鲜艳、品类繁多著称，在我国织造历史上占有光辉的一页。有明一代，织锦生产的数量很大，但它主要是供应宫廷，或为官员所用。民间很少见到，存留至今的实物已如凤毛麟角。博物馆、研究单位和收藏家们偶有所藏，又多系袍服成衣或零星制品，均

经剪裁，而原装成匹的明锦，已近于绝迹。偶尔在佛经封皮上也还有保存，又多是零星片断，尺寸很小，吉光片羽，很难窥其全貌。

1956—1958 年，明代定陵的考古发掘中，在万历皇帝和孝端、孝靖二皇后的棺椁内，除去帝后的袍服和零星织锦制品外，还出土了不少织锦匹料。这些匹料，品种很多，有纱、罗、纻丝、绫绢等等。有些叫织锦也不见得合适，本文旨在探索其历史概况，为方便计，就统名织锦了。

出土的织锦有的是在尸体两则，有的整齐排列于尸体之下。难得的是这些匹料都是原装，形式大多成卷，两端用合股丝线捆住，中间有纸签，即“腰封”。腰封有的贴住，有的两端加线捆紧，有的正中还要用线捆成“×”形。有些腰封是印好项目，逐项用毛笔填写织锦的名称、尺寸、产地和委官、匠作姓名、制作年月等等，还有的盖有管理机构的印钤。遗憾的是，这些腰封，因年久潮湿而腐朽，字迹模糊，不能全部辨识。且很难完整地揭取下来。保存较好的有下列数封（括弧内系清理工作中的编号，万字者出自万历帝棺，孝字者出自孝端后棺，靖字者出自孝靖后棺内。年代上面的方框为原管理机构印钤，字迹难辨，字迹排列依照原来形式。）：

（万 155）

织完

上用月白暗苍龙云肩通

袖龙栏直身袍暗线

……云地熟绫一匹长

五丈五尺四寸龙领全

（靖 33）

直隶苏州府织造

婚……

管带通判　朱燮□

曹进可

王　俊

周一夫　黄□

……攒丝堂长　顾　杰

……染堂长　丁……

织　匠　沈阿狗

丈量堂长　顾……

万　历三……

（孝 78）

南京供应机房织造

上用纱柘黄织金彩装缠

枝莲花托捌吉祥壹

匹宽贰尺长四丈

（孝 100）

南京供应机房　　　　　　　　应天府江宁县

上用银丝□莺哥……　　　　　织匠　赵　绪

……龙壹匹长五　　　　　　　染匠　倪　全

……府上元县　　　　　　　　隆庆陆年　拾月　日

织匠张鸾

……张科

（孝88）　　　　　　　　　万历贰……年　月　日

织染局

大使甘如龙司吏高应选

络丝堂长计应科人匠于行

攒丝堂长薛文焕人匠朱森

……堂长　人匠秦相

织……

丈量……

万历□……

直隶……织造

长四丈九尺

在成卷的织锦中，有些属于通用匹料，随意剪裁，做什么都可以，有些则属于皇帝专用袍服匹料，即预先设计好纹样、尺寸和剪裁线，哪儿是肩，哪儿是袖，哪儿用什么花色，然后按设计织做，以备裁开缝合，即所谓“织成”。这样的“织成”实物，是过去没见过的。

二

明永乐年间迁都北京后，因北地多荒芜，宫廷所用大量物资常仰给于江南，特别是织锦，大部由江南供应，终明之世皆如此。北方虽也有供应，实际上为数并不多。从出自定陵帝后棺内的织锦看，无论是作为帝后袍服的织成匹料，或者是别有用途的宫廷藏品，大多数来自江南。

《明会典》（卷二〇一，工部二一）载：

“两京织染，内外皆置局。内局以应上供，外局以备公用。南京又有神帛堂供应机房。苏州、杭州等府各有织染局。”

内织染局应上供，主要应指皇帝祭祀天地、宗庙及正旦、冬至、圣节等所用的十二章衮服和朔望视朝、降诏、降香、进表、四夷朝贡等所用皮弁服等。此种织作工艺要求严格，开工有礼仪，郑重其事，须钦天监择吉日，遣大臣祭告方开工。名义上衮服、皮弁服等由两京内局织造，实则或北局乏人，或因制作不精，大部分不得不取自南局。

《明会典》（卷二〇八）又记：

南京内织染局额机三百余张，食粮人匠一千二百余名。

嘉靖四十四年，由于南局工缺人，由苏、松二府取织罗匠二十名，携带家小，赴部审实送局。

所谓审实送局，应指南局。虽然北局的确切人数不详，又记：

隆庆元年题准，除非是急用龙袍等件，北局不能制作时，才由南局织造。

从字里行间看，北局的规模，似远比南局为小，而且技术也不佳，只能织龙袍之外的一般织品，估计数量也不会大。南京供应机房是专门为供应宫廷织品而设，从机构名称到定陵出土实物都可以证实。不过，两京的织染局如何具体分工文献不见记载。

织造是一种特殊手工业，大凡有织造的地方，常设局以资管理，由于南方桑蚕业较北方远为发达，因之外染织局大部设于江南各地。《明会典》（卷二〇一）记，南直隶有苏州、镇江、松江、徽州、宁国等府和广德州。浙江有杭州、绍兴、严州、金华、衢州、台州、温州、宁波、湖州、嘉兴等府。此外，江西、四川、河南等布政司，福建的福州府，泉州府。北地有山东的济南府设局。

外局之中，苏州织染局规模最大。苏州局初创于洪武，鼎盛于洪熙年间。嘉靖时局址用房计有二百四十五间，其中织造八十七间，机杼一百七十三张，人匠六百六十七名（孙佩《苏州织造局志》卷三引文征明“重修织染局志”）。杭州局也是洪武年间创建的，有房屋一百二十多间，分织、罗二作（杭州府志卷一八、一九）。金华织染局是专门织造亲王之国合用舞乐生、乐工衣服冠服的（《明会典》卷二〇八都水清吏司）。可见明初各局的织造似有分工。

但从文献记载看，至少明代中晚期，苏杭局已看不出有什么分工了。而诸局中又以苏、杭局为最重要，织造定数外，常有加派，所负担的织造数量最大，故派有太监管理、坐催，成品全部交纳宫廷。

南京神帛堂，专门织造诰敕、制帛。诰，用五色纻丝，前面织文是“奉天诰命”；敕，用纯白色，前织文曰“奉天诰命”升降龙纹，左右盘绕，后织年月，使用时还需装裱。凡郊祀上天、社稷，祭祀太庙、历代帝王、先师孔子等用制帛，分为苍、白、青、黄、赤、黑等，显然属于一种专业织造机构。南京神帛堂年例织造是一千零九十六段。

《明会典》（卷二〇一）载：

岁造段匹，俱令腰封编号，开写提调及经造官史、匠作姓名，不堪用者，照号问罪，责其赔偿。

据此可知，腰封的设置，是为了检验方便，以重责任。《明实录》记有因检验不严受到处分的例子。嘉靖三十四年闰十一月：

以徽、宁、苏、杭等处解到段匹粗粃及封识（腰封）不署抚按职名，诏夺巡抚御史张云路及先任御史胡宗宪、布政使潘恩等俸，监造看验等官行巡御史逮问。仍令以后该库会同工部侍郎一员验看，织造如法，方许交收。徇情滥收者，并坐之（《世宗实录》卷四二九）。

由此可知，成品的检验十分严格。

三

有明一代，织锦年产量的详细数字难于统计。但《明会典》（卷二〇一）记载各织染同岁造段匹原定有数，全国每年供应宫廷纻丝、纱罗、䌷、绢总数是二万五千四百三十六匹。遇闰月则加二千六百七十九匹，总共约计二万八千多匹。实际上几乎逐年增长，到万历时达到高潮。如：

万历三年（1575年）九月：“内承运库太监崔敏奏缺段匹，工部议，令浙直无碍官银织九万七千九百余匹。每匹估十二金。”（《国榷》卷六九）

万历七年（1579年）十一月：“万历三年（1575年）时，岁造之外，又添置九万余匹，四年方织完，添织之旨又下，计七万三千匹。所需银

四五十万。”（《神宗实录》卷九三）

万历九年（1581 年）九月，“署织染局御马监太监张钱奎请叙定织造上用袍服、两宫圣母、中宫等宫、册封九嫔及潞王公主婚礼应段匹共一十二万。”（《神宗实录》卷一一六）

万历十年（1582 年）二月：“内承运库以急缺段匹奏行浙江、南直（南直隶）等府动支无碍官银织造各色纻丝、纱罗、锦布、绫紬共十万四千四百九十匹。”（《神宗实录》卷一二一）

以上是万历初期的数字。到万历三十三年（1605 年）又有新派改段一十八万匹的记载，在朝臣的力争之下，才减免了一半（《神宗实录》卷四〇五）。

应该说明，上列数字，大部分属于添织，题派，即所谓坐派，也就是常额之外的加派。《明会典》所记各织染局岁造的段匹总数是二万多匹，但万历初期坐派的数量已动辄数万，乃至十数万匹，超出岁额总数的几倍。虽然每次坐派之命一下，朝臣总要力争减免，实际减免者甚少，即便偶有所减，减缩之后数目也仍不小，而这庞大的数字又几乎全部压向南直隶苏、浙一带。

织造费用通常是用白银支付的。万历十年（1582 年）二月，织造题派数量一提出，工科都给事中李廷仪就力争减免，他说：

> 万历四年，该内织染局题造袍段五万八千匹，八、九两年，又题造十三万余匹，上用固不缺也。万历三、四两年，该库坐派段匹一十二万六千余匹，七年又坐派三万六千余匹，供用费用固不缺也。且逾十万，非银百五十万不能办。（《神宗实录》卷一二一）。

万历年间，全国的赋税总收入白银四百万两左右，只织造一项就要动用全国赋税总收入的三分之一还多，应该是个惊人的数目。

对宫廷来说，坐派织锦要动用大量白银，对染织局与工匠来说，则意味着增加机张、原料、场地、人力、设备等等，而工匠每日才仅仅能织二三寸，在这样庞大的数字压力下，工匠们不得不长时间辛勤劳作，加上官吏的百般逼索、巧取豪夺，遂激起万历二十九年（1601 年）以葛贤为首的苏州织工起义。

万历四十四年（1616 年），户科给事中应震又在奏疏中说：“今方隅内，

困极矣！秦困羊绒，晋困绌，三吴困织造。”（《神宗实录》卷五〇二）

所谓“秦困羊绒”，指的是陕西的织品羢毼。《天工开物》乃服第二卷有褐毡的记述，讲的是毡，是毛织品（是否即羊绒，不详）。《明实录》记羊绒，有按各色彩妆图画织造，并有湖州买丝、江南调工匠的记述。羊绒大约是丝、毛的混合织品。以不属织锦范围，暂不讨论。不过，“晋困绌”指的是山西府的潞绌，可以归入织锦一类，定陵有出土实物。

明代宫廷所用“潞绌”属北方织锦，传世品不多见。顺治《潞安府志》（卷一）记：“潞安在昔（明代）殷盛时，其登机鸣杼者奚啻数千家。”乾隆《潞安府志》卷九载：“明季长治、高平、潞卫三处，共有绌机一万三千余张。”但是山西不产丝，无织工，是以原料与织工皆取自江南。

明代对山西潞绌也有坐派，吕坤在“停止砂锅潞绌”中说：“卷查万历三年坐派山西黄绌二千八百四十匹，用银一万九千三百三十四两。十年，坐派黄绌二千四百三十匹，用银一万四千六百七十余两。十五年，坐派黄绌二千四百三十匹，用银一万二千余两。十八年，坐派黄绌五千匹，用银一万八千六十两。”（《明经世文编》卷四一五）由此可见，仅万历期对潞绌的坐派就至少有四次。

山西潞安府地瘠民贫，并不具备充分的织造条件，比之江南，织造带来的困苦就更大些。乾隆《潞安府志》（卷三四）记载：“每岁织造之令一至，比户惊慌。本地无丝可买，远走江浙买办湖丝，打线、染色、改机、挑花、雇工募匠，其难其惧。既惧浆粉，复恐溃澉。……南北奔驰，经年累月，饥不得食，劳不得息，地不能种，口不能糊，咸为此也。”同江南织锦一样，潞绌织造之苦，实际上远不止此，所谓“催绌有费，验绌有费，纳绌有费，所得些须，尽入狡役”。万历三十九年（1611年）十月，工科给事中马从龙在谈到潞绌供应时说：“一绌之费，官价之外，不啻三倍，而劳扰鞭朴与焉。”（《神宗实录》卷四八九）

山西潞绌，既然用的是江南的丝，又是江南工匠织造的，与江南织锦比较，颜色较为单调，织造技术上与江南织锦一脉相承，所以也没有什么值得称道的特点。

四

朝廷每年花费大量白银用于织锦，动辄数万匹或数十万匹，究竟有什么用场？当然，帝后、妃嫔和宫中人员的大量消费是其一，婚丧用是其二，朝臣百官的赏赐是其三，除此之外，用于外国使节的赏赐也为数不少。织锦在我国有悠久的历史，不仅织造技艺高超，而且品种繁多，图案花纹很具特色，在国外颇负盛名，因而每次外国使节来京，赏赐物品总以织锦为主，有时不仅赏赐使节，还交使节带回，兼及国王与王后。国内少数民族对织锦也特别喜爱，每次到京，常主动提出要求赏赐织锦，而且数量相当大。例如：正统十四年（1449年）"土木之变"，明英宗朱祈镇被俘，景泰四年（1453年）瓦剌领袖也先派人来要求和好，两次共赏赐各色彩素纻丝二万六千四百三十匹，另有本色及各色阔绢九万一千二十七匹，并衣服等物三千多件（《英宗实录》卷二二五、景泰附录四三）。仅这两次，就已经接近《明会典》所记织造"岁额"之数了。不过，这里面有织锦，也有的不属织锦。

织锦的主要原料是丝。织锦成品质量的优劣，固然与织造技艺有关，但丝料的好坏却起主要作用。南京神帛堂作"制帛"与"诰敕"用丝，常在上元、江宁（南京应天府辖县）二县收买，但丝的质量不高，最好的丝料是湖州所产，各地争相购买。朱国桢著《涌幢小品》记："湖地宜蚕，新丝妙天下。"大约蚕丝与气候、水土、养蚕技术关系很大。《湖州府志》（卷二九）记："富者田连阡陌，桑麻万顷"，"尺寸之堤，必树立桑"。嘉兴的石门县"地饶桑田，蚕丝成市，四方大贾岁以五月来贸丝，积金如丘山"（康熙《石门县志》卷二《物产》）。就连福建、广东、江西等地的人也远道赶来买丝。《春明梦余录》记：东洋、西洋，包括暹罗、柬埔寨、吕宋一带，都喜欢织锦，但是，"其地不蚕，惟借中国之丝到彼，能织精好缎匹，服之以为华好。是从中国湖丝百斤，值银百两，若至彼则价二倍。"《郑开阳杂著》曰："若番船不通，（日本）则无丝可织，每百斤值银五六百两，取去者其价十倍。"湖丝畅销国外而且价钱比国内高得多，这显然又与湖丝的质量高于其他地区有关。

织锦以色彩丰富为尚，染色要用颜料。《天工开物》举出了织物的多种颜色和一些颜料，也详细地记录了操作使用方法。颜料计有苏木、蓝靛、红花、燕脂、槐花、黄檗等，其他文献也有类似的记载。如《明实录·孝宗实录》（卷二〇四）记，弘治十六年（1503年）十月，工部侍郎张达在清理库藏时发现了足够使用五年的旧料，计有藤黄、靛花青、密陀僧、碌矾土、茜草、紫草、乌梅、蓝靛、五倍子、光粉与熟铁等物。虽然文中并未注明用途，但从品名判断，当是用于丝品的染料。诸般颜料，多数可以直接染色，唯有熟铁不可解。熟铁作颜料，可能指的是铁粉末，或制作粉末作媒染剂。

有关染色的详细操作方法，文献记载毕竟简略，有一点是重要的，即颜料与丝的使用比例。如《明会典》（卷二〇一）记：

丹矾红，每斤染经用苏木一斤，黄丹四两，明矾四两，栀子三两。

黑绿、每斤用靛青二斤八两，槐花四两，明矾三两。

深青、每斤用靛青四斤。

以上的记录是万历《明会典》所记。如果用万历年间传世的织锦对照，所记尚嫌太简。就是说，万历年间织品实物所显示的颜色比之记载要丰富得多。《明会典》传世有两种版本，一是弘治时成书，一是万历时成书，后者虽成书于万历年间，但所列诸项，多有明初内容，因此，怀疑它是明代早期的记录，要么是指用于色泽比较单纯的布帛而言。不过，这倒给我们提出了一个课题，如果以此为基础，对照实物进行试验、研究，未为不可。

这些颜料，无论是矿物或植物，全部为我国所产，来源丰富，取之不尽。如苏木，在我国南方有出产，但文献记载，南洋一带贡使进京，常常以苏木为贡，明代皇帝也常以苏木赏赐群臣，有时还兼及士兵。这些国外出产的苏木，不见得用于染丝，很可能是作为药用，或主要为药用。红花，今以西藏所产最名贵，称藏红花。在明代，西藏称乌斯藏，地域包括青海大部。乌斯藏贡红花，文献偶有所记，次数很少，估计也是作为药用，不见得用于染色。藏红花与红花是否一个品种，值得怀疑。作为颜料用的红花，明代主要产自河南、山东等地。《明会典》记，每年山东七千斤，河南八千斤，这大约也是明代初年指定的交纳数量。蓝靛、槐花、乌梅、栀子等，各地都有贡纳，数百斤、千斤不等。

五

上面谈到的，主要是明代官办的织锦生产情况。明初定制，工匠有匠籍，入籍匠户，世代为匠。织匠束缚于织机上，终年劳累，不得温饱，在朝廷题派织锦数量逐年增加的压力之下，对织锦工艺的改进与提高是无暇顾及的，明代中后期，江南地区的织锦，不仅品种繁多，而且色泽鲜美，纹样丰富，应该说，织锦历史上盛极一时局面的促成，是社会生产力的不断提高，商品经济的不断发展和民间机坊大大发展的结果。织锦工艺的改进与提高，除去社会原因之外，继承织锦遗产，从中吸取养分，有所创新，也是原因之一。

褚人获《坚瓠集》记载了一个历史故事：织锦一向是以宋锦著称，有人家藏“淳化阁帖”十帙，每帙都用宋锦装裱，有二十多种纹样，藏主死后，帖要出售，因为要价太高，卖不出去，忽然有人不惜高价买去了，不过，他可不是为了珍贵的“淳化阁帖”，而是看中了宋锦。他把帖面的宋锦揭去，把帖另作装裱卖出去，把揭去的宋锦，卖到织锦的中心苏州，又得大利，赚了大钱。苏州得到宋锦，依据纹样推陈出新，纹样愈出愈好，青出于蓝而胜于蓝，从而显示出继承和发扬织锦工艺遗产的巨大作用。

明锦

原载《首都博物馆丛刊》1986 年第 3 期

定陵发掘答记者问

按：我区境内的明十三陵已被联合国公布为文化遗产。今年适逢定陵调查发掘五十周年，我们对原发掘负责人赵其昌先生进行了采访。蒙他详谈了发掘往事。现略作整理，以飨读者。

昌平区政协文史办公室

2005 年 5 月

缘起

问：1956 年，您作为考古工作队队长，亲身参加了新中国建立后首次有计划利用科学考古方法发掘十三陵帝王陵墓的工作。请您首先谈谈这件事情的缘起，最早是由谁发起的？

答：1955 年秋，北京市副市长、历史学家吴晗邀请郭沫若（中国科学院院长）、沈雁冰（文化部部长）、邓拓（《人民日报》社长兼总编辑）、范文澜（中国科学院近代史研究所所长）、张苏（全国人大常委会副秘书长）联名上书政务院，请求发掘明十三陵中埋葬永乐皇帝的长陵。目的很明确。是发掘完成之后，利用出土文物就地建立博物馆，促进历史研究，并为北京开辟一个新型的文化场所，向广大群众传播历史知识，进行历史唯物主义与爱国主义教育。这一请求，很快得到周总理批准，遂组织长陵发掘委员会，指导发掘工作。委员人选中除原发起人外，又增聘文化部副部长兼国家文物局局长郑振铎、北京市副市长王昆仑、中国科学院考古研究所副所长夏鼐等人。委员会下设工作队，由北京市文物调查研究组与中科院考古所联合组成。工作队队长最初决定由考古所王仲殊担任，但由于王在外地一时不能回京，遂改由我担任。所以初期调查工作是由我率北京市文物调查研究组同志进行的，1956 年 5 月发掘工作开始后，副队长白万玉（中科院考古所）到职。在地宫打开前后，照相、绘图、修复、登记、保管等工作量增加，大部分队员陆续到来。队员有刘精义、李树兴、冼自强、曹国鉴、王杰、庞中威、时桂山等。从调查到发掘，全部工作在我的老师夏鼐先生指导下进行。

调查与发掘

问：原计划发掘长陵，为什么又改为发掘定陵？

答：明十三陵在北京以北昌平区境内，因埋葬从明代永乐到崇祯十三个皇帝而得名。在对十三陵调查之后，工作队提出意见，认为长陵是主陵，应该先选点试掘后，积累些经验，再掘长陵，避免失误。试点有两处可供选择：（一）献陵葬洪熙皇帝朱高炽，陵墓规模小，距长陵埋葬时间近、地域近，发掘献陵后再掘长陵借鉴意义大，且工作方便。（二）埋葬万历皇帝的定陵，规模虽大，但线索明确，工作比较有把握，对利用地下建筑、出土文物建成博物馆与长陵作对比研究更有意义。长陵发掘委员会经过反复考虑，认为试掘可行，并选择定陵作为试掘对象。经上报批准，才于1956年5月正式发掘定陵。

定陵埋葬的是明代第十三帝朱翊钧，年号万历，在位48年，祔葬孝端皇后王氏与孝靖皇后王氏。陵墓为万历生前预建，规模较大。陵墓在大峪山下，坐西朝东，陵墓建筑自前而后依次是祾恩门、祾恩殿、棂星门、石五供、明楼、宝城。明楼建在宝城之上，宝城建为圆形，内堆满封土，封土之下为地下玄宫，是帝后埋葬尸骨的寝宫。

试掘定陵，是建国后首次主动地有计划地用科学的方法对帝王陵墓进行考古发掘，虽称“试掘”，其发掘的方式、原则与正式发掘并无二致，只是叫法上略见谦虚而已，即：不仅要完整地发掘出地下建筑、棺椁和随葬器物等，还必须尽一切可能发现、保存、记录一切与埋葬有关的各种现象、痕迹，以为历史研究之根据和建立博物馆之需。因此，追寻原来埋葬之道路进入地下寝宫，便成为最理想的方式与最重要的原则。

在调查期间，发现定陵宝城外侧东南方有一处塌陷，露出一点券门，里面的砖有一点二次砌过的痕迹，宝城内侧石条上，又浅刻有“隧道门”三字，可以认定，此处应是当年帝后入葬时进入玄宫之起点，发掘工作便由此开始。首先发现了“砖隧道”，数月之后，又发现了“刻字小石碑”，文字是“此石至金刚墙前皮十六丈深三丈五尺”。以后还陆续发现了“金墙前皮”、“大中”、“宝城中”、“左道”、“右道”等刻字，这些昔日工部匠作为工作方便预留的记号，没想到为我们今日进入地宫提供了明确的方向、丈尺。工作进展顺利，很快发现了斜坡向下的“石隧道”，并在隧道尽头发现了“金刚墙”。“金刚墙”实际是一座高大厚实的砖砌大墙，墙上有一道上窄下宽的门，门是用砖封砌结实的。发掘至此，整整用了一年时间。

问：对于宝城外的塌陷痕迹、从券门看到的二次砌过的痕迹、“隧道门”刻字，以及后来发现的石碑刻字，当时工作队怎么理解和认识？它们对发掘有什么意义？对石碑刻字指出的方向和尺寸，工作队能相信它的真实性吗？

答：这些现象与刻字，给我们发掘带来的启示非常大。要认识它、理解它的全部意义，还须从明代帝后的丧葬制度谈起。

先说建陵。明代皇帝对陵墓的营建有两种做法，一是皇帝生前营建，一是死后再营建。死后营建的一般规模较小，生前建的规模较大。文献有记载：定陵是万历皇帝生前建成的，规模形式完全仿照他祖父嘉靖皇帝的永陵建造，永陵地面殿堂之外又多建了一道外罗城，定陵也照样仿建了。这在十三陵中只有这两陵是例外，建筑规模也都高大堂皇。

再说丧葬。根据文献记载可以认定，皇帝生前预建的陵墓，如果建好后帝后并未逝世，陵墓墓道需先暂时掩埋，等帝后死后用时再挖开。定陵建好之后，帝后并未死去，所以墓道必须埋好。文献记载很清楚，万历帝去世的时候相近，是一次埋葬的，这说明墓道有两次填埋，即刚建好埋好，帝后死，挖开后再埋一次，这样说来，我们今天看到的一点塌陷、露出的一点券门、砌砖中有二次砌过痕迹，不正说明帝后灵柩曾从这里通过吗？那这里是埋葬时入陵之路也就可以认定了。

再说刻字。明代帝后丧葬的制度表明，建陵由工部负责，埋葬、开挖掩土日期等都由礼部制定。制度如此，就产生了问题，如果礼部已经决定葬期，开挖陵道限期不能完成，后果必然是严重的，所以营建这一工程的工部官员和匠人为自己工作方便，必然在各关键部位留下标志，以备急需。既然如此，石碑所刻的方向、尺寸即应是实实在在的指路碑。小碑发现之初，工人们虽然高兴，但都怀疑是预设的“迷路碑”，经过分析，大家才恍然大悟，这是工匠人员预留的标志，意见一致了。

地下玄宫

问：打开地宫之门是定陵发掘的关键。传说地宫里有预设的暗箭、毒气等，到处充满暗道玄机。我们在纪录影片中看到您进入地宫的身影。作为第一个走进地宫大门的考古工作者，请您谈谈地宫之门是怎样打开的，您见到了什么？

答：地宫，文献上称为玄宫。打开“金刚墙”的封门砌砖，便进入“隧道券”。这是玄宫的前导建筑，全部砖砌是一个方形室，长宽各 7.9 米，南北两壁砖石墙起券，由地面至券顶 7.3 米。隧道券的东壁接金刚墙，地下玄宫是坐东朝西，所以西壁便是玄宫的第一道石门，入门便是玄宫前殿。

玄宫第一道门的两扇石门，是整块汉白玉做成，洁白光润，上有乳状门钉纵横各 9 排，共 81 枚，两门相对处有铺首衔环，门楼从墙基至顶全部为汉白玉垒砌雕作，檐枋走兽也全部仿照木作。曾传说石门内设有各种“暗道机关”，足以致人死命，对此考古队也曾作了认真考虑与仔细调查。认为这都是一般人的想象，并不会有什么致人死命的暗道机关，最重要的是必须注意不良气体的侵袭，因此作了一些防护设备。从石门门缝中发现，顶在门后的是一条上下略宽中间稍窄的顶门石条，由里面将门顶住，仅此而已，并无任何可疑之处。于是针对顶门石的形状、作用，设计了一个用铁条制成的弯形套环，由门缝中伸入，将顶门石套住，然后慢慢地将它推起、立直，再慢慢地推动石门，这座幽闭了三百多年的地下玄宫的两扇巨大石门带着“嗡嗡”的金石之声被打开了。这种套住顶门石的工具，在文献中曾有记载：明朝末年，李自成的农民起义军打进北京时，崇祯皇帝吊死煤山，人们为埋葬这位亡国之君，曾打开比他先死的田贵妃的地宫石门，用的是“拐钉钥匙”，虽然我们已无法知道它的形状，但推开顶门石的作用是一样的，所以这种弯形套环也可以称为“拐钉钥匙”了。从顶门石上写的墨笔字“玄宫七座门自来石俱未验”看来，顶门石本名“自来石”，这自然是由于地宫封门时把它斜立置于石门内侧，随着石门的逐渐关闭它就最终把石门顶住，因它能自动顶门而得名了。

推开石门发现石门的上门轴，穿在一条横梁上，横梁两端砌在石墙内。

横梁是由铜铸成的，生有绿锈，看来足有千斤来重。这铜质横梁文献上也有过记录，叫“铜管扇”，石门下轴则立在石质门墩上。

第一道石门推开之后，便进入地下玄宫。玄宫是全部用石头砌成的石室殿堂，共五座相连。前、中、后三殿，门楼、石门结构形式一样，左、右配殿有石门无门楼。前殿为长方形石室，东西长 20 米，宽 6 米，高 7.2 米。地面铺方形澄浆砖。砖上面铺有很厚的黄松木板，已腐朽，有车辙痕迹，当是用车（所谓龙辅）拽运棺椁入葬时为防止轧坏地面而设置。中殿也是长方形石室，长 32 米，高宽与前殿相同。殿内放置石制供案，有琉璃五供（即香炉一，烛台二，花瓶二）和长明灯（青花瓷缸，内放油脂，点燃，俗称万年灯），两侧有券洞甬道通向左右配殿。

后殿是玄宫的主要建筑，皇帝和皇后的棺椁放在后殿，所以比前、中殿更为高大。它横于中殿西端，南北长 30.1 米，东西宽 9.1 米，地面至券顶高 9.5 米，地面铺花斑石，石质细腻、光滑，磨制平整。玄宫连通隧道券前后通长 87.34 米，左右横跨 47.28 米，总面积 1195 平方米，五室连为一体，全部砌石起券，无梁柱。

这一石构建筑的再现，为研究明代帝王陵墓的地下建筑布局、形式、结构提供了实物；作为独特的历史文物遗产，得以完整的再现，实属可贵。

帝后棺椁及随葬品

问：请您谈谈万历皇帝以及两位皇后棺椁在地宫里的情况。

答：玄宫后殿西侧设棺床，上置朱漆棺椁 3 具，内棺外椁。万历皇帝居中，左为孝端后王氏，右为孝靖后王氏。万历与孝端棺木完好，椁已腐朽，孝靖原为宫女，后封为后，以先死，葬于陵区内别处，又经迁葬祔来，所以棺椁都腐朽。

万历帝棺内最上层覆盖织锦被，被下放置折叠的袍服及织锦匹料。尸体放置在一条锦褥上，褥下有垫褥、毡褥共 9 层，其中一件褥上缝缀着“吉祥如意”金钱 17 枚。万历身着刺锈衮服，腰系玉带，头戴乌纱翼善冠，下穿黄素缎裤，足穿红素缎高筒靴。尸体前后放置金玉器物，两侧放丝织匹料、金银锭，最下层放成卷的织锦匹料和袍服。

孝端皇后棺内最上层盖有缎被，被下放置折叠的衣服、金锭和漆器等。尸体放在一条织金缎被上，下有垫褥4层，其中一件褥上缀有“消灾延寿”金钱100枚。孝端皇后头戴黑纱尖形棕帽，上插金簪、金钗，上身着绣龙方补黄绸夹衣，下穿黄色缠枝莲花缎夹裤，腰系绣云龙纹长裙，足蹬黄缎鞋。

孝靖皇后棺内尸体铺盖和衣着情况与孝端皇后大体相同。头部有首饰两副，戴在头上的一副是死时戴的，头侧的一副是陪葬的。尸体下铺垫褥11层，褥下放置连串纸钱与“万历通宝”铜钱。尸体两侧随葬有银罐、盘、盆、盂、皂盒等。

帝后随葬品除棺内放置大量的袍服、服饰、匹料、金银器、玉、瓷器、珠宝首饰等，棺椁之间还放置有青花瓷瓶、三彩瓷炉及玉料。棺椁顶部还放冥器木制仪仗模型及铭旌。棺椁的南北两侧棺床上放随葬箱子29只，内装金银器、金冠、玉带、佩饰、铜锡冥器、武器、谥册、谥宝、木俑等物。

出土文物及其他

问：定陵考古发掘出土了大量文物，这些文物对于历史研究有什么价值？

答：定陵出土各类文物3000多件，不少珍品为首见，其特点具有浓厚的宫廷色彩，富丽豪华，工艺精美。这些文物对研究明代历史、探讨帝后丧葬制度提供了极为丰富的实物资料。仅举丝织品为例。

定陵出土的丝织品在出土文物中占很大比例，各种袍服、匹料及服饰用品其计600余件，多为各种质地的提花织物，少数为平素的绫、绸、纱、罗、绢。内中匹料和龙袍料共计177匹，很多是成卷保存，中间贴有白绵纸制作的标识，用细线捆在匹料中间，称为“腰封”，“腰封”上下印有栏框，框内印云龙图案，再墨书匹料的颜色、纹饰、质地、用途、长度，有的则详细记录织品名称、产地、织造年月及各类匠作姓名、主管人员、监制官员等。

丝织匹料中，以五彩缤纷的“妆花”最具特点，计有妆花缎、妆花纱、妆花罗、妆花绸等。“妆花”是在传统的织锦基础上吸收了缂丝的通经断纬技术，采用局部挖花盘织的织造方法而形成的织品，为明代丝织工艺的新品种。妆花织品的图案丰富多彩，以云龙、云凤为主，成为帝后权力和威严的象征。龙的纹样有过肩龙、团龙、升龙、降龙、行龙等，龙上有行云缭绕，下有海水波澜，气势磅礴。凤纹又多与花卉纹相伴，表现出凤的雍容华贵。纹样取材除用器外，大自然的动植物的形态、果实、花卉也常出现在织品纹样中。动物方面有鹿、羊、仙鹤、蜂、蝶、蝙蝠、鱼、虫等，或取谐音寓意，或象征福寿吉祥，如用戟、磬和双鱼组成“吉庆有余”图案；用蝙蝠和寿字组成“福寿”图案；用4只海螺和5个葫芦组成“五湖四海”，江崖与卍字系带组成“万代江山”等等。其他还有仙道宝物组成的图案，如八吉祥纹样（法螺、宝伞、天盖、莲花、宝罐、双鱼、盘长）；八宝纹样（珊瑚、犀角、金锭、银锭、方胜、古钱、宝珠、如意头）等；有的则直接用吉语文字组成图案，如“喜”字、“寿”字、“万寿”、“百事如意”、“万事大吉”、“洪福齐天”等，各种纹饰又无不显示着皇室的特点与帝后生前的愿望。

帝后棺椁内还有皇帝大典时穿的衮服、裳、蔽膝，常朝时穿着的龙袍以及作为常服用的绛纱袍、大袖道袍，又有平时穿的单、夹、棉各式上衣与裙、裤、鞋、袜等，花色品种十分丰富。

定陵出土文物中，帝后所戴的帽子一应俱全。既有大典时皇帝戴的冕冠，皇后戴的凤冠，和视朝、降诏、降香、进表、四夷朝贡、朝觐时皇帝戴用的皮弁，又有皇帝着常服时戴用的翼善冠，这是目前全国仅见的实物，十分珍贵。

问：传说皇帝是“金井玉葬”，皇帝的棺下有“金井”，请您谈谈到底是怎么回事？

答：从发掘的现场看，放置棺木的棺床上都墁砖，只有中心有一处一块砖大的地方没有砖，留有黄土，这黄土是当初建陵时留下的原生土，棺椁要正压住它，即所谓“金井”。据传说，这样可以“通地气”，以“保江山不倒”，“尸体不坏”。棺椁两侧有随葬的未加雕琢的玉石，即所谓“玉葬”。我国古代认为玉有优良的品质，常以玉为伴可以长寿，所以墓葬屡见玉件出土，这大约已形成一种风俗了。所谓“金井”是用来“接地气”的说法，只是一般人的理解。实际上，它应是陵墓初建时的中心水准基点。任何建筑工程必须有一个基点，才可以横平竖直向外延伸。显然，陵园地下建筑的布局、尺寸、规格，以及地上中轴线的确定，包括院落围墙、桥、道的安排，都是以“金井”这抔土为基准点测量定位的。

问：在丧葬之初，地宫内的照明是怎么解决的?

答：定陵考古发掘的过程中，正值陵区在修建铁路、桥梁，我利用晚间插空访问了不少在十三陵修石桥的老石工。从他们口耳相传中，我找到这个问题的答案：当年棺椁进入地宫是用“龙辅”(就是装棺木的灵车)拉的，抬棺材的都是些木厂包工，事先经过演练。棺椁小规模的摆布、调整，用的是铁撬棍，一头有翘起的扁铲头。在地宫内工作，不准举火，靠每个人嘴里衔着一个灯笼，一则是照明，二则是不能张口说话，以避免回声嘈杂。只有工头不衔灯，手中执“响尺”，棺椁移动的方向和时间，都以敲“响尺”为号令。敲一下，移一寸。所谓“响尺”是一个小的丁字形木尺，用大枣木做成;敲木的“尺”，是一根圆木，必须用小枣木做。用小枣木敲击大枣木，声音很响亮。河北梆子戏台上用的梆子，即由这种大、小枣木制成。

老石工们七嘴八舌说的这些，我总结后觉得并非虚构，一则是他们听师傅祖辈相传，二则在地宫内也确有实物可证。地宫中地面铺木板，有车辙痕迹。中殿发现有小铁撬棍一根，后殿角落也发现了小型灯笼架(已腐朽，只从痕迹可知)从实物遗存，可以推知当时地宫中的工作情况。从口耳相传与实物印证，他们所说是可信的。

解放初期，北京城内还有不少木厂(即建筑木厂，叫木厂实际也作石工)。木厂内的石工大致来自河北曲阳和易县。清朝皇室、王府的大小工程，及至民国初期政府的工程，都由这些木厂承包，这些石工与他们都有千丝万缕的关系，有些则是他们的后裔，所以他们对各种土木工程做法都很熟悉。

编写发掘报告

问：据知，由于“文革”影响，定陵的发掘报告直到20世纪70年代后期才开始编写。这份迟到的发掘报告于1985年问世并获奖。请您谈谈发掘报告编写的经过。

答：定陵的发掘工作从1956年5月开始至1958年7月基本结束，历时两年又两个月，地下宫殿略作整修，建为“定陵博物馆”，于1959年国庆节时正式开放。

作为考古工程的常规，从发掘完工至建起博物馆实际只是完成了工作的一半，而整理、修复文物，把全部发掘过程、出土文物以及相关问题编写成为报告书，公诸于世，才算最后完成。可惜，这关键性的后一半工作却拖下来了，而且一拖就是20多年。迟至20世纪70年代后期，中国社会科学院把整理定陵出土文物、编写发掘报告列入“社科六五规划”项目。1979年年底，以赵其昌（首都博物馆）、王岩（社科院考古所）为首的定陵发掘报告编写组进驻定陵，开始着手整理文物、编写报告。但可惜的是20多年的岁月，不少文物已经面目全非了。棺椁毁于定陵建馆之初，帝后尸骨、头发、牙齿毁于“文化大革命”，原始资料有散失，照片底版有霉污，特别是那些囊括了中华精品的帝后服饰、织品等等，几经翻动，残损更甚，所幸几大册发掘工作的原始记录，尚保存完整。

定陵出土器物品类繁多，增加了整理、修复工作的复杂性。金石陶瓷、珠金翠玉比较容易整理，只是需要分析、化验、鉴定等项工作；而铜铁漆木器，则要修整复原、组合，此项工作，几乎动员了考古所技术室全体人员参与达两年之久。中国素以“丝绸之国”饮誉世界，明代是其高峰，而且实物近乎绝迹，绝技几乎失传，这些几百年前的宫廷珍品，就必须作为重点整理、保护对象。腐朽的已无法恢复，残损的必须作破坏性的取样、分析、研究，如追踪颜色、染料，分析其结构，鉴定纹饰、品种，以取得原始资料。不仅对它作历史评价，作为失传绝技的再生，对现在也有“推陈出新”的现实意义。为此，又延聘了南京、苏州、上海、北京丝织品研究机构的专家共同工作，用多种手段进行探索。从1980年开始，用了5年的时间，对出土文物进行分析、整理、修复工作，对地上建筑、地下宫殿进行测绘、拍照等，获取了全部有关资料并建立了完整档案。为了以后不再触动原物，要求整理工作一定要细致。器物的修复、绘图、照相等技术问题，都是中科院考古所的同志完成的，特别是王岩先生，投入的时间精力最大；定陵的王秀玲、魏玉清、李亚娟等以及从苏州延聘来的吴平等，从整理器物到报告定稿，始终全力投入；又加上十三陵特区领导的支持，1985年发掘报告的编写工作顺利完成任务，至此，定陵考古工作的后半部工作也全部告竣。

定陵发掘报告，取名《定陵》，于1985年脱稿，总计文字65万言，内容包括陵园建筑、历史概况、发掘缘起、过程、地宫结构、帝后葬式、出土文物等，各种纹饰图样墨线图、照片近400幅，附录专题12项，由文物出版社于1990年出版面世，另有姊妹篇图片集《定陵掇英》同时出版。

1993年秋，《定陵》获中国社科院考古学发掘研究优秀成果奖；1995年又获“夏鼐考古学基金会”考古学研究成果奖。

原载于《昌平区文史资料》第四辑2006年1月版
中国文史出版社

什刹海考古

什刹海畔，水平如镜，风景宜人。春秋假日，游人总爱到这里寻幽访古。登上汇通祠的小岛，极目四望，辽金时代的皇家园林已是旧貌新颜。谁又想到，一千多年前的唐代，就在这一带水域周围，还分布着几处居民聚落呢？且不要小看这些小村落，它们正是我们今日文明之源。文化是不能割断的，四周的高楼大厦，正是那些土屋茅舍发展而来的。村落的名称与方位，文献上并无记载，倒是零星片断的地下资料带来了一点信息。

1956 年，原旃坛寺西街，即今天的爱民巷出土了一方唐代墓志，志记墓主周元长，于开成三年（838 年）葬于蓟城东北七里龙道古原。唐代的原与村互用，原就是村，难道这里就是龙道村？1976 年，北海中学教室楼前又出土了唐代宋再初夫妇墓志，夫人蔡氏墓志记：会昌六年（846 年）葬于幽州幽都县礼贤乡龙道村西南一百二十步。古人埋葬，习惯记葬地，但把葬地记录得如此详细却少见。根据志文提示，如果从葬地往东北方向丈量一百二十步，不就是龙道村吗？丈量的结果，其地正在什刹前海西岸，现在地名龙头井。如果不是巧合，这个龙头井就真可能是龙道村名演化而来。巧合的事还真有，龙头井又正是考古名家郭沫若的故居所在。郭老一生从事考古学的研究，他却万没料到他后半生生活写作的地方，正处在唐代古村之上。地下有知，他该会含笑而眠。其实，唐代古村，这仅是一例，如果把范围扩大一点，水域周围也还有好几个。例如，北池子北口有个黄城村，西直门往南还有个刘村，另外附近还有个别驾村，一时还弄不清位置。

什刹海本是古高梁河故道，一泓池水，孕育了先民，他们借助于河水，在这里劳动生息，从小到大，村庄也就出现在水滨周围了。唐代距今千余年，当时的志石还叫它“古原”，要论年代，恐怕距今至少要一千几百年，或者更早些。

就行政制度讲，唐代的村上有乡，乡上有县，县上还有州。北京在唐代叫幽州，城址在今宣武区界内，幽州城郊为两县分管，东部属蓟县，西部属幽都县。幽州古来为燕蓟之境，城内又有个蓟县，所以幽州城又叫蓟城，周元长墓志载龙道村在蓟城东北七里，这个蓟城显然指的是幽州城。用龙道村的位置与幽州城核对，方向里程全相吻合。只是幽都县管蓟城西部，而龙道村与所属的礼贤乡却位于蓟城东北部，与管辖范围不尽相合，这个问题，又涉及到高梁河的流向与礼贤乡的划界了。

文献记载，幽都县有十二乡。战国时代，燕昭王曾设黄金台，招贤礼士。因后人仰慕前贤，所以唐代出现了礼贤乡名。墓志记明，礼贤乡属于幽都，该是十二乡之一是没有问题的，但是它的范围又有多大呢？地下的资料也能提示一点线索。

《日下旧闻考》载：康熙二十年（1681年）西安门出土一方唐代的卞氏墓志，志记卞氏贞元十五年（799年）葬在幽都东北五里礼贤乡之平原。从方位、里程与蓟城核对，记录正确，西安门一带属礼贤乡无疑。解放前西直门外出土过一方常俊墓志，记常俊大历十四年（779年）葬在蓟城北高梁河南礼贤乡之原，紫竹院公园北侧的长河，也是古高梁河故道，就是说紫竹院南面一带又是礼贤乡管界了。1956年，德胜门外冰窖口出土过唐代张建章墓志，张氏是从别处迁来埋葬的，志记葬于幽都县礼贤乡高梁河北原。礼贤乡始终没有离高梁河。看来什刹海往北的广大地面又属礼贤乡了。1978年北池子北口的证章厂工地出土的唐代孙适墓志记：孙氏葬在幽都县礼贤乡黄城。北池子北口属礼贤乡，还有一个黄城村。不过，从其他资料分析，这里已是礼贤乡的东南边缘，再南有燕台乡，不属幽都而是蓟县属界了。从诸志记载：礼贤乡是以高梁河为中心划界的。虽然明文规定幽都管蓟城西界，但高梁河流经蓟城之北，自西而东，又走向东南，县界分界随河而划，也就一直划到什刹前海稍南了。同现在的行政区划一样，古代的县乡各有所辖，但界限绝不是一刀切齐，而是参差错落。

千百年来，高梁古水依旧，而唐代村乡不见了。莫非它毁于战火？宋辽时代曾有过高梁河之战，但战场不在这里，毁于战火的可能性不大。自然没灭吗？古往今来，这样的事倒并不多，而迁徙转移的事却常见。如果真是迁走了，那一定与城市建设有关。辽金时代，皇家园林是以北海的琼华岛为中心建成的，与村乡无涉。元代建大都，把什刹海圈在城内，水滨的小小村落是非迁不可了。龙道小村的名称，义无所取，微不足道。礼贤之名，大有来历，怕是不会轻易泯没的。北京东南五十华里处有一个礼贤村，现在是镇，居落还不小。如果不是名称的巧合，倒很可能是唐代礼贤乡民的迁徙新居。蒙古大军人山人海，忙碌着兴工建城，懦弱的村民挡不住历史的车轮，只好告别他们的祖茔旧地，背负着先贤的美德、美名，又寻找个新的栖身之地，劳动、生息、繁衍子孙。

北京郭沫若故居所在地是唐代的龙道村

郭沫若一生游踪很广，最后在北京定居逝世。1982 年 11 月，坐落在北京前海西街的“郭沫若故居纪念馆”开放了，这不仅对郭老战斗的一生是个重要的纪念，同时，也为北京的文物博物馆事业，增添了新的内容，是值得庆幸的。

1982 年 11 月 30 日《北京晚报》报道，郭老故居所在地，原是恭王府的前院。其实，这只是清朝的事，如果说再上推到一千多年前的唐代，这里原是城外的村落——龙道村，怕是不为人们熟知了。近年来地下出土的文物资料，却证明了它。

北京在唐代叫幽州，州城故址在今宣武区属界内。郭下有两县，西部的叫幽都县，东部的叫蓟县。今天的前海西街，在幽州城东北，属于蓟县管。1956 年，爱民街（原旃檀寺西街）曾经出土了唐代的周元长墓志，墓志记载，周元长于唐代开成三年（838 年）葬于蓟县东北七里的龙道古原。周元长的葬地在州城东北七里，正确无误，要说爱民街一带是龙道古原，即龙道村，还不太确切。

1976 年，北海中学教室楼前又出土了唐代宋再初与夫人蔡氏的墓志。蔡氏墓志记载，她于唐代会昌六年（846 年）葬在幽都县礼贤乡龙道村西南一百二十步。将葬地记录得如此详细，在墓志中是少见的，但是，却是宝贵资料。根据志文，从北海中学往东北丈量一百二十步正是今天的前海西街，即郭沫若故居所在。也正是唐代的礼贤乡所属龙道村。其地东边是什刹海，即古代的高梁河故道。古人常是傍水而居，日久形成了村落，于常理也是符合的。

北京是古代燕国所在，历史记载，燕昭王为了本国的富强，曾经设黄金台招贤礼士，一时传为美谈。后人仰慕前贤，所以有礼贤乡的名称。据考证，礼贤乡范围不小，往西到今天西郊的动物园，往北、往东到德胜门、安定门以北，东直门、朝阳门以东。往南包括了南池子北段。在蓟县所属的二十二乡之中，范围是比较大的一个。

不过，还有问题需要说明。礼贤乡的龙道村，在幽州蓟县东北，属蓟县，这是周元长墓志的记载，时在开成三年，即838年。蔡氏墓志记载又属幽都县，时在会昌六年，即846年，好像两志记载前后牴牾，其实，仔细推敲，并不矛盾，正好说明：礼贤乡的龙道村，其县属有过变动，先属蓟县，后属幽都县，其变更隶属的时间，就在838—846年之间。古代的村、乡隶属关系变更，是正常现象，但是，尽管隶属关系变更，龙道村的位置始终不变，这一点可以肯定。龙道村在唐代幽州城外，唐代之后，辽、金建都，这里仍在城外。到元代建大都，龙道村被圈入城内，这时的村址、名称，随着都城的兴建，就不复存在了。

郭老一生，致力于文学、史学、考古学等多方面的研究，卓有成效，晚年定居在龙道古原上，而且故居又辟为纪念馆，使这一个古代村落，增加了新的光彩。龙道古原，也将借郭老的大名，永世流传。

原载于《首都博物馆丛刊》1983年第2期

往事如烟

编者按：明代万历皇帝的陵墓——定陵的发掘是1956年开始至1958年完成的，正式发掘报告《定陵》于1990年由文物出版社出版，该书为研究性质，对发掘过程记载简略；另有一部详细记述发掘工作的报告文学《风雪定陵》，已由解放军文艺出版社出版。书后附有原考古队长赵其昌同志的代跋《往事如烟》一文，内容涉及郭沫若、郑振铎、吴晗、邓拓、夏鼐等发掘委员们关心发掘报告的诸多琐事，鲜为人知。我们认为：作为全面了解与评价新中国成立后首次主动发掘帝王陵墓这一重大考古工程，它不失为一个侧面的历史资料。经作者本人同意，现将此文摘要刊出，以飨读者。

新年刚刚过去，出版社朱传雄先生抱着一包文稿来到家里。初次晤面，略事寒暄之后，他客客气气地道明了来意说：“定陵发掘过去好多年了，你是经历了全过程的唯一健在者，这里是一部有关定陵发掘的文稿，今天特地来打扰，希望你能再做第一个读者，想来你不会推辞。你又是当时发掘的主持人，受作者的委托，更欢迎你提点意见或写点什么，这也是我们的希望，对读者来说，也是个义不容辞的义务吧。”质朴的语言，诚挚的态度，作为文稿的责任编辑，他对作者、读者的负责精神，使我深为感动。

一周的时间，终于读完了。实实在在地讲，三十多年过去了，往事如烟，千头万绪，随着时光的流逝，有些事已经记忆不清，有些事也确实有意无意地不再去想它，那些终生难忘的，再度浮现出来时，却又乱糟糟，真如一团麻絮，不知从何说起。

考古学是历史科学的组成部分，其任务在于根据古代人类通过各种活动遗留下来的遗迹遗物，用以研究古代社会历史。古代人有意无意遗留下来的遗迹遗物很多，古城古堡、洞穴废墟、居住村落遗址等等是一类，而更多的则是墓葬。人总是要死的，古今皆然，按照一般习惯，人死了要埋葬，一代一代地死去，又一代一代地埋葬，形成了为数众多的坟丘。社会向前进，各个时代的埋葬形式也随之发展演变，葬制习俗，随葬器物也就千种万别。如果把它们完整地揭示出来，按时代、地区纵横加以排列比较，先民所走过的脚步、印记，也就成为真正的看得见摸得到的形象逼真的历史。

不管那些故去的先民们承认不承认，他们留给我们的是石器、青铜、金银、碑刻、陶瓷等等，或是坛坛罐罐、或一抹丹青、半爪鸿泥，甚至是一堆他们遗弃的废物垃圾，但是，这些珍宝或废弃物中，却无疑积淀着他们的思想、意识、风俗习惯，更包含了科学、技术、文学、艺术、音乐、绘画等等，再加上多种部落、民族、地区的相互交往、渗透、学习、取长补短，所构成的物质文化——现实人们常叫它文物，是不是正是它就构成我们今天的物质文明、精神文明之源呢？如果说考古是在“寻根”，寻人类的根、民族的根，寻找我们的根、祖先的根，寻找我们的文化之根、文明之根，那些书写“考古文学”之作又是什么？时下社会上有“寻根文学”之说，要说它是真正的“寻根文学”，应该是名副其实吧。

定陵是帝王陵墓，封建帝王以全国的人力、物力、财力营建陵墓，埋葬自己，其规模可以想见。就建筑讲，地上地下构成一个整体，它包括了对生与死的认识，对周围环境——所谓“风水”的理解、运用，又涉及造址、布局、设计、测量、施工等诸多实际问题；就随葬器物讲，联系到当时的政治、经济、文化、科技、工艺水平及对外关系等等，一个地下宫殿不只是皇帝生前生活的再现，实际上应该视为明代社会的一个缩影。把它完整地再现出来，对出土器物进行修复、整理，妥善保管，使它不受损坏，展示出来，再进行多方面的研究、阐述，这无疑是对祖国文化的贡献。

考古发掘，是要把埋藏在地下的遗迹遗物揭露出来，在揭露过程中，遗迹遗物不可避免地会受到不同程度的损坏，从这个意义上讲，任何发掘都是对遗迹遗物的破坏。考古工作者的责任在于用最妥当最严密的科学方法，使这种损坏降到最低程度。从这一原则出发来检审定陵发掘，年轻的考古工作队经受住了考验。按照考古常规，发掘工作完毕，只是完成了全部工程的一半，最重要的是将出土器物进行整理、修复，然后写出完整的、全面的报告，这才是全部工程的最后结束。这座帝王陵墓的发掘却不是这样，很遗憾，发掘工作完成，工作队解散，各自回到原单位，或是下放劳动，定陵博物馆建立了、开放了，但是并未继续工作队未完的工作。

二十多年过去，再到定陵整理、修复器物编写报告时，有些器物面目全非了。损坏没有发生在发掘之初，而发生在发掘之后，这是万万没有料到的。不无痛心，更不无遗憾，而遗失再也无法弥补。原因自然是多方面的，运动的冲击是主要的，人为地破坏，恐怕主要与责任或认识有关。文化圈里的文化工作者，如果不能对历史文化有一定的理解、认识或起码的热爱，损失也就不可避免了。三十多年之后，夏鼐所长说了句不无遗憾的话：如果三十年之后再挖，效果会好些，再推迟三十年也许更好些。至此我才理解当时他和郑振铎一再反对发掘的深远意义和上书政务院请求制止今后再挖皇陵的良苦用心。定陵是新中国成立后主动发掘的帝王陵墓，三十多年以后，回顾这一工程，值得反思的地方也不少。有些地方也是惨痛的教训。

考古学是研究古代社会历史的，主要是根据实物进行研究，明代距今并不算远，史料也不少，但明陵发掘之后，如果及时地把这些稀见的实物整理出来，编写成完整、系统的报告，尽早公布，自然它可以丰富明代史实，可以补充史料之不足，更可以纠正历史记载的错误，因此，这个反映全面发掘情况的发掘报告，对学术界来说，就显得十分必要了。遗憾的是，发掘竣工之后，这一报告又拖了二十多年才着手编写。具体说来，发掘工作是 1958 年竣工的，再次回到定陵整理器物、编写报告是 1979 年年底，我是 1991 年新年前夕才看到发掘报告样书的，合计起来已经是三十多年过去了。对人类来说，三十年不算个大数字，对一个人来说，一生之中能有几个三十年？几十万文字、几百张图像、拓片、照片，厚厚的八开本一套两大册放在桌子上，我久久地望着它发呆，心潮起伏，自然又勾起了许多往事。报告编写的曲折过程不必再提，发掘委员们关心报告的一些零星琐事，却使我难以忘怀。

文学大师郑振铎，当时是文化部副部长兼文物局局长，又兼中国科学院考古研究所所长（时夏鼐为副所长），主管全国的图书馆、博物馆、文物、考古事业，关心定陵发掘是必然的。一次他问我，有什么困难需要他解决，我对他说，有一部明代抄本《万历起居注》，现藏天津图书馆善本部，它是《明实录·万历实录》的底本，保存定陵材料当然比现行本《明实录》更多，但属善本，不外借，我们很需要，但看不到，他当即答应："这事我来办。"五天之后，他专程派人借来送到定陵，附了一张字条："我看过，明纸明抄，确是善本，宝贵，速看速还，不能有半点污损。郑。"几百万字，几十大本，我连夜阅读、摘记，又立即找人重抄一部，原书送还，抄本数十册装订好现存定陵。

发掘工作刚完，在故宫神武门举办了"定陵出土文物展览"，展览布置中，《人民日报》约他写稿介绍，他来到展出现场，一见我开口就谈："发掘完成了，要立即着手写发掘报告，要快，不能拖。"又说，他藏有明代帝后服饰图片数十张，有彩色，十分宝贵（他是海内著名版本收藏家）。比《三才图会》的图像要准确，写报告可作参考。不久把图片交夏所长转给我。展览开幕后，他的文章在《人民日报》刊出（1958年8月31日，题为朱翊钧的地下宫殿），我下放了。在农村从新闻广播中听到他出访阿富汗和阿联（今埃及）等国飞机失事的消息，心中十分悲痛。若干年后，回到定陵编写发掘报告，他的图片真的成了复原帝后服饰极为宝贵的参考资料，事毕送还，主人已归道山。他去世后，全部藏书捐赠了北京图书馆入特藏部，图书馆为他的赠书编制了厚厚的一部《西谛藏书目》（郑字西谛），图片久借，未能列入藏书目，这是我的责任，至今引为恨事。然而也略有慰藉，在发掘委员中，利用定陵出土文物写出文章的他是唯一的一位。

发掘委员会的委员中，郭沫若很关心发掘工作，常到现场看看，有时还顺便带几本明代人的笔记要我阅读，坐下来谈论一些考古或明史上的问题，一坐就是半天。郭老早年学医，有关医学的问题也更关切。打开地宫之前，他一再说，人死久了，有一种"尸毒"，千万要小心，帝后的尸骨，将来要作多方面化验，提供病理和医药方面的研究，请专家写专题，附在报告上。他关心工作队的安全、健康，尽可能做了些防护设施，没有出现事故，没有染上“尸毒”，总算挺过来了。但是，尸骨化验又怎么办？“文革”中，尸骨被烧了，后来，我们在烧尸现场一再寻找，连一点骨碴也没有找到。

地宫打开之后，他来得更多了。一天下午，他突然来到，要看一看皇后“谥册”——晋封的册文，从库房中取出来，他坐在木板房用放大镜仔细阅读，夫人于立群又在张罗着为我介绍女友，郭老听觉不敏，拍拍助听器仍然听不清我们的谈话，站起来大声问：“你们在谈什么？”于立群附耳过去大声说：“皇后问题！”我在纸上写出了“对象”二字，他笑了：“噢！对象！我看你的对象就是发掘报告，这比结婚重要啊！你结婚时立群可以参加，我希望你结婚之前就把报告拿给我，我一定要看你的对象。”说罢又拊掌大笑。今天，发掘报告终于出版了，但是，他早已离开人世，我又往哪里去送？

邓拓对定陵更为关心，也经常到发掘现场，他说：“我正在研究中国的资本主义萌芽问题，万历一朝是关键。”他翻阅我平时记录的有关明代史料的卡片，并希望我借给他使用，我答应了。临行上车之前他嘱咐我：“开棺时要告诉我，出土器物我要一件一件仔细看，发掘报告我更要看。”并一再说明写报告时如用这些卡片，届时一定送还。开棺时我告诉他，他来了，出土器物他也一件件仔细看过，发掘报告在当时则无法做到。“文革”中，他被抄了家，史料卡片丢失了，我并不介意，今天，发掘报告出版了，作为发掘委员，理应送他一部，然而，他早也匆匆离世了。

“文革”后期，在灯市口的马路上，突然遇到夏所长——我的业师。他说刚从“五七干校”回来，要筹备一个全国文物展。随后问我情况，我如实以对，我还没有解放，正在挖防空洞、劳动改造。他笑了，说：“很好嘛！还在挖土，没离开老本行。”又问我定陵情况，我告诉他很久没去，那里也没有来人，情况不了解。他扭过头去，自言自语地说：“发掘报告怎么办……”我毫无思想准备，他突然提起报告来，一阵酸楚，涌上心头，我竭力抑制，紧闭双眼，不让泪珠滚下来，摆了摆手说：“今后这一行不干了！我现在很好，练就了一把好手艺，画图、设计、砌砖起券、垒墙，也许以后去做瓦匠，我能盖房子。”看得出他理解我的心境，生怕触动我的痛处，不愿再提报告的事，信口说了句：“那好嘛！古希腊的谚语不是说一个人是以种植树木和建造房屋而被评为良好公民的？你能盖房子，再多种些树木，我看还是个好公民。”显然他又在用老师的情感安慰学生。

夏所长有个习惯，平时同他谈话，他总是随走随说，在办公室内，也是我坐着说,他来回走动,边说边听。这一次却一反往常习惯,没说上几句话，我们在马路上相对站了二十分钟。我把他提着的一捆蔬菜放在自行车架子上送他回家，十五分钟时间，并肩而行，一路上却一句话也没有，直到干面胡同社科院他的宿舍。事后，他把一沓询问定陵发掘报告的信函递给我，国内的、更多是国外的,有的询问情况,有的是讥讽、挖苦,有的则口出不逊,令人难以忍受。我又把我收到的信函送他看,看后他静静地坐着,双目紧闭,一语不发。我已经理解，为了这未完成的皇陵工程，他承受的压力比我要大过多少倍。一本发掘报告的分量怎么会有这么沉重?

我与王岩把整理发掘报告的工作计划、编写提纲拟好之后，送夏所长过目，顺便讲了个意见：定陵出土器物中那些丝织品很多，多年没作整理，保存又不好，这一次想仔细整理，留下个详细记录，绘出详细图样，使今后的研究工作不再去触动原物，以减少损坏。这个做法，他很同意。又请他估计个时间，以便掌握进度。他沉思很久说：“定陵挖了两年，那是日夜赶工的，照那样干法，几千件东西，也许比两年要长些，你们看两年半行不行？”临行时，他又补充说：“所内的技术力量你们随时用，下田野的可以随时调回来，我只希望能快点完成。”实际情况比我们共同估计的要复杂得多，夜以继日，足足干了五年才算完稿，送他过目时，时间超出了一倍，我们很感不安，而他反而十分平静地说：“我了解，实物腐朽得严重，你们尽力了。”稿子交到他手上不久，谁又想到，这位中国社会科学院副院长、考古研究所名誉所长、身兼国外六国院士的一代考古巨匠又溘然长逝了。

过了五年，发掘报告才出版问世。定陵发掘之初，虽然他并不赞同，确定发掘之后，他却是具体指导者。无论是发掘工作还是最后的发掘报告，都凝聚着他的心血和汗水。参加遗体告别之后，在归途中我默默地想：比起其他发掘委员来，他还算是幸运的，虽然没有看到最后的成书，总算看到了完稿，全始全终，他是发掘委员中仅有的一位，九泉之下，可以瞑目了。

吴晗是北京市副市长，又兼北京市文化教育委员会主任，主管文教事业，我的原在单位北京市文物调查研究组为他直接领导。他又是历史学家，明陵发掘的发起人，发掘委员，当然对发掘工作关心备至。1958 年初秋，我下放前夕，《考古通讯》要公布《定陵发掘简要报告》，坐等索稿，我连夜赶完《简报》上半部，打电话报告吴晗，问他是否过目，回答很干脆："简报稿子我不看，我只望你抓紧时间，早日完成正式发掘报告，我要看正式报告。"我低声答应。他哪里知道，我明天就要离开定陵，下放劳动，我不愿告诉他，此一去何时回京，能否回来，不敢预料，正式报告的事我却贸然答应下来，糊涂之至，心中十分不安。一件关系到新中国考古声誉的皇陵工程，如今半途而止，全部压在我身上，我却无法完成，一年一年，日日夜夜，这种不安变成了痛苦。分量也越来越重。

吴晗逝世 10 年之后，即 1979 年，"三家村"冤案平反。1984 年是吴晗诞辰 75 周年、逝世 15 周年，生前他曾任北京市历史学会会长，学会事前筹备纪念活动：开纪念大会、出版"吴晗史学论著选集"，他原为清华大学教授，清华建"晗亭"届时揭幕（邓小平题字），学会理事分工，我承担了在首都博物馆举办"吴晗纪念展览"。布展期间，我又从定陵取来几张照片，放大展出。开幕前夕，吴晗的胞妹吴浦月来了，面对照片，问我情况，我极力按捺住激动的感情，尽量地把话题扯开。

1956 年秋，吴晗在北京大学开"明清史讲座"，每次讲课，都预先通知我，要我和刘精义从定陵赶往北大听他讲课，讲完之后，又同坐他的车子进城，在车上向他汇报定陵发掘的情况和问题。几课之后，我告诉他，课程我不能再听下去。问我原因，我说，交通不便，听一次课往返二百里。当天不能返回定陵，那里还有那么多人在发掘，出现什么迹象，不能及时记录，这怎么行？我一刻也不愿离开现场。他面带不悦，说进城后他下车，车子送我回定陵，我不答应。最后有了个主意，刘精义继续听课，回定陵让我看他的笔记。他再复述一遍，也算是一种听课，他满意地笑了。吴浦月听完默默不语。

大约是 1957 年前后，吴晗要出访埃及，特地来到定陵，问我要不要带回些有关金字塔的资料，我告诉他这类书籍图书馆可以找到，从定陵出土器物看，目前急需参考一些国外对出土器物修复、保存的参考资料。此后不久，他陪同驻埃及大使陈家康夫妇到定陵参观，顺便把厚厚的一本有关国外修复文物的英文书塞给我。我试译了一些重要章节，挺费力，没弄完就放下了。说到这里我把吴晗与陈家康大使的合照指给吴浦月，她仍然默默不语。我又详述了多年以来吴晗关心北京文物考古的事例和定陵发掘报告以及多次指点我读书、做笔记的实际情况，她仍然默默不语。讲说之间，也许是无意中我流露了怀念之情和不安的心绪，万万没有料到，突然之间，当了那么多人的面，她竟抱住我的头哇哇地号啕大哭起来，使我一时不知所措。

事隔不久，《吴晗传》的作者之一王宏志来找我，她说想补写一点有关吴晗与定陵发掘的史实。定陵报告正在编写，尚未完稿，一提定陵这块心病，我又哭起来，只好以后再谈。我们是先后同学，也许她不怪我失态。又没过多久，侯仁之教授介绍美国人马紫梅女士来访，她也要写一部英文本《吴晗传》。事先约好时间，我有了一点心理准备，谈了一些吴晗关心北京文物事业的事例和定陵发掘，但避开了发掘报告。我自觉心情是平静的，没有失态、失礼，她满意地走了。顺便提一句，送走马女士之后时间不长，吴浦月背负着无限悲伤和遗恨，又去寻找她的胞兄了，我参加了她的葬礼。

定陵报告，久久不能问世，偶尔师友们也问我原因，我也讲述一些情况，自然也流露一点情绪。一位同行淡淡地回了我一句歇后语："你不就是'拉磨的驴——听吆喝吗？'半截子工程，领导不安排，关你屁事？""咸吃萝卜淡操心"，对报告不能上马，他很气愤。有的师长劝我：这种情况可以考虑写一篇"备忘录"，在《考古》上发表，至少可以取得国内外同行的谅解。发掘期间，工作记录之外，我也零星地写了不少日记，以备日后查考，"文革"之中，日记丢失了，时间、地点、人物都记不清楚，"备忘录"也真的不好着笔。一直没有写。现在，报告出版了，一代皇陵工程终于结束了，我如释重负，再也不用什么"备忘录"了。

行文至此，本可结束了，但猛然想起，热心的读者也许关心多少年前那支工作队的去向，所以应该再唠叨几句。

白万玉，据他讲，"卢沟桥事变"后曾在他的老家干过一阵游击队，跟日本人狠打过几仗。除去这段时间，他一生都在干考古，大家称他"白老"。定陵发掘没有星期天，两年多他也就在探沟和地宫中度过。他田野经验丰富，尤其长于出土文物的修复，可惜工作队结束过早，没有发挥他的专长。回到考古所，不久退休，北大的考古专业又请他去讲过器物修复课，也带过同学到野外实习。他无子嗣，记得螟蛉子在电车公司工作，我去找过，却无结果。对于中国早期的考古调查，河南、陕西、甘肃以及1927年西北科学考察团的内蒙古、新疆之行，他都有过详细的讲述，我也做过详细笔录，如能整理出来，对他无疑是个纪念。

于树功本是北京文物调查研究组秘书，工作队初建，他担负了一切行政事务，安排就绪后，又回到文物组。他是中共天津三位建党人之一于树德的弟弟，青年时代与先烈李大钊有交往，赴莫斯科学习，与乌兰夫、伍修权等同届。日本占领东北，回哈尔滨做情报工作，被告密入狱，判死刑，后改无期。几年之后，他竟说服了留日的青年狱医赵公民（新中国成立后任吉林卫生厅长，死于“文革”），结伴出逃，成为日本监狱内重犯逃脱仅有的一例。曾入煤窑，隐姓埋名做矿工。后回到北京，蹬三轮车为生，解放前接通关系。能说半句俄语，他却偏偏要做文物工作，“文革”中，为越狱一事又受打击。晚年躺在病床上，我去看他，一看见我就哭，去一次哭一次，害得我不敢久留。只有一次，我们忆起当年十三陵有人曾以掘陵三十破坏“风水”为由，扬言要干掉我，他特地送我一把苏制匕首防身的事，两人不禁哈哈大笑。遗憾的是他去世时我在定陵写报告，未能见上最后一面。

刘精义这位当年的文弱书生，今天已是文质彬彬的学者，在北京市文物研究所任副研究员，致力于北京史研究，写了几篇颇有见地的论文。他说并未放弃十三陵，正在做“明陵札记”，几十万言，不久即可成书。一提到健康，他总是说陵园中那日日夜夜的泥水生活锻炼了他，至今保持着熬夜的习惯。

李树兴是开工不久才到定陵的，清理工作中搞登记、保管，工作队解散后他留在定陵，“文革”中焚毁尸骨，他是目击者，听他讲过一些别人不愿说的细节。现在颐和园管文物，偶尔去游园还谈谈往事。

曹国鉴、冼自强、王杰仍在考古所工作，曹练得一手瘦金书、写意画，成了书画家；冼在实验室搞C14，整日足不出户；王杰却天天出差去发掘现场画图。

“文革”中我正劳动，有人告诉我一位公安人员在等我，带着盒子枪。

一听说枪，吓了我一身冷汗。满身泥污跑出防空洞，看到他远远地向我敬礼，走近一看，是庞中威。看到我这一身泥土装束，他感叹不已。他说回考古所不久，下放河北省某县，当了一名干警，干得挺不错。多年不见，凭了他的精明强干，也许当上局长了。还有一位桂山，回考古所后去了青岛博物馆，虽未见过面，但有信函，刊物上也见到他的文章。清理工作最紧张时，人手不足，我去请考古的同学好友支援，刘现民、黄展岳他们是自己背上行李去到定陵的，现在是所里的研究员，各自领导着一摊子。

如果前后联系起来，二十年后编写报告者自然也属工作队成员。

王岩这位60年代初北京大学考古专业的毕业生，“文革”中去保定满城发掘那知名中外的“金缕玉衣”，发掘报告刚一完成便转到定陵。整理器物等细致繁琐艰巨的工作是他和王秀玲完成的，几年的时间，把他累坏了，明显地看出两鬓增添了几缕白发，刚一结束，又远去洛阳了。人在洛阳，心系定陵，仍要关心那本报告稿，排图、修改、校样，一稿一稿与责任编辑楼宇栋折腾了七次，京洛路上他往返至少七趟。五年编写，两年复核校订，一本报告耗去他七年时间。现在他是洛阳考古队队长，又在那里挖汉唐城址，消息传来，很有收获。

王秀玲是“文革”期中北京师范大学历史系毕业生，十三陵生人，研究乡土，当然最合适，现在担任讲课任务，培养解说员。

魏玉清是十三陵特区文物科长，编写报告期间承担着繁重的后勤行政事务，做得井井有条。又潜心于业务，写书还担任着十三陵的全部陈列工作。

吴平，是从苏州特邀来的，60年代初北京工艺美术学院染织系的高材生，在定陵一住近三年，丝织品匹料、龙袍、靴帽等全部图案纹饰是她一人完成。在大案子上把破损的碎片拼凑起来，初稿画完，誊成清稿，一稿一稿、一张一张，足足几百张，一个放大镜磨得模模糊糊。有一次她举着放大镜指着我的鼻子说：“你呀，你呀！把我的青春磨完了！”回苏州不久，又离别相依为命的老父远渡重洋去美国进修。不久前接到来信，询问发掘报告的事，我真想回信不提“报告”二字，只写个“祝你青春永驻”，也回敬她一个玩笑。

定陵开发以后，观众人山人海，天天如此。有一次我陪外宾去参观，走出陵园大门，在广场上看到一位农民装束的白发老者，站在一块石头上高声讲解，观众围得水泄不通。侧耳听听，定陵的历史、发掘的意义、过程，讲得清楚明白，真实而生动，语气中还带着几分得意。定陵的人我几乎都熟悉，但不认得他，哪里来的一位义务解说员？仔细一看，原来是三十多年前参加发掘的一位民工，模样还记得，但忘了姓名。我不愿打扰他，悄悄地走开了。三十多年前疑神疑鬼的山民，今天高高地站在广场上对着众多的观众讲得绘声绘色、头头是道，又是什么使他有了这么大的变化，前后判若两人？噢！我突然明白，是文化，文化显示力量了。

直接与定陵发掘有关的人讲完，该轮到我自己上场了。我嘛，三十多年前的毛头小伙子，已经退休，齿摇摇、发苍苍，垂垂老矣。田野跑不动，只能关在斗室中爬格子。定陵发掘之初，吴晗要求我搜集明代北京的历史资料，“文革”前作过一部分送他过目，他被抄家，资料散失了。“文革”后重新再作，日夜不息，二百万言年内可望脱稿，吴晗是我的领导、师长，生前交给我两件事，定陵发掘他没有看到最后完成，也没能利用发掘报告写出一篇文章，过早地逝去了。今天，发掘报告已经出版，明代北京资料即将完成，得此消息，九泉有知，当可瞑目了。老师，安息吧！

写到这里，我感到很累，很疲乏。站起身来，直直腰、挺挺胸，推开窗子想换换空气，扭开收音机听听海湾战争的消息，不想却传来了北京地区天气预报：

温度 零上2℃至零下9℃

风力二三级

北部山区有小雨雪

噢！明天，是一个难得的好天气，年轻的考古队又该出发了，一点小雨雪挡不住他们的去路。

祖先留给我们的遗产太多了，埋藏得也很深，需要他们去苦苦地寻觅、深深地挖。我依稀看到他们的身影又在凄冷的荒野上一步一步地探索、寻觅，一铲一铲地发掘。他们肩上的担子够重的。祝他们成功。

一九九一年二月于北京西四寓所

原载《首都博物馆建设十周年纪念论文集》

1991年10月

如烟往事

我们祖先留下来的历史典籍太丰富了，随意抽取一册，认真地阅读、咀嚼，它会把你带到往昔的时代环境中：战争、和平、田园生活等等，活灵活现。掩卷之后，你常有所体味，有所感悟……

在路边、田野上，偶尔捡拾半片革囊或者一段雕花木棒，此时此地，睹物遐思，你又会生出不少疑问，再次返回历史的门栏之中，追踪寻觅，苦苦思索，唔！这里曾有过先民活动，它是古代的战场、村落，或者废弃了的神庙。你又浮想联翩了……

历史用文字记载过去，考古是从实物考察过去，历史记录、物质遗存，把两者结合起来讲述、探究，这样的著作是什么？仅是诉说昨天的故事，还是对历史的学习、探索、发现？还是考古研究？一时很难说定，而《风雪定陵》却正是这样一部作品。

三十多年前，我曾发掘一座明朝的皇帝陵墓。作者岳先生、杨女士并未参与当年的考古，三十多年之后，旧事重提，他们阅读资料、广泛访问、反复核查，把那些千头万绪、乱糟糟一团丝麻整理成章了。论内容很庞杂：有地下玄宫洞开的经过、帝后的葬制、尸骨的命运、随葬的那些稀世珍宝的出土情况；有当年倡导者在变化莫测的政治风云中坎坷的人生经历，也追述了这座浩大皇陵的建造始末和围绕着它展开的朝野上下、臣君后妃之间的无情争斗，从而显示着大明帝国日暮途穷以至最后走向沉沦的必然趋势。当然，也夹杂了不少发掘者的考古现场生活与他们的痛苦和欢乐。

人类创造了历史，创造了文明，也创造了文化。历史与文化相辅而生，相成而存，又相结而发展。历史的内容极其丰富。文化的内容也多彩多姿，它很复杂，有时又很单一。时间在一滴一滴地流淌着，文化也在一步一步走动着。作者记录的只是历史的一瞬，在记录消失了的一瞬的同时，好像也在探索、寻觅那相互依傍的历史文化，它是在发展？是停滞或回流？时间逝去了，又去搜寻它，把它捕捉回来，不时给它一点新的解释。那些陈旧的事物、习见的风尚，又常常透出一丝历史文化上的新意。

定陵是明代万历皇帝朱翊钧（1563—1620年）的陵墓。明代建国，定都南京，开国皇帝朱元璋死后葬南京，是为孝陵；二帝朱允炆一说死于战火，又说出家当了和尚，云游天下，不知所葬；三帝成祖朱棣把都城迁到北京，死后葬于北京北郊昌平县的天寿山下，自此而后，除景帝朱祁钰因兄弟争位别葬京西金山外，全部皇帝都埋葬在这里，每帝一山一陵，这里形成了明代帝后的陵墓区，共计十三座，被称为“明十三陵”。

古代的城堡市区、居民村落，无论它毁于战火、水害、疾病瘟疫，还是成了一片废墟，只要把它再小心翼翼地发掘、完整地揭露出来，那些断垣残基、人们使用过的器皿、穿着的衣衫，甚至废弃了的垃圾，经过修复、整理、排列，系统地研究、分析，它们之中渗透着的历史信息便会充分地显示出来，当时人们的生活方式、行为准则、思想意识，包括文学艺术等等便也昭然于世了。这些出土品，不论它们完整、残破，或被破损成了碎片、缕丝，已不再是物质，它已变成“物化”了的文化，所谓“物质文化”了。村落废墟如此，陵墓又何尝不然？埃及的金字塔是如此，陕西的兵马俑是如此，定陵又何尝不如此？万历朱翊钧是当时的皇帝，动用全国的人力、物力、财力去埋葬一人，从建造陵园的选址、测量、施工、搬砖运石，到殡葬礼仪、随葬器物、葬制葬式，哪一环节不体现着当时的科技水平、时俗风尚？也更显露出人对生与死的理解等等。此时的陵墓，倏忽之间，变成大明帝国历史文化的缩影了。

考古现场的发掘工人，常常冒出的一句俏皮话：“考古考古，就是挖土。”不错，考古常常挖土，挖土是实，而挖那些被历史遗漏了的角落，剥去那层掩没历史的黄土，去寻找历史丢掉的碎片，去拼凑一部更为真实的历史与文化才是真实的目的。

历史常常溯源，考古常常寻根，去寻找人类文明之源、文化之根。行进在黄河上游，看到那些碎石木棒、破罐残盘，会想到先民的草棚窝铺、刀耕火种、瓦鬲而食。它很原始、很粗糙，但它是我们民族之根、文明之源，是我们的原始文化。我们是从那里走出来的。再到西安、洛阳，饮一口黄河水，一睹那色陶石雕、金戈铁马，会感到汉唐文化扑面而来。历史离我们越近，文化内容也越丰富，色彩也越发鲜丽。在历史的长廊中游荡越久，值得我们采撷的东西愈多了。这些我不再多说。

明代离我们更近了，我只想说，地处北京北郊的明十三陵，那里的历史遗存很美。站在陵园御路上的大宫门前朝北一望：一片苍松中，排列着一行石人石兽，掩映着一座座高耸的古建筑，飞檐翘角，高低错落，插入云霄。白石基础，鲜红的围墙，黄色泛光的琉璃瓦，中间镶嵌着一簇簇华丽的斗拱，衬陪着远处的青山绿水、蓝天白云，它仅是一幅图画吗？还是人类物质文化的精髓？如果跨入那敞开的地宫石门，看到的当然更多，那宽大的地下石头殿堂，金井玉葬，五光十色的出土文物，面对着那厚重的文化遗产，你想寻觅、探索、研究、继承些什么呢？

《风雪定陵》记录了定陵发掘的风风雪雪。现在风已停歇，雪已消融，作为地下博物馆，陈列了那些出土文物，经年开放。这座皇陵，我曾发掘它，它困惑过我，也折磨过我，与我半生相伴，有苦有乐，我了解它，也熟悉它。

亲爱的读者：如果有缘我们在地宫大门相遇，像白发宫娥说明皇那样，闲话短长，也许再多唠叨几句——那些如烟的往事。

本文系作者为《风雪定陵》所写的序言

1996 年台北远流出版社

伴馆琐记

首都博物馆自1981年再度开馆，已经走过了20个年头。以之喻人，风华正茂，当是青春好年华，可喜可贺。在此之前，时建时停、曲曲折折又经历了20多年的风雨历程。四十多年来，与博物馆半生相伴，散乱的记忆中，逝去的已成为历史，流水而去；留下来的，特别是早期的零星碎事，除了怀念、遗憾，偶尔也有思索。

一

首都博物馆的前身是“首都历史与建设博物馆”。

1953年春，北大历史系考古专业提前结束田野实习，我被分配到北京市文物调查研究组，三月中旬报到，四月末便赶上了“首都历史与建设博物馆”筹建座谈会。座谈会在西长安街北京市政府东厅召开，由副市长吴晗与文化部社会文化事业管理局局长郑振铎共同主持，参加者多是北京文化、教育、美术各界专家和知名人士，文物组除主任朱欣陶参加外，有研究员侯堮、容肇祖、萧军、于树功出席，周耿、赵迅、刘之光与我等小字辈被指定为会场服务人员。虽然成立首都历史与建设博物馆筹备处并与文物调查研究组合署办公的正式文件是次年下达，实际上，还在座谈会之前，文物调查研究组已在为博物馆的成立作准备了，特别是各类文物的入藏。当时北大历史系的考古专业，没有博物馆课程，我对它更毫无所知，座谈会就成了我接触它的起点，进而学习、认识、实践，乃至终生与之结缘了。

北京市文物调查研究组，简称文物组，隶属于北京市政府文化教育委员会。文物组的办公地点在北海公园画舫斋。画舫斋内同时另有个北京市文史研究馆，馆员平日不坐班，每两周有一次聚会，事务不多，所以行政事务由文物组兼任了，现在又来了博物馆筹备处，于是组、处、馆三合为一，挂三块牌子，合署办公，当时所谓“一套马车三套用”。文物组主任朱欣陶，兼任文史馆秘书长，又兼首都历史与建设博物馆筹备处主任。筹备处、文史馆并无人员编制，文物组行政与业务人员加在一起仅十余名，所谓马车三用，驾车与拉车者总共也仅此十余人而已。大约是1957年、1958年左右，文史馆乔迁西长安街新址，文物组与博物馆筹备处也搬到天王殿，情况才有改变。天王殿在北海公园北岸，只有南门，于是另辟北门，面临地安门西大街，门前挂牌标名北京市文物调查研究组；南门面临北海，挂牌标名首都历史与建设博物馆筹备处，南北门中间有两处院落，一座琉璃阁，一座楠木大殿，有展室，有文物库房，有新建的办公用房，几十间房，地面不小。此时，文物组、筹备处仍是合署办公，行政、业务不能分开，也仍是一套马车二套用。

记忆中，关于名称也有过曲折。解放初期学苏联，莫斯科有个“莫斯科历史与建设博物馆”，是市级馆，北京地位与莫斯科相当，因之也取名首都历史与建设博物馆。为了学习莫斯科馆，特地找来该馆资料，请北京图书馆精通俄文的专家（张铁铉先生？李希泌先生？）作了翻译，以便借鉴，已经译好，本拟出版，后因故未果。就其内容言，大体为二,一为历史，一为社会主义建设，较之北京，大体上名实是相符的，但名称以历史与建设为名，读来不能顺畅上口，有点别扭。我国单位名称习惯都以简单明了为尚，筹备处、文物组同仁窃窃私议：要改为“首都博物馆”当然最好，但肯定是不行，不会被批准，要么在牌子上把“与”字去掉，把“历史”“建设”写小些，双字并排，成为“首都历史建设博物馆”筹备处。大约是问题反映到郑振铎与吴晗那里，消息传来，学习苏联不走样，牌匾终于写成“首都历史与建设博物馆筹备处”竖排一行大字。但是没有多久，紧缩编制，这块牌子连同馆的建制一同撤销了。查了查《北京文物博物馆纪事》，筹备处撤销在1960年12月，没有记明原因，估计背景与当时国家经济困难有关。

“首都博物馆”名称的确定,“纪事”载在1963年6月—10月间,不再用“历史与建设”,改变成切合我国习惯的名称,可能又与当时中苏交往的历史背景有关。应当说明,名称改变是小事,中间这一段时间,对博物馆历史说来成为空白了。

博物馆命途多舛,人们,包括上级把它看成是可有可无的闲散单位,机构精简,人员下放,首当其冲,无可厚非。自此而后,博物馆又建制,又撤销,时起时落,断断续续。在博物馆呆久了,这种情况习惯了,不以为奇,也就心静如水了。

行文至此,偶有所忆:20世纪60年代,老领导、国家文物局长王冶秋曾戏说,人家看我们,什么博物馆,无非是一堆老弱病看着一堆破烂东西。又说,我们省市的博物馆人员去请示建馆,一上楼梯,楼上听到喘气声,赶快关上门说,博物馆那老头子,又来没结没完喘着气唠叨他们那建馆了。虽是戏言,却反映着时人的看法,包括那楼上的。当然也反映着老博物馆人对业务的执着与追求。

敬礼!我们那些老弱病的前辈们,博物馆事业的奠基人、开拓者。

二

博物馆虽屡变,有一点始终没变:原来文物组的业务人员,不论馆建馆消,却直接间接、始终如一地坚守岗位,为博物馆积累藏品,有时还参与陈列、展览设计的制定,这固然与业务性质相近有关,或者与“马车三用”有历史渊源之故。

建国初期,北京市文物组(后改文物工作队),担负着全市文物调查与管理的任务,市郊基建工作繁忙,出土文物甚多,发掘与搜集的文物都统统作为博物馆的藏品,法定如此,至今仍旧。另有一项任务是拣选文物入库,工作也很艰巨。北京解放之初,曾经接收敌伪、汉奸的历史文物、古旧书籍及杂项物品,这些物品,大都入于市财政局实物库(地址在西城大觉胡同),从实物库中挑选各类历史文物及珍品善本图书,也成为重要工作之一。挑选之后,造册上报,市政府批准之后即归文物组收藏,待博物馆建立之后则转入馆藏。据查1952年8月，一次挑选古画计1000件。又如，没收汉奸张仁蠡、吴瓯和周肇祥各类文物图书数千件，也都入于文物组收藏，并转入博物馆，从今日首都博物馆的入藏总登记账仍可看到记录。

苏联的博物馆管理体制、内容分类上有一套完整的体系，综合性地志博物馆内容分为三部分，一是自然之部，二是历史之部，三是社会主义建设之部。首都历史与建设博物馆从名称看是两部,实质上它属综合性地志类，其内容也应是三部。1955年，文化部社会文化事业管理局为实现综合性地志馆，以山东省博物馆为试点，拟完成三部陈列，总结经验作出示范，推广全国，我又受命参加实践。同在一起学习并操作的另有上海、河南、辽宁等省市馆的同道。其时,我并不是首都馆筹备处的编制人员,而编制在文物组,如今，也只能作为二用马车之马去拉套了。据信，社会文化事业管理局选点实践,颇具目光,考虑也十分周严。山东省馆把解放前外国传教士办的“广智院”并入，论收藏，它的自然标本藏品之丰富在国内屈指可数，论研究，它又有一个自然科学研究所，而且成果累累，历史文物在全国来说也是数一数二的丰富。同时,另有一处规模不小包括好几套院落连成一起的仿古建筑,作为展出场地，甚为适宜。不过，当我到济南山东省馆报到时，那里的自然、历史之部已经完成，我们的实践只能是学习、分析这两部，而着重是社会主义建设之部设计的研究讨论。虽然我没有参与三部的设计、制作与展出，但朝夕相共，全神贯注地学习，深入实践，使我对综合馆从理论到实际，有了一个概括的认识，济南之行，诚也不虚，遗憾的是，不及一年，我被召回北京,再回文物组,做发掘定陵的准备。暂时离开博物馆这个行道,却又为下一个博物馆——定陵博物馆的建立作准备了。

三

文物组与博物馆合署办公，博物馆又停又建，展览工作倒是从无间断，除配合时事宣传外，大部分是以北京地区的出土文物展出为主，这无疑对后来博物馆展出中北京史提纲的形成奠定了基础。展览的实践也充实，锻炼了我们的业务人员。从展出地点讲，由画舫斋到天王殿，再到天坛七十二长廊、国子监、办公展出地址屡变，终于在1980年于孔庙固定下来，1981年再度建成，正式开馆。不久，我又受命领导这个新建的老馆。对我来说，过去很长一段是学习，现在，轮到我实践，而且是要带领一班人实践了。所谓实践实质上应该是创业。

20世纪80年代，有一股改革风，博物馆要改革，我也想在这方面作些探索。博物馆三大任务，收藏是经常的任务，要扩大藏品数量，需要大量经费的支持；宣传，要深入广泛，抓得紧，工作深入些，这两项立竿见影，容易做好，但研究工作自有特点，表面文章，运动性的做法不能生效，它吃工夫，见效也慢，这要研究人员主观努力，要时间。而馆中也要有制度上的保证才有实效。说严重一些，一任馆长几年下来，如果不能出几个人才，算不算失职呢？人才与成果联系着，就博物馆论，陈列算成果，写书、文章也算成果，陈列做得好必须以研究为基础，而这些又可以以论文或书籍的形式表现出来。陈列主要以文物说话，于是我想从陈列与保管部的改革做起。

在博物馆通常是陈列与保管部门分开，陈列部门不熟悉文物，设计不易做好，保管部门不深入探索文物的历史意义，不仅不能保管好文物，更不能配合陈列。如果将二部人员结为一体，从道理上讲，应是提高陈列水平的道路之一，也不失为孕育人才之径。把陈列与保管二部合并，取设计、陈列一条龙的做法，我曾推行了一阵子，二部人员并不热衷于此，我也再无信心做下去。也许，一个做惯了行政工作的，并不考虑这些。我从青年时代起，就梦想找一个师友指点迷津，通向成功，我愿努力探求，但失望了。博物馆的管理工作，如何适应研究工作，并且出现一些成果、几个人才，这曾是我的幻想。从我的失望做起想铺陈一条道途——肯定它不是坦途，却很少有人问津，是畏惧？动力不足？还是制度上不健全？世间三百六十行，行行出状元，博物馆门类再多也不过三十六行，怎么就很少有崭露头角者？理念之余，在这点上留下了遗憾，也留下了思索。

博物馆，特别是历史类馆，总要陈列文物。怎么理解文物，又如何研究文物，更好地把它用之于陈列，无疑是博物馆研究的课题之一。

文章中、书本里、口头上，对文物各有解积、定义。管见所及，略有所悟，简略言之，我觉得“文物是物化的历史文化”，或者“文物是历史文化的物化”。

两语大意相同，都重历史。文物是历史产生的，没有历史内涵的物，能叫文物吗？本来，历史可用多种形式体现，这里是用“文物”回看历史。它来自历史，联结着已经消失了的或正在消失着的社会生活的各个方面，历史遗迹、遗物又无不渗透着历史信息，因而这些内容丰富的历史遗存，构成了历史文化，文化内涵蕴藏得愈丰富，其价值自然就愈高。不言而喻，所谓历史文化内涵，当然包括了过去的诸多方面政治、经济、哲学、艺术、宗教等方面。人们又常说：文物有三种价值，一是历史价值，二是科学价值，三是艺术价值，其实，它的科学价值、艺术价值，也只能是历史的科学与历史的艺术价值，简言之，只是一个历史价值。历史文物，不见得都能直接显示它的历史意义，博物馆工作者，如何沿着过去历史走过的道路回溯，去观察、探索，去分析、认识和阐述它曾经联结着的时代、地区、社会背景、人和事等等，成为必然的课题之一。显然，其成果不见得立马可得，其工作是长期的、艰巨的。一件陶器、瓷器、铜器等等，社会人士、收藏家、文物商贩，首先是辨别它的真伪、时代、艺术性等等，对博物馆研究者来说，这应是起码的工作，但是，它本身的内涵绝不止此，研究工作也更不能止于此，探索它产生的地区、时代以及相关的事项和同类器物产生的更大的时代背景，其成果用之于陈列，水平自然要提高了。然而，一时的理想，我不能做到，留下了遗憾。

工作是镜子，以过去鉴今，今后的问题也许更复杂。以市场的邮票为例：邮票不仅是艺术品，它的印制、使用也浸润着时代的信息、精神，集邮自然也属高尚的文化活动，商业大潮的冲击，邮票商成批地包揽批发，标价出售，媒体又推波助澜，成为热门的致富门径，使它变味变质，纯属商业活动了。当前，就文物而言，潘家园地摊上人山人海，琉璃厂交易活跃，拍卖行生意火爆，拍卖师正把锤子敲得当当作响，历史文物、艺术品、商品、盗掘来的赃品，再加工作价，真品、赝品已经分不大清了。也不像文化事业了。针对这种风潮，博物馆上下人等，如何树立良好的职业道德，坚决抵制、摒弃这种商品意识的侵入，便成为研究课题之一了，也值得认真思索。

四

博物馆再建，1980年接手业务，我自觉完成了三件事。一是把文物作系统整理，结合文献，完成“北京简史陈列”，向观众开放。二是出版《馆刊》,给业务人员开辟一块耕耘的园地。三是成立民俗组,着手征集民俗文物,举办展览,积累资料。本想首先清查藏品,由于库房条件太差,器物无法摊开,器架条件一时无法解决等因未果。北京史资料，我平时有积累，心中有数，完成它并不困难。《馆刊》是大家做，也算顺利。民俗一项，文物屡有入藏，屡有展出,也有成绩可言,但是,三项之中,末项我想得最多,也寄希望甚大,有时，也想得太多太远了，不切实际。

民俗，顾名思义，包括了人民生活的各个方面，尤其在北京，内容应是丰富的、多彩的实物结合历史,作出陈列,论前景,应是大有可为的,因为:

（1）北京有三千多年连续不断的历史，内容丰富。

（2）历辽、金、元、明、清各朝是契丹、女真、蒙古、汉族、满族在这里主政的舞台。

（3）有朝廷，有官，有民，有中外交流。

纵的讲，从商周到民国，是一部北京历代民俗发展变化的通史;横的讲，又是各民族生活本身与互相影响渗透变化的历史，如果再把宫廷、百姓的生活穿插其中，内容就更丰富而精彩。总括来看，民俗在北京，有极为深厚的资源。然而，要作表面花哨文章容易，要深入地做也有相当的困难。

民俗类特别复杂，把它条分缕析形成系统，不仅要文字，更要实物。对于积累者，首先要把它看成个事业，而且是终生的事业，并且要练习点本领。古文献的功力，考古的知识。诸多民族起源东北，要熟悉东北的文献还要熟悉那里地下出土的东西；不比较看不出问题，不综合看不出发展、影响。没有看见过的衣食住行的资料，要形象地放在展室，显然又要经过些努力才行。要努力，要毅力，更要时间。

北京人喜欢看热闹，也欢迎谈民俗，又总爱唠叨:“老北京如何如何……”细问起来，他们所谓的老北京，大不了是民国初年，他爷爷那一“辈”，至多也是光绪朝、西太后，或者从“戏说乾隆”看来的那些、不经不纶、野史拾遗之类。至于夏商周、辽金元、契丹、女真、蒙古等历史上真正的民俗，太遥远了，远不及焉。作为博物馆的民俗陈列，仅仅是陈列那些近现代的婚丧嫁娶、四时八节，现代还能见到的东西，怕远远不够了。历史上民俗的专题太多了，也太复杂，仅是衣食住行，随意拿出一个题目，就够作一阵子。打听了一下，有的高校有民俗课，各有所重，有的偏重民俗文学，有的重全国，或云、贵边远的兄弟民族。看来有文又有物的民俗，在等待着有志之士特别是团队来完成。

前辈学者顾颉刚、容庚、容肇祖、钟敬文先生等，关心北京民俗，做了不少开创的工作，云南人白族学者李家瑞先生广泛搜求，完成了《北平风俗类征》一书，这也是开创性的，论性质，论条件，后续工作，都应博物馆完成。

拉杂地写来，仍是想法，想归想，现实中仍要做才见成效。这个问题，旧馆时有，将建成的新馆也会有。论民俗，国外馆比我们动手早，而且不停地做，有物也有理论，我们时做时停，多种原因，不能一代一代地继续，耽误了时间。博物馆应该出几位有志之士、专家。新馆规模大，条件将有改善，组织一个强壮的队伍，引进理论，建立起博物馆的民俗学科，寄厚望焉。

五

银屏上采访，主持人常是漫无目地问上一句，“你印象最深的是什么？”要说最深的印象，我也有，不过与主题关系不大，叫它“记外闲语”吧！

20世纪80年代，从北大分来三个年轻人，刚刚报到，向我要工作。两单位建制分开，正好从文物研究所分来一大批图书，品类很多，堆满一屋子。就整理图书吧。三人一组，他们推举王滨生做组长。博物馆的图书室刚刚建立，想把基础打好些。我提出要求：要两套卡片，著者、书名互见，正楷书写等，按照图书分类的标准做。最后问王能不能估计个时间，他迟疑了一会儿，想了想：“三个月吧。”我当时一愣。工作条件甚差，三个人共一张小桌，书籍不能上架，写卡要来回搬动，大冷的冬季，屋中没有暖气，又只能在屋的一角活动，我估计，三个人周日不休息也大约半年才能完成，而三个月有点不实际。我不便说出想法，只能说：尽量做好，时间不够再延长。三个人查了查《图书分类法》便开始工作了，他们工作的地方就在我屋子的旁边。第二天我来上班，就是这个王滨生他把铺盖被褥搬到现场来了，他要夜以继日。这不仅使我大为吃惊，而且深深的敬意油然而生。我长他约30岁，当然不愿表露。青年时代，为了追求理想，常是彻夜苦读，我总想寻找个竞争者，互相砥砺，要么互相较较劲。没想到今天遇到了，凭意志、做法，我当敬他为师。不用说，工作如期完成了，而且还完成了一本《北京史论著资料索引》，这个“索引”，至今沈平同志也还在继续着。

王滨生写了一篇有关燕太子丹的文章，在首博的《馆刊》刊出，我的老师，在河北师院教书的王树民教授看到了，他很欣赏，来信问我，可不可在该院的《河北师院院刊》转载。一篇文章可以得到转载，自然是荣誉，问了问王滨生，他回答简单，可以再写一篇以应。回答得如此痛快，令我更为吃惊。表面的回答很轻松，我看他平日生活也悠闲，但我深知夜晚他又在苦苦地读、写、积累了。

他考取了北大周一良先生的研究生，领导班子要我同他谈谈，能不能不走，或者毕业后仍回馆工作。我约他谈心，他自然知道我的意向，不愿我张口，只是慢慢地又不停地劝说我，生活应该规律些，注意饮食，工作环境很艰苦，该休息休息等。他说话时我眼睛闭着，不便看他，不愿看他，最后他终于走了。事后很长一段时间，我在想：我们是什么？我长他二三十岁，算师生？忘年交？朋友？还是工作中的伙伴？都是，又都不像。

王滨生走了，而且走得很远，我像丢了点什么。人家说，退休之后常有一种失落感，我还没有退休已经产生了失落感。失落了什么？是理想？是知遇，是人才流失的无奈，还是无奈触及了创业工作的信念？还是什么？我自己也不清楚。我想，退休之后也许还能唤回一点活力，摒弃失落。

于是，我申请退休。

原载于《首都博物馆二十年纪念文集》2001年

西行散记

参加北京市政协文史资料委员会各种活动近二十年，又侧身《北京市政协文史资料》的编委之列，竟未写一篇文章，说来实感汗颜。接到通知，说要出一期专辑，主要是记录多年来大家在一起的活动，特别是要参加活动时间长点的老同志们写点什么，这一来倒是不能再推托了。

写点什么呢？这中山公园的西小院，给人的感受太多太深、太深太多，反而叫人更感踌躇了。张廉云大姐说："名胜古迹、三老四少、轶闻旧事、西北西南行，多好的题材呀！"真的！20世纪90年代以后，几次随文史委西行考察[①]，开阔了眼界，增长了见识，多好的题材！怎么能不写？一句话点了题，就是它吧！走到哪儿，看到什么记什么，记什么算什么。就是有点散乱。"乱"字不雅，叫"散记"吧！

观俑偶忆

到达西安，首先参观兵马俑。近年来，兵马俑的发现，成为一大奇迹。

---

① 指市政协文史委组织的1993年赴青海、甘肃、新疆，1995年赴陕西、河南，以及1997年赴云南的三次委员考察。

论年代，秦代的，两千多年了。高大的形体，排列成军阵，威武整齐，被称为奇迹，当之无愧，国内域外，名声大彰。

我已是数次来参观了，曾经仔细地触摸过实物，也读过一些有关论著，熟识的同行们偶尔也闲聊几句：陶俑身上绘了色彩，在土中埋起来，取出来时，色彩贴在土上，土倒成了彩绘，而俑却露出了陶身，成了灰色。这么简单的问题却挺难办。其实，我的问题更简单、更惨，眼看着半腐的古代丝织品，却无法固定它；取出它，取出的却无法保存得更好些、更久些，鲜艳的色彩只能亲眼看着它褪色！我们挖的皇陵，是主动的，有计划的，还算是有准备的[①]。虽是几十年前的情况，至今说来，又改变了多少？当时我就深刻地体会到，发掘易，保存难。事后指导我的老师夏鼐先生说："我们在不适当的时候，做了项不适当的工作。"对于这个问题，当时领导层就有了一些认识，所以在工作尚未结束的时候，政务院就曾通告各文物部门，皇陵不能再发掘。

初到西安就隐约听到，一个兵马俑远远不够，酝酿再挖一个乾陵已经不是一天的事了。南京方面好事的记者，也在连续报道朱元璋的孝陵地宫是北斗七星，高科技已经探明图形等；北京也有论文，说《永乐大典》藏在嘉靖皇帝的永陵等等。持此种论者，如果仅是个别人士，出于猎奇，则还罢了，如果别有所想，轻举妄动，作为政绩，则怕是后果不堪设想。

考古的对象是历史的遗迹遗物，这些遗产是历史文化的物化，特别是皇帝陵墓，也是历史文化多方面的物化。显示物化形态的文化不能存留，还谈什么文化的研究、发扬？

考古工程也是综合性工程，需要多学科配合，科技手段不能保证遗物的保存，发掘的意义在哪里？老师一辈故去的、健在的考古权威们都说："挖一个就是破坏一个。"我自己有深刻的体会。

西安是古都，是历史文化名城，文物古迹众多，人文荟萃。文史同行座谈会上，我情不自禁地在会上唠叨几句。

---

① 这里指1956年经国家政务院批准，对北京昌平明十三陵中定陵进行的考古发掘工作。作者当时任考古工作队队长。

回到住处，我在想：在疯狂时代，一个“破四旧”，不知有多少文物毁灭了，没有人做过统计。北京潘家园地摊的生意兴隆，拍卖会举起的锤子“当当”作响，鼓励着人们做“收藏家”的发财梦。那些更多地关心我国文化事业发展的好心人，如能更好地研究如何保护好我国的历史文物或细致地调查一下我国历史文物在历史事件中所受到的损失，也许更有意义。又听到电视台在播映：石刻、佛像、瓷器官窑民窑、艺术品拍卖，投资升值等等。文化、文物、文化遗产，遗产已经沦为商品还有什么可说，我赶紧关掉银屏。

黄帝陵前

黄帝陵在陕西北部的中部县，今称黄陵县。这里埋葬着祖先轩辕氏黄帝。它是炎黄子孙的共同祖先。

《史记·五帝本纪》载：“黄帝崩，葬桥山。”《尔雅》的解释是“山锐而高曰桥”。究其本意，桥山就是高峻的山。“陵”的本意也是高地，黄帝葬处叫“陵”，自然是对先祖的尊称与敬重。虽然是随旅游大潮到达黄帝陵，其实不是为旅游，是和大家一起来扫墓，来拜祭祖先的。

绿树丛丛，越过一道道的流水，一层一层的黄土坡，远处高高的桥山在望了。我们相互告诫，要慢慢地步行，慢慢地进入虔诚，拜祖要毕恭毕敬地行大礼。

大礼行过，仍不能尽意，闭目沉思，想念祖先的功绩，还要睁眼看，仔细参观四周的碑碣大字。“人文初祖”，殿门楣上挂的金字匾额十分醒目，引起遐思不已。

上小学时的课本，接触的图画、传说等等，都说祖先是燧人氏，钻木取火，教我们熟食，只有脱离生食才长筋骨，增智慧；教我们构木为巢的是有巢氏，脱离洞穴生活，避免了野兽袭击；神农氏教我们开荒种植，收获粮食；轩辕氏是制造舟车的祖先，治理江河，开创道路，通游四方。到底我们的始祖是谁？黄帝又是哪一位？人文始祖，人文又是什么？

我的理解，“人文”可否简单理解成“人类文化”。本意可否是用人的意志去改变那种原始渔猎、游牧状态，进入一种新的生活、生产方式？如果是这样，这种人文变化的始祖应该是谁？也许燧人、神农、有巢、轩辕都是。他不见得是一个人，也许是一群人，一个部落或部落联盟的首领。

如果说“人文始祖”是黄帝，那也更容易理解。看看我们自己，看看周围，再看看远方：那滚滚黄河水、无边的黄土大地、我们的黄皮肤，其实，它应是一种智慧的化身，一种文化——一种初始的黄土文化。

《史记·五帝本纪》、《史记索引》等记载，“黄帝有土德之瑞，土色黄，故称黄帝。犹神农火德王而称炎帝然也。”黄帝有土德，炎帝有火德，炎黄二帝都是祖先。正因为它代表了炎黄文化，地域广大，所以这黄帝陵就有多处。文献记载，甘肃有，山东有，这陕西是一处，北京平谷有一处，北京附近今属河北的涿鹿县也有一处。研究者认为这并不稀奇，因为我们的炎黄文化源远流长，又遍地开花，哪里有文化始祖，就到哪里去祭祖，就到哪里寻根，倒也是华夏子孙的光荣。

到达黄帝陵之前，曾拟祭奠文字数句，临时慌张，未能奠诵，特默写以示敬意：

维年、月、日。燕宗裔玄孙谨以清水一杯献于祖陵之前奠曰：

伟哉黄祖　辟地开疆
刀耕火种　赐我衣粮
教我舟车　惠我居场
大哉始祖　代有辉煌
禹舜夏商　乃盛乃昌
允文允武　雄踞东方

谨祝：华夏文化，明月清风，炎黄祖陵，山高水长。

尚飨

古道上的烽燧

从甘肃去新疆，沿着公路西行，偶尔看到“海市”，不过，空中楼阁，过不多久就消失。能保留得比较久远一点的，倒是那些历史的遗迹遗物。我们脚下的公路，实际上就是古代的丝绸之路、荒野战场，所以又常遇到烽燧，即烽火台，这就要下车看看了。

烽燧是高高筑起的土台子，用夯土筑成，总有数米高，宽广十来米。有的下面还有院落围墙，遗迹清楚。实际上，这是古代用于守望的军事哨所，院落即军士生活的地方，这种设施很完备，台下驻军，台上站哨，敌人来了，在台上举烟火报警。文献上说，报警时烧狼烟。所谓狼烟，是野狼在地上留下的粪便，这种粪便很特别，燃烧时只冒烟不起火，形成烟柱，直线上升，风吹不散。《本草纲目》说，狼粪入中药，称“天狗粪”，呈白色硬块，色白质硬，想来是野狼吞食动物后，咀嚼骨骼，粗糙所显示的钙质所致。敌人白日来，烽燧举烟，夜晚来就举火，用烟火之多少表示来敌之数目。这种方法既简便又实用，连续举烟火，顷刻传之千里。抗日战争时期的“消息树”，用之于防空的“挂红灯”，不正是由此而来吗？在茫茫大地中，数十里设一个烽火台，在古代连起来就是一道极为严密的军事报警防线；要现在看，每一个台就是一个军事哨所、驻军生活处所，或者古代来往商队检查哨等。它的形制、布局设施，每一处遗迹、遗物的存留都成了今日研究古代历史的宝贵实物，因此它不仅具有旅游意义，其历史价值更是极为重要的。考古工作对烽燧的清理发掘就有不少收获。有时还常有竹简出土，上面的文字，能清楚地记录不少书籍文献上没有的东西，它的重要意义就更为明显。旅游热潮兴起，烽燧成了一景，北京人又不远千里西行观景。这里我倒可以介绍一点北京附近的“近景”。

烽燧是汉唐人对它的称呼，烽火台是俗称，明清朝北京附近也有建造，无论口语、文献都叫墩台或烟墩。虽然远没有像西北路上的设施那么周全，而作为哨所的作用是一样的，不过规模小许多。

解放初期，京北清河镇就有墩台遗存。清河镇元、明、清朝时期叫大口。

往北居庸关是京北重要关口，从居庸关直达清河镇，一直是驻军重点，居庸关叫上口，南口叫下口（或写作夏口），直至清河大口，三口一路驻屯重兵。清河镇北一里便有墩台，大约是三五里一处，直达上口。这是明朝砖筑，不仅为哨所，也为来往巡视而设。解放初期拆除了。

从长城八达岭往西，到岔道城往北，去看一看，你会发现，那里也有墩台，土筑的，约七八米高，大体方形，至今犹存。现在那里的村庄要建公共墓地、增收，要看从速，稍晚一点，也许难得一见了。

在京北的黄花镇长城北、慕田峪长城北，还有明朝烟墩遗址，这倒是纯用于哨所的。有的还保存完整，砖筑的，建筑规格整齐。目前某些部门还没发现它，一旦列入开发资源，不重保护重增收，它的命运又将可危了。

青海彩陶文化与文明

到达青海西宁，参观了青海博物馆，收获不小，精神为之一振。

青海博物馆就是原大军阀马鸿逵的住宅改建的。好几套院落相连，各陈列室几乎都是盆盆罐罐，大大小小的彩陶，有的色泽十分鲜艳。热情的讲解员喋喋不停地讲解它们的来历，分析花纹的异同，以辨别它们时代的早晚，又连续不断地重复着那些生疏的名词:新石器时代、仰韶、齐家、马厂、马家窑……

这些专业名称，对业外人士也许生疏，早年我读过这类课程，久违的名称，今天听来倒像老友重逢，引发了我的兴趣，来了精神，禁不住想多唠叨几句了。

1921 年，瑞典学者安特生在河南渑池县仰韶村发掘古代遗址，出土文物中有磨制石器和一定数量的彩陶，就叫它仰韶文化或彩陶文化。以出土地命名的这种“考古学文化”是代表同一时代、集中于一定地域内、有一定地方特征的共同体。

艺术家们看到那些彩陶花纹，常是去临摹、欣赏或移植运用，在考古研究上更重视与它同时出土的陶、石、骨器、装饰品、生产工具等遗物与居住址及墓葬等的共存关系。这种共存关系，才是所谓某种“文化”的全部含义。

新石器文化，以磨制石器、制陶和纺织的出现为基本特征。在我国，这一时期正处于原始社会氏族公社由兴盛到衰亡的历史阶段。有农耕，有畜牧，实质上是由采集生活到改造自然了。人类能改造自然，意味着什么？文明的曙光显现了！

考古学总是注重年代，重视早晚分期，有绝对年代和相对年代之说。绝对年代自然是指某年，相对年代则是指相比早晚而言。断定年代又常因遗址的内涵情况作出解释。有个小故事：

瑞典人安特生发掘仰韶后，根据甘、青地区黄河中上游地区遗址将文化分为六期，顺序是齐家、仰韶、马厂、辛店、寺洼、沙井。1945年夏鼐先生对甘肃齐家墓葬的发掘，在填土中发现了仰韶陶片，确认了仰韶要早于齐家文化，纠正了安氏的分期。显然，从方法论上说，这是因为：一般墓坑填土中遗物的年代相对要早于埋葬年代。这是常识。是常识也是科学，考古这门学科并不神秘。

建国后，我国新石器时代考古调查、研究进展很快，成果很多。前些年据不完全统计遗址发现七千余处，大规模完整的发掘也不少，对文化分期、分区、类型等建立了完整的序列，有些遗址则建立了博物馆，如陕西半坡、甘肃秦安大地湾等。对甘肃、青海等黄河中、上游诸文化进行分析、比较，包括放射性断代并经校正，年代在公元前5000年至公元前3000年。应该说这不仅是对民族文明源流的发现，也是对华夏文明的贡献。黄河、青海、千年、陶片花纹、居住址、工具等，现在看来这已经不再是它文字上的本来意义，也不仅限于用途、艺术等概念，它已经具有更高更丰富的内涵，成为民族文化、华夏文明。是文明当然具有世界意义。

水是人生命之源。水是人一天也不可或缺的。它不仅给了人生命，也给予了人类文明。到了青海，犹如朝圣。看到了青海湖，一片汪洋；饮了一口湟水，它连接到黄河源头。触摸到那些彩陶片，文明的气息扑面而来。黄河、华夏、文明，令我一直处于兴奋之中，不能自已。

晚间，省政协举行笔会，我提笔写了五言绝句志兴：

湟川一泓水
育我中华魂
文明寻根处
争看彩陶盆

嘉峪关随笔

甘肃的嘉峪关是长城西部的尽头。城墙高高筑起，楼阁雄峙其上，重城关门围起来，形成一个小的城池，驻兵屯粮，可战可守。这自然又是一处古代军事要地，再加上与万里长城连为一体，战守的意义更加明显。难怪古代诗人一到这里就情不自禁地称赞它的雄壮。只是看惯了北方山水的远方客人，初登这大漠关城，极目四望，一片茫茫，大漠孤烟，我倒又多出些戚戚苍凉之感！“出了嘉峪关，两眼泪不干。”面对这平凡的语句，道出了古代商旅的无尽哀怨。

曾到过一些关，如，山海关、娘子关、居庸关、潼关、虎牢关等等，大都是山隘水口，十分险要，一夫当关，千军难入。商旅行程也必须在此通过，接受检查。这西北古道上的关口，像嘉峪关、玉门关、阳关，包括交河城等，似乎与其他地方的关口不尽相同，至少形势上有别。前者重山，而后者则特别注重水源了。

西北的关、城、隘口，或驻军处所，包括一些要路烽燧，必然有水源，否则，无法生存。汉唐时代，信使、军运、商旅、佛徒，甚至逃犯人等，不管从何处动身，西行中只能在几处有储水的地方通过，否则无法行路，会渴死。在这里，水是生命，水就是关。

水是关，很特殊；另有一种现象，土也是关，也很特殊。

太行山东麓，北京往南，河北省北部，霸州、文安、雄县、永清一带，历史上是一带水乡，洼泊成群成片，连绵不断，今天也还留有湿地残余。宋、辽、金南北对峙，这一带又成了和与战、交通信使、贸易往来的关口所在，即所谓三关：瓦桥关、草桥关、益津关等。这些关口不是山隘水口，而是水中的土路阡陌。今天，京广铁路是南北通途；当时，历史上这一带尚未开发、荆棘丛生，辽金马队不便行走，只有宋代北上偷袭时才偶尔一用。辽金马队也不便走水乡，只能勉强在水泊间小路上通过，所以戏文说“杨六郎把守三关口”，实际上是口，水乡的路口，宋人只要守住水中的土路、桥道就能赢敌，大约就是这个意思。历史上的事挺复杂，这种猜测，不知是否近理。

交河古城絮语

到新疆参观交河古城，它位于新疆维吾尔自治区吐鲁番县西大约十余公里处。论位置，其地正是古代丝绸之路的要冲。

这个古城十分特殊。平时我们见到的城，无论古的今的，都是在平地上用土用砖用石头垒砌起来的，这个古城正相反，它不用砖石，也不用土坯，更不用夯土打墙，是在庞大的土崖上把土挖去，把留下来不挖的土做城墙的。城内的房屋包括庙宇，都是把土崖的土挖去，剩下墙壁，再用泥土篷顶覆盖做成。当然，街道也全部是把崖土挖去做成的。实际上，整整一座城，不是垒砌而成，是把土挖去，用留下的余土做成。

偌大的城，颓壁残垣之外，已经看不到什么生活遗物了。

我早就知道这座城，文献上有记载，我也心仪久之。但是，我到这里，站立在城中央一处高地上，四处望去：黄土黄沙、茫茫一片，阳光灼人，热浪滚滚，没有草、没有绿色、没有一点有生命气息的东西，心中十分沉闷。四处走走，只有城外侧有两条小溪汇合才见到一湾清水、几株绿柳，路旁竖立着一则旅游部门立起的说明牌，好像才有了生的意趣。两条小河在此交汇，这无疑是“交河”命名之由。见到这一块旅游说明牌，就像在死亡路上遇到的生机，牌上不仅有红、绿色泽，它还有人的语言、文字、图像。终于又回到了人世。

文献记载：这里是汉代至十六国时期交河县城，唐代属高昌郡，仍是交河县城，明朝时这里还住有几户人家，以后人烟绝迹，今天只留下了这座遗址。在很长时间内除少数探险者偶有一至外，野兽也近乎绝迹。

就是这样一块土地上，我的前辈师长考古学家黄文弼先生，就曾在此盘桓多时，实地调查，测绘记录，考察研究，付出了心血，也做出了贡献，有成果赫然存在。新中国成立后，黄先生在中科院考古所工作，不幸死于“文革”中。20世纪50年代中，我在定陵，黄先生来参观，看我们很辛苦，偶尔问我一句：“你们星期天休息吗？”我只能笑笑回答他：“黄老师，您在西北时休息过周日吗？”他也笑了。野外工作，形同打仗，工作不结束，哪能休息。这似乎是长辈学者留下来的不成文的行规。一起工作的白万玉告诉我，黄老说我们的伙食需要改进，工作太累，营养不够，他在西北时一天烧吃一只羊。到交河我才明白，他说的不见得真实，死城所在，哪里去找羊？又怎么能动烟火，黄老的话只是出于关心我们的健康而已。

从这死亡之城回返的路上，不知为什么又忆起了这些前尘旧事。

乌鲁木齐——听来的往事

过去，对新疆我一无所知，只是在地图上看到了醒目的地名：星星峡，迪化。迪化即现在的乌鲁木齐，迪化是过去的叫法，对少数民族不敬，所以今天改名。星星峡，说是风吹开的岩石峡口。按现在的标准看，星星峡不算繁华，有十来家餐馆。据说过去有时仅一家小店，更多的时候连一家旅店也没有。今昔已大不同。

乌鲁木齐与北京有时差，很不习惯，一时倒不过来，索性走出宾馆，带了一包葡萄干，吃几口哈密杏，去寻找古迹——过去的新疆督军府衙门旧迹。

讲一小故事：大约是初中二或三年级，国文先生下课前偶尔高兴，出了个对联：“马歇尔歇马”。那是抗日时期，我在国民党统治区上中学，美国将军马歇尔作为特使来华支持抗战，当时正卸任，要打马回朝，所以叫“歇马”，这个含意同学们都知道。但对联要求是正念反念都可读，对来不易，一时大家静下来。一位同学站起来说，“胡适之适胡”。胡适字适之，适是去任职，当时胡适正作驻美大使，适胡文意可通，先生点头称是，说把美国比作胡，虽带一点不敬，倒也说得过去。又一位同学站起来，脱口而出“瞎眼驴眼瞎”，一时哄堂大笑。班里有个同学视力不佳，外号“瞎驴”，所以引来哄笑，先生撇嘴。我偶尔兴起，随口说了句“华来士来华”，引起先生的表扬。头一天我偶在报纸上看到美国总统（或副总统）来华访问，是从迪化即乌鲁木齐过路而来，因而有联句出口，时间大约是抗日战争刚刚胜利的 1945 年。也许正因为有这么一点机缘，博得先生一句好评，日后再有关于新疆的事，也就多了一点留意。

大约 1926 年左右，北平组织中瑞合作的西北科学考察团，赴新疆考察。学科很多，包括地质、气象、考古等等。瑞方团长是瑞典人斯文赫定，中方团长是徐旭生先生。科学界一行人带着装载器材的骆驼队，从西直门出发，经内蒙古横穿沙漠到达乌鲁木齐[①]。人员中有一名青年技工即新中国成立后与我在定陵共事的白万玉，发掘工作闲暇中，他对我讲了一个故事：青年地质学家袁复礼在进军新疆途中发现了白云鄂博铁矿，即今日包钢。若干年后，在归程中，他又惊奇地发现了自己的庙——“袁公祠”，怪事一桩：人还活着怎么就有庙？原来这是当地人为他立的庙，因为他曾为当地找到了水。白也讲了下列的新疆旧事。

新疆当时的政治形势十分复杂，督军军阀杨增新表面服从南京，但南京鞭长莫及，管不了杨。中方团长徐旭生早年留法，在北平学术界名声很大，由于徐的声名，杨增新表面十分恭敬。把考察团安排在迪化一处院内，但以“安全”为由不准外出调查。白万玉则去了北疆做考古调查。突然，新疆发生了政变，在督军府的宴会上，专员樊耀南开枪打死了杨增新，没过多久，

---

① 1926年，“中国学术团体协会”与来华的瑞典学者、探险家斯文赫定经谈判，商定共同组成“西北科学考察团”。考察团1927年坐火车从北平出发，到包头后，分成三路，骑马、骆驼或步行，经绥远、宁夏、甘肃抵达新疆，开展多学科综合性科学考察活动。这次考察历时八年，取得了发现白云鄂博铁矿等轰动世界的考察成果。

金树仁又打死樊耀南。一片大乱了。白则心系徐老安危，连夜骑马挎枪回迪化，深夜跳墙入院看望徐团长。徐一见白万玉又立刻挥手说："你火速离开，你带枪而来反而麻烦了！"只这一句，白就趴地磕了一个头，又翻墙策马北归了。不过，他到底在出城前狠狠地望了督军衙门几眼，那五间四柱红漆廊门的府衙门，大兵们散乱地站着岗，有的在地上烤火，衙门两侧还有小商贩活动……

中学时联句的一点得意，听来的一点旧事，毫无印象的几间红色衙门，再加上半个多世纪地域街道的沧桑变化，我寻觅旧踪的毫无结果是必然的了。我的懊丧情绪也就可想而知了。

新疆昔日的政治情况我毫无所知。不过，又记得抗战胜利后，我随流亡中学复原北归，路过陕西宝鸡，听到的一个故事：新疆省长盛世才就任南京农林部长，路过陇海路上的宝鸡市，汽车被学生打翻了，不少金条掉出来被哄抢一空。

热带植物园

1978年，徐迟先生《哥德巴赫猜想》的问世，触发了全国人民科学热情的升级和人们对陈景润的敬意。接着，徐迟又写了献身敦煌文物事业的常书鸿和抗日战争时期在极度艰苦的条件下创建热带植物园的蔡希陶。1997年我们到达云南西双版纳，真的要参观热带植物园了，我不是追星族，却是带着追星族的热忱走进园来。

进入园内，分不清东西南北，只觉得大木参天，郁郁葱葱，一片无边的绿色。园子大得出奇，幸好有木牌的指引才能认出几个名贵的花卉和木材品种。又是靠了指路牌的引导，才找到了蔡希陶先生的纪念室：地方不大，房屋也不多，有蔡先生的雕像，和他的学生与工作人员在一起的群像，平平常常的一群。壁间镌刻着有关他的事迹与建园的文字。

卢沟桥事变，日本鬼子来了，全民族奋起抵抗，流血献身，文人报国，科学报国，蔡先生一行在这荒蛮之地创业，这不同样是另一种形式的流血、献身吗？抗日期间，我就读于流亡中学，对那种生活的艰苦深有体会。今天，面对这平平常常的一群，我就像是找到了敬重。对人的敬重，对事业的敬重。也许敬重就是这么平平常常。

我赶忙拿出笔纸，匆匆忙忙地抄写了几行壁间的文字，又匆忙告退，不想却落伍掉队了。带队的同志到处找我。一见我追上来，着急地说："赵老，你终于回来了，可把我们急坏了。"差一点走失，掉了队，这可是集体参观最忌讳的事，我十分懊悔。其实，我懊悔的不止是这一点：我本无意参观热带植物，我也在追星，不露声色地追逐理想，记录点资料之类。谁知，好容易才写下点有关文字，又在忙乱中丢失了。够倒霉的，也够懊丧的。

回到昆明后，晚间有位朋友来访，说起了热带植动园，自然也谈到蔡先生，我也道出了遗憾：我敬重他，好容易抄了关于他的几句文字又丢了。这朋友一直在昆明工作，对植物园很熟悉，他说，蔡先生不仅有对植物资源领域的贡献，如橡枸、美登木、油瓜、活化石水杉等，还有多种名花的利用，他还在云南边境孟连古镇傣族土司署后山发现了龙血树原始森林，龙血树的红脂，就是"血竭"。这是非常神奇的古药，活血的。我国隋唐时期就有记载。明代的《本草纲目》叫它"活血圣药"，但我国一直没有出产。用它配药，一直仰赖从阿拉伯国家进口。这还是蔡先生"文革"之后的发现。我听后很激动，不想，这位朋友却平静地问我，你知道附近的少数民族怎么看待蔡先生吗？我答：不知道。他沉静了片刻后才慢慢地说：说他是"神"！

这一句突如其来的话语警醒了我。"神"，该是指"神明"，也该是"神圣"的意思吧？论事业，论精神，真的是够格！一天的参观，总算有了结论，我们也结束了这个话题。

聂耳墓

沿着昆明郊区西山的山间小路，随说随走，突然，迎面一列短墙：前面是石案，后面有高起的坟丘，这里是《中华人民共和国国歌》的曲作者聂耳之墓。“三老四少”再没一个人说笑，顿时静下来。倒是舒乙开口说：“来！我们行个礼吧！”于是大家又列成一行，恭恭敬敬行了个三鞠躬礼。

聂耳的事迹是大家熟知的，他的英年早逝也深为国人惋惜。《义勇军进行曲》同我们的民族一样，经历了几个时代。它反抗侵略，反对压迫，鼓励、教育了我们几代人，终于迎来了光明，作曲者——他却平静地躺在了这里。

我早就知道聂耳墓地在昆明，心向往之，今天，却没想到它来得这么突然，心绪一时平静不下来。晚饭后，我跑着到书店，想寻找点什么，真的有所收获。《昆明风物志》记：

张天虚，云南呈贡县人，生于1911年，考入省第一中学后，曾积极参加爱国反帝运动，加入中国共产主义青年团，在参加上演“新戏”的文艺活动中结识了聂耳，而且交谊甚笃。后在上海参加了“左联”，写成了文学巨著《铁轮》，在《东流丛刊》连载。1935年7月11日，聂耳在日本神奈川罹难，张天虚参与料理善后事，奉其骨灰葬于昆明西山。后来，又编辑了《聂耳纪念集》，收录有《聂耳传》、《聂耳日记》及所作著名歌曲等。不幸，他自己也早逝了。1941年病逝于昆明，年仅29岁。其遗言愿葬聂耳墓侧。后来家属按照他的意愿照办了。

郭沫若曾有《墓志铭》记曰：

西南二士　聂耳天虚
金碧辉煌　滇军不孤
义军有曲　铁轮有书
弦歌百代　永宗壮图

哎呀！原来聂墓旁近还有一处张墓。擦肩而过，失之礼敬了，遗憾之至！

有了张天虚的事迹，使我对聂耳的了解更多了一些；张墓的存在，使我又多了一分惋惜，对昆明又增加了一分敬仰。

文稿草就，又有一则有关聂耳母亲的报道，使我们对聂耳了解得更多一些。

《文汇报》2004年10月1日载：聂耳的母亲是傣族人，在昆明的端仕街曾开过一个小中药铺——成春堂。那时的聂耳叫聂守信，他母亲就叫他“信儿”。据老人们讲，她的父亲是最早因贫困由暹罗逃难来的，姓彭；而彭家的先辈，据说又是由云南逃难出去的傣族人。全家逃难到玉溪为人帮工时，彭家这个小女儿才十来岁，她 17 岁嫁给行医的聂鸿仪作填房，生了聂耳。不幸的是，聂耳 4 岁时，行医的聂鸿仪逝世。这全家的生计就由她来负担了。

聂耳的母亲极其聪慧，在药店学会了很多有关药材的配药功效与禁忌等。她本不识字，多年的勤奋自学，不仅熟知了药性，而且还能诊病、开方了。在行医的资格考试中，由于经验积累与实践，还获得了行医资格证书。在当时，这还是云南发给女中医的第一张行医执照。

熟悉她的老人们都说，她不仅会讲很多故事，而且还会唱不少民歌，也许正是这些因子，孕育了聂耳的天资，她该是聂耳最初的启蒙老师。

但最后是，因为聂耳上了国民党的黑名单，她又不得不与儿子忍痛分离，让他去了上海。

西南联大联想

身在昆明，自然会联想到西南联大。

1949 年我考入北大史学系。在沙滩入学第一天，走进图书馆大厅，便看到墙壁上高高地悬挂着大条幅：《国立西南联合大学纪念碑》拓片。条幅尺寸宽大，装潢精致，十分醒目。碑文记的是西南联大南迁又北归复校一事。抗日战争期间平津沦陷，北大、清华、南开三校师生南迁长沙复课，后再徒步迁昆明，组建西南联合大学，继续上课，八年抗战胜利，又回迁平津复校，于是立碑纪念。碑石由文学院院长冯友兰撰文，中文系教授罗庸书丹，古文字学家唐兰撰额。当时，我一个后生小子，由郊野村舍初登高等学府殿堂，骤遇大师手泽，无论语意、文辞、书法，自然都是仰慕的高山，立刻便把全文照抄下来背诵。

卢沟桥事变后，平津青年高举抗日大旗北上延安，参与抗战，这一支是青年人、文化人。又一支南行，到四川，如李庄；到昆明，如西南联大。

这支就不止青年了，包括了中年、老年，但都是文化人。世人说，这是抗战中西南民主运动的火种，实际上，这也是一次长征。也许不仅是民主火种，倒更像是一种意志，文化精神形成的文种、文星或文脉吧。

全民抗战，战士浴血，这帮文弱书生也在捐躯、赴难、报国。“十年生聚”、“三户亡秦”，抗战胜利了，又复校平津，立碑纪念。接下来就是解放、建国、大规模建设等等。

抗战中，我从沦陷区跑到国统区读流亡中学，曾经亲眼见过日本兵杀害同胞，也亲历过抗战艰辛的全过程，所以当一听说要参观西南联大旧址时，心情十分激动，好像真的我又回到了昨天。不过，当日天不作美，大雨下起来，参观不能如愿。不过也好，这正好给了我一个难得的安静思考的机会。

西南联大是大学府，驻地春城，其教泽受惠者当不仅限于当时一代或昆明一地，由远及近再看一看，目前文、史、哲、科技各线的重大课题成就包括华裔诺贝尔奖得主在内，哪一人哪一事能不与这文星、文种有关？本人、同学或老师、老师的老师，追本溯源，直接、间接、千丝万缕、寻来寻去，总会联系到这支文脉啊！

五十多年以前，我抄录一点纪念文字，是出于对大师的敬重；五十多年后，虽没能看到镌刻这文字的纪念碑石实物，却又多了一分理解，倒像是看到了它实实在在内涵。是我的年龄长大了？还是它的分量增加了？

据说，今天的北京大学校园内，又竖起了一通《国立西南联合大学纪念碑》。它离得更近了。我不用去参观，已经感受到它内涵的分量。

西南联大是文宗。那一代人，在民族濒临危亡时刻，忍受着饥饿，无私奉献。年长的授徒，年轻的受业，薪火相传，传灯不辍。我生也晚，无缘临门立雪，但是，教泽绵长，若干年后，我享受到了恩泽，也感受到它对民族无可估量的贡献。

敬礼，我无限崇敬的一代。

原载《北京文史资料》第70辑2005年12月
北京市政协文史资料委员会编

图书在版编目（CIP）数据

京华集/赵其昌著．—北京：北京燕山出版社，2014.11

ISBN 978-7-5402-2994-8

Ⅰ．①京… Ⅱ．①赵… Ⅲ．①北京市－地方史－文集
Ⅳ．①K291－53

中国版本图书馆 CIP 数据核字（2014）第 266588 号

京华集

责任编辑：夏艳 俞伽 章懿
封面设计：三众工作室
内文装帧：北京麦莫瑞文化传播有限公司
出版发行：北京燕山出版社有限公司
社　　址：北京市西城区陶然亭路 53 号
邮　　码：100054
电　　话：86-10-65240430（总编室）
印　　刷：北京墨阁印刷有限公司
开　　本：787mm×1092mm 1/16
字　　数：380 千字
印　　张：29
版　　次：2014 年 10 月第 1 版
印　　次：2014 年 10 月第 1 次印刷
ISBN 978-7-5402-2994-8
定　　价：58.00 元